新工科·普通高等教育机电类系列教材

机械制造技术基础

主　编　杨晓京

副主编　王学军　郭彦军

参　编　姚廷强　丁燕芳　杜茂华

　　　　吴海波　李　珊

机械工业出版社

本教材从培养机械工程一流专业人才的需求出发，全面梳理了现有的知识体系，构建了包含金属切削原理、机械加工方法及设备、机械加工工艺规程、机械加工质量、机械装配基础、先进制造技术等内容的完整知识链结构。

为适应机械制造技术日新月异的发展，本教材适度融入了一些新理论、新技术和新方法。同时，每章后附有习题与思考题，便于教学检测及自主学习，可检验每章的系统学习是否达到要求。

本教材可作为普通高校机械类和近机械类专业基础课程的教材，也可以作为职业技术学院、继续教育及自学考试的教材和参考书，还可以供机械制造企业的工程技术人员和管理人员学习参考。

图书在版编目（CIP）数据

机械制造技术基础 / 杨晓京主编. -- 北京：机械工业出版社，2025. 4. --（新工科·普通高等教育机电类系列教材）. -- ISBN 978-7-111-78206-3

Ⅰ. TH16

中国国家版本馆 CIP 数据核字第 20254VQ195 号

机械工业出版社（北京市百万庄大街 22 号　邮政编码 100037）
策划编辑：余　皞　　　　　　　责任编辑：余　皞　赵亚敏
责任校对：张爱妮　刘雅娜　　　封面设计：张　静
责任印制：邓　博
北京中科印刷有限公司印刷
2025 年 7 月第 1 版第 1 次印刷
184mm×260mm · 20 印张 · 493 千字
标准书号：ISBN 978-7-111-78206-3
定价：69.00 元

电话服务　　　　　　　　　　网络服务
客服电话：010-88361066　　　机 工 官 网：www.cmpbook.com
　　　　　010-88379833　　　机 工 官 博：weibo.com/cmp1952
　　　　　010-68326294　　　金 书 网：www.golden-book.com
封底无防伪标均为盗版　　机工教育服务网：www.cmpedu.com

前　言

　　机械制造技术基础课程是面向机械类和近机械类专业的必修专业基础课。综合了金属切削原理、金属切削刀具、金属切削机床、机械制造工艺、机床夹具设计、先进制造技术等多门课程的基本理论和基本知识。通过本书的学习，应掌握机械制造的基础理论，能够应用所学的知识解决生产实际中的一般问题，了解机械制造的前沿发展趋势，并为以后的专业课学习及毕业后进一步从事机械制造、智能制造、机械装备和产品制造、机械工业企业管理打下理论基础。学习本书可以为未来进入机械制造企业担任机械设计、机械制造工程师或工艺师的技术人才提供所需的相关知识，达到机械工程专业培养目标和毕业要求。

　　本书的学习目标包括：

　　1）掌握金属切削的基本理论、基本规律，并能针对实际情况应用这些基本理论和基本规律正确选择各种切削参数。

　　2）掌握金属切削刀具基本知识，包括刀具材料、刀具几何参数、刀具结构、刀具类型，并能根据加工条件正确选择刀具。

　　3）通过了解金属切削加工基本方法，掌握通用机床工作原理、传动系统原理及结构特点。

　　4）了解常用加工方法，如车削加工、磨削加工、铣削加工等的特点，理解其基本工作原理及应用范围。

　　5）通过掌握机械加工工艺规程编制的基本原理，能合理编制常用零件的机械加工工艺规程。

　　6）掌握六点定位原理，掌握定位误差分析计算方法，掌握夹具设计基本原理，能对零件提出合理的夹具设计方案。

　　7）掌握尺寸链原理及方法，并能在设计制造过程中熟练使用。

　　8）能针对复杂零部件的加工拟订适当的技术方案和可行的加工方案。

　　9）掌握零件加工表面质量和加工精度，了解机器的精度和机器装配工艺规程制定原则。

　　10）理解影响制造技术方案制订的各种因素。

　　11）理解制造工艺方法对于其制造过程及其使用的影响，在机械制造过程中考虑社会、健康、安全、法律、文化及环境等因素。

　　12）了解超精密加工、特种加工、增材制造、微纳制造、智能制造等先进制造技术。

通过介绍机械制造技术、先进制造技术对"制造强国战略""大国智造""大国重器"的重要作用，深入理解机械制造领域发展与社会进步的关系，根植"家国情怀"，弘扬"工匠精神"，增强民族自豪感和勇于担当、振兴祖国的责任感。培养勇于探索、勇于创新的科学精神，为把我国建成制造强国、智造强国贡献自己的力量。

本书是昆明理工大学特色精品教材建设项目，由昆明理工大学杨晓京任主编，王学军、郭彦军任副主编。其中，第1章、第2章、第3章、第6章第7节至第9节由杨晓京编写，第4章、第5章由郭彦军编写，第6章第1节、第2节由王学军编写，第6章第3节由姚廷强编写，第6章第4节由丁燕芳编写，第6章第5节由杜茂华编写，第6章第6节由吴海波编写，第6章第10节由李珊编写。本书的编写参考了大量的相关文献、教学资料，未能一一列出，在此对参考文献的作者表示感谢。研究生杜广源、姚同、程铂涵、缪文华、娄放等参与了全书的图片编制和校稿工作，在此一并致谢。

由于编者水平有限，书中难免有不妥之处，殷切希望广大读者批评指正。

编　者

目　录

第1章 金属切削原理

1.1 金属切削基础

1.1.1 切削运动与切削用量

1. 工件表面的成形方法

（1）工件的表面形状 如图1-1所示为构成机械零件外形轮廓的常见表面。不难看出，尽管机械零件的形状多种多样，但构成其内、外形轮廓的，不外乎是一些基本的几何表面，如平面、圆柱面、圆锥面、螺旋面和成形面等。它们都属于"线性表面"，既可经济地在机床上进行加工，又能较容易地获取所需的精度。

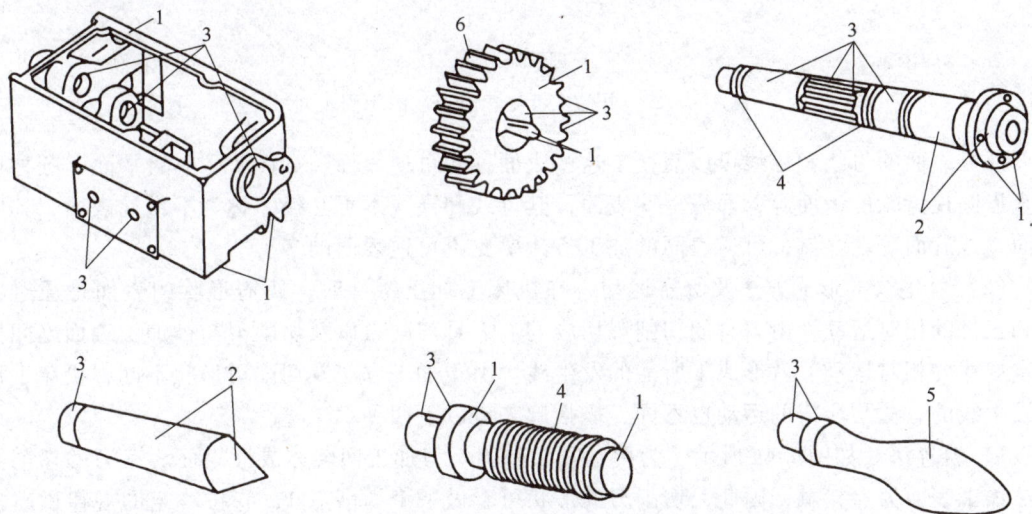

图1-1 构成机械零件外形轮廓的常见表面
1—平面 2—圆锥面 3—圆柱面 4—螺旋面 5—回转体成形面 6—渐开线柱面

（2）工件表面的成形方法 所谓"线性表面"是指该表面是由一条线（称为母线）沿着另一条线（称为导线）运动形成的。母线和导线统称为发生线。如图1-2a所示，平面是由直线 1（母线）沿着直线 2（导线）运动形成的；如图 1-2b 和图 1-2c 所示为圆锥面和圆柱面，是由直线 1（母线）沿着圆 2（导线）运动形成的；如图 1-2d 所示为圆柱螺纹的螺旋面，是由该螺纹轴向剖面中的"∧"截形线 1（母线）沿着螺旋线 2（导线）运动形成的；如图 1-2e 所示为直齿圆柱齿轮的齿面，是由渐开线 1（母线）沿直线 2（导线）运动形成的。

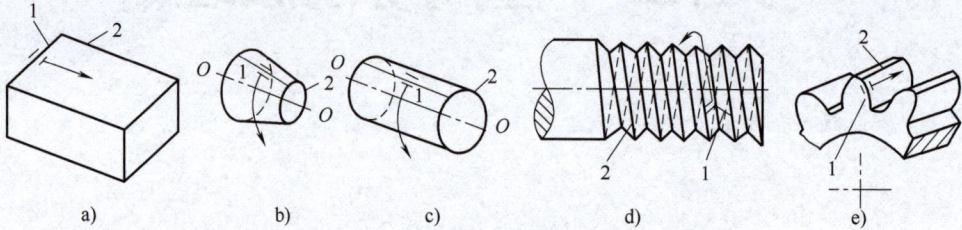

图 1-2　零件表面的成形

1—母线　2—导线

有些表面的两条发生线完全相同，只因母线的原始位置不同，也可形成不同的表面。如图 1-3 所示，母线均为直线 1，导线均为圆 2，轴线均为 $O\text{-}O$，所需的运动也相同，但因母线 1 相对于旋转轴线 $O\text{-}O$ 的原始位置不同，因此，所产生的表面也就不同，分别为圆柱面、圆锥面和双曲面。

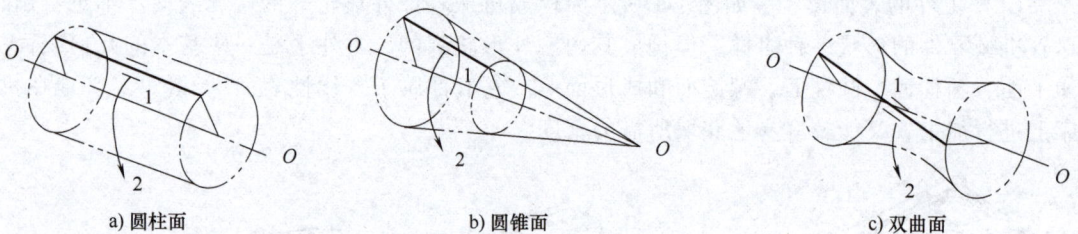

a) 圆柱面　　　　　　　　b) 圆锥面　　　　　　　　c) 双曲面

图 1-3　母线原始位置变化时形成的不同表面

部分表面的母线和导线可以互换，这些表面称为可逆表面，如图 1-2 中的平面、圆柱面和直齿圆柱齿轮的齿面等；而另一些表面，其母线和导线不可互换，称为不可逆表面，如圆锥面、螺旋面等。显然，可逆表面的加工方法要比不可逆表面的多。

（3）发生线的形成方法及所需运动　在机床上加工零件时，所需形状的表面是通过刀具和工件的相对运动，由刀具的切削刃切成的。刀具切削刃以及切削刃与被加工表面之间按一定规律的相对运动，就形成了所需的发生线。由于加工方法及切削刃形状不同，机床上形成发生线的方法与所需的运动也不同，概括起来有以下四种：

1）轨迹法。如图 1-4a 所示，为用一直头外圆车刀加工回转体成形表面。车刀的切削刃与被加工表面为点接触，因此，切削刃的形状可看做一个切削点 1，它按一定的规律做轨迹运动 3，形成了所需要的发生线 2。所以，采用轨迹法形成发生线需要一个独立的成形运动。

2）成形法。如图 1-4b 所示，切削刃为一条切削线 1，它的形状和长短与需要形成的发生线 2 完全一致。因此，用成形法形成发生线不需要专门的成形运动。

3）相切法。如图 1-4c 所示，当采用铣刀等旋转刀具加工时，在垂直于刀具旋转轴线的端面内，切削刃也可看做一个切削点 1，切削时铣刀除了围绕自身轴线旋转外，它的轴线还需按一定的规律做轨迹运动 3，此时，铣刀切削点 1 运动轨迹的下包络线（相切线）就形成了发生线 2。所以用相切法形成发生线需要两个独立的成形运动。

4）展成法。如图 1-4d 所示，为用齿条形插齿刀加工直齿圆柱齿轮。刀具切削刃的形状为一条切削线 1，它与需要形成的发生线 2（渐开线）不吻合，切削加工时，刀具切削线 1 与发生线 2 相切（为点接触），当齿轮毛坯（工件）的节圆在齿条刀具的节线上纯滚动时，也即齿条刀具的直线移动 A 和工件齿坯的旋转运动 B 符合齿条与齿轮的啮合运动关系时，切削线 1 就包络出了所需形成的发生线 2。因此，用展成法形成发生线时需要一个复合运动，这个运动就称为展成运动（即图中由 A+B 组成的运动）。

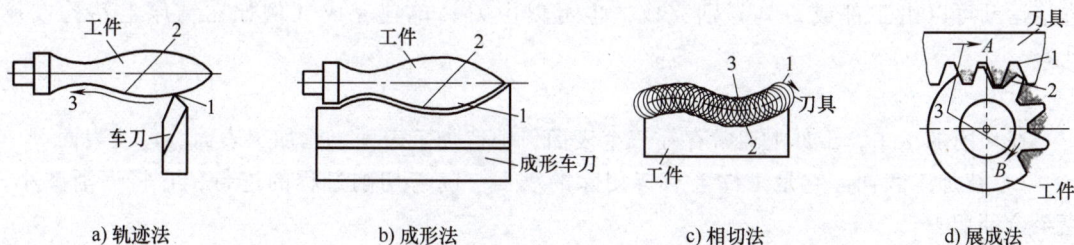

a）轨迹法　　　b）成形法　　　c）相切法　　　d）展成法

图 1-4　形成发生线的四种方法

1—切削线（切削点）　2—发生线

2. 切削运动

在金属切削机床上切削工件时，工件与刀具之间要有相对运动，这个相对运动即称为切削运动。如图 1-5 所示外圆车削时，工件的旋转运动形成母线（圆），车刀的纵向直线运动形成导线（直线），圆母线沿直导线运动时就形成了工件上的外圆表面，故工件的旋转运动和车刀的纵向直线运动就是外圆车削时的切削运动。

如图 1-6 所示在牛头刨床上刨平面，刨刀做直线往复运动形成母线（直线），工件做间歇直线运动形成导线，直母线沿直导线运动时就形成了工件上的平面，故在牛头刨床上刨平面时，刨刀的直线往复运动和工件的间歇直线运动就是切削运动。

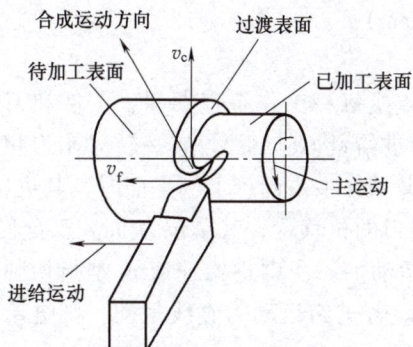

图 1-5　外圆车削的切削运动与加工表面

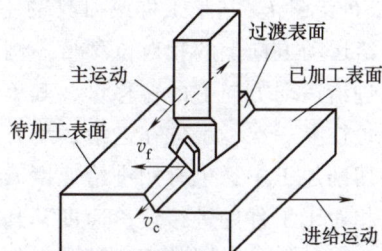

图 1-6　平面刨削的切削运动与加工表面

在其他各种切削加工方法中，工件和刀具同样也必须完成一定的切削运动。切削运动通常按其在切削中所起的作用分为以下两种：

1）主运动。使工件与刀具产生相对运动以进行切削的最基本的运动称为主运动。这个运动的速度最高，消耗的功率最大。例如，外圆车削时工件的旋转运动和平面刨削时刀具的直线往复运动（图1-5和图1-6）都是主运动。主运动的形式可以是旋转运动或直线运动，但每种切削加工方法中主运动通常只有一个。

2）进给运动。使主运动能够持续切除工件上多余的金属，以便形成工件表面所需的运动称为进给运动。例如外圆车削时车刀的纵向连续直线运动（图1-5）和平面刨削时工件的间歇直线运动（图1-6）都是进给运动。进给运动可能不止一个，它的运动形式可以是直线运动、旋转运动或两者的组合，但无论哪种形式的进给运动，其运动速度和消耗的功率都比主运动要小。

总之，任何切削加工方法都必须有一个主运动，可以有一个或几个进给运动。主运动和进给运动可以由工件或刀具分别完成，也可以由刀具单独完成（例如在钻床上钻孔或铰孔）。

3. 工件上的加工表面

在切削加工中，工件上通常存在三个表面，即待加工表面、已加工表面、过渡表面。

1）待加工表面。它是工件上有待切除的表面。随着切削过程的进行，它将逐渐减小，直至全部切去。

2）已加工表面。它是工件上经刀具切削后形成的表面。随着切削过程的进行，它将逐渐扩大。

3）过渡表面。它是切削刃正切削着的表面，并且是切削过程中不断改变着的表面，它总是处在待加工表面与已加工表面之间。

4. 切削用量

所谓切削用量是指切削速度、进给量和背吃刀量三者的总称。

1）切削速度 v_c。它是切削加工时，切削刃上选定点相对于工件的主运动的瞬时速度。切削刃上各点的切削速度可能是不同的。当主运动为旋转运动时，工件或刀具最大直径处的切削速度由式（1-1）确定：

$$v_c = \frac{\pi d n}{1000} \tag{1-1}$$

式中　d——完成主运动的工件或刀具的最大直径（mm）；

　　　n——主运动的转速（r/s 或 r/min）。

2）进给量 f。它是工件或刀具的主运动每转一转或每一工作行程期间，工件和刀具两者在进给运动方向上的相对位移量。例如外圆车削的进给量 f 是工件每转一转时车刀相对于工件在进给运动方向上的位移量，其单位为 mm/r；又如在牛头刨床上刨平面时，其进给量 f 是刨刀每往复一次，工件在进给运动方向上相对于刨刀的位移量，其单位为 mm/双行程。

在切削加工中，也有用进给速度 v_f 来表示进给运动的。所谓进给速度 v_f 是指切削刃上选定点相对于工件的进给运动速度，其单位为 mm/s。若进给运动为直线运动，则进给速度在切削刃上各点是相同的。在外圆车削中

$$v_f = f \times n \tag{1-2}$$

式中　f——车刀每转进给量（mm/r）；

　　　n——工件转速（r/s）。

3）背吃刀量 a_{Sp}。对外圆车削（图1-5）和平面刨削（图1-6）而言，背吃刀量 a_{Sp} 等于工件已加工表面与待加工表面间的垂直距离，其中外圆车削的背吃刀量

$$a_{Sp} = \frac{d_w - d_m}{2} \qquad (1-3)$$

式中　d_w——工件待加工表面的直径（mm）；

　　　d_m——工件已加工表面的直径（mm）。

1.1.2　刀具角度和刀具的工作角度

1. 刀具角度的静止参考系

（1）刀具切削部分的表面与切削刃　切削刀具的种类繁多，结构形状各异。但就其切削部分而言，都可视为外圆车刀切削部分的演变。因此，以外圆车刀为例来介绍刀具切削部分的一般术语，这些术语同样也适用于其他金属切削刀具。

外圆车刀的切削部分如图1-7所示，它具有下述表面和切削刃：

1）前刀面（A_γ）——刀具上切屑流过的表面。

2）主后刀面（A_α）——与工件上过渡表面相对的表面。

3）副后刀面（A'_α）——与工件上已加工表面相对的表面。

4）主切削刃（S）——前刀面与主后刀面的交线。它承担主要的金属切除工作并形成工件上的过渡表面。

5）副切削刃（S'）——前刀面与副后刀面的交线。它参与部分的切削工作并最终形成工件上的已加工表面。

6）刀尖——主、副切削刃的交点。但多数刀具将此处磨成圆弧或一小段直线（图1-8）。

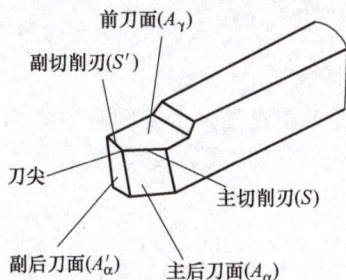

图1-7　外圆车刀的切削部分

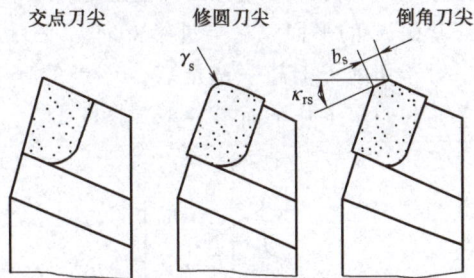

图1-8　刀尖形状

（2）刀具角度的静止参考系　刀具角度是指在刀具工作图上需要标出的角度。刀具的制造、刃磨和测量就是按照刀具角度进行的。分析刀具角度时，并未把刀具同工件和切削运动联系起来，刀具本身还处于尚未使用的静止状态。刀具角度是在一套便于制造、刃磨和测量的刀具静止参考系里度量的。对于车刀，为了便于测量，在建立刀具静止参考系时，特做三点假设：

1）不考虑进给运动的影响，即 $f=0$。

2）安装车刀时应使刀尖与工件中心等高，且车刀刀杆中心线与工件轴线垂直。

3）主切削刃上选定点 x 与工件中心等高。

有了上述三点假设以后，就可方便地建立下列三个刀具静止参考系。

（1）正交平面参考系

1）基面（p_r）：过切削刃上选定点并垂直于该点切削速度向量 $\boldsymbol{v}_c$ 的平面。通常，基面应平行于刀具上便于制造、刃磨和测量的某一安装定位平面。对于普通车刀，基面总是平行于刀杆的底面。

2）切削平面（p_s）：过切削刃上选定点与主切削刃相切并垂直于基面的平面，此切线与该点的切削速度向量 $\boldsymbol{v}_c$ 所组成的平面。

3）正交平面（p_o）：过切削刃上选定点，同时垂直于该点基面 p_r 和切削平面 p_s 的平面。

显然，对于切削刃上某一选定点，该点的正交平面 p_o、基面 p_r 和切削平面 p_s 构成了一个两两互相垂直的空间直角坐标系，将此坐标系称之为正交平面参考系（图1-9）。由图1-9可知，正交平面垂直于主切削刃或其切线在基面上的投影。

（2）法平面参考系 基面 p_r 和主切削平面 p_s 的定义与正交平面参考系里的 p_r、p_s 相同。法平面（p_n）为通过切削刃上选定点垂直于切削刃的平面。对于切削刃上某一选定点，该点的法平面 p_n、基面 p_r 和切削平面 p_s 就构成了法平面参考系（图1-10）。在法平面参考系中，$p_s \perp p_r$、$p_s \perp p_n$，但 p_n 不垂直于 p_r（在刃倾角 $\lambda_s \neq 0°$ 的条件下）。

（3）背平面和假定工作平面参考系 基面 p_r 的定义同正交平面参考系。背平面（p_p）为过切削上选定点，并垂直于基面 p_r 和假定工作平面的平面，它与进给方向 v_f 是垂直的。假定工作平面（p_f）为过切削刃上选定点，同时垂直于刀杆中心线与基面 p_r 的平面，它与进给方向 v_f 平行。

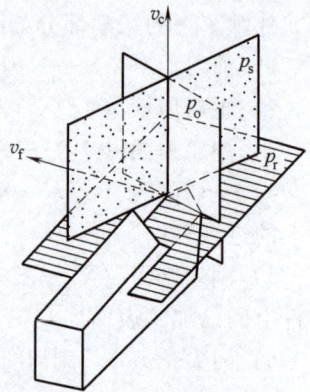

图1-9　正交平面参考系

对于切削刃上某一选定点，该点的 p_p、p_f 与 p_r 就构成了背平面和假定工作平面参考系（图1-11）。显然，这个参考系也是一个空间直角坐标系。

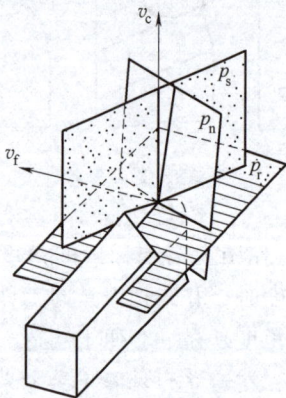

图1-10　法平面参考系

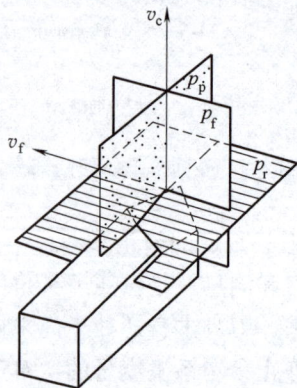

图1-11　背平面、假定工作平面参考系

我国过去多采用正交平面参考系，与欧洲标准相同，近年来参照国际标准 ISO 的规定，逐渐兼用正交平面参考系和法平面参考系。

2. 刀具角度

（1）刀具在正交平面参考系中的角度 刀具角度的作用有两个：一是确定刀具上切削

刃的空间位置；二是确定刀具上前、后刀面的空间位置。现以外圆车刀为例（图 1-12）予以说明。

确定车刀主切削刃空间位置的角度有两个：

1）主偏角 κ_r：主切削刃在基面上的投影与进给方向之间的夹角，在基面 p_r 中测量。

2）刃倾角 λ_s：主切削刃与基面 p_r 间的夹角，在主切削平面 p_s 中测量。当刀尖在主切削刃上为最低点时，λ_s 为负值；反之，当刀尖在主切削刃上为最高点时，λ_s 为正值。

确定车刀前刀面与后刀面空间位置的角度有两个：

1）前角 γ_o：在主切削刃上选定点的正交平面 p_o 内，前刀面与基面之间的夹角。

2）后角 α_o：在同一正交平面 p_o 内，后刀面与切削平面之间的夹角。

除了上述与主切削刃有关的角度外，对于车刀的副切削刃，也可采用同样的分析方法，得到相应的四个角度。但是，由于在刃磨车刀时，常常将主、副切削刃磨在同一个平面型的前刀面上，因此，当主切削刃及其前刀面已由上述的基本角度 κ_r、λ_s、γ_o 确定之后，副切削刃上的副刃倾角 λ_s' 和副前角 γ_o' 也即随之确定，故与副切削刃有关的独立角度就只剩以下两个：

1）副偏角 κ_r'：副切削刃在基面上的投影与进给方向之间的夹角，它在基面 p_r 中测量。

2）副后角 α_o'：在副切削刃上选定点的副正交平面 p_o' 内，副后刀面与副切削平面之间的夹角。副切削平面是过该选定点做副切削刃的切线，此切线与该点切削速度向量所组成的平面。副正交平面 p_o' 是过该选定点并垂直于副切削平面与基面的平面。

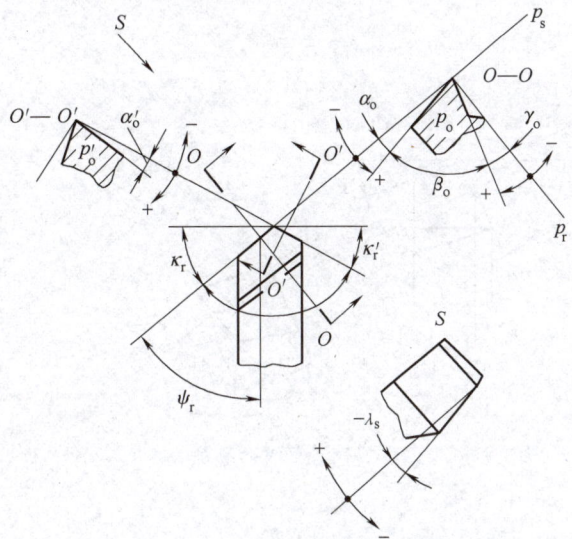

图 1-12 外圆车刀在正交平面参考系的角度

以上是外圆车刀必须标出的六个基本角度。有了这六个基本角度，外圆车刀的三面（前刀面、主后刀面、副后刀面）、两刃（主切削刃、副切削刃）、一尖的空间位置就完全确定下来了。

有时根据实际需要，还可以标出以下角度：

1）楔角 β_o：在主切削刃上选定点的正交平面 p_o 内，前刀面与后刀面的夹角，$\beta_o = 90° - (\gamma_o + \alpha_o)$。

2）刀尖角 ε_r：主、副切削刃在基面上投影的夹角，在基面 p_r 上测量，$\varepsilon_r = 180° - (\kappa_r + \kappa_r')$。

3）余偏角 ψ_r：主切削刃在基面上的投影与进给方向垂线之间的夹角，在基面 p_r 上测量，$\psi_r = 90° - \kappa_r$。

（2）刀具在法平面参考系中的角度 刀具在法平面参考系中要标出的角度，基本上和正交平面参考系中相类似。在基面 p_r 上表示的角度 κ_r、κ_r'、ε_r、ψ_r 和在切削平面 p_s 内表示的角度 λ_s，两个参考系是相同的，所不同的只是将正交平面 p_o 内的 γ_o、α_o 和 β_o 改为法平

面 p_n 内的法前角 γ_n、法后角 α_n 与法楔角 β_n（图 1-13）。

法前角 γ_n、法后角 α_n、法楔角 β_n 的定义与 γ_o、α_o、β_o 相同，所不同的只是 γ_n、α_n、β_n 在法平面 p_n 内，γ_o、α_o、β_o 在正交平面 p_o 内。

（3）刀具在背平面和假定工作平面参考系中的角度 除基面上表示的角度与上面相同外，前角、后角和楔角是分别在背平面 p_p 和假定工作平面 p_f 内标出的，故有背前角 γ_p、背后角 α_p、背楔角 β_p 和侧前角 γ_f、侧后角 α_f、侧楔角 β_f 等角度（图 1-14）。

前角、后角、楔角定义同前，只不过 γ_p、α_p 和 β_p 在背平面 p_p 内；γ_f、α_f 和 β_f 在假定工作平面 p_f 内。

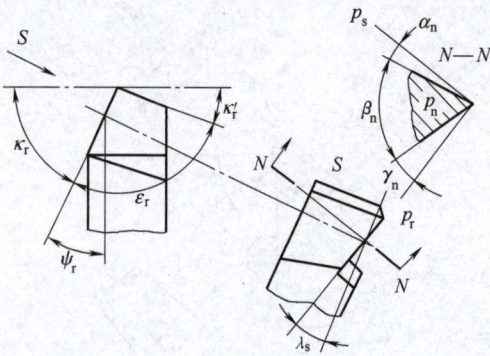

图 1-13 外圆车刀在法平面参考系的角度

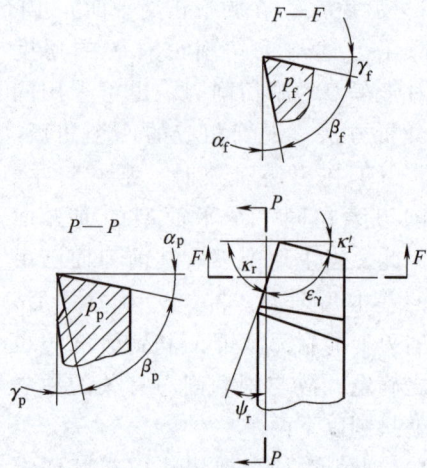

图 1-14 外圆车刀在背平面和假定工作平面参考系的角度

3. 刀具的工作角度

刀具角度是在忽略进给运动影响且刀具又按特定条件安装的情况下给出的。刀具的工作角度是指刀具在实际工作状态下的切削角度，因此，它必须考虑进给运动和实际的安装情况，此时刀具的参考系将发生变化，从而导致刀具的工作角度不同于原来的刀具角度。

（1）刀具工作参考系及工作角度 与刀具静止参考系一样，刀具工作参考系也有三种：工作正交平面参考系；工作法平面参考系；工作背平面和工作平面参考系。刀具工作参考系与静止参考系的区别在于：用合成切削速度向量代替切削速度向量；用实际安装条件代替假定安装条件；用实际的进给方向代替假定的进给方向。刀具工作参考系中各坐标平面的定义见表 1-1。

表 1-1 刀具工作参考系（过切削刃上选定点）

参考系	坐标平面	符号	定义与说明
工作正交平面参考系	工作基面	p_{re}	垂直于合成切削速度向量 $\boldsymbol{v}_e$ 的平面
	工作切削平面	p_{se}	切削刃的切线与合成切削速度向量 $\boldsymbol{v}_e$ 组成的平面
	工作正交平面	p_{oe}	同时垂直于工作基面 p_{re} 和工作切削平面 p_{se} 的平面
工作法平面参考系	工作基面	p_{re}	垂直于合成切削速度向量 $\boldsymbol{v}_e$ 的平面
	工作切削平面	p_{se}	切削刃的切线与合成切削速度向量 $\boldsymbol{v}_e$ 组成的平面
	工作法平面	p_{ne}	垂直于切削刃或其切线的平面（工作参考系中的法平面与静止参考系中的法平面二者相同，即 $p_{ne} \equiv p_n$）

（续）

参考系	坐标平面	符号	定义与说明
工作背平面和假工作平面参考系	工作基面	p_{re}	垂直于合成切削速度向量 $\boldsymbol{v}_e$ 的平面
	工作切削平面	p_{se}	切削刃的切线与合成切削速度向量 $\boldsymbol{v}_e$ 组成的平面
	工作平面	p_{fe}	由切削速度向量 $\boldsymbol{v}_e$ 和进给速度向量 $\boldsymbol{v}_f$ 所组成的平面。显然，p_{fe} 包含合成切削速度向量 $\boldsymbol{v}_e$，因此 $p_{fe} \perp p_{re}$
	工作背平面	p_{pe}	同时垂直于工作基面 p_{re} 和工作平面 p_{fe} 的平面

刀具的工作角度就是在刀具工作参考系中确定的角度，其定义与原来的刀具角度相同。刀具的工件角度是刀具在实际工作状态下的切削角度，显然，它更符合生产实际情况。

（2）进给运动对刀具工作角度的影响

1）横向进给运动的影响　以切断刀为例，如图1-15所示，在不考虑进给运动时，刀具切削刃上选定点 A 的切削速度向量 $\boldsymbol{v}_c$ 过 A 点垂直向上，A 点的基面 $p_r \perp v_c$，显然，p_r 为一平行于刀具底面的平面；A 点的切削平面 p_s 包含切削速度向量 $\boldsymbol{v}_c$，所以，它与过 A 点的圆相切；A 点的正交平面 p_o 为示图纸面。显然，p_o、p_r 和 p_s 组成了刀具切削刃上 A 点的正交平面参考系，γ_o 和 α_o 就为正交平面 p_o 内的前角和后角。

当考虑进给运动后，A 点的合成切削速度向量 $\boldsymbol{v}_e$ 由切削速度向量 $\boldsymbol{v}_c$ 与进给速度向量 $\boldsymbol{v}_f$ 合成，即 $\boldsymbol{v}_e = \boldsymbol{v}_c + \boldsymbol{v}_f$。此时，工作基面 $p_{re} \perp v_e$，且 p_{re} 不平行于刀具的底面；工作切削平面 p_{se} 过 v_e，且 p_{se} 与切削刃在工件上切出的阿基米德螺旋线相切；工作正交平面 p_{oe} 与原来的 p_o 是重合的，仍为示图纸面。显然，p_{oe}、p_{re} 和 p_{se} 组成了切削刃上点 A 的工作正交平面参考系，γ_{oe} 和 α_{oe} 就为工作正交平面 p_{oe} 内的工作前角和工作后角。

由于 p_{re} 与 p_{se} 相对于原来的 p_r 与 p_s 倾斜了一个角度 η，因此，现在的工作前角 γ_{oe} 和工作后角 α_{oe} 应为

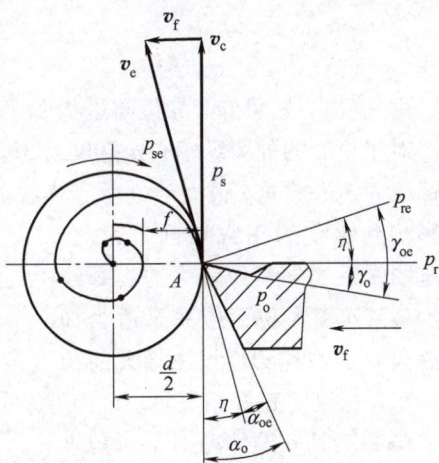

图1-15　横向进给运动对工作角度的影响

$$\gamma_{oe} = \gamma_o + \eta \qquad (1-4)$$

$$\alpha_{oe} = \alpha_o - \eta \qquad (1-5)$$

$$\tan\eta = \frac{v_f}{v_c} = \frac{nf}{\pi dn} = \frac{f}{\pi d} \qquad (1-6)$$

式中　η——合成切削速度角，它是同一瞬时主运动方向与合成切削方向之间的夹角，在工作平面中测量（°）；

f——工件每转一转时刀具的横向进给量（mm/r）；

d——切削刃上选定点 A 在横向进给切削过程中相对工件中心的直径，该直径是一个不断改变着的数值（mm）。

由式（1-6）可知，切削刃越近工件中心，d 值越小，则 η 值越大。因此，在一定的横向进给量 f 下，当切削刃接近工件中心时，η 值急剧增大，工作后角 α_{oe} 将变为负值，此时，

刀具已不再是切削工件而成了挤压工件。横向进给量 f 的大小对 η 值也有很大的影响。f 增大则 η 值增大，也有可能使 α_{oe} 变为负值。因此，对于横向切削的刀具，不宜选用过大的进给量 f，并应适当加大后角 α_o。

2）纵向进给运动的影响。为了排除切削刃上选定点相对于工件中心高低的影响，除刀尖与工件中心等高外，假定车刀 $\lambda_s = 0$。如图 1-16 所示，在不考虑进给运动时，基面 p_r 平行于刀杆底面，切削平面 p_s 垂直于刀杆底面。γ_f 和 α_f 为假定工作平面 p_f 内的侧前角和侧后角。考虑了进给运动后，使工作基面 p_{re} 和工作切削平面 p_{se} 都倾斜了一个 η 角，则工作平面 p_{fe}（与假定工作平面重合）内的工作角度为

$$\gamma_{fe} = \gamma_f + \eta \tag{1-7}$$

$$\alpha_{fe} = \alpha_f - \eta \tag{1-8}$$

而

$$\tan\eta = \frac{f}{\pi d_w} \tag{1-9}$$

式中　f——纵向进给量（mm/r）；

　　　d_w——工件直径（mm）。

将上述角度换算到工作正交平面内，则

$$\tan\eta_o = \tan\eta \times \sin\kappa_r \tag{1-10}$$

$$\gamma_{oe} = \gamma_o + \eta_o \tag{1-11}$$

$$\alpha_{oe} = \alpha_o - \eta_o \tag{1-12}$$

由式（1-9）可知，η 值与进给量 f 及工件直径 d_w 有关。f 越大或 d_w 越小，则 η 值越大。对于一般的外圆纵车，η 值仅为 $30' \sim 40'$，因此可忽略不计。但在车螺纹，尤其是车多线螺纹时，进给量 f 很大（它等于螺纹的导程，即螺距乘头数），此时 η 值也将很大，这必然影响到螺纹的正常切削。为此，在车削螺距（导程）较大的右螺纹时，螺纹车刀左侧刃应注意适当加大后角 α_o，右侧刃应设法增大前角 γ_o，车左螺纹时正好相反。

（3）刀具安装情况对工作角度的影响

1）刀具安装高低的影响。为研究方便，假定车刀 $\lambda_s = 0$。如图 1-17 所示，当刀尖装得高于工件中心时，主切削刃上选定点的工作切削平面 p_{se} 和工作基面 p_{re} 就不同于切削平面 p_s 和基面 p_r，因而在工作背平面 p_{pe}（仍为原来的背平面 p_p）内，刀具的工作前角 γ_{pe} 增大，工作后角 α_{pe} 减小，两个角度的变化值均为 θ_p，即

$$\gamma_{pe} = \gamma_p + \theta_p \tag{1-13}$$

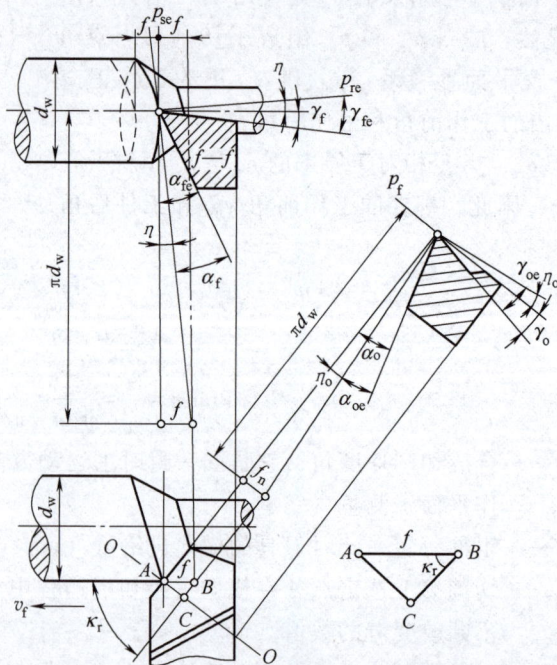

图 1-16　纵向进给运动对工作角度的影响

$$\alpha_{pe} = \alpha_p - \theta_p \qquad (1\text{-}14)$$

$$\tan\theta_p = \frac{h}{\sqrt{\left(\dfrac{d_w}{2}\right)^2 - h^2}} \qquad (1\text{-}15)$$

式中　h——刀尖高于工件中心线的值（mm）；

　　　d_w——工件直径（mm）。

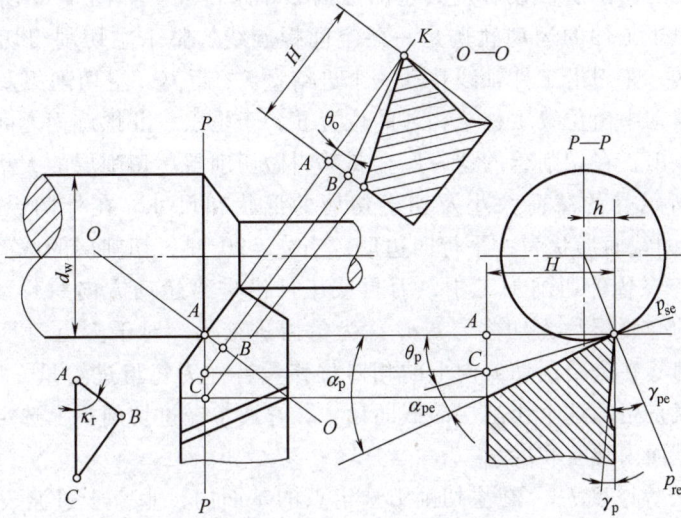

图 1-17　刀尖安装高低对工作角度的影响

换算到工作正交平面内为

$$\gamma_{oe} = \gamma_o + \theta_o \qquad (1\text{-}16)$$

$$\alpha_{oe} = \alpha_o - \theta_o \qquad (1\text{-}17)$$

$$\tan\theta_o = \tan\theta_p \times \cos\kappa_r \qquad (1\text{-}18)$$

　　如果刀尖低于工件中心，则工作角度的变化情况与上面恰好相反。内孔镗削时装刀高低对工作角度的影响与外圆车削也恰好相反。

　　2）刀杆中心线与进给方向不垂直的影响。当车刀刀杆中心线安装得与进给方向垂直时，工作主偏角等于刀具主偏角，工作副偏角等于刀具副偏角。当车刀刀杆中心线与进给方向不垂直时，如图 1-18 所示，则工作主偏角 κ_{re} 将增大（或减小），而工作副偏角 κ_{re}' 将减小（或增大），其角度变化值为 G，即

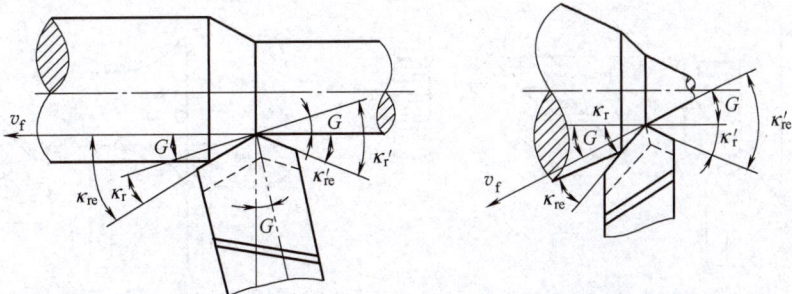

图 1-18　刀杆中心线不垂直于进给方向

$$\kappa_{re} = \kappa_r \pm G \qquad (1\text{-}19)$$
$$\kappa'_{re} = \kappa_r \mp G \qquad (1\text{-}20)$$

其中，"+"或"−"号由刀杆偏斜方向决定；G 为刀杆中心线的垂线与进给方向的夹角。

1.1.3　切削层参数与切削方式

1. 切削层参数

各种切削加工的切削层参数可用典型的外圆纵车来说明。如图 1-19 所示，车刀主切削刃上任意一点相对于工件的运动轨迹是一条空间螺旋线，整个主切削刃切出的是一个螺旋面。工件每转一转，车刀沿工件轴线移动一个进给量 f 的距离，主切削刃及其对应的工件过渡表面也在连续移动中由位置 Ⅰ 移至相邻的位置 Ⅱ，于是 Ⅰ、Ⅱ螺旋面之间的一层金属被切下变为切屑。由车刀正在切削着的这一层金属就叫做切削层。切削层的大小和形状直接决定了车刀切削部分所承受的载荷大小及切下切屑的形状和尺寸。在外圆纵车中，当 $\kappa'_r = 0$、$\lambda_s = 0$ 时，切削层的截面形状为一平行四边形；当 $\kappa_r = 90°$ 时，切削层的截面形状为矩形。

（1）切削层　在各种切削加工中，刀具或工件沿进给运动方向每移动一个 f 或 a_f 后，一个刀齿正在切的金属层称为切削层。a_f 称为每齿进给量。对于多齿刀具，当刀具每转过一个齿，工件和刀具在进给运动方向上的相对位移量就称为每齿进给量，用 a_f（mm/z）表示。切削层参数就是指的这个切削层的截面尺寸，它通常在过切削刃上选定点并与该点切削速度向量垂直的基面内观察和度量。

（2）切削层公称厚度 h_D　在主切削刃选定点的基面内，垂直于过渡表面度量的切削层尺寸（图 1-19）称为切削层的公称厚度，以 h_D 表示。在外圆纵车时，若车刀主切削刃为直线，则

$$h_D = f \times \sin\kappa_r \qquad (1\text{-}21)$$

由此可见，f 或 κ_r 增大，h_D 变厚。若车刀主切削刃为圆弧或任意曲线（图 1-20），则对应于主切削刃上各点的切削层公称厚度 h_D 是不相等的。

（3）切削层公称宽度 b_D　在主切削刃选定点的基面内，沿过渡表面度量的切削层尺寸（图 1-19），称为切削层公称宽度，以 b_D 表示。当车刀主切削刃为直线时，外圆纵车的 b_D 为

$$b_D = \frac{a_{Sp}}{\sin\kappa_r} \qquad (1\text{-}22)$$

由上式可知，当 a_{Sp} 减小或 κ_r 增大时，b_D 变短。

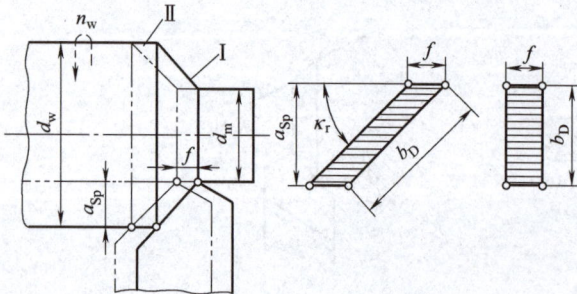

图 1-19　外圆纵车时切削层的参数　　图 1-20　曲线切削刃工作时的 h_D 及 b_D

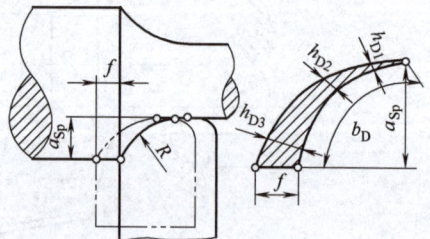

（4）切削层公称横截面积 A_D 在主切削刃选定点的基面内，切削层的横截面积称为切削层公称横截面积，以 A_D 表示。车削时

$$A_D = h_D \times b_D = f \times a_{Sp} \tag{1-23}$$

2. 切削方式

（1）自由切削与非自由切削 刀具在切削过程中，如果只有一条直线切削刃参加切削工作，这种情况称之为自由切削。其主要特征是切削刃上各点切屑流出方向大致相同，被切金属的变形基本上发生在二维平面内。如图 1-21 所示的宽刃刨刀，由于主切削刃长度大于工件宽度，没有其他切削刃参加切削，因此它属于自由切削。

反之，若刀具上的切削刃为曲线，或有几条切削刃都参加了切削，并且同时完成整个切削过程，则称之为非自由切削。其主要特征是各切削刃交接处切下的金属互相影响和干扰，金属变形更为复杂，且发生在三维空间内。例如外圆车削时除主切削刃外，还有副切削刃同时参加切削，所以，它属于非自由切削方式。

（2）直角切削与斜角切削 直角切削是指刀具主切削刃的刃倾角 $\lambda_s = 0°$ 的切削，此时，主切削刃与切削速度向量成直角，故又称它为正交切削。如图 1-21a 所示为直角切削简图，它是属于自由切削状态下的直角切削，其切屑流出方向是沿切削刃的法向，这也是金属切削中最简单的一种切削方式，以前的理论和实验研究工作，多采用这种直角自由切削方式。

斜角切削是指刀具主切削刃的刃倾角 $\lambda_s \neq 0°$ 的切削，此时主切削刃与切削速度向量不成直角。如图 1-21b 所示即为斜角切削，它也属于自由切削方式。一般的斜角切削，无论它是在自由切削或非自由切削方式下，主切削刃上的切屑流出方向都将偏离其切削刃的法向。实际切削加工中的大多数情况属于斜角切削方式。

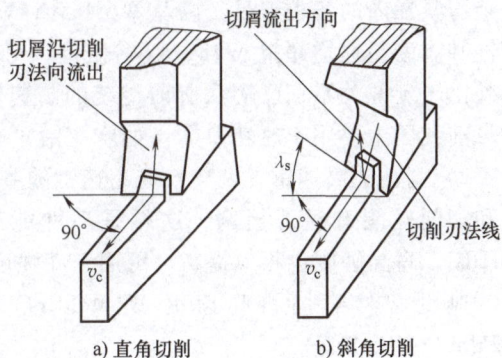

图 1-21 直角切削与斜角切削

1.1.4 刀具材料及其选用

在金属切削过程中，刀具担负着直接切除余量和形成已加工表面的任务。刀具切削部分的材料、几何形状和刀具结构决定了刀具的切削性能，它们对刀具的使用寿命、切削效率、加工质量和加工成本影响极大，因此，应当重视刀具材料的正确选择和合理使用，重视新型刀具材料的研制。

1. 刀具材料应具备的性能

在切削加工时，刀具切削部分与切屑、工件相互接触的表面上承受很大的压力和强烈的摩擦，刀具在高温下进行切削的同时，还承受着冲击和振动，因此作为刀具材料应具备以下基本性能：

1）高的硬度和耐磨性。刀具材料要比工件材料硬，并具有高的抵抗磨损的能力。

2）足够的强度和韧性。其可承受切削中的切削力、冲击和振动，避免崩刃和折断。

3）高的耐热性。高温下保持硬度、耐磨性、强度和韧性的能力。

4）良好的工艺。其包括锻造性能、热处理性能、切削加工性能等，以便于刀具的制造。

5）经济性。价格低，经济效果好。

2. 常用刀具材料的种类、特点及适用范围

刀具材料的种类很多，常用的有碳素工具钢、合金工具钢、高速钢、硬质合金、陶瓷、金刚石和立方氮化硼等。碳素工具钢（如 T10A、T12A）和合金工具钢（如 9CrSi、CrWMn），因其耐热性较差，仅用于手工工具及切削速度较低的刀具。陶瓷、金刚石和立方氮化硼则由于性质脆、工艺性差等原因，目前尚只在较小的范围内使用。目前，用得最多的刀具材料仍为高速钢和硬质合金。

（1）高速钢　高速钢是加入了钨、钼、铬、钒等合金元素的高合金工具钢。它有较高的热稳定性，切削温度达 500~650℃ 时仍能进行切削；有较高的强度、韧性、硬度和耐磨性，适合于各类刀具的要求。其制造工艺简单，容易磨成锋利的切削刃，可锻造，这对一些形状复杂的刀具如钻头、成形刀具、拉刀、齿轮刀具等尤为重要，是制造这类刀具的主要材料。

按基本化学成分，高速钢可分为钨系和钨钼系；按切削性能分，则有普通高速钢和高性能高速钢；按制造方法分，则有熔炼高速钢和粉末冶金高速钢。

1）普通高速钢。普通高速钢的特点是工艺性好，切削性能可满足一般工程材料的常规加工要求，常用品种有 W18Cr4V，属钨系高速钢，其综合性能和可磨削性好，可制造包括复杂刀具在内的各类刀具。以及 W6Mo5Cr4V2，属钨钼系高速钢，其碳化物分布的均匀性、韧性和高温塑性均超过 W18Cr4V，但是，可磨性比 W18Cr4V 略差，切削性能则大致相同。国外由于资源关系，已淘汰所谓传统的高速钢 W18Cr4V，而以 W6Mo5Cr4V2 代替。这一钢种目前我国主要用于热轧刀具（如麻花钻），也可用于制造大尺寸刀具。

2）高性能高速钢。调整普通高速钢的基本化学成分和添加其他合金元素，使其力学性能和切削性能有显著提高，这就是高性能高速钢。高性能高速钢的常温硬度可达 67~70HRC，高温硬度也相应提高，可用于高强度钢、高温合金、钛合金等难加工材料的切削加工。典型牌号有高钒高速钢 W6Mo5Cr4V3、钴高速钢 W6Mo5Cr4V2Co5、超硬高速钢 W2Mo9Cr4VCo8 等。

3）粉末冶金高速钢。粉末冶金高速钢是用高压氩气或纯氮气雾化熔融的高速钢钢水，直接得到细小的高速钢粉末，然后将这种粉末在高温高压下压制成致密的钢坯，最后将钢坯锻轧成钢材或刀具形状的一种高速钢。

粉末冶金高速钢与熔炼高速钢相比有很多优点，如韧性与硬度较高、可磨削性能显著改善、材质均匀、热处理变形小、质量稳定可靠，故刀具寿命较高。粉末冶金高速钢可以切削各种难加工材料，特别适合于制造各种精密刀具和形状复杂的刀具。

（2）硬质合金　硬质合金是高硬度、难熔的金属化合物（主要是 WC、TiC 等，又称高温碳化物）微米级的粉末，用钴或镍等金属作粘结剂烧结而成的粉末冶金制品。因含有大量熔点高、硬度高、化学稳定性好、热稳定性好的金属碳化物，其硬度、耐磨性、耐热性都很高。常用硬质合金的硬度为 89~93HRA，在 800~1000℃ 还能承担切削载荷，刀具寿命较高速钢高几倍到几十倍，当寿命相同时，切削速度可提高 4~10 倍。它的抗弯强度较高速钢低，冲击韧性差，切削时不能承受大的振动和冲击载荷。硬质合金中碳化物含量较高时，硬度高，但抗弯强度低；粘结剂含量较高时，抗弯强度高，但硬度低。硬质合金以其切削性能优良被广泛用作刀具材料。如大多数的车刀、面铣刀以及深孔钻、铰刀、拉刀、齿轮滚刀等。表 1-2 列出了各种硬质合金的牌号及应用范围。

表 1-2　各种硬质合金的牌号及应用范围

牌号	特性		应用范围
YG3X	硬度、耐磨性、切削速度 ↑	抗弯强度、韧性、进给量 ↓	铸铁、有色金属及其合金的精加工、半精加工,不能承受冲击载荷
YG3			铸铁、有色金属及其合金的精加工、半精加工,不能承受冲击载荷
YG6X			普通铸铁、冷硬铸铁、高温合金的精加、半精加工
YG6			铸铁、有色金属及其合金的半精加工和粗加工
YG8			铸铁、有色金属及其合金、非金属材料的粗加工,也可用于断续切削
YG6A			冷硬铸铁、有色金属及其合金的半精加工,亦可用于高锰钢、淬火钢及合金钢的半精加工和精加工
YT30	硬度、耐磨性、切削速度 ↑	抗弯强度、韧性、进给量 ↓	碳素钢、合金钢、淬硬钢的精加工
YT15			碳素钢、合金钢在连续切削时的粗加工、半精加工,亦可用于断续切削时的精加工
YT14			碳素钢、合金钢在连续切削时的粗加工、半精加工,亦可用于断续切削时的精加工
YT6			碳素钢、合金钢的精加工,可用于断续切削
YW1	硬度、耐磨性、切削速度 ↑	抗弯强度、韧性、进给量 ↓	高温合金、高锰钢、不锈钢等难加工材料及普通钢料、铸铁、有色金属及其合金的粗加工和半精加工
YW2			高温合金、高锰钢、不锈钢等难加工材料及普通钢料、铸铁、有色金属及其合金的粗加工和精加工

国际标准化组织 ISO 将切削用的硬质合金分为三类:

1) YG 类。即 WC-Co 类硬质合金,此类合金有较高的抗弯强度和冲击韧性,磨削性、导热性较好,适于加工产生崩碎切屑、有冲击性切削力作用在刃口附近的脆性材料,如铸铁、有色金属及其合金,并适合加工导热系数低的不锈钢等难加工材料。

2) YT 类。即 WC-TiC-Co 类硬质合金。此类合金有较高的硬度和耐磨性,特别是有高的耐热性,抗粘结扩散能力和抗氧化能力也很好;但抗弯强度、磨削性和导热性低,低温脆性大、韧性差,适用于高速切削钢料。

3) YW 类。即 WC-TiC-TaC(NbC)-Co 类硬质合金。在 YT 类中加入 TaC(NbC)可提高其抗弯强度、疲劳强度、冲击韧性、高温硬度和强度、抗氧化能力、耐磨性等,既可用于加工铸铁及有色金属,也可加工钢。

(3) 其他刀具材料

1) 陶瓷。陶瓷的主要成分是 Al_2O_3,加少量添加剂压制高温烧结而成。它的硬度、耐磨性和热硬性均比硬质合金好,适于加工高硬度的材料。硬度为 93~94HRA,在 1200℃ 的高温下仍能继续切削。陶瓷与金属的亲和力小,切削不易粘刀,不易产生积屑瘤,加工表面光洁。但陶瓷刀片性脆，抗弯强度与冲击韧性低，一般用于钢、铸铁以及高硬度材料（如淬硬钢）的半精加工和精加工。

为了提高陶瓷刀片的强度和韧性，可在矿物陶瓷中添加高熔点、高硬度的碳化物（TiC）和一些其他金属（如镍、钼）以构成复合陶瓷。我国的陶瓷刀片牌号有：AM、AMF、AT6、SG4、LT35、LT55 等。

2）金刚石。金刚石分天然和人造两种，是碳的同素异形体。金刚石是目前已知的最硬材料，其硬度为 10000HV，精车有色金属时，加工公差等级可达 IT5，表面粗糙度值 Ra 可达 0.012μm。

金刚石的耐磨性好，在切削耐磨材料时，刀具寿命通常为硬质合金的 10~100 倍。金刚石的耐热性较差，一般低于 800℃，而且由于金刚石是碳的同素异形体，在高温条件下，与铁原子反应，刀具易产生粘接磨损，因此不适于加工钢铁材料。它适用于硬质合金、陶瓷、高硅铝合金等耐磨材料的加工，以及有色金属和玻璃强化塑料等的加工。用金刚石粉制成的砂轮磨削硬质合金，磨削能力大大超过了碳化硅砂轮。

3）立方氮化硼（CBN）。立方氮化硼是六方氮化硼的同素异形体，是人类已知的硬度仅次于金刚石的物质，立方氮化硼的热稳定性和化学惰性大大优于金刚石。可耐 1300~1500℃的高温，且 CBN 不与铁原子起作用，因此它适于加工不能用金刚石加工的铁基合金，如高速钢、淬火钢、冷硬铸铁等，此外还适于切削钛合金和高硅铝合金。用于加工高温合金（如镍基合金）等难加工材料时，可大大提高生产率。

虽然 CBN 价格高昂，但随着难加工材料的应用日益广泛，其是一种大有前途的刀具材料。

1.2 金属切削理论

1.2.1 金属切削过程中的变形

1. 切屑的形成

在材料力学课程中，已研究过金属受挤压的情况。如图 1-22a 所示为塑性金属受挤压的示意图，试件受压时，随着外力 F 的增加，金属内部应力增加，先产生弹性变形继而产生塑性变形，并使金属的晶格沿晶面发生滑移，滑移面 DA、CB 与外力 F 的方向大致成 45°，滑移到最后产生破裂。

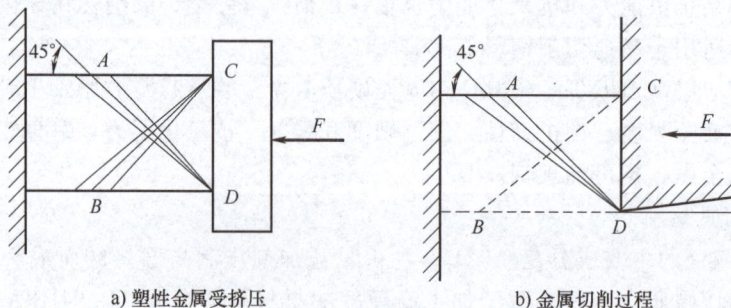

a) 塑性金属受挤压　　　　　b) 金属切削过程

图 1-22　塑性金属受挤压与切削示意图

如图 1-22b 所示为金属切削过程示意图。DB 以上为切削层，与金属挤压试验相似，切削层受刀具挤压后也产生弹性变形和塑性变形，并有沿 DA、CB 方向滑移的倾向，因 DB 以下为工件母体，受其阻碍，金属只能沿 DA 滑移，当其与母体金属分离时，就形成了金属切削过程中的切屑。

2. 金属切削层的三个变形区

根据金属切削实验中切削层的变形图片，可绘制如图 1-23 所示的金属切削过程中的滑移线和流线示意图。流线即被切金属的某一点在切削过程中流动的轨迹。按照该图，可将切削刃作用部位的切削层划分为三个变形区。

1）第一变形区。从 OA 线开始发生塑性变形，到 OM 线晶粒的剪切滑移基本完成。这一区域称为第一变形区（Ⅰ）。

2）第二变形区。切屑沿刀具前刀面排出时，进一步受到前刀面的挤压和摩擦，使靠近前刀面处的金属纤维化，其方向基本上和前刀面相平行。这部分叫做第二变形区（Ⅱ）。

3）第三变形区。已加工表面受到切削刃钝圆部分与刀具后刀面的挤压和摩擦，产生变形与回弹，造成纤维化与加工硬化。这一部分称为第三变形区（Ⅲ）。

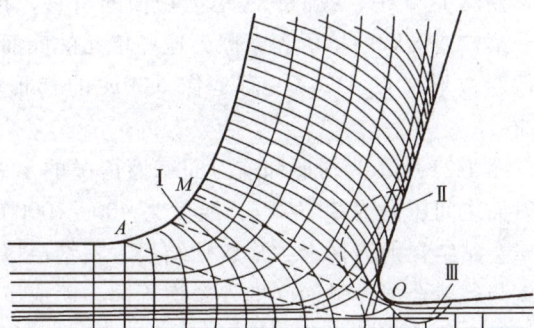

图 1-23　金属切削过程中的滑移线和流线示意图

这三个变形区汇集在切削刃附近，此处的应力集中且复杂，金属的被切削层就在此处与工件母体材料分离，大部分变成切屑，很小的一部分留在已加工表面上。

3. 第一变形区内金属的剪切变形

如图 1-24 所示，当切削层中金属某点 P 向切削刃逼近，到达点 1 的位置时，若通过点 1 的等切应力曲线 OA，其切应力达到材料的屈服强度，则点 1 在向前移动的同时，也沿 OA 滑移，其合成运动将使点 1 流动到点 2。2′—2 就是它的滑移量。随着滑移的产生，切应力将逐渐增加，也就是当 P 点向 1、2、3 各点移动时，它的切应力不断增加，直到点 4 位置，此时其流动方向与刀具前刀面平行，不再沿 OM 线滑移。所以 OM 叫终滑移线，OA 叫始滑移线。在 OA 到 OM 之间整个第一变形区内，其变形的主要特征就是沿滑移线的剪切变形，以及随之产生的加工硬化。

在一般切削速度范围内，第一变形区的宽度仅为 0.02～0.2mm，所以，可用一个面来代替它，此面称为剪切面，常用 OM 来表示。剪切面和切削速度方向的夹角叫做剪切角，以 φ 表示。

根据上述的变形过程，可以把塑性金属的切削过程粗略地模拟为如图 1-25 所示的示意图。被切材料好比一叠卡片 1′、2′、3′、…，当刀具切入时，这叠卡片受力被擦到 1、2、3 等位置，卡片之间发生滑移，其滑移方向就是剪切面的方向。

4. 第二变形区（刀-屑接触区）的变形和摩擦

切削层金属经过终滑移线 OM，变成切屑沿刀具前刀面流出时，切屑底层仍受到刀具前刀面的挤压和摩擦，这就使切屑底层继续发生变形，而且这种变形仍以剪切滑移为主，变形的结果使切屑底层的晶粒弯曲拉长，并趋向于与前刀面平行而形成纤维层。

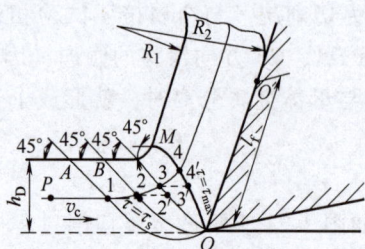

图 1-24　第一变形区金属的滑移

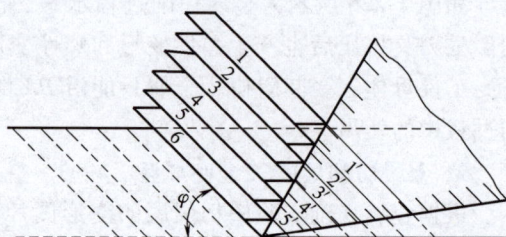

图 1-25　金属切削过程示意图

在图 1-25 中，我们只考虑剪切面的滑移，把各单元比喻为平行四边形的薄片，实际上由于第二变形区的挤压和摩擦，这些单元的底面被挤压伸长，它的形状不再是 $aAMm$ 那样的平行四边形（图 1-26），而是像 $bAMm$ 的梯形了。许多梯形叠加起来，就造成了切屑的卷曲。

图 1-27 所示为切屑和前刀面摩擦情况的示意图。在切屑沿前刀面流出的前期，切屑与前刀面之间压力为 2~3GPa，温度为 400~1000℃，在如此高压和高温作用下，切屑底层的金属会粘结在前刀面上，形成粘结层，粘结层以上的金属从粘结层上流过时，它们之间的摩擦就与一般金属接触面间的外摩擦不同，而成了粘结层与其上流动金属之间的内摩擦，这实际就是金属内部的滑移剪切。

在切屑沿前刀面流出的后期，由于压力和温度降低，因此切屑底层与前刀面之间的摩擦就成了一般金属接触面间的外摩擦。在外摩擦情况下，摩擦力仅与正压力及摩擦系数有关，而与接触面积无关；在内摩擦情况下，摩擦力与材料的流动应力特性及粘结面积有关。刀-屑接触区通常以内摩擦为主，内摩擦力约占总摩擦力的 85%。

如图 1-27 所示，刀-屑接触区长度为 l_f，其中粘结部分长度为 l_{f1}，产生内摩擦；滑动部分长度为 l_{f2}，产生外摩擦。通过实验测出前刀面上的正应力 σ 和剪应力 τ，它们的分布情况如图 1-27 所示。由图可见，切屑与前刀面整个接触区的正应力 σ 以刀尖处最大，然后逐渐减少为零；剪应力 τ 在粘结部分等于材料的剪切屈服强度 τ_s，在滑动部分由 τ_s 逐渐减少为零。

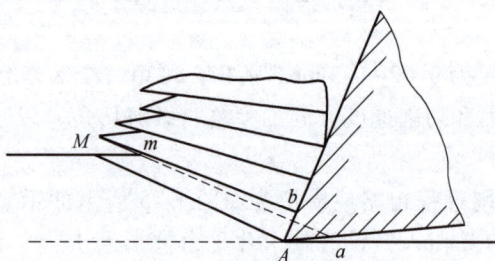

图 1-26　切屑的卷曲

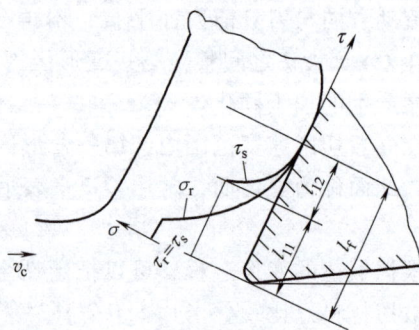

图 1-27　刀-屑接触示意图

5. 表示切屑变形程度的方法

（1）剪切角 φ　实验证明，对于同一工件材料，用同样的刀具，切削同样大小的切削层，当切削速度高时，剪切角 φ 较大，剪切面积变小（图 1-28），切削比较省力，说明切屑变形较小。相反，当剪切角 φ 较小，则说明切屑变形较大。

（2）切屑厚度压缩比 Λ_h　在切削过程中，刀具切下的切屑厚度 h_{ch} 通常都要大于工件上切削层的公称厚度 h_D，而切屑长度 l_{ch} 却小于切削层公称长度 l_D，如图1-29所示。

切屑厚度 h_{ch} 与切削层公称厚度 h_D 之比称为切屑厚度压缩比 Λ_h；而切削层公称长度 l_D 与切屑长度 l_{ch} 之比称为切屑长度压缩比 Λ_L，即

$$\Lambda_h = \frac{h_{ch}}{h_D} \tag{1-24}$$

$$\Lambda_H = \frac{l_D}{l_{ch}} \tag{1-25}$$

由于工件上切削层的宽度与切屑平均宽度的差异很小，切削前、后的体积可以看做不变，故

$$\Lambda_h = \Lambda_L \tag{1-26}$$

Λ_h 是一个大于1的数，Λ_h 值越大，表示切下的切屑厚度越大，长度越短，其变形也就越大。由于切屑厚度压缩比 Λ_h 直观地反映了切屑的变形程度，并且容易测量，故一般常用它来度量切屑的变形。

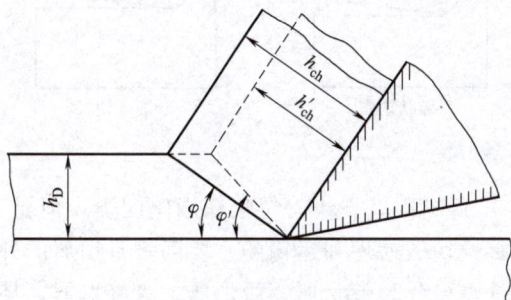

图1-28　剪切角与剪切面积的关系

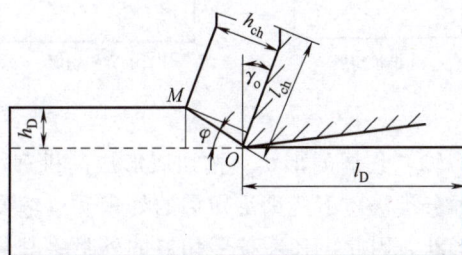

图1-29　切屑厚度压缩比 Λ_h 的求法

6. 几个主要因素对切屑变形的影响

（1）工件材料对切屑变形的影响　工件材料的强度、硬度越高，切屑变形越小。这是因为工件材料的强度、硬度越高，切屑与前刀面的摩擦越小，切屑越易排出，故切屑变形越小。

（2）刀具前角对切屑变形的影响　刀具前角越大，切屑变形越小。生产实践表明，采用大前角的刀具切削，刀刃锋利，切屑流动阻力小，因此，切屑变形小，切削省力。

（3）切削速度对切屑变形的影响　在无积屑瘤的切削速度范围内，切削速度越大，则切屑变形越小。这有两方面的原因：一方面是因为切削速度较高时，切削变形不充分，导致切屑变形减小；另一方面是因为随着切削速度的提高，切削温度也升高，使刀-屑接触面的摩擦减小，从而也使切屑变形减小。

（4）切削层公称厚度对切屑变形的影响　在无积屑瘤的切削速度范围内，切削层公称厚度越大，则切屑变形越小。这是由于切削层公称厚度增大时，刀-屑接触面上的摩擦减小的缘故。

7. 切屑的种类、形状及控制

（1）切屑的种类　按照切屑形成的机理可将切屑分为以下四类：

1）带状切屑。如图 1-30a 所示，带状切屑的外形呈带状，它的内表面是光滑的，外表面是带毛刺的，加工塑性金属材料如碳钢、合金钢时，当切削层公称厚度较小，切削速度较高，刀具前角较大时，一般常得到这种切屑。

2）节状切屑。如图 1-30b 所示，这类切屑的外形是切屑的外表面呈锯齿形，内表面有时有裂纹，这种切屑大都在切削速度较低，切削层公称厚度较大、刀具前角较小时产生。

3）粒状切屑。当切屑形成时，如果整个剪切面上剪应力超过了材料的破裂强度，则整个单元被切离，成为梯形的粒状切屑，如图 1-30c 所示。由于各粒形状相似，因此又叫单元切屑。

4）崩碎切屑。如图 1-30d 所示，在切削脆性金属如铸铁、黄铜等时，切削层几乎不经过塑性变形就产生脆性崩裂，从而使切屑呈不规则的颗粒状。

前三种切屑是切削塑性金属时得到的。形成带状切屑时，切削过程最平衡，切削力波动小，已加工表面粗糙度小。节状切屑与粒状切屑会引起较大的切削力波动，从而产生冲击和振动。生产中切削塑性金属时最常见的是带状切屑，有时得到节状切屑，粒状切屑则很少见。

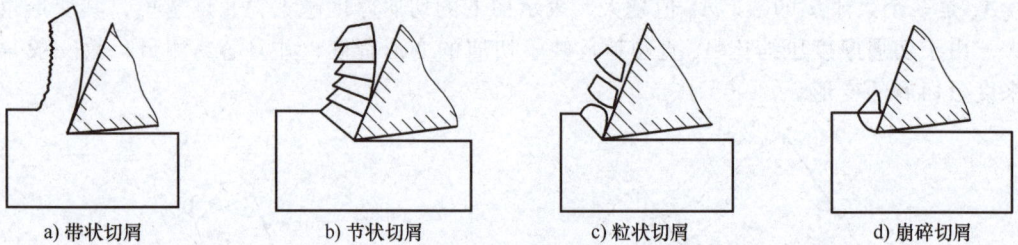

| a) 带状切屑 | b) 节状切屑 | c) 粒状切屑 | d) 崩碎切屑 |

图 1-30　切屑种类

（2）切屑的形状　按切屑形成的机理将切屑分成带状、节状、粒状和崩碎四类。但是，这种分类法还不能满足切屑的处理和运输要求。影响切屑处理和运输的主要因素是切屑的外观形状，因此，还需按照切屑的外形将其分类，具体可分为带状屑、管形屑、盘旋形屑、环状螺旋屑、锥形螺旋屑、弧形屑、单元屑、针形屑等，见表 1-3。

表 1-3　切屑的各种形状（GB/T 16461—2016）

带状屑	管形屑	盘旋形屑	环状螺旋屑	锥形螺旋屑	弧形屑	单元屑	针形屑
长	长	平	长	长	连接		
短	短	锥	短	短	松散		
缠乱	缠乱		缠乱	缠乱			

（3）切屑的控制　切屑控制又称切屑处理，工厂中一般简称为"断屑"，是指在切削过程中采用适当的工艺措施来控制切屑的流出方向、卷曲及有效折断，以形成便于处理和控制的屑形和大小。

1）屑形控制。由于切削加工的具体条件不同，要求切屑的形状也有所不同。在一般情况下，不希望得到带状屑，只有在立式镗床上镗盲孔时，为了使切屑顺利排出孔外，才要求形成带状屑或管形屑。弧形屑不缠绕工件，也不易伤人，是一种比较好的屑形，但高频率的碰撞和折断会影响切削过程的平稳性，对已加工表面的表面粗糙度有影响，所以精车时希望形成环形螺旋屑。在重型机床上用大背吃刀量、大进给量车削钢件时，弧形屑易损环切削刃和飞崩伤人，所以通常希望形成锥形螺旋屑。在自动机床或自动线上，盘旋形屑是一种比较好的屑形。车削铸铁、黄铜等脆性材料时，为避免切屑飞溅伤人或损坏滑动表面，应设法使切屑连成卷状。

2）卷屑。为了得到要求的切屑形状，均需要使切屑卷曲。基本原理是设法使切屑沿前刀面流出时，受到一个额外的作用力，在该力作用下，使切屑产生一个附加的变形而弯曲。卷屑的具体方法有自然卷屑，利用前刀面上形成的积屑瘤使切屑自然卷曲；以及强迫卷屑。在生产上常用强迫卷屑，即在前刀面上磨出适当的卷屑槽或安装附加的卷屑台，当切屑流经前刀面时，切屑与卷屑槽或卷屑台相碰而卷曲（图1-31）。

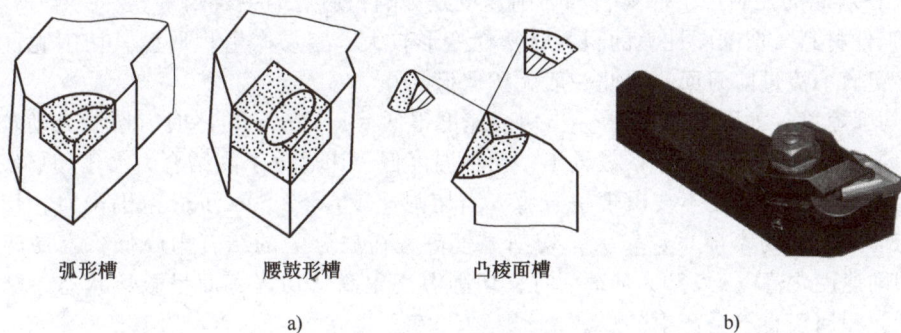

弧形槽　　　　腰鼓形槽　　　　凸棱面槽

a)　　　　　　　　　　　　　　　b)

图1-31　卷屑槽与卷屑台

3）断屑。为了避免过长的切屑，对卷曲了的切屑需进一步施加力使之折断。常用方法有：

① 使卷曲后的切屑与工件相碰，使切屑根部的拉应力越来越大，最终导致切屑完全折断。这种断屑方法一般得到弧形屑、平盘旋形屑或锥盘旋形屑。

② 使卷曲后的切屑与后刀面相碰，使切屑根部的拉应力越来越大，最终导致切屑完全断裂，形成弧形屑。

衡量切屑控制的主要标准：不妨碍正常加工，即不缠绕在工件、刀具上，不飞溅到机床运动部件中；不影响操作者的安全；易于清理、存放和搬运。

8. 积屑瘤

当在一定范围的切削速度下切削塑性材料时，常发现在靠近切削刃的前刀面上黏附着一小块很硬的金属，这块硬金属即为积屑瘤（刀瘤），如图1-32所示。

（1）积屑瘤的形成　当切屑沿着刀具的前刀面流出时，在一定的温度与压力作用下，与前刀面接触的切屑底层金属受到的摩擦阻力超过切屑本身的分子结合力时，就会有一部分金属黏附在切削刃附近的前刀面上，形成积屑瘤。积屑瘤形成后不断长大，当达到一定高度时又会破裂，并且被切屑带走或嵌附在工件表面上。上述过程是反复进行的。

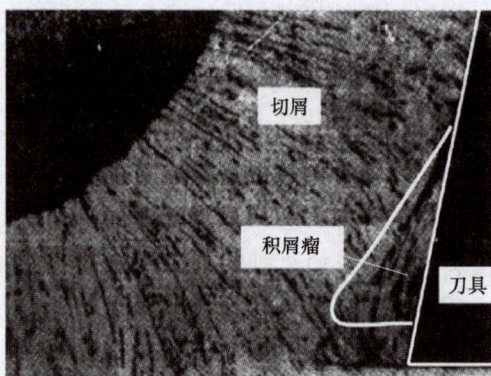

图 1-32 积屑瘤

（2）积屑瘤对切削过程的影响

1）在形成积屑瘤的过程中，金属材料因塑性变形而被强化，积屑瘤的硬度比工件材料高，能代替切削刃进行切削，从而起到保护切削刃的作用。

2）由于积屑瘤的存在增大了刀具实际工作前角（图 1-33），使切削轻快，因此，粗加工时，积屑瘤的存在是有益的。

3）积屑瘤的顶端伸出切削刃之外，而且又不断地产生和脱落，使实际背吃刀量和切削厚度不断变化，影响尺寸精度并会导致切削力的变化，从而引起振动。

4）有一些积屑瘤碎片黏附在工件已加工表面上，使工件表面变得粗糙。因此，精加工时，应尽量避免产生积屑瘤。

（3）积屑瘤的控制　工件材料和切削速度是影响积屑瘤的主要因素。

1）工件材料　切削塑性大的材料时塑性变形较大，容易产生积屑瘤。切削脆性材料形成的崩碎切屑不流过前刀面，因此一般无积屑瘤。

2）切削速度　如图 1-34 所示，当切削速度很低（$v_c < 5\text{m/min}$）时，切屑流动较慢，切屑底面的金属氧化充分，摩擦系数较小，切削温度低，切屑分子的结合力大于切屑底面与前刀面之间的摩擦力，因而不会出现积屑瘤。当切削速度在 $5\sim50\text{m/min}$ 范围内时，切屑底面的金属与前刀面间的摩擦系数较大，切削温度高，切屑分子的结合力降低，容易产生积屑瘤。当切削速度很高（$v_c > 50\text{m/min}$）时，切削温度很高，切屑底面呈微熔状态，摩擦系数明显降低，积屑瘤也不会产生。

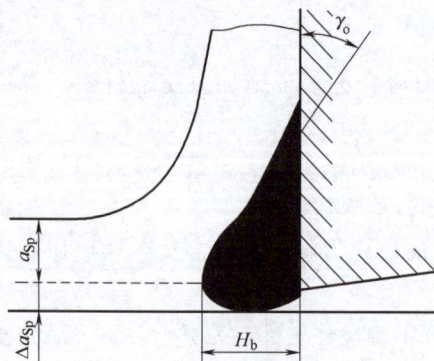

图 1-33 积屑瘤伸出量和前角

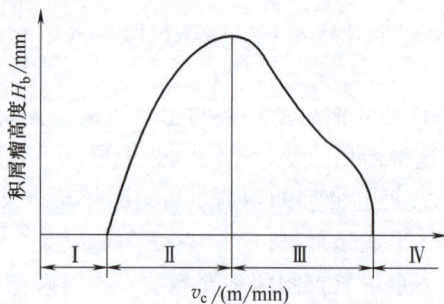

图 1-34 积屑瘤高度和切削速度的关系

工程上，控制积屑瘤的措施有：①调整切削速度，一般精车、精铣用高速切削；而当用高速钢刀具拉削、铰削和宽刀精刨时，则采用低速切削；②选用适当的切削液对刀具进行冷却润滑；③增大刀具前角，减小刀-屑接触压力；④对塑性较高的材料（如低碳钢）进行正火处理。

1.2.2　切削力

切削力就是在切削过程中使被加工材料发生变形而成为切屑所需的力。使被加工材料发生变形所需克服的力主要有（图1-35）：①切削层材料和工件表面层材料对弹性变形、塑性变形的抗力。②刀具前刀面与切屑、刀具后刀面与工件表面间的摩擦阻力。

切削力直接影响着切削热的产生，并进一步影响着刀具的磨损、寿命、加工精度和已加工表面质量。在生产中，切削力又是计算切削功率，设计和使用机床、刀具、夹具的必要依据。因此，研究切削力的规律，将有助于分析切削过程，并对生产实际有重要的指导意义。

1. 切削合力的分解及切削功率

图1-36所示为车削外圆时的切削力。为了便于测量和应用，可以将合力 F 分解为三个互相垂直的分力：

1）F_c 切削力或切向力，是总切削力在主运动方向上的投影，其方向与基面垂直。F_c 是计算车刀强度、设计机床零件、确定机床功率所必需的。

2）F_f 进给力或轴向力，它是处于基面内并与工件轴线平行的力。F_f 是设计机床进给机构强度、计算车刀进给功率所必需的。

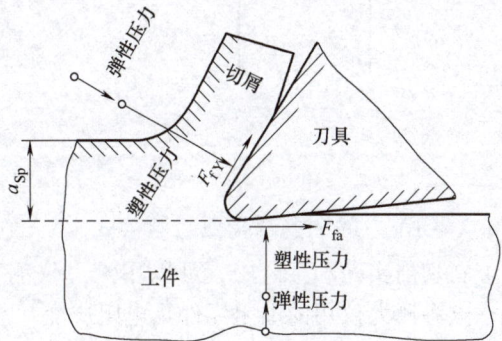

图1-35　切削力来源

3）F_p 背向力或径向力，它是处于基面内并与工件轴线垂直的力。F_p 用来确定与工件加工精度有关的工件挠度，计算机床零件强度，它也是使工件在切削过程中产生振动的力。

由图1-36可以看出

$$F = \sqrt{F_c^2 + F_D^2} = \sqrt{F_c^2 + F_f^2 + F_p^2} \tag{1-27}$$

消耗在切削过程中的功率称为切削功率 P_c。切削功率为力 F_c 与 F_f 所消耗的功率之和，因 F_p 方向没有位移，所以不消耗功率。于是

$$P_c = \left(F_c \times v_c + \frac{F_f \times n_w \times f}{1000} \right) \times 10^{-3} \tag{1-28}$$

式中　F_c——切削力（N）；

　　　v_c——切削速度（m/s）；

　　　F_f——进给力（N）；

　　　n_w——工件转速（r/s）；

　　　f——进给量（mm/r）。

式（1-28）中等号右侧括号内的第二项是消耗在进给运动中的功率，它与 F_c 所消耗的功率相比，一般很小，故可略去不计，于是

$$P_c = F_c \times v_c \times 10^{-3} \tag{1-29}$$

求出 P_c 之后，如要计算机床电动机功率 P_E，还应将 P_c 除以机床传动效率 η_c，即

$$P_E \geqslant \frac{P_c}{\eta_c} \tag{1-30}$$

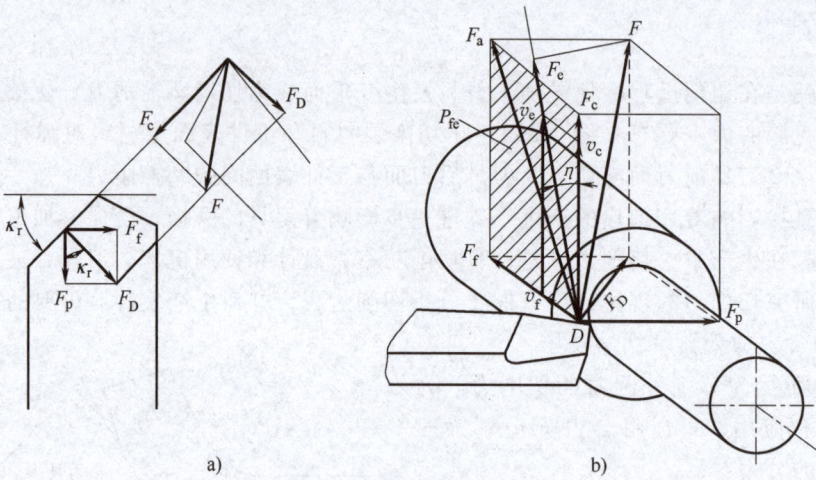

a)   b)

图 1-36　切削合力和分力

2. 切削力的测量及指数经验公式

在切削实验和生产中，可以用测力仪测量切削力。目前最常用的测力仪是电阻式测力仪，这种测力仪用的电阻元件是电阻应变片（图 1-37）。将若干电阻应变片紧贴在测力仪弹性元件的不同受力位置，分别连成电桥。在切削力的作用下，电阻应变片随着弹性元件的变形而发生变形，使应变片的电阻值改变，破坏了电桥的平衡，于是电流表中有与切削力大小相应的电流通过，经电阻应变仪放大后得电流示数，再按此电流示数从标定曲线上读出三向切削力之值。

图 1-38 所示为一种常见的电阻式八角环形三向车削测力仪。对于切削力，也可以利用公式进行计算。由于金属切削过程非常复杂，虽然人们进行了大量的试验和研究，但所得到的一些理论公式还不能用来进行比较精确的切削力计算。目前实际采用的计算公式都是通过大量的试验和数据处理而得到的经验公式。其中应用比较广泛的是指数形式的切削力经验公式，它的形式如下：

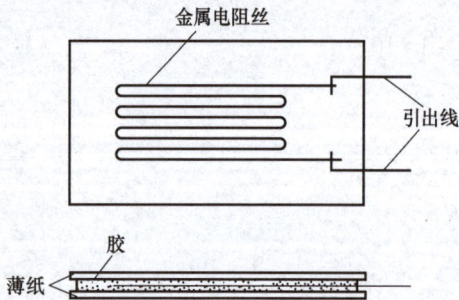

图 1-37　金属丝式电阻应变片

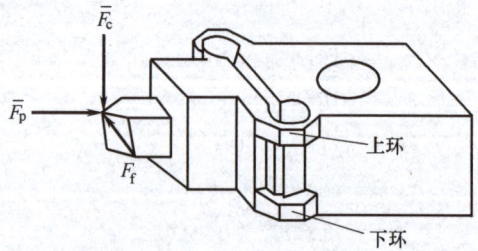

图 1-38　八角环形三向车削测力仪

$$\begin{cases} F_c = C_{F_c} \times a_{Sp}^{x_{F_c}} \times f^{y_{F_c}} \times v_c^{n_{F_c}} \times K_{F_c} \\[2mm] F_p = C_{F_p} \times a_{Sp}^{x_{F_p}} \times f^{y_{F_p}} \times v_c^{n_{F_p}} \times K_{F_p} \\[2mm] F_f = C_{F_f} \times a_{Sp}^{x_{F_f}} \times f^{y_{F_f}} \times v_c^{n_{F_f}} \times K_{F_f} \end{cases} \qquad (1\text{-}31)$$

式中　　　　　　　　　　　F_c、F_p、F_f——切削力、背向力和进给力；

　　　　　　　　　　　　　C_{F_c}、C_{F_p}、C_{F_f}——取决于工件材料和切削条件的系数；

x_{F_c}、y_{F_c}、n_{F_c}；x_{F_p}、y_{F_p}、n_{F_p}；x_{F_f}、y_{F_f}、n_{F_f}——三个分力公式中背吃刀量 a_{Sp}、进给量 f 和切削速度 v_c 的指数；

　　　　　　　　　　　　　K_{F_c}、K_{F_p}、K_{F_f}——当实际加工条件与求得经验公式的试验条件不符时，各种因素对各切削分力的修正系数的积。

式中各种系数和指数都可以在《切削用量手册》中查到。

例 1-1： 用某硬质合金车刀外圆纵车 $\sigma_b = 0.637\text{GPa}$ 的结构钢，车刀几何参数为 $\kappa_r = 45°$，$\gamma_o = 10°$，$\lambda_s = 0°$，切削用量为 $a_{Sp} = 4\text{mm}$，$f = 0.4\text{mm/r}$，$v_c = 1.7\text{m/s}$，求切削力。表 1-4 给出了计算车削切削力的指数公式中的系数和指数。

表 1-4　计算车削切削力的指数公式中的系数和指数

被加工材料	刀具材料	加工形式	公式中的系数及指数											
			主切削力 F_c				背向力 F_p				进给力 F_f			
			C_{F_c}	x_{F_c}	y_{F_c}	n_{F_c}	C_{F_p}	x_{F_p}	y_{F_p}	n_{F_p}	C_{F_f}	x_{F_f}	y_{F_f}	n_{F_f}
结构钢及铸钢 $\sigma_b = 0.637\text{GPa}$	硬质合金	外圆纵车、横车及镗孔	1433	1.0	0.75	-0.15	572	0.9	0.6	-0.3	561	1.0	0.5	-0.4
		切槽及切断	3600	0.72	0.8	0	1393	0.73	0.67	0	—	—	—	—
		切螺纹	23879	—	1.7	0.71	—	—	—	—	—	—	—	—
	高速钢	外圆纵车、横车及镗孔	1766	1.0	0.75	0	922	0.9	0.75	0	530	1.2	0.65	0
		切槽及切断	2178	1.0	1.0	0	—	—	—	—	—	—	—	—
		成形车削	1874	1.0	0.75	0	—	—	—	—	—	—	—	—

解： 把由表 1-4 查出的系数和指数代入式（1-31），由于所给条件与表 1-4 条件相同，故 $K_{F_c} = K_{F_p} = K_{F_f}$，得

$$F_c = (1433 \times 4^{1.0} \times 0.4^{0.75} \times 1.7^{-0.15} \times 1)\text{N} = 2662.5\text{N}$$

$$F_p = (572 \times 4^{0.9} \times 0.4^{0.6} \times 1.7^{-0.3} \times 1)\text{N} = 980.3\text{N}$$

$$F_f = (561 \times 4^{1.0} \times 0.4^{0.5} \times 1.7^{-0.4} \times 1)\text{N} = 1147.8\text{N}$$

3. 影响切削力的因素

（1）被加工材料的影响　被加工材料的力学性能、加工硬化能力、化学成分、热处理状态等都对切削力的大小产生影响。

材料的强度越高，硬度越大，切削力就越大。有的材料如奥氏体不锈钢，虽然初期强度和硬度都较低，但加工硬化大，切削时较小的变形就会引起硬度大大提高，从而使切削力增大。材料的化学成分会影响其力学性能，从而影响切削力的大小。如碳钢含碳量高，硬度就高，切削力较大。

同一材料，热处理状态不同，金相组织不同，硬度就不同，也影响切削力的大小。

铸铁等脆性材料，切削层的塑性变形小，加工硬化小。此外，切屑为崩碎切屑，且集中在刀尖，刀-屑接触面积小，摩擦也小。因此，加工铸铁时切削力比钢小。

（2）切削用量对切削力的影响

1）切削速度 v_c。在无积屑瘤的切削速度范围内，随着切削速度 v_c 的增大，切削力减小。这是因为 v_c 增大后，摩擦减小，剪切角增大，切屑厚度压缩比 Λ_h 减小，切削力减小。另一方面，切削速度 v_c 增大，切削温度增高，使被加工金属的强度、硬度降低，也会导致切削力减小。故只要条件允许，宜采用高速切削，同时还可以提高生产率。

切削铸铁等脆性材料时，由于形成崩碎切屑，塑性变形小，刀-屑接触面间摩擦小，因此切削速度 v_c 对切削力的影响不大。

2）进给量 f。进给量 f 增大，切削面积 A_D 增大（$A_D = a_{Sp} \times f$），从而使变形力增大，摩擦力增大，因此切削力也随之增大。但 f 增大，又使切屑厚度压缩比 Λ_h 减小，摩擦减小，使切削力减小。这正反两方面作用的结果，使切削力的增大与 f 不成正比，反映在切削力 F_c 的经验公式中，f 的指数 y_{F_c} 一般都小于 1。

3）背吃刀量 a_{Sp}。背吃刀量 a_{Sp} 增大，使切削面积 A_D 增大（$A_D = a_{Sp} \times f$），从而使变形力增大，摩擦力增大，因此切削力也随之增大。背吃刀量 a_{Sp} 增大一倍，切削力 F_c 也增大一倍，即切削力 F_c 的经验公式中，a_{Sp} 的指数 x_{F_c} 近似等于 1。

（3）刀具几何参数对切削力的影响　在刀具几何参数中，前角 γ_o 对切削力的影响最大。加工塑性材料时，前角 γ_o 增大，切削力降低；加工脆性材料时，由于切屑变形很小，因此前角对切削力的影响不显著。

主偏角 κ_r 对切削力 F_c 的影响较小，但它对背向力 F_p 和进给力 F_f 的影响较大，由图 1-39 可知

$$\begin{cases} F_p = F_D \times \cos\kappa_r \\ F_f = F_D \times \sin\kappa_r \end{cases} \tag{1-32}$$

式中　F_D——切削合力 F 在基面内的分力。

可见 F_p 随 κ_r 的增大而减小，F_f 随 κ_r 的增大而增大。

实验证明，刃倾角 λ_s 在很大范围（$-40° \sim +40°$）内变化时对切削力 F_c 没有什么影响，但对 F_p 和 F_f 的影响较大。随着 λ_s 的增大，F_p 减小，而 F_f 增大。

在刀具前刀面上磨出负倒棱 b_{r1}（图 1-40）对切削力有一定的影响。负倒棱宽度 b_{r1} 与进给量 f 之比（b_{r1}/f）增大，切削力随之增大，但当切削钢 $b_{r1}/f \geqslant 5$，或切削灰铸铁 $b_{r1}/f \geqslant 3$ 时，切削力趋于稳定，这时就接近于负前角 γ_{o1} 刀具的切削状态。

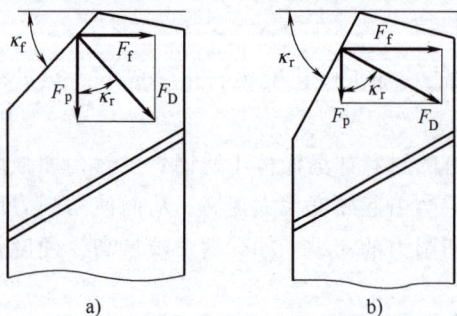

图 1-39　主偏角不同时，F_p 和 F_f 的变化　　　图 1-40　正前角倒棱车刀的切屑流出情况

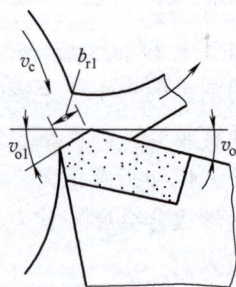

（4）刀具材料对切削力的影响　刀具材料与被加工材料间的摩擦系数，影响到摩擦力的变化，直接影响着切削力的变化。在同样的切削条件下，陶瓷刀的切削力最小，硬质合金

次之，高速钢刀具的切削力最大。

（5）切削液对切削力的影响　切削液具有润滑作用，使切削力降低。切削液的润滑作用越好，切削力的降低越显著。在较低的切削速度下，切削液的润滑作用更为突出。

（6）刀具后刀面的磨损对切削力的影响　后刀面的磨损增加，摩擦加剧，切削力增加。因此要及时更换刃磨刀具。

1.2.3　切削热及切削温度

切削热是切削过程中重要的物理现象之一。大量的切削热使得切削温度升高，这将直接影响刀具前刀面上的摩擦系数、积屑瘤的形成和消退、刀具的磨损以及工件材料的性能、工件加工精度和已加工表面质量等。

1. 切削热的产生与传出

切削过程中所消耗的能量绝大多数转变为热量。三个变形区就是三个发热区（图1-41），因此，切削热的来源就是切屑变形功和刀具前、后刀面的摩擦功。

根据热力学平衡原理，产生的热量和散出的热量应相等，即

$$Q_s + Q_r = Q_c + Q_t + Q_w + Q_m \tag{1-33}$$

式中　Q_s——工件材料弹、塑性变形所产生的热量；

Q_r——切屑与前刀面、加工表面与后刀面摩擦所产生的热量；

Q_c——切屑带走的热量；

Q_t——刀具传散的热量；

Q_w——工件传散的热量；

Q_m——周围介质如空气、切削液带走的热量。

由切屑、刀具、工件及周围介质传出的切削热比例大致如下：

1）车削加工时，切屑带走切削热为50%~86%，车刀传出10%~40%，工件传出3%~9%，周围介质（如空气）传出1%。切削速度越高或切削层公称厚度越大，则切屑带走的热量越多。

2）钻削加工时，切屑带走的切削热为28%，刀具传出14.5%，工件传出52.5%，周围介质传出5%。

3）磨削加工时，约有70%以上的热量瞬时进入工件，只有小部分通过切屑、砂轮、切削液和空气带走。

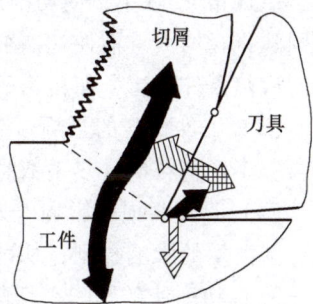

图 1-41　切削热的产生与传出

2. 影响切削温度的主要因素

所谓切削温度，是指刀具前刀面上刀-屑接触区的平均温度，可用自然热电偶法测出。

（1）切削用量对切削温度的影响　通过实验得出的切削温度的经验公式为

$$\theta = C_\theta \times v_c^{z_\theta} \times f^{y_\theta} \times a_{Sp}^{x_\theta} \tag{1-34}$$

式中　θ——刀具前刀面上刀-屑接触区的平均温度（℃）；

C_θ——切削温度系数；

v_c——切削速度（mm/min）；

f——进给量（mm/r）；

a_{Sp}——背吃刀量（mm）；

z_θ、y_θ、x_θ——相应的指数。

实验得出，用高速钢或硬质合金刀具切削中碳钢时，系数 C_θ，指数 z_θ、y_θ、x_θ见表1-5。

由式（1-34）及表1-5可知，v_c、f、a_{Sp}增大，切削温度升高，但切削用量三要素对切削温度的影响程度不一致，v_c 的影响最大，f 次之，a_{Sp} 最小。因此，为了有效控制切削温度以提高刀具寿命，在机床允许的条件下，选用较大的背吃刀量 a_{Sp} 和进给量 f，比选用大的切削速度 v_c 更有利。

表 1-5 切削温度的系数及指数

刀具材料	加工方法	C_θ	z_θ		y_θ	x_θ
高速钢	车削	140~170	0.35~0.45		0.2~0.3	0.08~0.1
	铣削	80				
	钻削	150				
硬质合金	车削	320	f/（mm/r）	z_θ	0.15	0.05
			0.1	0.41		
			0.2	0.31		
			0.2	0.26		

（2）刀具几何参数的影响 前角 γ_o 增大，使切屑变形程度减小，产生的切削热减小，因而切削温度下降。但前角大于18°~20°时，对切削温度的影响减小，这是因为楔角减小而使散热体积减小的缘故。

主偏角 κ_r 减小，使切削层公称宽度 b_D 增大，散热增大，故切削温度下降。负倒棱及刀尖圆弧半径增大，能使切屑变形程度增大，产生的切削热增加；但另一方面这两者都能使刀具的散热条件改善，使传出的热量增加，两者趋于平衡，所以，对切削温度影响很小。

（3）工件材料的影响 工件材料的强度、硬度增大时，产生的切削热增多，切削温度升高；工件材料的导热系数越大，通过切屑和工件传出的热量越多，切削温度下降越快。

（4）刀具磨损的影响 刀具后刀面磨损量增大，切削温度升高，磨损量达到一定值后，对切削温度的影响加剧；切削速度越高，刀具磨损对切削温度的影响就越显著。

（5）切削液的影响 切削液对降低切削温度、减少刀具磨损和提高已加工表面质量有明显的效果。切削液对切削温度的影响与切削液的导热性能、比热、流量、浇注方式以及本身的温度有很大关系。

3. 切削温度的分布

前刀面分析的为刀-屑接触区的平均温度。为了深入研究，还应该知道工件、切屑和刀具上各点的温度分布，这种分布称为温度场。

切削温度场可用人工热电偶法或其他方法测出。

图1-42所示是切削钢料时，实验测出的正交平面内的温度场。由此可分析归纳出一些切削温度分布的规律。

1）剪切面上各点的温度几乎相同，说明剪切面上各点的应力应变规律基本相同。

2）刀具前、后刀面上最高温度都不在切削刃上，而是在离切削刃有一定距离的地方。

这是摩擦热沿着刀面不断增加的缘故。

1.2.4　刀具磨损和刀具寿命

切削过程中，刀具一方面切下切屑，一方面也被损坏。刀具损坏到一定程度，就要换刀或更换新的切削刃，才能继续切削。所以刀具损坏也是切削过程中的一个重要现象。

刀具损坏的形式主要有磨损和破损两类。前者是连续的逐渐磨损；后者包括脆性破损（如崩刃、碎断、剥落、裂纹等）和塑性破损两种。本节讲的主要是刀具的磨损。

刀具磨损后，使工件加工精度降低，表面粗糙度增大，并导致切削力和切削温度增加，甚至产生振动，不能继续正常切削。因此，刀具磨损直接影响加工效率、质量和成本。

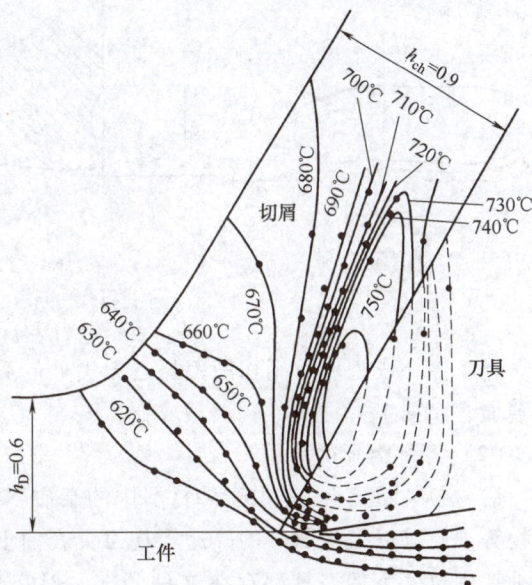

图 1-42　二维切削中的温度分布

工件材料：低碳易切钢　刀具：$\gamma_o = 30°$，$\alpha_o = 7°$

切削用量：$h_D = 0.6\text{mm}$

$v_c = 22.86\text{m/min}$　切削条件：干切削，预热 611℃

1. 刀具的磨损形式及原因

（1）刀具的磨损形式　切削时，刀具的前刀面和后刀面分别与切屑和工件相接触，由于前、后刀面上的接触压力很大，接触面的温度也很高，因此在刀具前、后刀面上发生磨损，如图 1-43 所示。

1）前刀面磨损。切削塑性材料时，如果切削速度和切削层公称厚度较大，则在前刀面上形成月牙洼磨损（图 1-44a）。它以切削温度最高的位置为中心开始发生，然后逐渐向前后扩展，深度不断增加。当月牙洼发展到其前缘与切削刃之间的棱边变得很窄时，切削刃强度降低，容易导致切削刃破损。刀具前刀面月牙洼磨损值以其最大深度 KT 表示（图 1-44b）。

2）后刀面磨损。切削时，工件的新鲜加工表面与刀具后刀面接触，相互摩擦，引起后刀面磨损。后刀面的磨损形式是磨成后角等于零的磨损棱带。切削铸铁和以较小的切削层公称厚度切削塑性材料时，主要发生这种磨损。后刀面上的磨损棱带往往不均匀，如图 1-44c 所示。刀尖部分（C 区）强度较低，散热条件又差，磨损比较严重，其最大值为 VC。主切削刃靠近工件待加工表面处的后刀面（N 区）磨成较深的沟，以 VN 表示。在后刀面磨损棱带的中间部位（B 区），磨损比较均匀，其平均宽度以 VB 表示，而且最大宽度以 VB_{max} 表示。

3）前后刀面同时磨损或边界磨损。切削塑性材料，$h_D = 0.1 \sim 0.5\text{mm}$ 时，发生前后刀面同时磨损。

在切削铸钢件和锻件等外皮粗糙的工件时，常在主切削

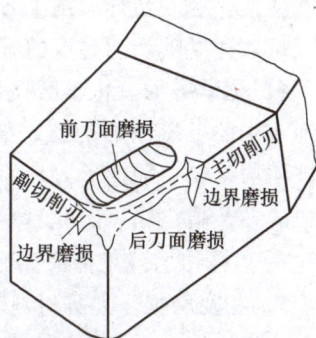

图 1-43　刀具的磨损形式

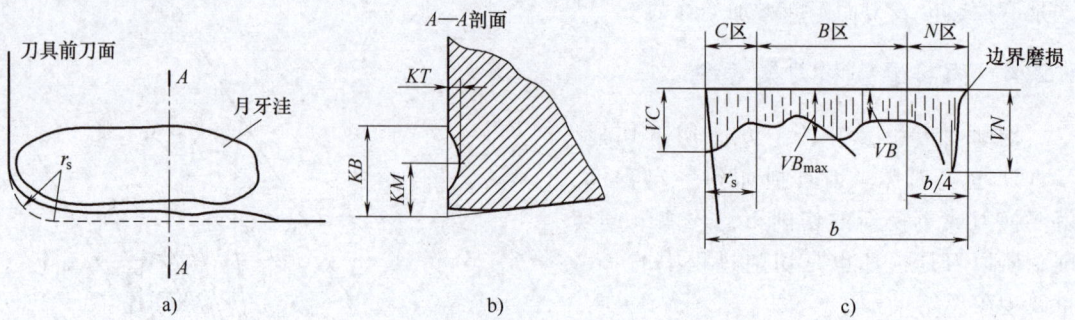

图 1-44　刀具磨损的测量位置

刃靠近工件外皮处以及副切削刃靠近刀尖处的后刀面上，磨出较深的沟纹，这种磨损称为边界磨损，如图 1-43 所示。

（2）刀具磨损的原因

1）硬质点磨损。是由工件材料中的杂质、材料基体组织中所含的碳化物、氮化物和氧化物等硬质点以及积屑瘤的碎片等在刀具表面上擦伤，划出一条条的沟纹造成的机械磨损。各种切削速度下的刀具都存在这种磨损，但它是低速刀具磨损的主要原因，因低速时温度低，其他形式的磨损还不显著。

2）粘结磨损。在一定的压力和温度作用下，切屑同前刀面、已加工表面与后刀面在摩擦面上，产生塑性变形而使工件的原子或晶粒冷焊形成粘结点，这些粘结点又因相对运动而破裂，其原子或晶粒被对方带走，一般说来，粘结点的破裂多发生在硬度较低的一方，即工件材料上，刀具材料往往有组织不均、存在内应力、微裂纹以及空隙、局部软点等缺陷，所以，粘结点的破裂也常常发生在刀具一方被工件材料带走，从而形成刀具的粘结磨损。高速钢、硬质合金等各种刀具都会因粘结而发生磨损。

3）扩散磨损（图 1-45）。切削过程中，刀具表面始终与工件上被切出的新鲜表面相接触，由于高温与高压的作用，两摩擦表面上的化学元素有可能互相扩散到对方去，使两者的化学成分发生变化，从而削弱了刀具材料的性能，加速了刀具的磨损。例如，用硬质合金刀具切削钢件时，切削温度常达到 $800 \sim 1000 ℃$ 以上，自 $800℃$ 开始，硬质合金中的 Co、C、W 等元素会扩散到切屑中而被带走；切屑中的 Fe 也会扩散到硬质合金中，形成新的低硬度、高脆性的复合碳化物。同时，由于 Co 的扩散，还会使刀具表面上 WC、TiC 等硬质相的粘结强度降低，这一切都加剧了刀具的磨损。所以，扩散磨损是硬质合金刀具的主要磨损原因之一。扩散速度随切削温度的升高而增加，而且愈增愈烈。

4）化学磨损。化学磨损是在一定温度下，刀具材料与某些周围介质（如空气中的氧、切削液中的极压添加剂硫、氯等）起化学作用，在刀具表面形成一层硬度较低的化合物，而被切屑带走，加速了刀具的磨损。如当切削温度达 $700 \sim 800℃$ 时，空气中的氧便与硬质合金中的钴及碳化钨、碳化钛等发生氧化作用，产生较软的氧化物（如 Co_3O_4、CoO、WO_3、TiO_2 等）被切屑或工件磨掉而形成磨损。化学磨损主要发生于较高的切削速度条件下。

5）相变磨损。刀具材料（高速钢）因切削温度升高，达到相变温度（$550 \sim 600℃$），使金相组织发生变化，硬度降低而造成磨损。

6）热电磨损。切削区高温作用下刀具与工件这两种不同材料之间会产生一种热电势，

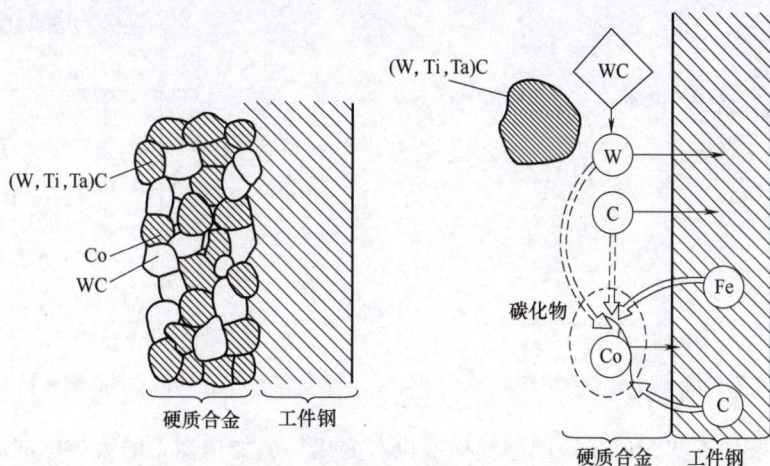

图 1-45 扩散磨损

为 $1\sim20mV$，在机床→工件→刀具→机床回路中产生一个微弱电流，加速刀具磨损。

综上所述，切削温度（或切削速度）是影响刀具磨损的最主要因素。图 1-46 所示为不同切削温度（切削速度）下刀具发生磨损的原因及其磨损程度。可见，在高温时，刀具发生扩散和化学磨损的程度较高；在中低温时，粘结磨损占主导地位；而硬质点磨损基本上不随温度变化。

2. 刀具磨损过程及磨钝标准

（1）刀具的磨损过程 根据切削实验，可得图 1-47 所示的刀具磨损过程的典型曲线。由图可见，刀具的磨损过程分为三个阶段：

1）初期磨损阶段。因为新刃磨的刀具后刀面存在粗糙不平以及显微裂纹、氧化或脱碳等缺陷，而且切削刃较锋利，后刀面与加工表面接触面积较小，压应力较大，所以，这一阶段的磨损较快。

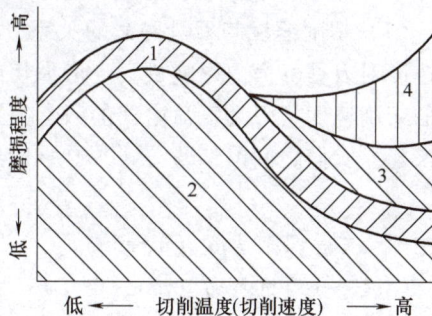

图 1-46 切削温度对刀具磨损的影响
1—硬质点磨损 2—粘结磨损
3—扩散磨损 4—化学磨损

2）正常磨损阶段。经过初期磨损后，刀具后刀面粗糙表面已经磨平，单位面积压力减小，磨损比较缓慢且均匀，进入正常磨损阶段。在这个阶段，后刀面的磨损量与切削时间近似地成正比增加。正常切削时，这个阶段时间较长。

3）急剧磨损阶段。当磨损量增加到一定限度后，加工表面粗糙度增加，切削力与切削温度迅速升高，刀具磨损量增加很快，甚至出现噪声、振动，以致刀具失去切削能力。在这个阶段到来之前，就要及时换刀。

（2）刀具的磨钝标准 刀具磨损到一定限度就不能继续使用了，这个磨损限度就称为刀具的磨钝标准。

因为一般刀具的后刀面都发生磨损，而且测量也比较方便，因此，国际标准 ISO 统一规定以 1/2 背吃刀量处后刀面上测量的磨损带宽度 VB 作为刀具的磨钝标准，如图 1-48 所示。

自动化生产中用的精加工刀具，常以沿工件径向的刀具磨损尺寸作为衡量刀具的磨钝标准，称为刀具的径向磨损量 NB（图 1-48）。

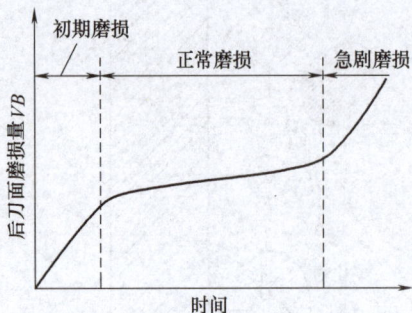

图 1-47　刀具磨损过程的典型曲线

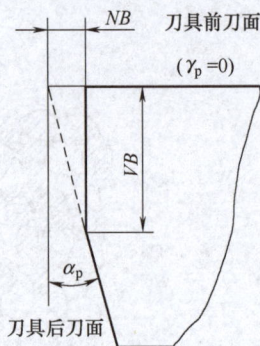

图 1-48　刀具磨钝标准

由于加工条件不同，所规定的磨钝标准也有变化。例如精加工的磨钝标准取得小，粗加工的磨钝标准取得大。磨钝标准的具体数值可参考有关手册，一般取 $VB=0.3\text{mm}$。

3. 刀具寿命的经验公式

刀具寿命的定义为：刀具由刃磨后开始切削一直到磨损量达到刀具磨钝标准所经过的总切削时间。刀具寿命以 T 表示，单位为 min。

刀具总寿命是表示一把新刀从投入切削起，到报废为止总的实际切削时间。因此，刀具总寿命等于这把刀的刃磨次数（包括新刀开刃）乘以刀具的寿命。

（1）切削速度与刀具寿命的关系　当工件、刀具材料和刀具的几何参数确定之后，切削速度对刀具寿命的影响最大。增大切削速度，刀具寿命就降低。目前，用理论分析方法导出的切削速度与刀具寿命之间的数学关系，与实际情况不尽相符，所以还是通过刀具寿命实验来建立它们之间的经验公式，其一般形式为

$$v_c \times T^m = C_o \tag{1-35}$$

式中　v_c——切削速度（m/min）；

T——刀具寿命（min）；

m——指数，表示 v_c 对 T 的影响程度；

C_o——系数，与刀具、工件材料和切削条件有关。

式（1-35）为重要的刀具寿命公式，指数 m 表示 v_c 对 T 的影响程度，耐热性越低的刀具材料，其 m 值越小，切削速度对刀具寿命的影响越大，也就是说，切削速度稍稍增大一点，则刀具寿命的降低就很大。

应当指出，在常用的切削速度范围内，式（1-35）完全适用；但在较宽的切削速度范围内进行实验，特别是在低速区内，式（1-35）就不完全适用了。

（2）进给量和背吃刀量与刀具寿命的关系　切削时，增大进给量 f 和背吃刀量 a_{Sp}，刀具寿命将降低。经过实验，可以得到与式（1-34）类似的关系式为

$$\begin{cases} f \times T^{m_1} = C_1 \\ a_{Sp} \times T^{m_2} = C_2 \end{cases} \tag{1-36}$$

（3）刀具寿命的经验公式　综合式（1-35）和式（1-36），可得到切削用量与刀具寿命的一般关系式为

$$T = \frac{C_T}{v_c^{1/m} \times f^{1/m_1} \times a_{Sp}^{1/m_2}}$$

令 $x = 1/m$，$y = 1/m_1$，$z = 1/m_2$，则

$$T = \frac{C_T}{v_c^x \times f^y \times a_{Sp}^z} \tag{1-37}$$

式中 C_T——寿命系数，与刀具、工件材料和切削条件有关；

x、y、z——指数，分别表示各切削用量对刀具寿命的影响程度。

用 YT5 硬质合金车刀切削 $\sigma_b = 0.637\text{GPa}$ 的碳钢时，切削用量（$f > 0.7\text{mm/r}$）与刀具寿命的关系为

$$T = \frac{C_T}{v_c^5 \times f^{2.25} \times a_{Sp}^{0.75}} \tag{1-38}$$

由式（1-38）可以看出，切削速度 v_c 对刀具寿命影响最大，进给量 f 次之，背吃刀量 a_{Sp} 最小。这与三者对切削温度的影响顺序完全一致，反映出切削温度对刀具寿命有着最重要的影响。

1.3 金属切削基本条件

1.3.1 刀具合理几何参数的选择

刀具几何参数包括：刀具角度、刀面形式、切削刃形状等。它们对切削时金属的变形、切削力、切削温度、刀具磨损、已加工表面质量等都有显著的影响。

刀具合理的几何参数，是指在保证加工质量的前提下，能够获得最高刀具寿命，从而达到提高切削效率或降低生产成本目的的几何参数。

刀具合理几何参数的选择主要决定于工件材料、刀具材料、刀具类型及其他具体工艺条件，如切削用量、工艺系统刚性及机床功率等。

1. 前角及前刀面形状的选择

（1）前角的功用及合理前角的选择

1）前角的主要功用。①影响切削区的变形程度：增大刀具前角，可减小切削层的塑性变形，减小切屑流经前刀面的摩擦阻力，从而减小切削力、切削热和切削功率；②影响切削刃与刀头的强度、受力性质和散热条件：增大刀具前角，会使切削刃与刀头的强度降低，导热面积和容热体积减小，过分增大前角，有可能导致切削刃处出现弯曲应力，造成崩刃；③影响切屑形态和断屑效果：若减小前角，可增大切屑的变形，使之易于脆化断裂；④影响已加工表面质量：主要通过积屑瘤、鳞刺、振动等施加影响。

2）合理前角的概念。从上述前角的功用可知，增大或减小前角各有利弊，在一定的条件下，前角有一个合理的数值，如图 1-49 所示为刀具前角对刀具寿命影响的示意曲线，可见前角太大、太小都会使刀具寿命显著降低。对于不同的刀具材料，各有其对应着刀具最大寿命的前角，称为合理前角 γ_{opt}。由于硬质合金的抗弯强度较低，抗冲击韧性差，其 γ_{opt} 小于高速钢刀具的 γ_{opt}。工件材料不同时也是这样（图 1-50）。

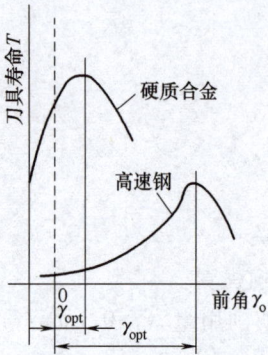

图 1-49　刀具前角对刀具寿命影响的示意曲线

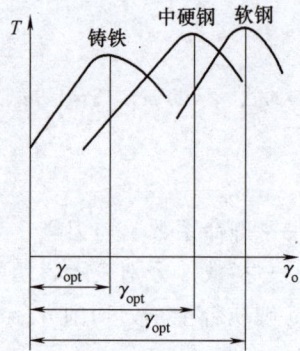

图 1-50　工件材料不同时的合理前角

3）合理前角的选择原则。①工件材料的强度、硬度低，可以取较大的甚至很大的前角；工件材料强度、硬度高，应取较小的前角；加工特别硬的工件（如淬硬钢）时，前角很小甚至取负值。②加工塑性材料（如钢）时，应取较大的前角；加工脆性材料（如铸铁）时，可取较小的前角。用硬质合金刀具加工一般钢料时，前角可选 10°～20°；加工一般灰铸铁时，前角可选 5°～15°。③粗加工，特别是断续切削，承受冲击性载荷，或对有硬皮的铸锻件粗切时，为保证刀具有足够的强度，应适当减小前角。但在采取某些强化切削刃及刀尖的措施之后，也可增大前角。④成形刀具和前角影响切削刃形状的其他刀具，为防止刃形畸变，常取较小的前角，甚至取 $\gamma_o = 0°$，但这些刀具的切削条件不好，应在保证切削刃成形精度的前提下，设法增大前角。⑤刀具材料的抗弯强度较大、韧性较好时，应选用较大的前角。⑥工艺系统刚性差和机床功率不足时，应选取较大的前角。⑦数控机床和自动机、自动线用刀具，为使刀具的切削性能稳定，宜取较小的前角。

（2）带卷屑槽的刀具前刀面形状　加工韧性材料时，为使切屑卷成螺旋形，或折断成 C 形，使之易于排出和清理，常在前刀面磨出卷屑槽，它可做成直线圆弧形、直线形、全圆弧形（图 1-51）等不同形式。直线圆弧形的槽底圆弧半径 R_n 和直线形的槽底角（$180°-\sigma$）对切屑的卷曲变形有直接的影响，较小时，切屑卷曲半径较小、切屑变形大、易折断；但过小时，又易使切屑堵塞在槽内、增大切削力，甚至崩刃。一般条件下，常取 $R_n = (0.4\sim0.7)W_n$；槽底角为 110°～130°。这两种槽形较适于加工碳素钢、合金结构钢、工具钢等，一般 γ_o 为 5°～15°。全圆弧形槽可获得较大的前角，且不致使刃部过于削弱，较适于加工紫铜、不锈钢等高塑性材料，γ_o 可增至 25°～30°。

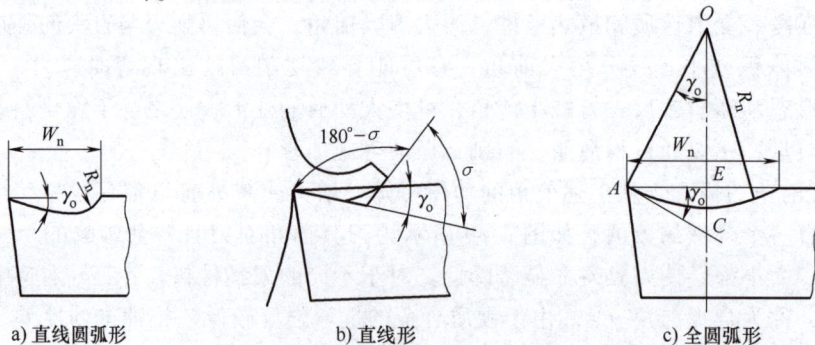

a)直线圆弧形　　　b)直线形　　　c)全圆弧形

图 1-51　刀具前刀面上卷屑槽的形状

卷屑槽宽 W_n 越小，切屑卷曲半径越小，切屑越易折断；但太小，切屑变形很大，易产生小块的飞溅切屑也不好。过大的 W_n 不能保证有效的卷屑或折断。卷屑槽宽度根据工件材料和切削用量决定，一般可取 $W_n = (7 \sim 10) f$。

2. 后角的选择

（1）后角的功用

1）后角的主要功用是减小后刀面与过渡表面之间的摩擦。由于切屑形成过程中的弹性、塑性变形和切削刃钝圆半径 r_n 的作用，在过渡表面上有一个弹性恢复层。后角越小，弹性恢复层同后刀面的摩擦接触长度越大，它是导致切削刃及后刀面磨损的直接原因之一。从这个意义上来看，增大后角能减小摩擦，可提高已加工表面质量和刀具寿命。

2）后角越大，切削刃钝圆半径 r_n 值越小，切削刃越锋利。

3）在同样的磨钝标准 VB 下，后角大的刀具由新用到磨钝，所磨去的金属体积较大（图1-52），这也是增大后角可延长刀具寿命的原因之一。但带来的问题是刀具径向磨损值 NB 大，当工件尺寸精度要求较高时，就不宜采用大后角。

（2）合理后角的选择原则

1）粗加工、强力切削及承受冲击载荷的刀具，要求切削刃有足够强度，应取较小的后角；精加工时，刀具磨损主要发生在切削刃区和后刀面上，为减小后刀面磨损和增加切削刃的锋利程度，应取较大的后角。车刀合理后角在 $f \leqslant 0.25 \text{mm/r}$ 时，可取为 $\alpha_o = 10° \sim 12°$；在 $f > 0.25 \text{mm/r}$ 时，$\alpha_o = 5° \sim 8°$。

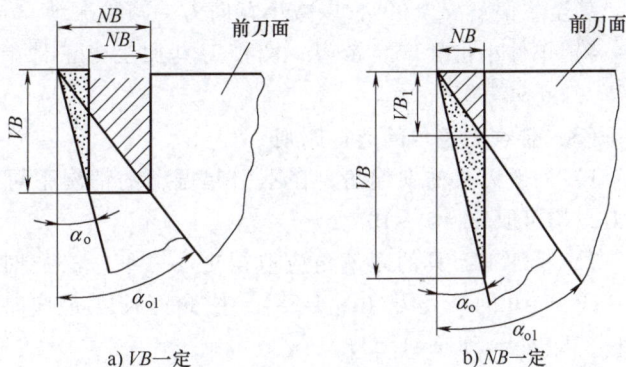

图1-52　后角与磨损体积的关系

a) VB 一定　　b) NB 一定

2）工件材料硬度、强度较高时，为保证切削刃强度，宜取较小的后角；工件材质较软、塑性较大或易加工硬化时，后刀面的摩擦对已加工表面质量及刀具磨损影响较大，应适当加大后角；加工脆性材料，切削力集中在刃区附近，宜取较小的后角；但加工特别硬而脆的材料，在采用负前角的情况下，必须加大后角才能造成切削刃切入的条件。

3）工艺系统刚性差，容易出现振动时，应适当减小后角。

4）各种有尺寸精度要求的刀具，为了限制重磨后刀具尺寸的变化，宜取较小的后角。

5）车刀的副后角一般取其等于后角。切断刀的副后角，由于受其结构强度的限制，只能取得很小，$\alpha_o = 1° \sim 2°$。

3. 主偏角、副偏角及刀尖形状的选择

（1）主偏角和副偏角的功用

1）影响切削加工残留面积高度。从这个因素看，减小主偏角和副偏角，可以减小已加工表面粗糙度，特别是副偏角对已加工表面粗糙度的影响更大。

2）影响切削层的形状。尤其是主偏角直接影响同时参与工作的切削刃长度和单位切削刃上的载荷。在背吃刀量和进给量一定的情况下，增大主偏角时，切削层公称宽度将减小，切削层公称厚度将增大，切削刃单位长度上的载荷随之增大。因此，主偏角直接影响刀具的磨损和刀具寿命。

3）影响三个切削分力的大小和比例关系。在刀尖圆弧半径 r_ε 很小的情况下，增大主偏角，可使背向力减小，进给力增大。同理，增大副偏角也可使得背向力减小。而背向力的减小，有利于减小工艺系统的弹性变形和振动。

4）主偏角和副偏角决定了刀尖角 ε_r。故直接影响刀尖处的强度、导热面积和容热体积。

5）主偏角还影响断屑效果。增大主偏角，使得切屑变得窄而厚，容易折断。

（2）合理主偏角 κ_r 的选择原则

1）粗加工和半精加工。硬质合金车刀一般选用较大的主偏角，以利于减少振动，提高刀具寿命和断屑。

2）加工很硬的材料。如冷硬铸铁和淬硬钢，为减轻单位长度切削刃上的载荷，改善刀头导热和容热条件，提高刀具寿命，宜取较小的主偏角。

3）工艺系统刚性较好时。减小主偏角可提高刀具寿命；刚性不足时，应取大的主偏角，甚至主偏角 $\kappa_r \geqslant 90°$，以减小背向力，减少振动。

4）单件小批生产。希望一两把刀具加工出工件上所有的表面，则选取通用性较好的 45° 车刀或 90° 偏刀。

（3）合理副偏角的选择原则

1）一般刀具的副偏角，在不引起振动的情况下可选取较小的数值，如车刀、面铣刀、刨刀，均可取 $\kappa_r' = 5° \sim 10°$。

2）精加工刀具的副偏角应取得更小一些，必要时，可磨出一段 $\kappa_r' = 0$ 的修光刃（图 1-53），修光刃长度 b_ε' 应略大于进给量，即 $b_\varepsilon' \approx (1.2 \sim 1.5)f$。

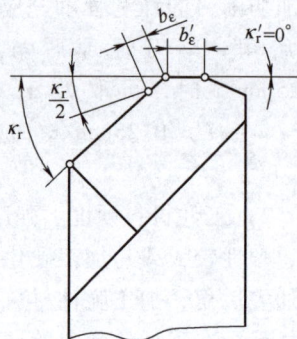

图 1-53 修光刃

3）加工高强度高硬度材料或断续切削时，应取较小的副偏角，$\kappa_r' = 4° \sim 6°$，以提高刀尖强度。

4）切断刀、锯片铣刀和槽铣刀等，为保证刀头强度和重磨后刀头宽度变化较小，只能取很小的副偏角，即 $\kappa_r' = 1° \sim 2°$。

（4）刀尖形状 按形成方法的不同，刀尖可分为三种：交点刀尖、修圆刀尖和倒角刀尖（图 1-8）。交点刀尖是主切削刃和副切削刃的交点，无所谓形状，故无须用几何参数去描述。将修圆刀尖投影于基面上，刀尖成为一段圆弧，因此，可用刀尖圆弧半径 r_ε 来确定刀尖的形状。而倒角刀尖在基面上投影后，成为一小段直线切削刃，这段直线切削刃称为过渡刃，可用两个几何参数来确定，即过渡刃长度 b_ε 以及过渡刃偏角 κ_{re}。

1）圆弧刀尖。高速钢车刀 $r_\varepsilon = 1 \sim 3mm$；硬质合金和陶瓷车刀 $r_\varepsilon = 0.5 \sim 1.5mm$；金刚石车刀 $r_\varepsilon = 1.0mm$；立方氮化硼车刀 $r_\varepsilon = 0.4mm$。

2）倒角刀尖。过渡刃偏角 $\kappa_{re} \approx 1/(2\kappa_r)$；过渡刃长度 $b_\varepsilon = 0.5 \sim 2mm$ 或 $b_\varepsilon = (1/4 \sim 1/5)a_{Sp}$。

4. 刃倾角的选择

（1）刃倾角的功用

1）控制切屑流出方向。$\lambda_s = 0°$时（图1-54a），即直角切削，切屑在前刀面上近似沿垂直于主切削刃的方向流出；λ_s为负值时（图1-54b），切屑流向与v_f方向相反，可能缠绕、擦伤已加工表面，但刀头强度较好，常用在粗加工；λ_s为正值时（图1-54c），切屑流向与v_f方向一致，但刀头强度较差，适用于精加工。

2）影响切削刃的锋利性。由于刃倾角造成较小的切削刃实际钝圆半径，使切削刃显得锋利，故以大刃倾角刀具工作时，往往可以切下很薄的切削层。

3）影响刀尖强度、刀尖导热和容热条件。在非自由不连续切削时，负的刃倾角使远离刀尖的切削刃处先接触工件，可使刀尖避免受到冲击；而正的刃倾角将使冲击载荷首先作用于刀尖。同时，负的刃倾角使刀头强固，刀尖处导热和容热条件较好，有利于延长刀具寿命。

4）影响切削刃的工作长度和切入切出的平稳性。当$\lambda_s = 0°$时，切削刃同时切入切出，冲击力大；当$\lambda_s \neq 0°$时，切削刃逐渐切入工件，冲击小，而且刃倾角越大，切削刃工作长度越长，切削过程越平稳。

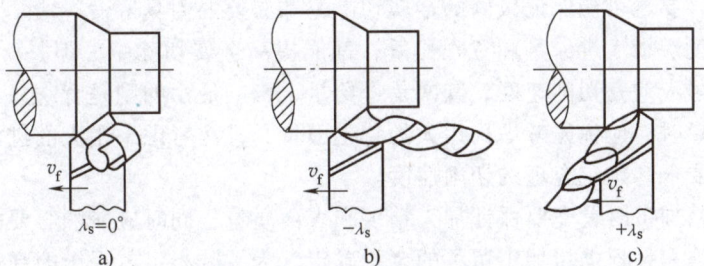

图1-54　刃倾角λ_s对切屑流出方向的影响

（2）合理刃倾角的选择原则和参考值

1）加工一般钢料和灰铸铁，无冲击的粗车取$\lambda_s = -15° \sim 0°$，精车取$\lambda_s = 0° \sim +5°$；有冲击时，取$\lambda_s = -15° \sim -5°$；冲击特别大时，取$\lambda_s = -45° \sim -30°$。

2）加工淬硬钢、高强度钢、高锰钢，取$\lambda_s = -30° \sim -20°$。

3）工艺系统刚性不足时，尽量不用负刃倾角。

4）精车外圆、精车孔和精刨平面时，取$\lambda_s = -75° \sim -45°$。

1.3.2　刀具寿命的选择

刀具的磨损达到磨钝标准后即需重磨或换刀。究竟刀具切削多长时间换刀比较合适，即刀具寿命应取什么数值才算合理呢？一般有两种方法：一是根据单件工时最短的观点来确定寿命，这种寿命称为最大生产率寿命t_p；二是根据工序成本最低的观点来确定寿命，称为经济寿命t_c。

在一般情况下均采用经济寿命，当任务紧迫或生产中出现不平衡环节时，则采用最大生产率寿命。生产中一般常用的寿命的参考值为：高速钢车刀$T = 60 \sim 90min$；硬质合金、陶瓷车刀$T = 30 \sim 60min$；加工有色金属的金刚石车刀$T = 10 \sim 20h$；加工淬硬钢的立方氮化硼车刀$T = 120 \sim 150min$；在自动机上多刀加工的高速钢车刀$T = 180 \sim 200min$。

在选择刀具寿命时，还应注意：

1）简单的刀具如车刀、钻头等，寿命选得低一些；结构复杂和精度高的刀具，如拉刀、齿轮刀具等，寿命选得高一些；同一类刀具，尺寸大的，制造和刃磨成本均较高的，寿命选得高一些；可转位刀具的寿命比焊接式刀具选得低一些。

2）装卡、调整比较复杂的刀具，寿命选得高一些。

3）车间内某台机床的生产率限制了整个车间生产率提高时，该台机床上的刀具寿命要选得低一些，以便提高切削速度，使整个车间生产达到平衡。

4）精加工尺寸很大的工件时，为避免在加工同一表面时中途换刀，寿命应选得至少能完成一次进给，并应保证零件的精度和表面粗糙度要求。

1.3.3 切削用量的选择

1. 制定切削用量的原则

正确地选择切削用量，对于保证加工质量、降低加工成本和提高劳动生产率都具有重要意义。所谓合理的切削用量，是指充分利用刀具的切削性能和机床性能（功率、转矩等），在保证加工质量的前提下，获得高的生产率和低的加工成本的切削用量。

对于粗加工，要尽可能保证较高的金属切除率和必要的刀具寿命。

提高切削速度、增大进给量和背吃刀量，都能提高金属切除率。但是，这三个因素中，对刀具寿命影响最大的是切削速度，其次是进给量，影响最小的则是背吃刀量。所以，在选择粗加工切削用量时，应优先考虑采用大的背吃刀量，其次考虑采用大的进给量，最后才能根据刀具寿命的要求，选定合理的切削速度。

半精加工、精加工时首先要保证加工精度和表面质量，同时应兼顾必要的刀具寿命和生产率，此时的背吃刀量根据粗加工留下的余量确定。为了减小工艺系统的弹性变形，减小已加工表面的残留面积，半精加工尤其是精加工，一般多采用较小的背吃刀量和进给量。为抑制积屑瘤和鳞刺的产生，用硬质合金刀具进行精加工时一般多采用较高的切削速度；高速钢刀具则一般多采用较低的切削速度。

2. 切削用量三要素的确定

（1）背吃刀量的选择　背吃刀量根据加工余量确定。

1）在粗加工时，一次进给应尽可能切去全部加工余量，在中等功率机床上，a_{Sp} 可达 $8 \sim 10\mathrm{mm}$。

2）部分情况可分几次进给：①加工余量太大，一次进给切削力太大，会产生机床功率不足或刀具强度不够时。②工艺系统刚性不足或加工余量极不均匀，引起很大振动时，如加工细长轴或薄壁工件。③断续切削，刀具受到很大的冲击而造成打刀时。

在上述情况下，如分二次进给，第一次的 a_{Sp} 也应比第二次大，第二次的 a_{Sp} 可取加工余量的 $1/4 \sim 1/3$。

3）切削表层有硬皮的铸锻件或切削不锈钢等冷硬较严重的材料时，应尽量使背吃刀量超过硬皮或冷硬层厚度，以防切削刃过早磨损或破损。

4）在半精加工时，$a_{\mathrm{Sp}} = 0.5 \sim 2\mathrm{mm}$。

5）在精加工时，$a_{\mathrm{Sp}} = 0.1 \sim 0.4\mathrm{mm}$。

（2）进给量的选择　粗加工时，对工件表面质量没有太高要求，这时切削力往往很大，合理的进给量应是工艺系统所能承受的最大进给量。这一进给量要受到下列一些因素的限制：机床进给机构的强度、车刀刀杆的强度和刚度、硬质合金或陶瓷刀片的强度及工件的装夹刚度等。

精加工时，最大进给量主要受加工精度和表面粗糙度的限制。

工厂生产中，进给量常常根据经验选取。粗加工时，根据加工材料、车刀刀杆尺寸、工件直径及已确定的背吃刀量从《切削用量手册》中查取进给量。

在半精加工和精加工时，则按表面粗糙度要求，根据工件材料、刀尖圆弧半径、切削速度，从《切削用量手册》中查得进给量。

然而，按经验确定的粗车进给量在一些特殊情况下，如切削力很大、工件长径比很大、刀杆伸出长度很大时，有时还需对选定的进给量进行校验（一项或几项）。

（3）切削速度的确定　根据已选定的背吃刀量 a_{Sp}、进给量 f 及刀具寿命 T，就可按式（1-39）计算切削速度 v_c 和机床转速 n。

$$v_c = \frac{C_v}{T^m \times a_{Sp}^{x_v} \times f^{y_v}} \times K_v \qquad (1-39)$$

式中　C_v、x_v、y_v——根据工件材料、刀具材料、加工方法等在《切削用量手册》中查得；

K_v——切削速度修正系数。

实际生产中也可从《切削用量手册》中选取 v_c 的参考值，v_c 的参考值具有如下特点：

1）粗车时，a_{Sp}、f 均较大，所以 v_c 较低；精加工时，a_{Sp}、f 均较小，所以 v_c 较高。

2）工件材料强度、硬度较高时，应选较低的 v_c；反之，v_c 较高。材料加工性越差，v_c 越低。

3）刀具材料的切削性能越好，v_c 越高。

此外，在选择 v_c 时，还应考虑以下几点：

1）精加工时，应尽量避免积屑瘤和鳞刺产生的区域。

2）断续切削时，为减小冲击和热应力，宜适当降低 v_c。

3）在易发生振动的情况下，v_c 应避开自激振动的临界速度。

4）加工大件、细长件、薄壁件以及带硬皮的工件时，应选用较低的 v_c。

例1-2：如图1-55所示工件材料为45钢棒料（热轧），$\sigma_b = 0.637\text{Gpa}$。毛坯尺寸 $\phi50\text{mm} \times 350\text{mm}$，加工要求为外圆车削至 $\phi = 44\text{mm}$，表面粗糙度 $Ra = 3.2\mu\text{m}$，加工长度300mm。采用型号为CA6140的卧式车床加工。刀具为焊接式硬质合金75°外圆车刀，刀片材料为YT15，刀杆截面尺寸为 16mm×25mm；几何参数为 $\gamma_o = 15°$，$\alpha_o = 8°$，$\kappa_r = 75°$，$\kappa_r' = 10°$，$r_\varepsilon = 0.4\text{mm}$，$\lambda_s = 6°$。试确定车削外圆的切削用量。

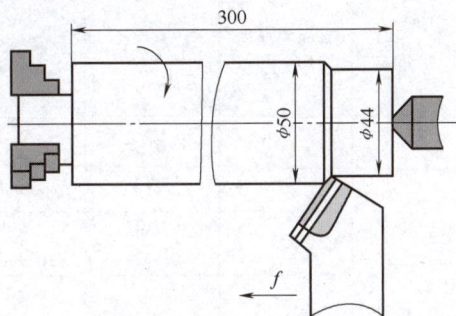

图1-55　加工工件尺寸

解：因表面粗糙度及尺寸精度有一定要求，故分为粗车及半精车两道工序来确定切削用量。

（1）粗车时切削用量的计算

1）背吃刀量。根据已知条件，总余量6mm，单边余量 $Z = 3\text{mm}$，留半精加工余量，取

$a_{Sp} = 2.5\text{mm}$。

2）进给量。查表 1-6，取 $f = 0.5\text{mm/r}$。

表 1-6　硬质合金及高速钢车刀粗车外圆的进给量参考值

车刀杆截面 B×H	工件直径/mm	背吃刀量 a_{Sp}/mm				
		≤3	>3~5	>5~8	>8~12	>12
		进给量 f/(mm/r)				
16mm×25mm	40	0.4~0.5	0.3~0.4			
	60	0.5~0.7	0.4~0.6	0.3~0.5		
	100	0.6~0.9	0.5~0.7	0.5~0.6	0.4~0.5	
	400	0.8~1.2	0.7~1.0	0.6~0.8	0.5~0.6	

3）切削速度。工件材料为热轧 45 钢，由式（1-39）知，$a_{Sp} = 2.5\text{mm}$，$f = 0.5\text{mm/r}$ 时，可取切削速度 $v_c = 130\text{r/min}$。

4）确定机床主轴速度

$$n = \frac{1000v_c}{\pi d_w} = \frac{1000 \times 100}{50\pi}\text{r/min} = 636.9\text{r/min}$$

从机床主轴箱标牌上查得，及主轴转速 n 为 560r/min，故实际切削速度为

$$v_c = \frac{\pi d n}{1000} = \frac{\pi \times 50 \times 560}{1000}\text{m/min} = 87.9\text{m/min}$$

5）校验机床功率。计算主削力 F（计算过程略），求出切削功率 P_m，和 CA6140 机床主电动机功率 P_E 比较，取机床效率 $\eta_m = 0.8$，得 $P_m/\eta_m < P_E$。

（2）半精车时切削用量的计算

1）背吃刀量。$a_{Sp} = 0.5\text{mm}$。

2）进给量。由表 1-7 知，当 $Ra = 3.2\mu\text{m}$，$\kappa_r' = 10°$，$v_c = 50~100\text{r/min}$，$r_\varepsilon = 1\text{mm}$ 时，$f = 0.30~0.35\text{mm/r}$，取 $f = 0.3\text{mm/r}$。

表 1-7　高速车削时按表面粗糙度选择进给量的参考值

刀具	表面粗糙度 Ra/μm	工件材料	κ_r'	切削速度 v_c 的范围/(m/min)	刀尖圆弧半径 r_ε/mm		
					0.5	1.0	2.0
					进给量 f/(mm/r)		
$\kappa_r'>0°$ 的车刀	12.5	中碳钢、灰铸铁	5°	不限制		1.00~1.10	1.30~1.50
			10°	—	0.80~0.90	1.00~1.10
			15°		0.70~0.80	0.90~1.00
	6.3	中碳钢、灰铸铁	5°	不限制		0.55~0.70	0.70~0.85
			10°~15°		0.45~0.60	0.60~0.70
	3.2	中碳钢	5°	<50	0.22~0.30	0.25~0.35	0.30~0.45
				50~100	0.23~0.35	0.35~0.40	0.40~0.55
				100	0.35~0.40	0.40~0.50	0.50~0.60
			10°~15°	<50	0.18~0.25	0.25~0.30	0.30~045
				50~100	0.25~0.30	0.30~0.35	0.35~0.55
				100	0.30~0.35	0.35~0.40	0.50~0.55
		灰铸铁	5°	限制		0.30~0.50	0.45~0.65
			10°~15°		0.25~0.40	0.50~0.55

（续）

刀具	表面粗糙度 $Ra/\mu m$	工件材料	κ'_r	切削速度 v_c 的范围/（m/min）	刀尖圆弧半径 r_ε/mm		
					0.5	1.0	2.0
					进给量 $f/（mm/r）$		
$\kappa'_r>0°$ 的车刀	1.6	中碳钢	$\geqslant 5°$	30~50	0.11~0.15		0.14~0.22
				50~80	0.14~0.20	—	0.17~0.25
				80~100	0.16~0.25		0.25~0.35
				100~130		0.20~0.30	0.25~0.39
				130	—	0.25~0.30	0.25~039
		灰铸铁	$\geqslant 5°$	不限制	—	0.15~0.25	0.20~0.35
	0.8	中碳钢	$\geqslant 5°$	100~110			0.14~0.17
				110~130	—	0.20~0.35	0.17~0.23
				130			0.21~0.27

3）切削速度。由表 1-8 知，$a_{Sp}=0.5mm$，$f=0.3mm/r$ 时，$v_c=130~160m/min$，取 $v_c=130m/min$。

4）确定机床主轴转速

$$n=\frac{1000v_c}{\pi d_w}=\frac{1000\times 130}{44\pi}r/min=940.9r/min$$

从机床主轴箱标牌上查得主轴转速 n 为 560r/min，故实际切削速度为

$$v_c=\frac{\pi dn}{1000}=\frac{\pi\times 44\times 900}{1000}m/min=124.3m/min$$

表 1-8 硬质合金外圆车刀切削速度的参考值

工件材料及热处理状态	$a_{Sp}=0.3~2mm$ $f=0.08~0.3mm/r$ $v_c/（m/min）$	$a_{Sp}=2~6mm$ $f=0.3~0.6mm/r$ $v_c/（m/min）$	$a_{Sp}=6~10mm$ $f=0.6~1mm/r$ $v_c/（m/min）$
热轧（低碳钢）、易切钢	140~180	100~120	70~90
热轧（中碳钢）	130~160	90~110	60~80
调质（中碳钢）	100~130	70~90	50~70
热轧（合金钢）	100~130	70~90	50~70
调质（合金钢）	80~110	50~70	40~60
退火（工具钢）	90~120	60~80	50~70
硬度<190HBW（灰铸铁）	90~120	60~80	50~70

1.3.4 切削液的选择

金属切削过程中，合理选用切削液，可以改善金属切削过程的界面摩擦情况，减少刀具和切屑的粘结，抑制积屑瘤和鳞刺的生长，降低切削温度，减小切削力，提高刀具寿命和生产率。所以，对切削液的研究和应用应当予以重视。

1. 切削液的作用

1）冷却作用。切削液能够降低切削温度，从而可以提高刀具寿命和加工质量。在刀具

材料的耐热性较差、工件材料的热膨胀系数较大以及两者的导热性较差的情况下，切削液的冷却作用显得更为重要。

2）润滑作用。切削液渗入到切屑、刀具、工件的接触面间，黏附在金属表面上形成润滑膜，减小它们之间的摩擦系数，减轻粘结现象、抑制积屑瘤，改善加工表面质量，提高刀具寿命。

3）清洗作用。在金属切屑过程中，有时产生一些细小的切屑（如切削铸铁）或磨料的细粉（如磨削）。为了防止碎屑或磨粉黏附在工件、刀具和机床上，影响工件已加工表面质量、刀具寿命和机床精度，要求切削液具有良好的清洗作用。为了增强切削液的渗透性、流动性，往往加入剂量较大的表面活性剂和少量矿物油，用大的稀释比（水占95%~98%）制成乳化液，可以大大提高其清洗效果。为了提高其冲刷能力，及时冲走碎屑及磨粉，在使用中往往给予一定的压力，并保持足够的流量。

4）防锈作用。为了减小工件、机床、刀具受周围介质（空气、水分等）的腐蚀，要求切削液具有一定的防锈作用。防锈作用的好坏，取决于切削液本身的性能和加入的防锈添加剂。在气候潮湿地区，对防锈作用的要求显得更为突出。

2. 切削液的选用

切削液的使用效果除取决于切削液的性能外，还与刀具材料、加工要求、工件材料、加工方法等因素有关，应综合考虑，合理选用。

1）根据刀具材料、加工要求选用切削液。高速钢刀具耐热性差，粗加工时，切削用量大，切削热多，容易导致刀具磨损，应选用以冷却为主的切削液；精加工时，主要是获得较好的表面质量，可选用润滑性好的极压切削油或高浓度极压乳化液。硬质合金刀具耐热性好，一般不用切削液，如有必要，也可用低浓度乳化液或水溶液，但应连续地、充分地浇注，不宜断续浇注，以免处于高温状态的硬质合金刀片在突然遇到切削液时，产生巨大的内应力而出现裂纹。

2）根据工件材料选用切削液。加工钢等塑性材料时，需用切削液；而加工铸铁等脆性材料时，一般则不用，原因是作用不如钢明显，又易搞脏机床、工作地；对于高强度钢、高温合金等，加工时均处于极压润滑摩擦状态，应选用极压切削油或极压乳化液；对于铜、铝及铝合金，为了得到较好的表面质量和精度，可采用10%~20%乳化液、煤油或煤油和矿物油的混合液；切削铜时不宜用含硫的切削液，因硫会腐蚀铜。

3）根据加工方法选用切削液。钻孔、攻丝、铰孔、拉削等，排屑方式为半封闭、封闭状态，导向部、校正部与已加工表面的摩擦严重，对硬度高、强度大、韧性大、冷硬严重的难切削材料尤为突出，宜用乳化液、极压乳化液和极压切削油；成形刀具、齿轮刀具等，要求保持形状、尺寸精度等，应采用润滑性好的极压切削油或高浓度极压切削液；磨削加工温度很高，且细小的磨屑会破坏工件表面质量，要求切削液具有较好的冷却性能和清洗性能，常用半透明的水溶液和普通乳化液，磨削不锈钢、高温合金宜用润滑性能较好的水溶液和极压乳化液。

3. 切削液的使用方法

切削液不仅要合理选择，而且要正确使用，才能取得更好的效果，切削液的使用方法很多，常见的有：浇注法、高压冷却法和喷雾冷却法等。

1）浇注法。切削液的使用以浇注法最方便，应用也最广泛。浇注时，应使切削液尽量浇注在切削区。该法虽使用方便，但流量慢、压力低，难直接渗透入刀具最高温度处，效果较差。

2）高压冷却法。深孔加工时，采用工作压力为 $1 \sim 10MPa$、流量为 $50 \sim 150L/min$ 的高压切削液，将碎断的切屑冲离切削区，随液流带出孔外，同时起冷却、润滑作用。

3）喷雾冷却法。喷雾冷却法是以压力为 $0.3 \sim 0.6MPa$ 的压缩空气，借喷雾装置使切削液雾化，并以很高的速度喷向高温的切削区。切削液经雾化后，其微小的液滴，能渗入到切屑、工件与刀具之间，在遇到灼热的表面时，液滴很快气化，所以能带走大量的热量，有效地降低切削温度。喷雾冷却的优点是能降低整个切削区的温度，同时工作地也比较清洁。

习题与思考题

1-1 由于加工方法及切削刃形状不同，机床上形成发生线的方法有几种？

1-2 试分析各种机床（车、钻、镗、铣、刨、磨、拉等）切削运动的主运动和进给运动。

1-3 试述切削用量 v_c、f、a_{Sp} 的定义及计算方法。

1-4 刀具切削部分（以外圆车刀为例）包含哪些几何要素？

1-5 说明刀具工作参考系与静止参考系的区别。

1-6 简述刀具角度的作用，并以外圆车刀为例说明六个基本角度的含义。

1-7 正交平面参考系包括哪些平面？并叙述其位置关系。

1-8 刀具法平面与正交平面内前后角的关系如何？

1-9 已知刀具在正交平面参考系的标注角度，如何求任意剖面的角度？

1-10 分别画出题图 1-1 所示右偏刀车端面时，由外向中心进给和由中心向外进给的前角、后角、主偏角、副偏角，并用规定的符号注出（视工件轴线处于水平方向）。

1-11 用规定的符号标出题图 1-2 所示刀具的前角、后角、主偏角、副偏角（视工件轴线处于水平方向）。

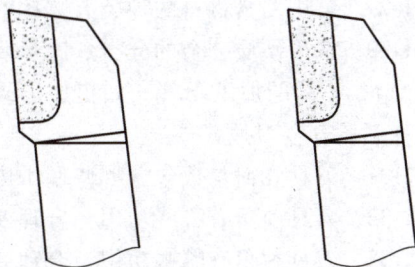

a) 由外向中心进给   b) 由中心向外进给

题图 1-1 习题 1-10 图

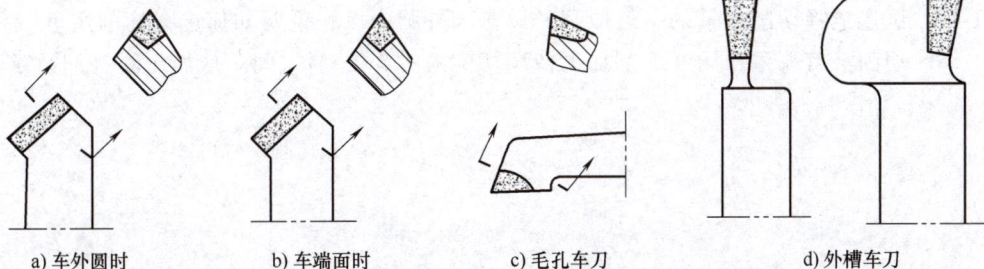

a) 车外圆时   b) 车端面时   c) 毛孔车刀   d) 外槽车刀

题图 1-2 习题 1-11 图

1-12 已知平体外圆车刀切削部分的主要几何角度为：$\gamma_o = 15°$、$\alpha_o = \alpha_o' = 8°$、$\kappa_r = 75°$、$\kappa_r' = 15°$、$\lambda_s = -5°$。刀体尺寸：宽×高（$H×B$）= 30mm×25mm。试绘出该刀具切削部分的工作图。

1-13 试述刀具角度与工作角度的区别。为什么切断刀切断时，横向进给量不能太大？

1-14 绘图说明切削层用哪些参数描述，它们的关系如何？

1-15 纵车时，已知主偏角 $\kappa_r = 30°$，进给量 $f = 0.1mm/r$，背吃刀量 $a_{Sp} = 0.5mm$，则其切削层的公称厚度 h_D、公称宽度 b_D 及公称横截面积 A_D 各是多少？

1-16 试述自由切削与非自由切削、直角切削与非直角切削的方式。

1-17 切削塑性材料工件时，金属变形区是如何划分的？

1-18 有哪些指标可用来衡量切削层的变形程度？各衡量指标之间的关系如何？

1-19 切削塑性金属时，前刀面的摩擦有何特点？

1-20 试分析各个因素对切削力的影响，特别是背吃刀量 a_{Sp} 及进给量 f 对切削力的影响。

1-21 车削外圆时，为了方便测量和应用，一般是怎样对切削合力进行分解的？

1-22 切削塑性金属时，影响切削变形的因素有哪些？

1-23 简述切削热的来源及切削热的传出途径。

1-24 试述影响切削温度的主要因素。

1-25 试述刀具的磨损形式及原因。

1-26 试述刀具磨损过程及磨钝标准。

1-27 何谓刀具寿命？试分析切削用量对刀具寿命的影响。

1-28 金属切削刀具材料应具备哪些基本性能？

1-29 常用刀具材料的种类有哪些？试述各种刀具材料的特点及适用范围。

1-30 常用硬质合金的分类、牌号及其性能特点如何？不同的加工方式（如车削、铣削或刨削），不同的加工要求（如粗加工或精加工），不同的加工材料（钢或加工铸铁），应如何选择硬质合金刀片牌号？

1-31 刀具几何参数包含哪些基本内容？刀具合理几何参选择主要取决于哪些因素？

1-32 刀具前角有哪些功用？合理前角是怎样定义的？合理前角的选择原则有哪些？

1-33 刀具后角有哪些功用？合理后角的选择原则有哪些？

1-34 刀具主偏角和副偏角有哪些功用？合理主偏角和副偏角的选择原则有哪些？

1-35 刀具刃倾角有哪些功用？合理刃倾角的选择原则有哪些？

1-36 确定刀具寿命有哪些方法？

1-37 试述选择切削用量的一般原则，以车削外圆为例，说明如何选择切削用量。

1-38 切削液有哪些作用？切削加工使用切削液时，刀-屑之间一般属于哪种润滑条件？

第2章 机械加工方法及设备

2.1 金属切削机床基础

金属切削机床简称机床，是用切削的方法将金属毛坯（或半成品）加工成机器零件的设备，它是制造机器的机器，所以又称工作母机或工具机。

金属切削机床是加工机器零件的主要设备，它所担负的工作量，通常情况下占机器制造总工作量的 40%～60%。因此，机床的技术性能直接影响机械制造业产品的质量、成本和生产率。

一个现代化的国家必须有一个现代化的机械制造业，而现代化的机械制造业必须有一个现代化的机床工业做后盾。因此，机床工业的技术水平、自动化程度、加工精度在很大程度上标志着这个国家的工业生产能力和现代化水平。

2.1.1 金属切削机床的分类

金属切削机床的品种、规格繁多，为了便于区别、使用和管理，需要进行分类并编制型号。机床主要按加工性质和所用刀具进行分类，根据国家制定的机床型号编制办法，机床共分 11 大类：车床、钻床、镗床、磨床、齿轮加工机床、螺纹加工机床、铣床、刨插床、拉床、锯床和其他加工机床。

在每一类机床中，又按工艺特点、布局形式、结构特性等分成若干组，每一组中又分为若干系列。

除了上述基本分法外，还有其他分类方法：

1）通用机床（或称万能机床）。工艺范围较宽，通用性较强，可以加工多种工件，完成多种工序，但结构比较复杂。例如卧式车床、万能升降台铣床、万能外圆磨床等。通用机床自动化程度低，生产率低，主要适合于单件、小批量生产。

2）专门化机床。工艺范围较窄，专门用于加工某一类或几类零件的某一道（或几道）特定工序，如曲轴车床、凸轮轴车床等。

3）专用机床。工艺范围窄，只能用于加工某一种零件的某一道特定工序，适用于大批量生产。加工车床导轨的导轨磨床，大批大量生产中使用的各种组合机床也属于专用机床。

同类型机床按工作精度又可分为：普通精度机床、精密机床和高精度机床。

机床还可按自动化程度分为：手动、机动、半自动和自动机床。

机床还可按重量与尺寸分为：仪表机床、中型机床（一般机床）、大型机床（重量达10t）、重型机床（大于30t）和超重型机床（大于100t）。

按机床主要工作部件的数目，可分为单轴、多轴或单刀、多刀机床等。

通常，机床根据加工性质进行分类，再根据其某些特点进一步描述，如多刀半自动车床、高精度外圆磨床等。

随着机床的发展，其分类方法也将不断发展，现代机床正向数控化方向发展，数控机床的功能日趋多样化，工序更加集中。现在一台数控机床集中了越来越多的传统机床的功能。例如，数控车床在卧式车床功能的基础上，又集中了转塔车床、仿形车床、自动车床等多种车床的功能，车削中心出现以后，在数控车床功能的基础上，又加入了钻、镗、铣等类机床的功能。又如，具有自动换刀功能的镗铣加工中心机床集中了钻、镗、铣等多种类型机床的功能，有的加工中心的主轴既能立式又能卧式，又集中了立式加工中心和卧式加工中心的功能。可见，机床数控化引起机床传统分类方法的变化，这种变化主要表现在机床品种不是越分越细，而是趋向综合。

2.1.2 金属切削机床型号的编制方法

机床的型号是指按一定规律赋予每种机床一个代号，用以简明地表示机床的类型、通用性和结构特性、主要技术参数等，以便于机床的管理和使用。2008 年颁布的国家标准 GB/T 15375—2008《金属切削机床 型号编制方法》规定，机床型号由汉语拼音字母和阿拉伯数字按一定的规律组合而成。它适用于新设计的各类通用机床、专用机床和回转体加工自动线（不包括组合机床、特种加工机床）。本节仅介绍各类通用机床型号的编制方法。

1. 通用机床型号

通用机床的型号由基本部分和辅助部分组成，中间用"/"隔开，读作"之"。基本部分需统一管理，辅助部分纳入型号与否由厂家自定。型号的构成如下：

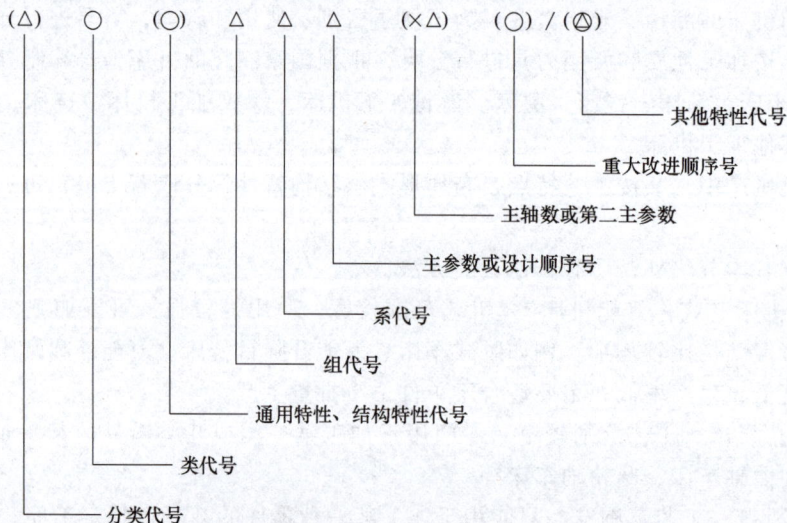

注：1. 有"（ ）"的代号或数字，当无内容时，则不表示。若有内容则不带括号。

2. 有"○"符号者，为大写的汉语拼音字母。

3. 有"△"符号者，为阿拉伯数字。

4. 有"◎"符号者，为大写的汉语拼音字母或阿拉伯数字，或两者兼有之。

2. 机床类、组、系的划分及其代号

机床的类代号，用大写的汉语拼音字母表示。必要时，每类可分为若干分类，分类代号用阿拉伯数字代表，作为型号的首位。例如磨床分为 M、2M、3M 三个分类。机床的分类和代号见表 2-1。

表 2-1　机床的分类和代号

类别	车床	钻床	镗床	磨床			齿轮加工机床	螺纹加工机床	铣床	刨插床	拉床	锯床	其他车床
代号	C	Z	T	M	2M	3M	Y	S	X	B	L	G	Q
读音	车	钻	镗	磨	二磨	三磨	牙	丝	铣	刨	拉	割	其他

对于具有两类特性的机床编制时，主要特性应放在后面，次要特性应放在前面。例如铣镗床是以镗为主、铣为辅。

每类机床划分为十个组，每组又划分为十个系列。在同类机床中，主要布局或使用范围基本相同的机床，即为同一组；在同一组机床中，其主要参数相同，主要结构及布局形式相同的机床，即为同一系。

机床的组用一位阿拉伯数字表示，位于类代号或通用特性代号、结构特性代号之后；机床的系用一位阿拉伯数字表示，位于组代号之后。各类机床组的代号及划分见表 2-2。

表 2-2　各类机床组的代号及其划分

组别		0	1	2	3	4	5	6	7	8	9
车床 C		仪表小型车床	单轴自动车床	多轴自动、半自动车床	回轮、转塔车床	曲轴及凸轮轴车床	立式车床	落地及卧式车床	仿形及多刀车床	轮、轴、辊、锭及铲齿车床	其他车床
钻床 Z			坐标镗钻床	深孔钻床	摇臂钻床	台式钻床	立式钻床	卧式钻床	铣钻床	中心孔钻床	其他钻床
镗床 T				深孔镗床		坐标镗床	立式镗床	卧式镗床	精镗床	汽车、拖拉机修理用镗床	其他镗床
磨床	M	仪表磨床	外圆磨床	内圆磨床	砂轮机	坐标磨床	导轨磨床	刀具刃磨床	平面及端面磨床	曲轴、凸轮轴、花键轴挤轧辊磨床	工具磨床
	2M		超精机	内圆珩磨床	外圆及其他珩磨机	抛光机	砂带抛光及磨削机床	刀具刃磨及研磨机床	可转位刀片磨削机床	研磨机	其他磨床
	3M		球轴承套圈沟磨床	滚子轴承套圈滚道磨床	轴承套圈超精机		叶片磨削磨床	滚子加工磨床	钢球加工磨床	气门、活塞及活塞环磨削机床	汽车、拖拉机修磨机床

（续）

组别	0	1	2	3	4	5	6	7	8	9
齿轮加工机床 Y	仪表齿轮加工机		锥齿轮加工机	滚齿机及铣齿机	剃齿及珩齿机	插齿机	花键轴铣床	齿轮磨齿机	其他齿轮加工机	齿轮倒角及检查机
螺纹加工机床 S				套丝机	攻丝机		螺纹铣床	螺纹磨床	螺纹车床	
铣床 X	仪表铣床	悬臂及滑枕铣床	龙门铣床	平面铣床	仿形铣床	立式升降台铣床	卧式升降台铣床	床身铣床	工具铣床	其他铣床
刨插床 B		悬臂刨床	龙门刨床			插床	牛头刨床		边缘及模具刨床	其他刨床
拉床 L			侧拉床	卧式外拉床	连续拉床	立式内拉床	卧式内拉床	立式外拉床	键槽、轴瓦及螺纹拉床	其他拉床
锯床 G			砂轮片锯床		卧式带锯床	立式带锯床	圆锯床	弓锯床	锉锯床	
其他机床	其他仪表机床	管子加工机床	木螺钉加工机		刻线机	切断机	多功能机床			

3. 通用特性代号、结构特性代号

通用特性代号有统一的固定含义，它在各类机床型号中所表示的意义相同。当某类机床除有普通式外，还有某种通用特性，则在类代号之后加通用特性代号予以区分。通用特性代号见表 2-3。如某类机床仅有某种通用特性，而无普通形式者，则通用特性不予表示。

对于主参数相同而结构、性能不同的机床，在型号中加结构特性代号予以区分。它在型号中没有统一的含义。结构特性代号用汉语拼音字母表示，排在类代号之后。当型号中有通用特性代号时，应排在通用特性代号之后。

表 2-3 通用特性代号

通用特性	高精度	精密	自动	半自动	数控	加工中心（自动换刀）	仿形	轻型	加重型	柔性加工单元	数显	高速
代号	G	M	Z	B	K	H	F	Q	C	R	X	S
读音	高	密	自	半	控	换	仿	轻	重	柔	显	速

4. 主参数、主轴数和第二主参数的表示方法

机床主参数是表示机床规格大小的一种参数。在机床型号中，用阿拉伯数字给出主参数的折算系数，折算系数一般是 1/10 或 1/100，也有少数是 1。几种常见机床的主参数及折算系数见表 2-4。

机床的主轴数应以实际数值列入型号，置于主参数之后，用"×"分开。主轴数是必须表示的。

某些通用机床，当无法用一个主参数表示时，则用设计顺序号来表示。

第二主参数（多轴机床的主轴数除外）一般不予表示，如有特殊情况，需在型号中表

示。在型号中表示的第二主参数，一般以折算成两位数为宜，最多不超过三位数。以长度、深度值等表示的，其折算系数为 1/100；以直径、宽度值表示的，其折算值为 1/10；以厚度、最大模数值等表示的，其折算系数为 1。当折算值大于 1 时，则取整数；当折算值小于 1 时，则取小数点后第一位数，并在前面加"0"。

表 2-4　常见机床的主参数及折算系数

机床	主参数名称	折算系数	机床	主参数名称	折算系数
卧式车床	床身上最大回转直径	1/10	矩台平面磨床	工作台面宽度	1/10
立式车床	最大车削直径	1/100	齿轮加工机床	最大工件直径	1/10
摇臂钻床	最大钻孔直径	1/1	龙门铣床	工作台面宽度	1/100
卧式镗床	镗轴直径	1/10	升降台式铣床	工作台面宽度	1/10
坐标镗床	工作台面宽度	1/10	龙门刨床	最大刨削宽度	1/100
外圆磨床	最大磨削直径	1/10	插床及牛头刨床	最大插销及刨削长度	1/10
内圆磨床	最大磨削孔径	1/10	拉床	额定拉力(t)	1/1

5. 机床的重大改进顺序号

当机床的结构、性能有更高的要求，并需按新产品重新设计、试制和鉴定时，才按改进的先后顺序选用 A、B、C 等汉语拼音字母（但"I""O"两个字母不得选用），加在型号基本部分的尾部，以区别原机床型号。

6. 其他特性代号

其他特性代号，置于辅助部分之首。其中同一型号机床的变型代号一般应放在其他特性代号之首位。

其他特性代号主要用以反映各类机床的特性，可用汉语拼音字母（"I""O"两个字母除外），其中 L 表示联动轴数，F 表示复合。如对数控机床，可用它来反映不同控制系统等；对于加工中心，可用以反映控制系统、联动轴数、自动交换主轴头、自动交换工作台等；对于一机多能机床，可用以补充表示这些功能。对于一般机床，可以反映同一型号机床的变型等。

其他特性代号也可用阿拉伯数字表示，也可用阿拉伯数字和汉语拼音字母组合表示。

通用机床型号示例：

1）工作台最大宽度为 500mm 的精密卧式加工中心，其型号为：THM6350。

2）工作台最大宽度为 400mm 的 5 轴联动卧式加工中心，其型号为：TH6340/5L。

3）最大磨削直径为 400mm 的高精度数控外圆磨床，其型号为：MKG1340。

4）经过第一次重大改进，其最大钻孔直径为 25mm 的四轴立式排钻床，其型号为：Z5625×4A。

5）配置 MTC-2M 型数控系统的数控床身铣床，其型号为：XK714/C。

2.1.3　机床的传动系统及传动系统图与运动计算

1. 机床的传动系统

实现机床加工过程中全部成形运动和辅助运动的各传动链，组成一台机床的传动系统。根据执行件所完成的运动的作用不同，传动系统中各传动链相应地称为主运动传动链、进给运动传动链、展成运动传动链、分度运动传动链等。

2. 传动系统图

为便于了解和分析机床运动的传递、联系情况，常采用传动系统图。它是表示实现机床全部运动的传动示意图，图中将每条传动链中的具体传动机构用简单的规定符号表示，规定符号详见国家标准 GB/T 4460—2013《机械制图　机构运动简图用图形符号》中的机构运动简图符号，并标明齿轮和蜗轮的齿数、蜗杆头数、丝杠导程、带轮直径、电动机功率和转速等。传动链中的传动机构，按照运动传递或联系顺序依次排列，以展开图形式画在能反映主要部件相互位置的机床外形轮廓中。传动系统图只表示传动关系，不代表各传动件的实际尺寸和空间位置。如图 2-1 所示为典型万能升降台铣床的传动系统图。

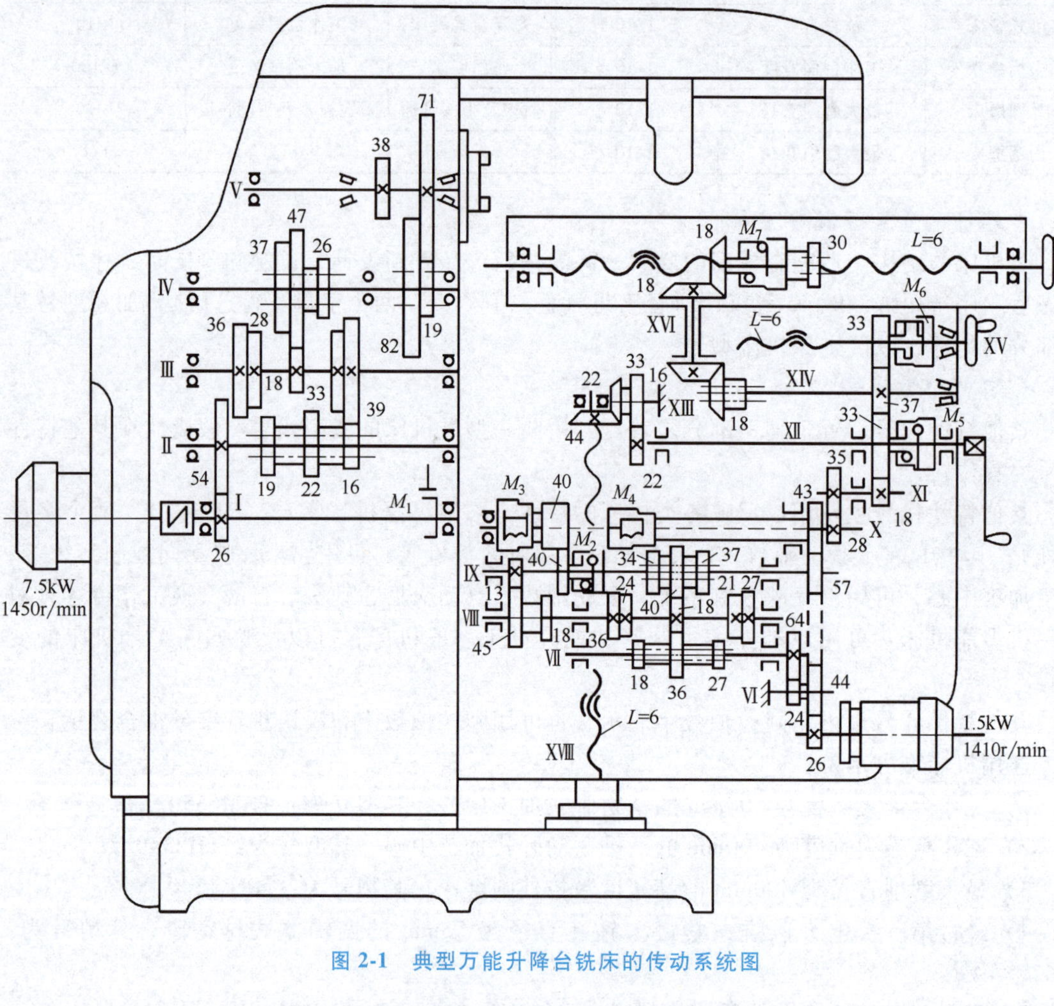

图 2-1　典型万能升降台铣床的传动系统图

了解分析一台机床的传动系统时，首先应根据被加工表面的形状、采用的加工方法及刀具结构形式，获得表面的成形方法和所需成形运动，同时根据机床布局及其工作方法，了解机床需要哪些辅助运动，实现各个运动的执行件和动力源是什么；进而分析实现各运动的传动原理，即确定机床需有哪些传动链及其传动联系情况；然后根据传动系统图逐一分析各传动链，其一般方法是：首先找到传动链所联系的两个端件（动力源和某一执行件，或者一个执行件和另一执行件），然后按照运动传递或联系顺序，从一个端件向另一端件，依次分析各传动轴之间的传动结构和运动传递关系。在分析传动结构时，应特别注意齿轮、离合器等传动件与传动轴之间的连接关系（如固定、空套或滑移），从而找出运动的传递关系，查明该传动链的传动路线以及变速、换向、接通和断开的工作原理。

以图2-1所示典型万能升降台铣床的传动系统为例进行分析。由于万能升降台铣床是通用机床，需完成多种不同的加工工序，要求工件能在相互垂直的三个方向上做直线运动，因此传动系统实际包含有四条传动链：一条是联系动力源和主轴，使主轴获得旋转主运动的主运动传动链，三条是联系动力源和工作台，使工作台获得三个方向直线进给运动的进给运动传动链。三条进给传动链共用一个动力源和一套变速机构，大部分传动路线是重合的，只是在后面部分才分开，成为三个传动分支，把进给运动分别传给工作台（实现纵向进给运动）、支承工作台的床鞍（实现横向进给运动）和支承床鞍的升降台（实现垂直进给运动）。此外，还有一条快速空行程传动链，用于传动工作台快速移动，以便快速调整工件与刀具的相对位置，减少辅助时间。

下面根据传动系统图逐一分析各传动链。

（1）主运动传动链 主运动传动链的两端是主电动机（7.5kW，1450r/min）和主轴，其传动路线为：运动由电动机经弹性联轴器传给轴 Ⅰ，然后经轴 Ⅰ—Ⅱ 之间的定比齿轮副 26/54 以及轴 Ⅱ—Ⅲ、Ⅲ—Ⅳ 和 Ⅳ—Ⅴ 之间的三个滑移齿轮变速机构，传动至主轴 Ⅴ 旋转，并使其可变换 $3 \times 3 \times 2 = 18$ 级不同的转速。主轴旋转运动的开停以及转向的改变由电动机开停和正反转实现。轴 Ⅰ 右端有多片式电磁制动器 M_1，用于主轴停车时进行制动，使主轴迅速而平稳地停止转动。为了便于表示机床的传动路线，通常采用传动路线表达式，主运动传动链的传动路线表达式如下：

$$\begin{pmatrix} 电动机 \\ 7.5\text{kW} \\ 1450\text{r/min} \end{pmatrix} - \text{I} - \frac{26}{54} - \text{II} - \begin{bmatrix} \frac{16}{39} \\ \frac{19}{36} \\ \frac{22}{33} \end{bmatrix} - \text{III} - \begin{bmatrix} \frac{18}{47} \\ \frac{28}{37} \\ \frac{39}{26} \end{bmatrix} - \text{IV} - \begin{bmatrix} \frac{19}{71} \\ \frac{82}{38} \end{bmatrix} - \text{V}（主轴）$$

（2）进给传动链 纵向进给传动链、横向进给传动链和垂直进给传动链的一端是进给运动电动机（1.5kW，1410r/min），而另一端分别为工作台、床鞍和升降台。进给电动机的运动由定比齿轮副 26/44 和 24/64 传至轴Ⅶ，然后经轴Ⅶ—Ⅷ、Ⅷ—Ⅸ 之间的滑移齿轮变速机构传至轴Ⅸ；运动由轴Ⅸ可经两条不同路线传至轴Ⅹ：当轴Ⅸ上可滑移的空套齿轮 z_{40} 处于右端位置（图示位置），与离合器 M_2 接合时，运动由轴Ⅸ经齿轮副 40/40 和电磁离合器 M_3 传至轴Ⅹ，当 z_{40} 移到左端位置，与空套在轴Ⅷ上的齿轮 z_{18} 啮合时，轴Ⅸ的运动则经齿轮副 13/45—18/40—40/40 和 M_3 传至轴Ⅹ。轴Ⅹ的运动由定比齿轮副 28/35 和齿轮 z_{18} 传至轴Ⅻ上的空套齿轮 z_{33}，然后由这个齿轮将运动分别传向纵向、横向和垂直进给丝杠，使工作台实现纵、横、垂直三个方向上的直线进给运动。三个方向进给运动的接通与断开分别由三个离合器 M_7、M_6 和 M_5 控制。进给传动链的传动路线表达式如下：

$$电动机\begin{pmatrix}1.5\ kW\\1410\ r/min\end{pmatrix}\ \frac{26}{44}-Ⅵ-\frac{24}{64}-Ⅶ-\begin{bmatrix}\dfrac{18}{36}\\[2pt]\dfrac{27}{27}\\[2pt]\dfrac{36}{18}\end{bmatrix}-Ⅷ-\begin{bmatrix}\dfrac{18}{40}\\[2pt]\dfrac{21}{37}\\[2pt]\dfrac{24}{34}\end{bmatrix}-Ⅸ-\begin{bmatrix}M_2-\dfrac{40}{40}\\[6pt]\dfrac{13}{45}-Ⅷ-\dfrac{18}{40}-\dfrac{40}{40}\end{bmatrix}（背轮机构）$$

$$-M_3-Ⅹ-\frac{28}{35}-Ⅺ-\frac{18}{33}-Ⅻ-\begin{bmatrix}\dfrac{33}{37}-ⅩⅣ\begin{bmatrix}\dfrac{18}{16}-ⅩⅥ-\dfrac{18}{18}-M_7-ⅩⅦ（纵向）\\[4pt]\dfrac{37}{33}-M_6-ⅩⅤ（横向）\end{bmatrix}\\[10pt]M_5-Ⅻ-\dfrac{22}{33}-ⅩⅢ-\dfrac{22}{44}-ⅩⅧ（垂直）\end{bmatrix}$$

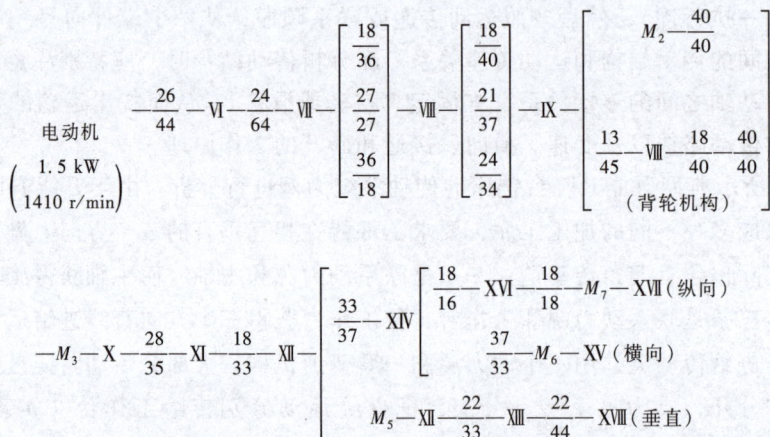

利用轴Ⅶ—Ⅷ、Ⅷ—Ⅸ之间的两个滑移齿轮变速机构和轴Ⅸ—Ⅷ—Ⅹ之间的背轮机构，可使工作台变换 3×3×2＝18 级不同的进给速度。工作台进给运动的换向，由改变电动机旋转方向实现。

（3）快速空行程传动链　属于辅助运动传动链，其两端件与进给传动链相同。由图 2-1 可以看到，接合电磁离合器 M_4 而脱开 M_3，进给电动机的运动便由定比齿轮副 26/44—44/57—57/43 和 M_4 传给轴Ⅹ，之后，再沿着与进给运动相同的传动路线传至工作台、床鞍和升降台。由于这一传动路线的传动比大于进给传动路线的传动比，因而获得快速运动。利用离合器 M_7、M_8 和 M_5 可接通纵、横和垂直三个方向中任一方向的快速运动。快速运动方向的变换（左右、前后、上下）同样由电动机改变旋转方向实现。

3. 机床运动的调整计算

机床的运动计算通常有两种情况：一种是根据传动系统图提供的有关数据，确定某些执行件的运动速度或位移量；另一种是根据执行件所需的运动速度、位移量，或有关执行件之间所需保持的运动关系，确定相应传动链中换置机构（通常为交换齿轮变速机构）的传动比，以便进行必要的调整。

机床运动计算按每一传动链分别进行，其步骤如下：

1）确定传动链的两端件，如电动机-主轴，主轴-刀架等。

2）根据传动链两端件的运动关系，确定它们的计算位移，即在指定的同一时间间隔内两端件的位移量。例如，主运动传动链的计算位移为：电动机 $n_电$（r/min），主轴 $n_主$（r/min），车床螺纹进给传动链的计算位移为：主轴转 1r，刀架移动工件一个螺纹导程 L（mm）。

3）根据计算位移以及相应传动链中各个顺序排列的传动副的传动比，列出运动平衡式。

4）根据运动平衡式，计算出执行件的运动速度（转速、进给量等）或位移量，或者整理出换置机构的换置公式，然后按加工条件确定交换齿轮变速机构所需采用的配换齿轮齿数，或确定对其他变速机构的调整要求。

例 2-1：根据图 2-2 传动链简图，计算传动链末端螺母移动速度的种数及最大移动速度。

解：

1）找到首端件和末端件：分别为电动机和Ⅵ轴末端螺母。

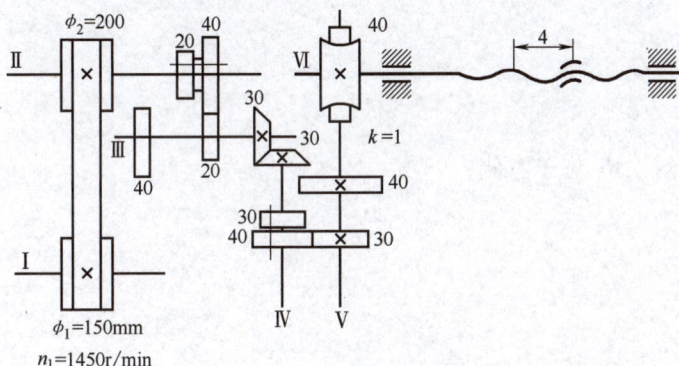

图 2-2 传动链简图

2）确定计算位移：$n_1 \rightarrow n_{螺母}$。

3）列传动路线表达式如下：

$$电动机 \underset{(1450r/min)}{} - I \frac{\phi150}{\phi200} II - \begin{bmatrix} \dfrac{20}{40} \\ \dfrac{40}{20} \end{bmatrix} - III \frac{30}{30} IV - \begin{bmatrix} \dfrac{30}{40} \\ \dfrac{40}{30} \end{bmatrix} - V \frac{1}{40} VI - 螺母$$

4）计算传动链末端螺母移动速度总数：

$$2 \times 2 = 4$$

5）计算传动链末端螺母最大移动速度（未考虑带传动效率）。

先计算传动链末端最大转速：

$$n_{max} = 1450r/min \times \frac{150}{200} \times \frac{40}{20} \times \frac{30}{30} \times \frac{40}{30} \times \frac{1}{40} = 72.5r/min$$

由图可知螺母螺距为 4mm，为单线螺纹，因此导程 4mm/r，最大移动速度：

$$v_{max} = n_{max} \times L = 72.5r/min \times 4mm/r = 290mm/min$$

例 2-2： 如图 2-3 所示为一镗床主轴箱中Ⅳ和Ⅴ轴的传动简图。试分析当离合器 M_1 和 M_2 处于不同开合情况下，运动由Ⅳ轴传到Ⅴ轴的传动路线，并列式计算其传动比。

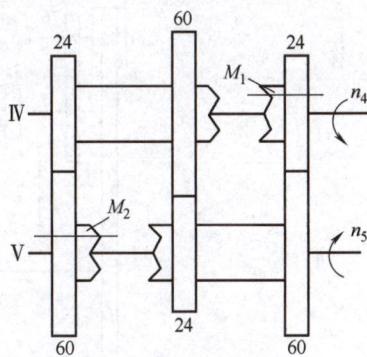

图 2-3 镗床主轴箱中Ⅳ和Ⅴ轴的传动简图

解：

1）找到首端件和末端件：分别为Ⅳ轴到Ⅴ轴。

2）写出Ⅳ轴传到Ⅴ轴的传动路线。

当 M_1 位于右侧，M_2 位于左侧：

$$\begin{cases} IV \dfrac{24}{60}(M_1,右) - V \dfrac{24}{60}(M_1,右) - IV \dfrac{24}{60}(M_2,左) - V \\ i_1 = \dfrac{24}{60} \times \dfrac{24}{60} \times \dfrac{24}{60} = 0.064 \end{cases}$$

当 M_1 位于左侧，M_2 位于左侧：

$$\begin{cases} \mathrm{IV} - \dfrac{24}{60}\begin{pmatrix} M_1,\text{左} \\ M_2,\text{左} \end{pmatrix} - \mathrm{V} \\ i_2 = \dfrac{24}{60} = 0.4 \end{cases}$$

当 M_1 位于右侧，M_2 位于右侧：

$$\begin{cases} \mathrm{IV} - \dfrac{24}{60}\begin{pmatrix} M_1,\text{右} \\ M_2,\text{右} \end{pmatrix} - \mathrm{V} \\ i_3 = \dfrac{24}{60} = 0.4 \end{cases}$$

当 M_1 位于左侧，M_2 位于右侧：

$$\begin{cases} \mathrm{IV} - \dfrac{60}{24}\begin{pmatrix} M_1,\text{左} \\ M_2,\text{右} \end{pmatrix} - \mathrm{V} \\ i_4 = \dfrac{60}{24} = 2.5 \end{cases}$$

例 2-3：如图 2-4 所示为某机床的传动系统图，已知各齿轮齿数如图所示，且已知电动机转速 $n = 1440\mathrm{r/min}$，带传动效率 $\eta = 0.98$。求：1）系统的传动路线表达式；2）输出轴 V 的转速级数；3）轴 V 的极限转速。

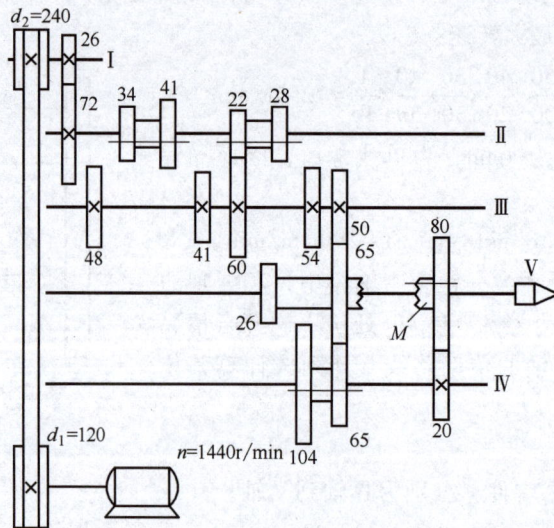

图 2-4　某机床的传动系统图

解：1）找到首端件和末端件：分别为电动机到主轴 V。

2）确定计算位移：电动机→主轴。

3）列运动平衡式或传动路线表达式：

$$\text{电动机} \atop (1450\text{r/min})\ \frac{\phi120}{\phi240}\ \text{I} - \frac{26}{72}\ \text{II} - \begin{bmatrix} \dfrac{34}{48} \\ \dfrac{41}{41} \\ \dfrac{22}{60} \\ \dfrac{28}{54} \end{bmatrix} - \text{III} - \frac{50}{65} - \overset{-M,\text{左}-}{\begin{bmatrix} \dfrac{65}{65} \\ \dfrac{26}{104} \end{bmatrix}} - \text{IV} - \frac{20}{80} - \text{V}(\text{主轴})$$

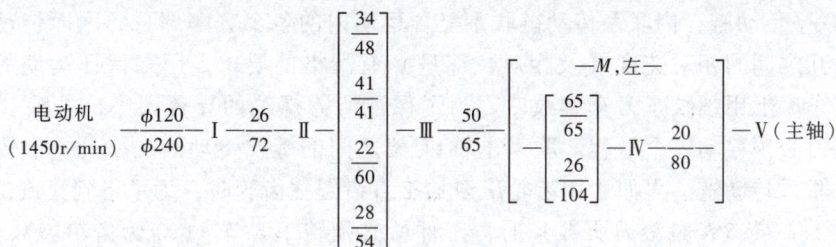

4）输出轴 V 的转速级数：

$$4 \times 3 = 12$$

5）主轴 V 的极限转速：

$$n_{\max} = 1440\text{r/min} \times \frac{120}{240} \times \eta \times \frac{26}{72} \times \frac{41}{41} \times \frac{50}{65} \times 1 = 196\text{r/min}$$

$$n_{\min} = 1440\text{r/min} \times \frac{120}{240} \times \eta \times \frac{26}{72} \times \frac{22}{60} \times \frac{50}{65} \times \frac{26}{104} \times \frac{20}{80} = 4.49\text{r/min}$$

2.1.4 机床的传动联系及传动原理图

1. 机床的传动联系

为了实现加工过程中所需的各种运动，机床必须具备以下三个基本部分：

1）执行件。执行机床运动的部件，如主轴、刀架、工作台等，其任务是带动工件或刀具完成一定形式的运动（旋转或直线运动）并保持准确的运动轨迹。

2）动力源。提供运动和动力的装置，是执行件的运动来源。普通机床通常都采用三相异步电动机作动力源，现代数控机床的动力源采用直流或交流调速电动机和伺服电动机。

3）传动装置。传递运动和动力的装置，通过它把动力源的运动和动力传给执行件。通常，传动装置同时还需完成变速、换向、改变运动形式等任务，使执行件获得所需要的运动速度、运动方向和运动形式。

传动装置把执行件和动力源或者把有关的执行件之间连接起来，构成传动联系。

2. 传动链

如上所述，机床上为了得到所需要的运动，需要通过一系列的传动件把执行件和动力源（例如把主轴和电动机），或者把执行件和执行件（例如把主轴和刀架）之间连接起来，以构成传动联系。构成一个传动联系的一系列传动件，称为传动链。根据传动联系的性质，传动链可以分为两类：

1）外联系传动链。它是联系动力源（如电动机）和机床执行件（如主轴、刀架、工作台等）之间的传动链，使执行件得到运动，而且能改变运动的速度和方向，但不要求动力源和执行件之间有严格的传动比关系。例如，车削螺纹时，从电动机传到车床主轴的传动链就是外联系传动链，它只决定车螺纹速度的快慢，而不影响螺纹表面的成形。再如，在卧式车床上车削外圆柱表面时，由于工件旋转与刀具移动之间不要求严格的传动比关系，两个执行件的运动可以互相独立调整，所以，传动工件和传动刀具的两条传动链都是外联系的传动链。

2）内联系传动链。内联系传动链联系复合运动内的各个分解部分，因而传动链所联系的执行件相互之间的相对速度（及相对位移量）有严格的要求，用来保证运动的轨迹。例如，在卧式车床上用螺纹车刀车螺纹时，为了保证所需螺纹的导程大小，主轴（工件）转一转时，车刀必须移动一个导程。联系主轴-刀架之间的螺纹传动链，就是一条传动比有严格要求的内联系传动链。再如，用齿轮滚刀加工直齿圆柱齿轮时，为了得到正确的渐开线齿形，滚刀转 $1/K$ 转（K 是滚刀头数）时，工件就必须转 $1/z_工$ 转（$z_工$ 为齿轮齿数）。联系滚刀旋转 B_{11} 和工件旋转 B_{12} 的传动链如图 2-48 所示，必须保证两者的严格运动关系。这条传动链的传动比若不符合要求，就不可能形成正确的渐开线齿形。所以这条传动链也是用来保证运动轨迹的内联系传动链。由此可见，在内联系传动链中，各传动副的传动比必须准确不变，不应有摩擦传动或是瞬时传动比变化的传动件（如链传动）。

3. 传动原理图

通常传动链中包括有各种传动机构，如带传动、定比齿轮副、齿轮齿条、丝杠螺母、蜗轮蜗杆、滑移齿轮变速机构、离合器变速机构、交换齿轮架以及各种电气的、液压的、机械的无级变速机构等。在考虑传动路线时，可以先撇开具体机构，把上述各种机构分成两大类：固定传动比的传动机构，简称"定比机构"；变换传动比的传动机构，简称"换置机构"。定比传动机构有定比齿轮副、丝杠螺母副、蜗轮蜗杆副等，换置机构有变速箱、交换齿轮架、数控机床中的数控系统等。

为了便于研究机床的传动联系，常用一些简明的符号把传动原理和传动路线表示出来，这就是传动原理图。如图 2-5 所示为传动原理图常用的一些示意符号。其中，表示执行件的符号，还没有统一的规定，一般采用较直观的图形表示。为了把运动分析的理论推广到数控机床，图中引入了画数控机床传动原理图时所要用到的一些符号，如脉冲发生器等的符号。

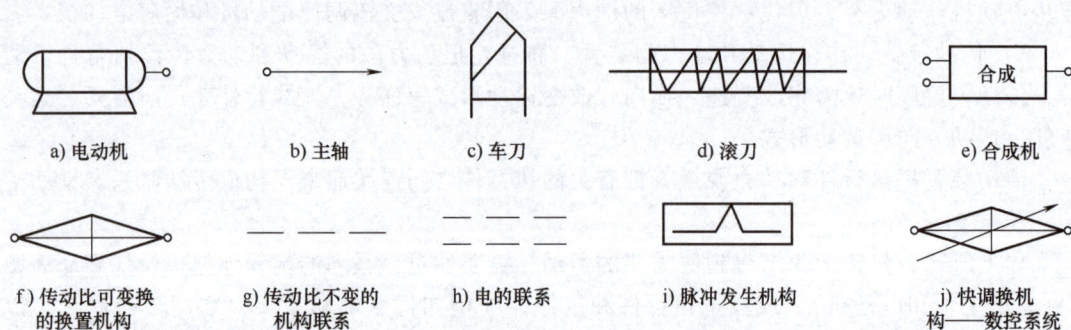

a) 电动机　　b) 主轴　　c) 车刀　　d) 滚刀　　e) 合成机

f) 传动比可变换的换置机构　g) 传动比不变的机构联系　h) 电的联系　i) 脉冲发生机构　j) 快调换机构——数控系统

图 2-5　传动原理图常用的一些示意符号

下面举例说明传动原理图的画法和所表示的内容。

卧式车床的传动原理图如图 2-6 所示。卧式车床在形成螺旋表面时需要一个运动——刀具与工件间相对的螺旋运动。这个运动是复合运动，可分解为两部分：主轴的旋转 B 和车刀的纵向移动 A。联系这两个运动的传动链 4—5—u_s—6—7 是复合运动内部的传动链，所以是内联系传动链。这个传动链为了保证主轴旋转 B 与刀具移动 A 之间严格的比例关系，主轴每转一转，刀具应移动一个导程。此外，这个复合运动还应有一个外联系传动链，与动力源相连系，即传动链 1—2—u_v—3—4。

车床在车削圆柱面或端面时，主轴的旋转 B 和刀具的移动 A（车端面时为横向移动）是两个互相独立的简单运动。不需保持严格的比例关系，运动比例的变化不影响表面的性质，只是影响生产率或表面粗糙度。两个简单运动各有自己的外联系传动链与动力源相联系。一条是电动机—1—2—u_v—3—4 主轴，另一条是电动机—1—2—u_v—3—5—u_s—6—7—丝杠。其中 1—2—u_v—3 是公共段。这样的传动原理图的优点既可用于车螺纹，也可用于车削圆柱面等。

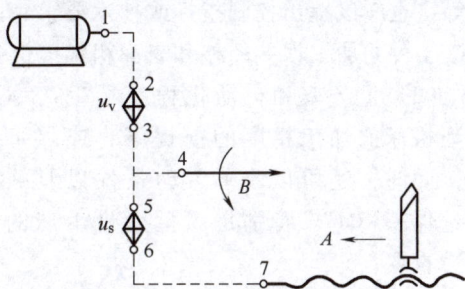

图 2-6 卧式车床的传动原理图

如果车床仅用于车削圆柱面和端面，不用来车削螺纹，则传动原理图也可如图 2-7a 所示。进给也可用液压传动，如图 2-7b 所示，如某些多刀半自动车床。

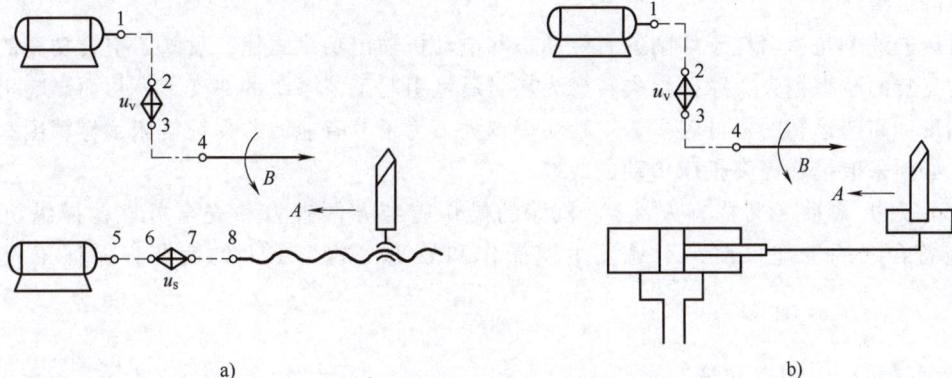

a)   b)

图 2-7 车削圆柱面时的传动原理图

2.1.5 机床的基本要求

（1）工艺范围 工艺范围是指机床适应不同生产要求的能力，包括在机床上能完成的工序种类、可加工零件的类型、材料和毛坯种类以及尺寸范围等。

在单件小批生产中使用的通用机床，由于要完成不同形状和结构的工件上多种几何表面的加工，因此要求它具有广泛的工艺范围。例如卧式万能升降台铣床，不仅要求它能铣平面、台阶面、沟槽、特形面、直齿和斜齿圆柱齿轮的齿廓面，而且还要求它能铣螺旋槽、平面凸轮的廓面。如此广泛工艺范围的获得，除了机床本身的因素外，还需借助于多种机床附件，如分度头、回转工作台、立铣头等。

专门化机床和专用机床是为某一类零件和特定零件的特定工序设计的，因此工艺范围不要求宽。

数控机床，尤其是加工中心，加工精度和自动化程度都很高，在一次安装后可以对多个表面进行多工位加工，因此具有较大的加工工艺范围。目前加工中心一般都具有多种加工能力，如铣镗加工中心上可以进行铣平面、铣沟槽、钻孔、镗孔、扩孔、攻螺纹等多种加工。

（2）加工精度和表面粗糙度 由于机床是"制造机器的机器"，因此机床的精度和机床零件的表面粗糙度值，一般应该比其他机械产品高和小。此外，对机床的热变形、振动、磨损等，也应该提出控制指标或技术要求，以防止机床在使用时，由于这些因素的作用，使被加工工件的加工误差超差和表面粗糙度值超差。

（3）生产率和自动化程度　生产率是反映机械加工经济效益的一个重要指标，在保证机床的加工精度的前提下，应尽可能提高生产率，机床的自动化有助于提高生产率，同时，还可以改善劳动条件以及减少操作者技术水平对加工质量的影响，使加工质量保持稳定。特别是大批大量生产的机床和精度要求高的机床，提高其自动化程度更为重要。

对机床的生产率和自动化的要求，是一个相对的概念，而并非对任何机床这二者都越高越好。因为机床的高生产率和高度自动化不仅如前所述要求机床具有大的功率和高的刚性和抗振性，而且必然导致机床的结构和调整工作的复杂化以及机床成本的增加。因此，对不同类型的机床，其生产率和自动化的要求，应该按不同情况区别对待。

（4）噪声和效率　机床的噪声是危害人们身心健康，妨碍正常工作的一种环境污染，要尽力降低噪声。

机床的效率是指消耗于切削的有效功率和电动机输出功率之比，反映了空转功率的消耗和机构运转的摩擦损失。摩擦损失转变为热量后将引起工艺系统的热变形，从而影响机床的加工精度。高速运转的零件越多，空转功率越大。为了节省能源，保证机床工作精度和降低噪声，必须采取措施提高机床传动的效率。

（5）人机关系（又称宜人性）　机床的操作应当方便省力和安全可靠，操纵机床的动作应符合人的生理习惯，不易发生误操作和故障，减少工人的疲劳，保证工人和机床的安全。

2.2　车削加工与车床

2.2.1　车床的用途及分类

（1）车床的用途　车床是机械制造中使用最广泛的一类机床，主要用于加工各种回转表面（内外圆柱面、圆锥面、回转体成形面等）和回转体的端面，有些车床还能加工螺纹。

（2）车床的分类　车床的种类很多，按其用途和结构不同，主要分为：卧式车床及落地车床、回轮车床及转塔车床、立式车床、仿形车床及多刀车床、单轴自动车床、多轴自动、半自动车床等。

此外，还有各种专门化车床，如曲轴与凸轮轴车床，轮、轴、辊、锭及铲齿车床等，在大批大量生产中还使用各种专用车床。在所有车床类机床中，以卧式车床应用最为广泛。

2.2.2　典型卧式车床的工艺范围及其组成

（1）工艺范围　典型卧式车床的工艺范围很广，能车削内外圆柱面、圆锥面、回转体成形面和环形槽、端面及各种螺纹，还可以进行钻孔、扩孔、铰孔、攻丝、套丝和滚花等（图2-8）。

典型卧式车床的通用性较大，生产率低，适用于单件、小批生产及修理车间。

（2）组成部件　典型卧式车床的外形如图2-9所示。

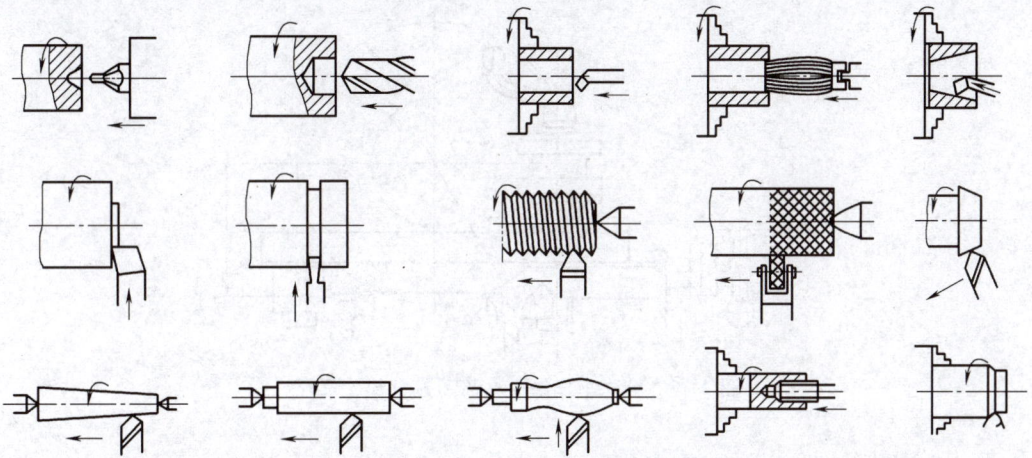

图 2-8 卧式车床所能加工的典型表面

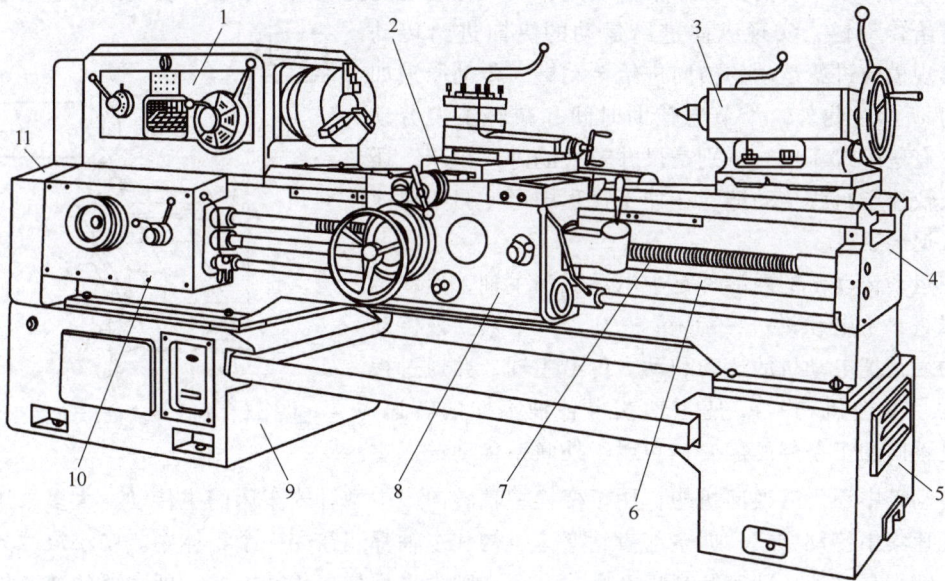

图 2-9 典型卧式车床的外形

1—主轴箱 2—刀架 3—尾座 4—床身 5、9—床腿 6—光杠
7—丝杠 8—溜板箱 10—进给箱 11—交换齿轮变速机构

（3）主要技术参数 典型卧式车床的主参数为 400mm，表示床身上最大工件回转直径 D（图 2-10），第二主参数有 750mm，1000mm，1500mm，2000mm 四种，表示床身长度。

除主参数和第二主参数外，卧式车床的技术参数还有：刀架上最大工件回转直径 D_1（图 2-10），$D_1 = 210mm$，主轴中心至床身矩形导轨的距离 H（中心高），通过主轴孔的最大棒料直径，主轴前端锥孔的尺寸，尾座套筒的锥孔尺寸及最大移动量，刀架纵、横和斜向进给量及最大行程，加工螺纹的范围，主轴的转速范围，电动机功率，机床外形尺寸和重量等。

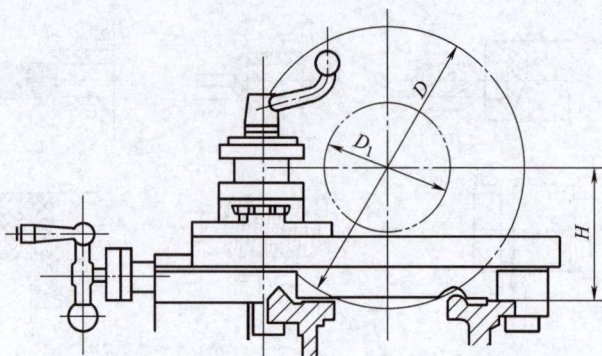

图 2-10　卧式车床的中心高和最大加工直径

2.2.3　典型卧式车床的传动系统

车床的传动系统需具备以下传动链：实现主运动的主运动传动链，实现螺纹进给运动的
螺纹进给传动链，实现纵向进给运动的纵向进给传动链，实现横向进给运动的横向进给传动链，传动原理如图 2-11 所示。此外，为节省辅助时间和减轻工人劳动强度，有些卧式车床，特别是尺寸较大的卧式车床，还有一条快速空行程传动链，在加工过程中可使刀架快速接近或退离工件。

主运动传动链的两端件是主电动机和主轴，运动传动路线是：主电动机—1—2—u_v—3—4—主轴。该传动链的功用是把电动机的运动和动力传给主轴，并通过换置机构（变速机构）u_v 使主轴获得各种不同的转速，以满足不同加工条件的需要，它属于外联系传动链。主

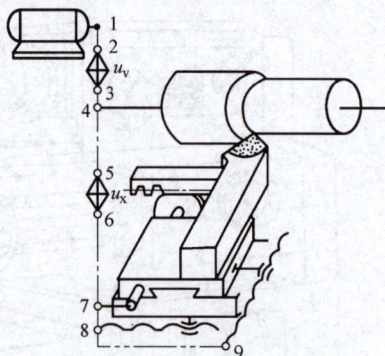

图 2-11　卧式车床的传动原理图

运动传动链中还设有换向机构，用于变换主轴转向。中型卧式车床的主传动，大多采用齿轮分级变速集中传动方式，即全部齿轮变速机构和主轴都装在同一个箱体中。中小尺寸的卧式车床，特别是高速、精密和高精度卧式车床，则常采用分离传动方式，即主要的变速机构和主轴分开，分别装在两个箱体中，两箱体间用带传动联系，如 CM6132、CG6125 等。

螺纹进给传动链的两端件是主轴和刀架，运动传动路线为：主轴—4—5—u_v—6—8—丝杠—刀架。该传动链的功用是把主轴和刀架纵向溜板联系起来，保证工件和刀具之间的严格运动关系，并通过调整换置机构（变速机构）u_x，加工出不同种类、不同导程的螺纹。显然，这一传动链属于内联系传动链。为了保证被加工螺纹导程的精度，该传动链末端采用丝杠螺母机构实现直线运动，因为丝杠可制造得比较精密。螺纹进给传动链中设有换向机构，通常放在主轴与交换齿轮变速机构之间，其功用是在主轴转向不变时，改变刀架的运动方向（向左或向右），以便车削右旋螺纹或左旋螺纹。

纵向和横向进给传动链的任务是实现一般车削时的纵向和横向机动进给运动及其变速与换向。这两个运动的动力源从本质上说也是主电动机，因为运动是经下列路线传到刀架的：

主电动机—1—2—u_v—4—主轴—u_x—5—6—7—齿轮齿条—刀架（纵向进给）

　　　　　　　　　　　　　　　　　└8—9—横向进给丝杠—刀架（横向进给）

　　但由于刀架进给量是以主轴每转一转时，刀架的移动量来表示的，因此分析这两条传动链时，仍然把主轴和刀架作为两端件。但需注意，由于一般车削时的纵、横向进给运动，从表面成形原理来说是独立的简单成形运动，不要求与主轴的旋转运动保持严格的运动关系，因此纵、横向进给传动链都是外联系传动链，而主轴则可以看作该两个传动链的间接动力源。

　　从以上分析可以看出，从主轴到进给箱的一段传动是三条进给传动链的公用部分，在进给箱之后分为两个分支：丝杠传动实现螺纹进给运动，光杠传动实现纵、横向进给运动。这样既可大大减轻丝杠的磨损，有利于长期保持丝杠的传动精度，又可获得一般车削所需的纵、横向进给量（因一般车削进给量的数值小于螺纹的导程数值）。

　　图 2-12 所示为典型卧式车床的传动系统图，下面逐一分析其各条传动链。

　　（1）主运动传动链　主运动传动链的两末端件是主电机和主轴，它的功用是把动力源（电动机）的运动及动力传给主轴，使主轴带动工件旋转实现主运动，并满足主轴变速和换向的要求。

　　典型卧式车床的主传动链可使主轴获得 24 级正转转速（10～1400r/min）及 12 级反转转速（14～1580r/min）。运动由主电动机（7.5kW，1450r/min）经 V 带传至主轴箱中的轴 I，轴 I 上装有一个双向多片式摩擦离合器 M_1，它的作用是控制主轴的起动、停止和换向。离合器 M_1 向左接合时，主轴正转，向右接合时，主轴反转；左、右都不接合时，主轴停转。轴 I 的运动经离合器 M_1 和轴 I—Ⅲ间变速齿轮传至轴Ⅲ，然后分两路传给主轴。当主轴Ⅳ上的滑移齿轮 z_{50} 处于左边（图示位置）时，运动经齿轮副 63/50 直接传给主轴，使主轴得到 450～1400r/min 的 6 种高转速；当滑移齿轮 z_{50} 处于右边位置，使齿式离合器 M_2 接合时，则运动经轴Ⅲ—Ⅳ—Ⅴ间的齿轮副 26/58 传给主轴，使主轴获得 10～500r/min 的中、低转速。主运动传动链的传动路线表达式如下：

$$电动机\begin{pmatrix}7.5\text{kW}\\1450\text{r/min}\end{pmatrix}\frac{\phi130}{\phi230}\text{I}-\begin{bmatrix}M_{1(左)}\begin{bmatrix}\frac{51}{43}\\\frac{56}{38}\end{bmatrix}\\(正转)\\M_{1(右)}\frac{50}{34}-\text{Ⅶ}-\frac{34}{30}\\(反转)\end{bmatrix}-\text{Ⅱ}-\begin{bmatrix}\frac{22}{58}\\\frac{30}{50}\\\frac{39}{41}\end{bmatrix}-\text{Ⅲ}-\begin{bmatrix}\frac{20}{80}\\\frac{50}{50}\end{bmatrix}-\text{Ⅳ}-\begin{bmatrix}\frac{20}{80}\\\frac{51}{50}\\\frac{63}{50}\end{bmatrix}-\text{Ⅴ}\frac{26}{58}-M_2$$

—Ⅵ（主轴）

　　由传动路线表达式可以清楚看出从电动机至主轴的各种转速的传动关系。其中运动经由中、低速这条路线传动时，主轴实际上只能得到 2×3×(2×2−1) = 18 级不同的转速，加上高速路线由齿轮副 63/50 直接传动时获得的 6 级高转速，主轴实际上只能获得 2×3×(1+3) = 24 级不同转速。

　　同理，主轴反转时也只能获得 3+3×(2×2−1) = 12 级不同转速。

　　主轴的转速可按下列运动平衡式计算：

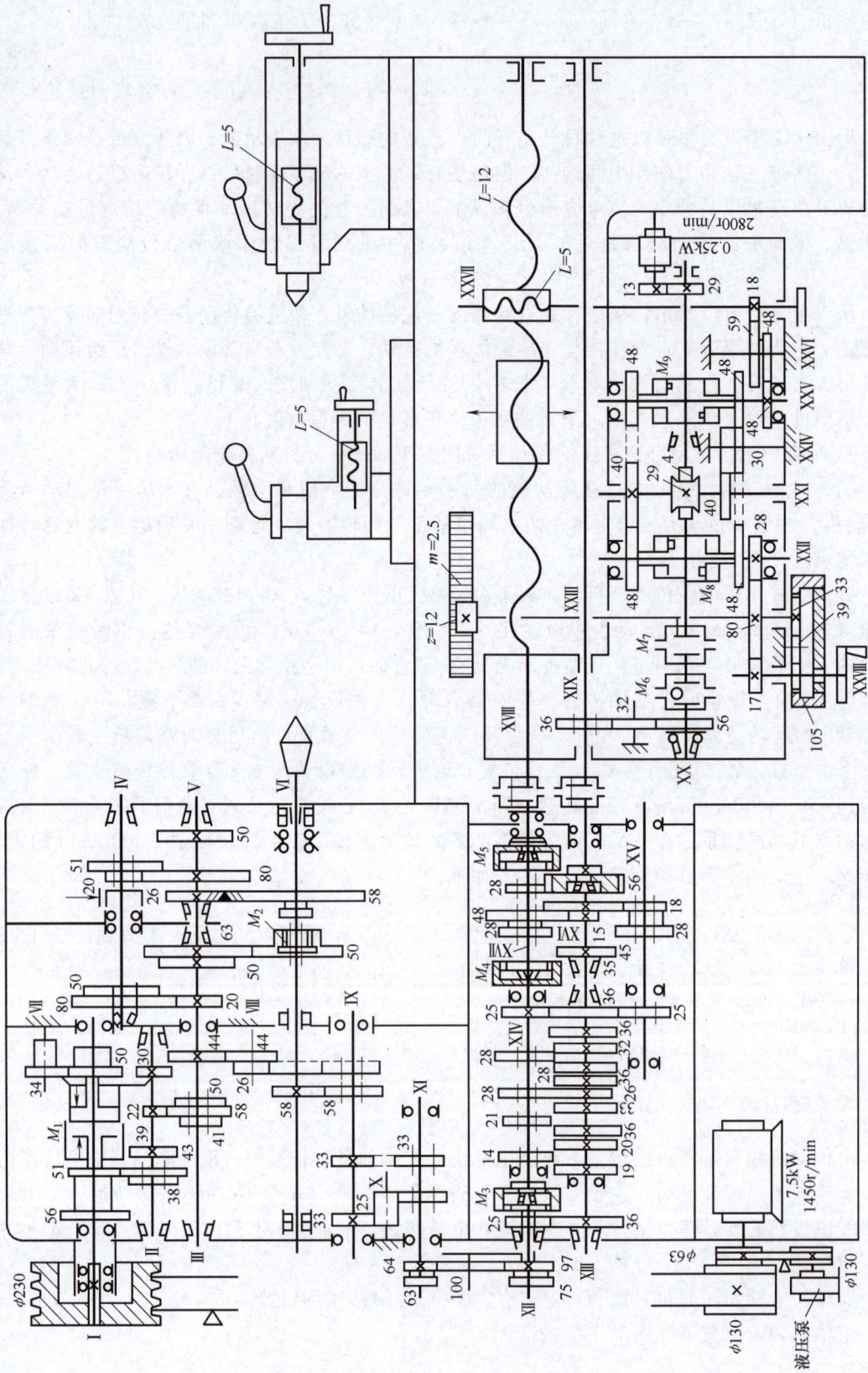

图 2-12　典型卧式车床的传动系统图

$$n_{主} = 1450 \times \frac{130}{230} \times (1-\varepsilon) u_{I-II} u_{II-III} u_{III-IV}$$

式中　　　　　　　　　ε——V 带传动的滑动系数，$\varepsilon = 0.02$；

u_{I-II}、u_{II-III}、u_{III-IV}——轴 I — II、轴 II — III、轴 III—IV 间的可变传动比。

主轴反转时，轴 I — II 间传动比大于正转时的传动比，所以反转转速高于正转。主轴反转主要用于车削螺纹时，不断开主轴和刀架间传动联系，用高转速使刀架快速退至起始位置，节省辅助时间。

（2）螺纹进给传动链　典型卧式车床的螺纹进给传动链保证机床可车削米制、英制、模数制和径节制四种标准的常用螺纹，此外，还可以车削大导程、非标准和较精密的螺纹。这些螺纹可以是右旋的，也可以是左旋的。

不同标准的螺纹用不同的参数表示其螺距，表 2-5 列出了米制、英制、模数制和径节制四种标准螺纹的螺距参数及其与螺距、导程之间的换算关系。

表 2-5　螺距参数及其与螺距、导程的换算关系

螺纹种类	螺距参数	螺距/mm	导程/mm
米制	螺距 P/mm	P	$P_h = kP$
模数制	模数 m/mm	$P_m = \pi m$	$P_{hm} = kP_m = k\pi m$
英制	每英寸牙数 a/（牙·in^{-1}）	$P_a = \dfrac{25.4}{a}$	$P_{ha} = kP_a = \dfrac{25.4k}{a}$
径节制	径节 DP/（牙·in^{-1}）	$P_{DP} = \dfrac{25.4}{DP}\pi$	$P_{hDP} = kP_{DP} = \dfrac{25.4k}{DP}\pi$

注：表中 k 为螺纹头数。

无论车削哪一种螺纹，都必须在加工中形成母线（螺纹面型）和导线（螺旋线）。用螺纹车刀形成母线（成形法）不需要成形运动，形成螺旋线采用轨迹法。螺纹的形成需要一个复合的成形运动。为了形成一定导程的螺旋线，必须保证主轴每转一转，刀具准确地移动被加工螺纹一个导程的距离，根据这个相对运动关系，可列出车螺纹时的运动平衡式：

$$l_{(主轴)} \times u_0 \times u_x \times P_{h丝} = P_{h工} \qquad (2\text{-}1)$$

式中　u_0——主轴至丝杠之间全部定比传动机构的固定传动比，是一个常数；

u_x——主轴至丝杠之间换置机构的可变传动比；

$P_{h丝}$——机床丝杠的导程，本章举例的典型车床的 $P_{h丝} = 12\mathrm{mm}$；

$P_{h工}$——被加工螺纹的导程（mm）。

由式（2-1）可知，被加工螺纹的导程正比于传动链中换置机构的可变传动比 u_x。为此，车削不同标准和不同导程的各种螺纹时，必须对螺纹进给传动链进行适当调整，使传动比 u_x 根据各种螺纹的标准数列做相应改变。

1）车削米制螺纹。米制螺纹（也称公制螺纹）是我国常用的螺纹，其标准螺距值在国家标准中已规定。表 2-6 所示为典型车床米制螺纹表。由此表可以看出，表中的螺距值是按分段等差数列的规律排列的，行与行之间成倍数关系。

车削米制螺纹时，进给箱中的齿式离合器 M_3 和 M_4 脱开，M_5 接合，这时的传动路线为：运动由主轴 VI 经齿轮副 58/58、轴 IX 至轴 XI 间的左右螺纹换向机构（车削右螺纹为 33/33；车削左螺纹时经 33/25×25/33）、交换齿轮 63/100×100/75、传至进给箱的轴 XII，然后再由移换机构的齿轮副 25/63 传至轴 XIII，由轴 XIII 经两轴滑移变速机构（基本螺距机构）的齿轮副传至轴XIV，然后再由移换机构的齿轮副 25/36×36/25 传至轴XV，再经过轴XV与轴XVII间的两组滑移齿轮变速机构（增倍机构）传至XVII，最后由齿式离合器 M_5 传至丝杠XVIII，当溜板箱中的开合螺母与丝杠啮合时，就可以带动刀架车削米制螺纹。

表 2-6　典型车床米制螺纹表

$u_基$	$\frac{26}{28}$	$\frac{28}{28}$	$\frac{32}{28}$	$\frac{36}{28}$	$\frac{19}{14}$	$\frac{20}{14}$	$\frac{23}{21}$	$\frac{36}{21}$
$u_倍$				L/mm				
$\frac{18}{45}×\frac{15}{48}=\frac{1}{8}$	—	—	1	—	—	1.25	—	1.5
$\frac{28}{35}×\frac{15}{48}=\frac{1}{4}$	—	1.75	2	2.25	—	2.5	—	3
$\frac{18}{45}×\frac{35}{28}=\frac{1}{2}$	—	3.5	4	4.5	—	5	5.5	6
$\frac{28}{35}×\frac{35}{28}=1$	—	7	8	9	—	10	11	12

车削米制螺纹时传动链的传动路线表达式如下：

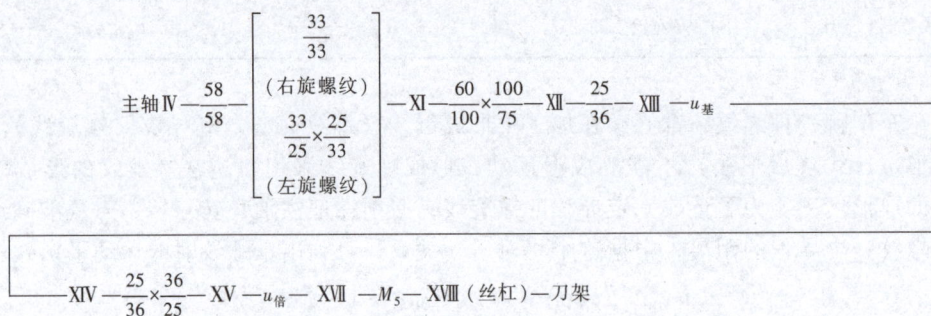

$$主轴 IV - \frac{58}{58} - \begin{bmatrix} \frac{33}{33} \\ (右旋螺纹) \\ \frac{33}{25}×\frac{25}{33} \\ (左旋螺纹) \end{bmatrix} - XI - \frac{60}{100}×\frac{100}{75} - XII - \frac{25}{36} - XIII - u_基 -$$

$$- XIV - \frac{25}{36}×\frac{36}{25} - XV - u_倍 - XVII - M_5 - XVIII (丝杠) - 刀架$$

$u_基$ 为轴XIII—XIV间变速机构的可变传动比，共8种：

$$u_{基1}=\frac{26}{28}=\frac{6.5}{7} \quad u_{基2}=\frac{28}{28}=\frac{7}{7} \quad u_{基3}=\frac{32}{28}=\frac{8}{7} \quad u_{基4}=\frac{36}{28}=\frac{9}{7}$$

$$u_{基5}=\frac{19}{14}=\frac{9.5}{7} \quad u_{基6}=\frac{20}{14}=\frac{10}{7} \quad u_{基7}=\frac{33}{21}=\frac{11}{7} \quad u_{基8}=\frac{36}{21}=\frac{12}{7}$$

这些传动比近似按等差数列的规律排列，改变轴XIII到轴XIV的传动副，就能车削出各种按等差数列排列的导程值。上述变速机构是获得各种螺纹导程的基本机构，故通常称其为基本螺距机构，简称本组。

$u_倍$ 为轴XV—XVII间变速机构的可变传动比，共4种：

$$u_{倍1}=\frac{28}{35}×\frac{35}{28}=1 \qquad u_{倍2}=\frac{28}{35}×\frac{15}{48}=\frac{1}{4}$$

$$u_{倍3}=\frac{18}{45}×\frac{35}{28}=\frac{1}{2} \qquad u_{倍4}=\frac{18}{45}×\frac{15}{48}=\frac{1}{8}$$

上述四种传动比基本上按倍数关系排列，因此，改变 $u_倍$ 就可使车削出来的螺纹导程值成倍数关系地变化，扩大了机床车削螺纹的导程的种数。这种变速机构称为增倍机构，简称增倍组。

根据传动系统图或传动链的传动路线表达式，可列出车削米制螺纹时的运动平衡式：

$$P_h = kP = l_{主轴} \times \frac{58}{58} \times \frac{33}{33} \times \frac{63}{100} \times \frac{100}{75} \times \frac{25}{36} \times u_基 \times \frac{25}{36} \times \frac{36}{25} \times u_倍 \times 12 \tag{2-2}$$

式中　P_h——螺纹导程（对于单线螺纹为螺距 P）（mm）；

$u_基$——轴XⅢ—XⅣ间基本螺距机构的传动比；

$u_倍$——轴XⅤ—XⅦ间增倍机构的传动比。

将式（2-2）化简后得

$$L = 7u_基 \, u_倍 \tag{2-3}$$

把 $u_基$ 和 $u_倍$ 的数值代入式（2-3），可得 $8 \times 4 = 32$ 种导程值，其中符合标准的只有 20 种（见表 2-6）。

2）车削模数螺纹。模数螺纹主要用在米制蜗杆中，如典型滚齿机的垂直进给丝杠就是模数螺纹。

模数螺纹的螺距参数为模数 m（见表 2-4），国家标准规定的标准 m 值也是分段等差数列，因此，标准模数螺纹的导程（或螺距）排列规律和米制螺纹相同，但导程（或螺距）的数值不一样，且数值中还含有特殊因子 π。所以车削模数螺纹时的传动路线与米制螺纹基本相同，而为了得到模数螺纹的导程（或螺距）数值，必须将交换齿轮换成 64/100×100/97，移换机构的滑移齿轮传动比为 25/36，使螺纹进给传动链的传动比做相应变化，以消除特殊因子 π（因为 64/97×25/36≈7π/48）。化简后的运动平衡式：

$$L = \frac{7\pi}{4}u_基 \, u_倍 \tag{2-4}$$

因为 $L = k\pi m$，从而得

$$m = \frac{7}{4k}u_基 \, u_倍 \tag{2-5}$$

变换 $u_基$ 和 $u_倍$，便可车削各种不同模数的螺纹。

3）车削英制螺纹。英制螺纹又称寸制螺纹，在采用英寸制的国家中应用较广泛。我国的部分管螺纹目前也采用英制螺纹。表 2-7 所示为典型车床英制螺纹表。

表 2-7　典型车床英制螺纹表

$u_基$	$\frac{26}{28}$	$\frac{28}{28}$	$\frac{32}{28}$	$\frac{36}{28}$	$\frac{19}{14}$	$\frac{20}{14}$	$\frac{23}{21}$	$\frac{36}{21}$
$u_倍$	$a/(牙 \cdot in^{-1})$							
$\frac{18}{45} \times \frac{15}{48} = \frac{1}{8}$	—	14	16	18	19	20	—	24
$\frac{28}{35} \times \frac{15}{48} = \frac{1}{4}$	—	7	8	9		10	11	12
$\frac{18}{45} \times \frac{35}{28} = \frac{1}{2}$	3.25	3.5	4	4.5	—	5		6
$\frac{28}{35} \times \frac{35}{28} = 1$	—	—	2	—		—		3

英制螺纹的螺距参数为每英寸长度上螺纹牙（扣）数，以 a 表示。标准的 a 值也是按分段等差数列的规律排列的，所以英制螺纹的螺距和导程值是分段调和数列（分母是分段等差数列），将以英寸为单位的螺距和导程值换算成以毫米为单位的螺距和导程值时，含有特殊因子 25.4。由此可知，为了车削出各种螺距的英制螺纹，螺纹进给传动链必须做如下变动：

① 将车削米制螺纹时基本组的主、被动传动关系颠倒过来，即轴ⅩⅣ为主动，轴ⅩⅢ为被动，这样基本组的传动比数列变成了调和数列，与英制螺纹螺距数列的排列规律相一致。

② 改变传动链中部分传动副的传动比，使螺纹进给传动链总传动比满足英制螺纹螺距数值上的要求，使其中包含特殊因子 25.4。

车削英制螺纹时传动链的具体调整情况为，交换齿轮用 $63/100 \times 100/75$，进给箱中离合器 M_3 和 M_5 接合，M_4 脱开，同时轴ⅩⅤ左端的滑移齿轮 z_{25} 左移，与固定在轴ⅩⅢ上的齿轮 z_{36} 啮合。运动由轴ⅩⅡ经离合器 M_3 传至轴ⅩⅣ，然后由轴ⅩⅣ传至轴ⅩⅢ上，再经齿轮副 36/25 传到轴ⅩⅤ，从而使基本组的运动传动方向恰好与车削米制螺纹时相反，同时轴ⅩⅡ与轴ⅩⅤ之间定比传动机构也由 $25/36 \times 25/36 \times 36/25$ 改变为 36/25，其余部分传动路线与车削米制螺纹时相同，此时传动路线表达式如下：

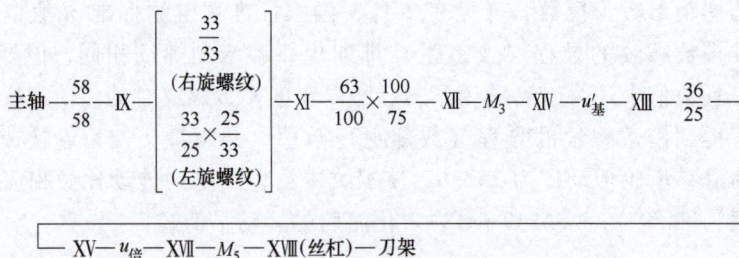

$$主轴 - \frac{58}{58} - IX - \begin{bmatrix} \frac{33}{33} \\ (右旋螺纹) \\ \frac{33}{25} \times \frac{25}{33} \\ (左旋螺纹) \end{bmatrix} - XI - \frac{63}{100} \times \frac{100}{75} - XII - M_3 - XIV - u'_{基} - XIII - \frac{36}{25}$$
$$- XV - u_{倍} - XVII - M_5 - XVIII(丝杠) - 刀架$$

运动平衡式：

$$L_a = \frac{25.4k}{a} = l_{r(主轴)} \times \frac{58}{58} \times \frac{33}{33} \times \frac{63}{100} \times \frac{100}{75} \times u'_{基} \times \frac{36}{25} \times u_{倍} \times 12 \tag{2-6}$$

式（2-6）中，$\frac{63}{100} \times \frac{100}{75} \times \frac{36}{25} \approx \frac{25.4}{21}$，将 $u'_{基} = \frac{1}{u_{基}}$ 带入化简得

$$L_a = \frac{25.4k}{a} = \frac{4}{7} \times 25.4 \frac{u_{倍}}{u_{基}} \tag{2-7}$$

$$a = \frac{7k}{4} \frac{u_{倍}}{u_{基}} \tag{2-8}$$

改变 $u_{基}$ 和 $u_{倍}$，就可以车削各种规格的英制螺纹。表 2-7 列出了 $k=1$ 时，a 值与 $u_{基}$ 和 $u_{倍}$ 的关系。

4）车削径节螺纹。径节螺纹主要用于英制蜗杆，其螺距参数以径节 DP 表示。径节 $DP = z/D$（z 为齿轮齿数，D 为分度圆直径，单位为 in），即蜗轮或齿轮折算到每英寸分度圆直径上的齿数。标准径节的数列也是分段等差数列，而螺距和导程的数列则是分段调和数列，螺距和导程值中有特殊因子 25.4，和英制螺纹类似，故可采用英制螺纹的传动路线；但因螺距和导程值中还有特殊因子 π，又和模数螺纹相同，所以需将交换齿轮换成 $64/100 \times 100/97$，此时运动平衡式：

$$L_{DP}=\frac{25.4k\pi}{DP}=l_{(主轴)}\times\frac{58}{58}\times\frac{33}{33}\times\frac{64}{100}\times\frac{100}{97}\times u'_{基}\times\frac{36}{25}\times u_{倍}\times12 \tag{2-9}$$

式（2-9）中 $\frac{64}{100}\times\frac{100}{97}\times\frac{36}{25}\approx\frac{25.4\pi}{84}$，将 $u'_{基}=\frac{1}{u_{基}}$ 代入化简得

$$L_{DP}=\frac{25.4k\pi}{DP}=\frac{25.4\pi}{7}\frac{u_{倍}}{u_{基}} \tag{2-10}$$

$$DP=7\frac{u_{基}}{u_{倍}} \tag{2-11}$$

由前述可知，加工米制螺纹和模数螺纹时，轴ⅩⅢ上是主动轴；加工英制螺纹和径节螺纹时，轴ⅩⅣ是主动轴。主动轴与被动轴的对调，是通过离合器 M_3（米制、模数制，M_3 开即是轴ⅩⅡ上滑移齿轮 z_{25} 向左；英制、径节制，M_3 合，即轴ⅩⅡ上滑移齿轮 z_{25} 向右）和轴ⅩⅤ上滑移齿轮 z_{25} 实现的，而螺纹进给传动链传动比数值中包含的 25.4、π、25.4π 等特殊因子，则由轴ⅩⅡ—ⅩⅢ上间齿轮副 25/36，轴ⅩⅣ—ⅩⅢ上—ⅩⅤ 间齿轮副 26/36×36/25、轴ⅩⅢ上—ⅩⅤ间齿轮副 36/25 与交换齿轮适当组合获得的。进给箱中具有上述功能的离合器、滑移齿轮和定比齿轮传动机构，称为移换机构。

5）车削大导程螺纹。当需要车削导程超过标准螺纹螺距范围，例如大导程多头螺纹、油槽等，则必须将轴Ⅸ右端滑移齿轮 z_{58} 向右移动，使之与轴Ⅷ上的齿轮 z_{26} 啮合，于是主轴Ⅵ与丝杠通过下列传动路线实现传动联系：

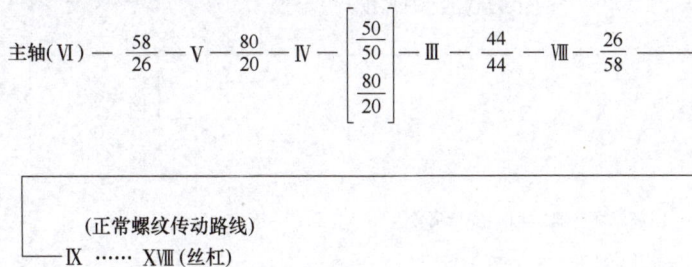

$$主轴(Ⅵ)-\frac{58}{26}-Ⅴ-\frac{80}{20}-Ⅳ-\left[\begin{array}{c}\frac{50}{50}\\\frac{80}{20}\end{array}\right]-Ⅲ-\frac{44}{44}-Ⅷ-\frac{26}{58}-$$

（正常螺纹传动路线）
—— Ⅸ …… ⅩⅧ（丝杠）

此时，主轴Ⅵ至轴Ⅸ间的传动比 $u_{扩}$ 为

$$u_{扩1}=\frac{58}{26}\times\frac{80}{20}\times\frac{50}{50}\times\frac{44}{44}\times\frac{26}{58}=4$$

$$u_{扩2}=\frac{58}{26}\times\frac{80}{20}\times\frac{80}{20}\times\frac{44}{44}\times\frac{26}{58}=16$$

车削正常螺纹时，主轴Ⅵ至轴Ⅸ间的传动比 $u_{常}=58/58=1$。这表明，当螺纹进给传动链其他调整情况不变时，进行上述调整可使主轴与丝杠间的传动比增大 4 倍或 16 倍，从而车削的螺纹导程也相应地扩大 4 倍或 16 倍。因此，一般把上述传动机构称为扩大螺距机构。通过扩大螺距机构，再配合进给箱中的基本螺距机构和增倍机构，机床可以车削导程为 14～192mm 的米制螺纹 24 种，模数为 3.25～48mm 的模数螺纹 28 种，径节为 1～6 牙/in 的径节螺纹 13 种。

必须指出，由于扩大螺距机构的传动齿轮就是主运动的传动齿轮，因此只有当主轴上的 M_2 合上，主轴处于低速状态时，才能用扩大螺距机构。具体地说，主轴转速为 10～32r/min 时，导程可扩大 16 倍，主轴转速为 40～125r/min 时，可以扩大 4 倍；主轴转速更高时，导

程不能扩大。大导程螺纹只能在主轴低速时车削，这也正好符合实际工艺上的需要。

6）车削非标准和较精密螺纹。当需要车削非标准螺纹，用进给箱中的变速机构无法得到所要求的螺纹导程，或者虽然是标准螺纹，但精度要求较高时，可将进给箱中三个离合器 M_3、M_4 和 M_5 全部接合，使轴 XII、轴 XIV、轴 XVII 和丝杠 XIX 联成一体。这时运动直接从轴 XII 传至丝杠，所要求的工件螺纹导程可通过选择交换齿轮的传动比 $u_挂$ 得到。在这种情况下，由于主轴至丝杠的传动路线大为缩短，减少了传动件制造和装配误差对螺纹螺距精度的影响，因此可车削出精度较高的螺纹。此时螺纹进给传动链的运动平衡式：

$$L = l_{(主轴)} \times \frac{58}{58} \times \frac{33}{33} \times u_挂 \times 12 \tag{2-12}$$

化简后得交换齿轮换置公式为

$$U_挂 = \frac{a}{b} \times \frac{c}{d} = \frac{L}{12} \tag{2-13}$$

（3）纵向和横向进给传动链　实现一般车削时刀架机动进给的纵向和横向进给传动链，由主轴至进给箱轴 X—VII 的传动路线与车削米制或英制常用螺纹时的传动路线相同，其后运动经齿轮副 28/56 传至光杠 XIX（此时离合器 M_5 脱开，齿轮 z_{28} 与轴 XIX 上的齿轮 z_{56} 啮合），再由光杠经溜板箱中的传动机构，分别传至齿轮齿条机构和横向进给丝杠 XXVII，使刀架做纵向或横向机动进给，其传动路线表达式为

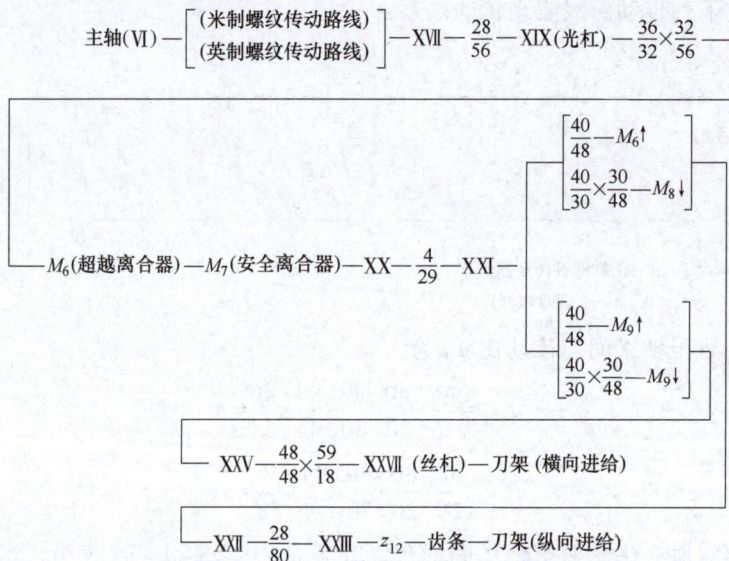

$$主轴(VI) - \begin{bmatrix} (米制螺纹传动路线) \\ (英制螺纹传动路线) \end{bmatrix} - XVII - \frac{28}{56} - XIX(光杠) - \frac{36}{32} \times \frac{32}{56}$$

$$- M_6(超越离合器) - M_7(安全离合器) - XX - \frac{4}{29} - XXI - \begin{bmatrix} \frac{40}{48} - M_6 \uparrow \\ \frac{40}{30} \times \frac{30}{48} - M_8 \downarrow \end{bmatrix}$$

$$\begin{bmatrix} \frac{40}{48} - M_9 \uparrow \\ \frac{40}{30} \times \frac{30}{48} - M_9 \downarrow \end{bmatrix}$$

$$- XXV - \frac{48}{48} \times \frac{59}{18} - XXVII(丝杠) - 刀架(横向进给)$$

$$- XXII - \frac{28}{80} - XXIII - z_{12} - 齿条 - 刀架(纵向进给)$$

溜板箱中由双向牙嵌式离合器 M_8、M_9 和齿轮副 40/48、40/30×30/48 组成的两个换向机构，分别用于变换纵向和横向进给运动的方向。利用进给箱中的基本螺距机构和增倍机构，以及进给传动链的不同传动路线，可获得纵向和横向进给量各 64 种。

纵向和横向进给传动链两端件的计算位移为

纵向进给：主轴转 1r，刀架纵向移动 $f_纵$（mm）；

横向进给：主轴转 1r，刀架横向移动 $f_横$（mm）。

下面以纵向进给为例，说明按不同路线传动时进给量的计算。

1）当运动经正常螺距的米制螺纹传动路线传动时，可得到从 $0.08 \sim 1.22$ mm/r 的 32 种

进给量，其运动平衡式为

$$f_{纵} = 1_{主轴} \times \frac{58}{58} \times \frac{33}{33} \times \frac{63}{100} \times \frac{100}{75} \times \frac{25}{36} \times u_{基} \times \frac{25}{36} \times \frac{36}{25} \times u_{倍} \times \frac{28}{56} \times \frac{36}{32} \times \frac{32}{56} \times \frac{4}{29} \times \frac{40}{48} \times \frac{28}{80} \times \pi \times 2.5 \times 12$$

化简后得

$$f_{纵} = 0.71 \times u_{基} \times u_{倍} \qquad (2\text{-}14)$$

2）当运动经正常螺距的英制螺纹传动路线传动时，类似地有：

$$f_{纵} = 1.474 \frac{u_{倍}}{u_{基}} \qquad (2\text{-}15)$$

变换 $u_{基}$，并使 $u_{倍}=1$，可得到 0.86 ~ 1.59mm/r 的 8 种较大进给量。

3）当主轴为 10 ~ 125r/min 时，运动经扩大螺距机构及英制螺纹传动路线传动，可获得 16 种供强力切削或宽刀精车用的加大进给量，其范围为 1.71 ~ 6.33mm/r。

4）当主轴转速为 450 ~ 1400r/min（其中 500r/min 除外）时（此时主轴由轴Ⅲ经齿轮副 63/50 直接传动），运动经扩大螺距机构及米制螺纹传动路线传动，可获得 8 种供高速精车用的小进给量，其范围为 0.028 ~ 0.054mm/r。

由传动分析可知，横向机动进给在其与纵向进给传动路线一致时，所得的横向进给量是纵向进给量的一半。这是因为横向进给经常用于切槽或切断，容易产生振动，切削条件差，故选用较小的进给量。横向进给量的种数与纵向进给量种数相同。

（4）刀架快速移动传动链　刀架快速移动由装在溜板箱内的快速电动机（0.25kW，2800r/min）传动。快速电动机的运动经齿轮副 13/29 传至轴 XX，然后再经溜板箱内与机动工作进给相同的传动路线传至刀架，使其实现纵向和横向的快速移动。当快速电动机使传动轴 XX 快速旋转时，依靠齿轮 z_{56} 与轴 XX 间的超越离合器，可避免与进给箱传来的低速工作进给运动发生干涉。

超越离合器 M_6 的结构原理如图 2-13 所示。它由空套齿轮 1（即溜板箱中的齿轮 z_{56}）、星轮 2（轴 XX）、滚柱 3、顶销 4 和弹簧 5 组成。当空套齿轮 1 为主动并逆时针旋转时，三个滚柱 3 分别在弹簧 5 的弹力和摩擦力的作用下，被楔紧在空套齿轮 1 和星轮 2 之间，空套齿轮 1 通过滚柱 3 带动星轮 2 一起转动，于是运动便经安全离合器 M_7 带动轴 XX 转动（图 2-12），实现机动工作进给。当快速电动机起动时，星轮 2 由轴 XX 带动逆时针方向快速旋转。由于星轮 2 得到一个与空套齿轮 1（z_{56}）转向相同而转速却快得多的旋转运动。这时，由于摩擦力作用，使滚柱 3 压缩弹簧 5 而退出楔缝窄端，使星轮 2 和空套齿轮 1 自动脱开联系，因而由进给箱光杠（XIX）传给空套齿轮 1（z_{56}）

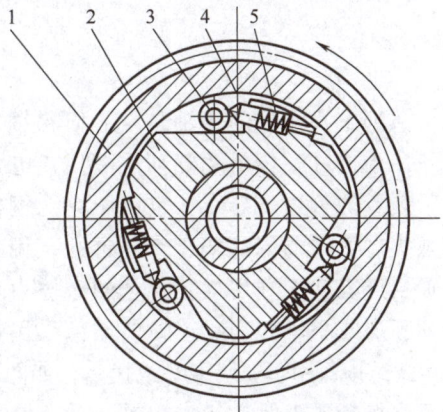

图 2-13　超越离合器的结构原理
1—空套齿轮　2—星轮
3—滚柱　4—顶销　5—弹簧

的低速转动虽照常进行，却不再传给轴 XX。此时轴 XX 由快速电动机传动做快速转动，使刀架实现快速运动，一旦快速电动机停止转动，超越离合器 M_6 自动接合，刀架立即恢复正常的工作进给运动。

2.2.4 典型卧式车床的主要结构

（1）主轴箱 主轴箱的功用是支承主轴和传动其旋转，并使其实现起动、停止、变速和换向等。因此，主轴箱中通常包含有主轴及其轴承，传动机构，起动、停止以及换向装置，制动装置，操纵机构和润滑装置等。

1）传动机构。主轴箱中的传动机构包括定比传动机构和变速机构两部分。定比传动机构仅用于传递运动和动力，一般采用齿轮传动副，变速机构一般采用滑移齿轮变速机构，其结构简单紧凑，传动效率高，传动比准确。但当变速齿轮为斜齿或尺寸较大时，则采用离合器变速。

2）主轴及其轴承。主轴及其轴承是主轴箱最重要的部分。如图 2-14 所示是其主轴组件图。主轴前端可装卡盘，用于夹持工件，并由其带动旋转。主轴的旋转精度、刚度和抗振性等对工件的加工精度和表面粗糙度有直接影响，因此，对主轴及其轴承要求较高。

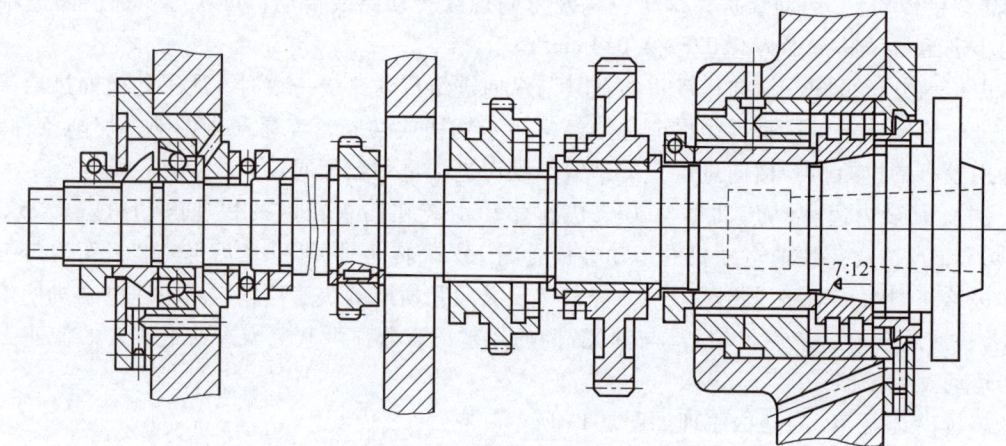

图 2-14 典型卧式车床主轴组件

典型卧式车床的主轴是空心阶梯轴。其内孔用于通过长棒料及气动、液压或电气等夹紧装置的管道、导线，也用于穿入钢棒卸下顶尖。主轴前端的莫氏 6 号锥孔，用于安装顶尖或心轴，利用锥孔配合的摩擦力直接带动顶尖或心轴转动。主轴前端部采用短锥法兰式结构，用于安装卡盘或拨盘，如图 2-15 所示。拨盘或卡盘座 4 以主轴 3 的短圆锥面定位。卡盘、拨盘等夹具通过卡盘座 4，用四个螺栓 5 固定在主轴上，由装在主轴轴肩端面上的圆柱形端面键传递转矩。安装卡盘时，只需将预先拧紧在卡盘座上的螺栓 5 连同螺母 6 一起，从主轴轴肩和锁紧盘 2 上的孔中穿过，然后将锁紧盘转过一个角度，使螺栓进入锁紧盘上宽度较窄的圆弧槽内，把螺母

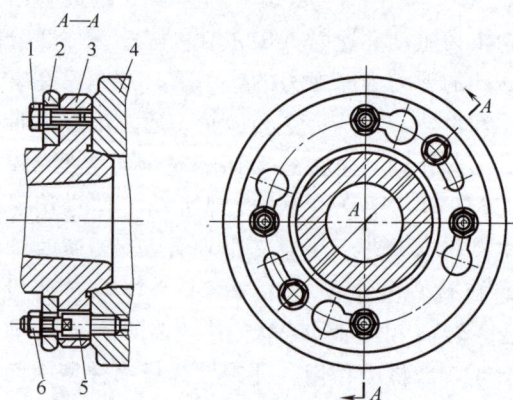

图 2-15 主轴前端短锥法兰式结构

1—螺钉 2—锁紧盘 3—主轴
4—卡盘座 5—螺栓 6—螺母

卡住（如图 2-15 所示位置），接着再把螺母 6 拧紧，就可把卡盘等夹具紧固在主轴上。这种主轴轴端结构的定心精度高，连接刚度好，卡盘悬伸长度小，装卸卡盘也非常方便，因此得到了广泛的应用。

3）开停和换向装置。开停装置用于控制主轴的起动和停止，换向装置用于改变主轴旋转方向。

典型卧式车床采用双向多片式摩擦离合器控制主轴的开停和换向，如图 2-16 所示。它由结构相同的左、右两部分组成，左离合器传动主轴正转，右离合器传动主轴反转。下面以左离合器为例说明其结构原理。多个内摩擦片 3 和外摩擦片 2 相间安装，内摩擦片 3 以花键与轴 I 相连接，外摩擦片 2 以其四个凸齿与空套双联齿轮 1 相连接。内外摩擦片未被压紧时，彼此互不联系，轴 I 不能带动双联齿轮转动。当用操纵机构拨动滑套 8 至右边位置时，滑套 8 将羊角形摆块 10 的右角压下，使它绕销轴 9 顺时针摆动，其下端凸起部分推动拉杆 7 向左，通过固定在拉杆 7 左端的圆销 5，带动压套 14 和螺母 4，将左离合器内外摩擦片压紧在止推片 11 和 12 上，通过摩擦片间的摩擦力，使轴 I 和双联齿轮连接，于是主轴正向旋转。右离合器的结构和工作原理同左离合器一样，只是内外摩擦片数量少一些。当拨动滑套 8 至左边位置时，压套 14 右移，将右离合器的内外摩擦片压紧，空套齿轮 13 与轴 I 连接，主轴反转。滑套 8 处于中间位置时，左右两离合器的摩擦片都松开，主轴的传动断开，停止转动。

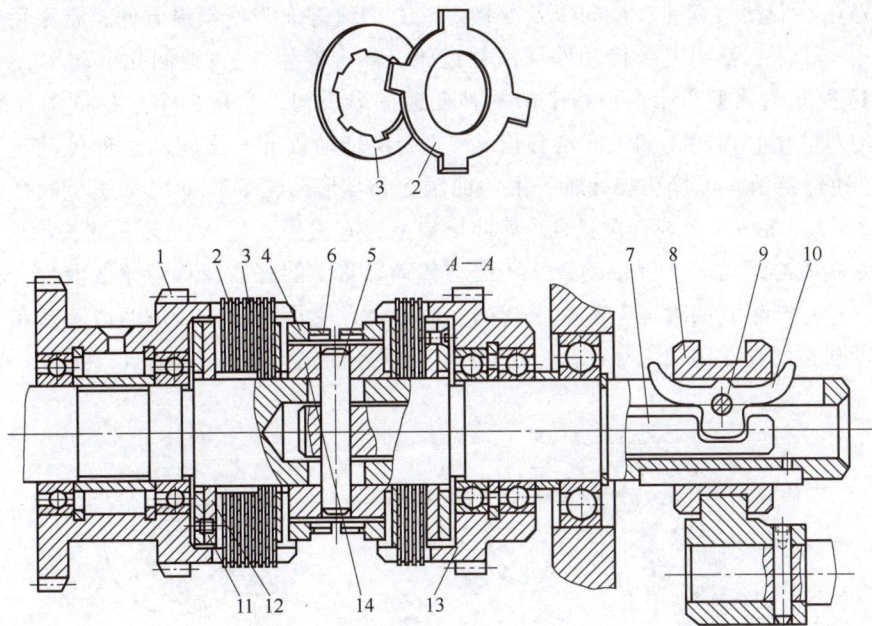

图 2-16 双向多片式摩擦离合器

1—双联齿轮 2—外摩擦片 3—内摩擦片 4—螺母 5—圆销 6—弹簧销 7—拉杆
8—滑套 9—销轴 10—羊角形摆块 11、12—止推片 13—齿轮 14—压套

摩擦离合器除了靠摩擦力传递运动和转矩外，还能起过载保护作用。当机床过载时，摩擦片打滑，可避免损坏机床。摩擦片间的压紧力是根据离合器应传递的额定转矩来确定的。当摩擦片磨损以后，压紧力减小，这时可用拧在压套上的螺母 4 来调整。

4）制动装置。制动装置的功用是在车床停车过程中克服主轴箱中各运动件的惯性，使主轴迅速停止转动，以缩短辅助时间。

如图 2-17 所示为典型车床上采用的闸带式制动器，它由制动轮 7、制动带 6 和杠杆 4 等组成。制动轮 7 是一个钢制圆盘，与传动轴 8（Ⅳ轴）用花键连接。制动带 6 绕在制动轮 7 上，一端通过调节螺钉 5 与主轴箱体 1 连接，另一端固定在杠杆 4 的上端。杠杆 4 可绕杠杆支承轴 3 摆动，当它的下端与齿条轴 2 上的圆弧形凹部 a 或 c 接触时，制动带 6 处于放松状态，制动器不起作用；移动齿条轴 2，其上凸起部分 b 与杠杆 4 下端接触时，杠杆 4 绕杠杆支承轴 3 逆时针摆动，使制动带 6 抱紧制动轮，产生摩擦制动力矩，轴 8（Ⅳ轴）通过传动齿轮使主轴迅速停止转动。制动时制动带 6 的拉紧程度，可用调节螺钉 5 进行调整。在调整合适的情况下，应是停车时主轴能迅速停止，而开车时制动带 6 能完全松开。

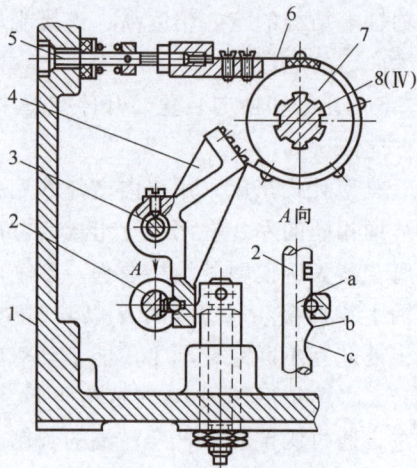

图 2-17　闸带式制动器

1—箱体　2—齿条轴　3—杠杆支承轴
4—杠杆　5—调节螺钉　6—制动带
7—制动轮　8—传动轴

5）操纵机构。主轴箱中的操纵机构用于控制主轴起动、停止、制动、变速、换向以及变换左、右螺纹等。为使操纵方便，常采用集中操纵方式，即用一个手柄操纵几个传动件（滑移齿轮、离合器等），以控制几个动作。

图 2-18 所示为典型车床主轴箱中的一种变速操纵机构，它用一个手柄同时操纵传动轴Ⅱ、Ⅲ上的双联滑移齿轮 1 和三联滑移齿轮 2，变换传动轴Ⅱ—Ⅲ间的六种传动比。转动变速手柄 9，通过链条 8 可传动装在轴 7 上的曲轴 5 和盘形凸轮 6 转动，变速手柄 9 和轴 7 的传动比为 1∶1。曲轴 5 上装有拨销 4，其伸出端上套有滚子，嵌入拨叉 3 的长槽中。曲轴 5 带着拨销 4 做偏心运动时，可带动拨叉 3 拨动传动轴Ⅲ上的三联滑移齿轮 2 沿传动轴Ⅲ左右移换位置。盘形凸轮 6 的端面上有一条封闭的曲线槽，它由不同半径的两段圆弧和过渡直线组成，每段圆弧的中心角稍大于 120°。凸轮曲线槽经圆销 10 通过杠杆 11 和拨叉 12，可拨

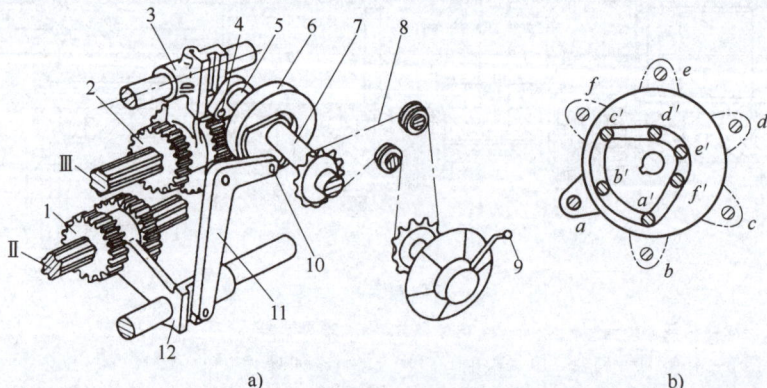

图 2-18　变速操纵机构示意图

1—双联滑移齿轮　2—三联滑移齿轮　3、12—拨叉　4—拨销　5—曲轴　6—盘形凸轮　7—轴　8—链条
9—变速手柄　10—圆销　11—杠杆　Ⅱ、Ⅲ—传动轴

动传动轴Ⅱ上的双联滑移齿轮 1 移换位置。

曲轴 5 和盘形凸轮 6 有六个变速位置（图 2-18b），顺次转动变速手柄 9，每次转 60°，使曲轴 5 处于变速位置 a、b、c 时，三联滑移齿轮 2 相应地被拨至左、中、右位置。此时，杠杆 11 短臂上圆销 10 处于盘形凸轮 6 曲线槽大半径圆弧段中的 a'、b'、c' 处，双联滑移齿轮 1 在左端位置。这样，便得到了传动轴Ⅰ—Ⅲ间三种不同的变速齿轮组合情况。继续转动变速手柄 9，使曲轴 5 依次处于位置 d、e、f，则齿轮 2 相应地被拨至右、中、左位置。此时，杠杆 11 上的圆销 10 进入盘形凸轮 6 曲线槽小半径圆弧段中的 d'、e'、f' 处，双联滑移齿轮 1 被移换至右端位置，得到传动轴Ⅱ—Ⅲ间另外三种不同的变速齿轮组合情况，从而使轴得到了 6 种不同的转速。滑移齿轮块移至规定的位置后，必须可靠地定位。该操纵机构采用钢球定位装置。

6）润滑装置。为了保证机床正常工作和减少零件磨损，对主轴箱中的轴承、齿轮、摩擦离合器等必须进行良好的润滑。典型车床主轴箱采用液压泵供油循环润滑的润滑系统。

（2）进给箱　进给箱的功用是变换被加工螺纹的种类和导程，以及获得所需的各种机动进给量。

（3）溜板箱　溜板箱的主要功用是将丝杠或光杠传来的旋转运动转变为直线运动并带动刀架进给，控制刀架运动的接通、断开和换向；机床过载时控制刀架自动停止进给，手动操纵刀架时实现快速移动等。溜板箱主要由以下几部分组成：双向牙嵌式离合器 M_6 和 M_7 以及纵向、横向机动进给和快速移动的操纵机构、开合螺母及操纵机构、互锁机构、超越离合器和安全离合器等。

1）纵、横向机动进给操纵机构。图 2-19 所示为典型车床的机动进给操纵机构。它利用一个手柄集中操纵纵向、横向机动进给运动的接通、断开和换向，且手柄扳动方向与刀架运动方向一致，使用非常方便。向左或向右扳动手柄 1，使手柄座 3 绕着销轴 2 摆动时（销轴 2 装在轴向位置固定的轴 23 上），手柄座 3 下端的开口槽通过球头销 4 拨动轴 5 轴向移动，再经杠杆 11 和连杆 12 使凸轮 13 转动，凸轮 13 上的曲线槽又通过圆销 14 带动轴 15 以及固定在它上面的拨叉 16 向前或向后移动，拨叉 16 拨动离合器 M_8，使之与轴ⅩⅩⅠ上两个空套齿轮之一啮合，于是纵向机动进给运动接通，刀架相应地向左或向右移动。

向后或向前扳动手柄 1，通过手柄座 3 使轴 23 以及固定在它左端的凸轮 22 转动时，凸轮上曲线槽通过圆销 19 使杠杆 20 绕销轴 21 摆动，再经杠杆 20 上的另一圆销 18，带动拨叉轴 10 以及固定在上面的拨叉 17 向前或向后移动，拨叉 17 拨动离合器 M_9，使之与轴ⅩⅩⅤ上两空套齿轮之一啮合，于是横向机动进给运动接通，刀架相应地向前或向后移动。

手柄 1 扳至中间直立位置时，离合器 M_8 和 M_9 均处于中间位置，机动进给传动链断开。当手柄扳 1 至左、右、前、后任一位置时，如按下装在手柄 1 顶端的按钮 K，则快速电动机起动，刀架便在相应方向上快速移动。

2）开合螺母机构。开合螺母机构如图 2-20 所示。开合螺母由上下两个半螺母 5 和 4 组成，装在溜板箱体后壁的燕尾形导轨中，可上下移动。上下半螺母的背面各装有一个圆销 6，其伸出端分别嵌在槽盘 7 的两条曲线槽中。扳动手柄 1，经轴 2 使槽盘 7 逆时针转动时，曲线槽迫使两圆销 6 互相靠近，带动上下半螺母合拢，与丝杠啮合，刀架便由丝杠螺母经溜板箱传动进给。槽盘 7 顺时针转动时，曲线槽通过圆销 6 使两半螺母相互分离，与丝杠脱开啮合，刀架便停止进给。槽盘 7 上的偏心圆弧槽接近盘中心部分的倾角比较小，使开合螺母闭合后能自锁，不会因为螺母上的径向力而自动脱开。

3）互锁机构。机床工作时，如因操作失误同时将丝杠传动和纵、横向机动进给（或快速运动）接通，则将损坏机床。为了防止发生上述事故，溜板箱中设有互锁机构，以保证开合螺母合上时，机动进给不能接通；反之，机动进给接通时，开合螺母不能合上。

图 2-21 所示互锁机构由开合螺母操纵轴 6 上的凸肩 a，轴 1 上的球头销 3 和弹簧销 2 以及支承套 7 等组成。图 2-19 所示为丝杠传动和纵横向机动进给均未接通的情况，此位置称中间位置。此时可扳动手柄 1，至前、后、左、右任意位置，接通相应方向的纵向或横向机动进给，或者扳动手柄 6，使开合螺母合上。

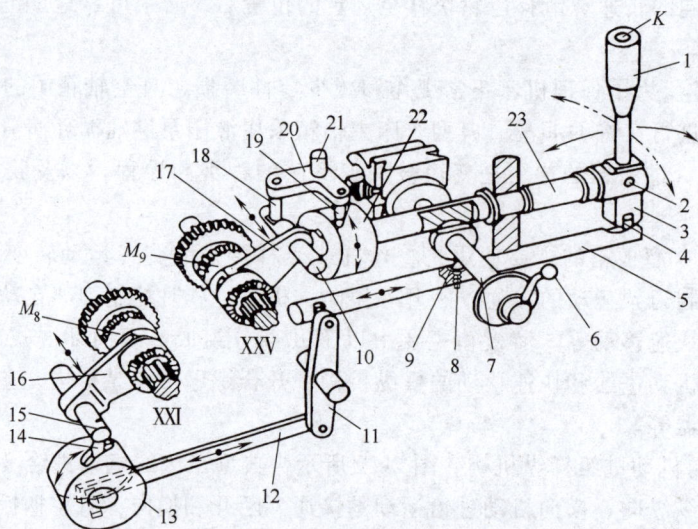

图 2-19 纵、横向机动进给操纵机构

1、6—手柄　2、21—销轴　3—手柄座　4、9—球头销　5、7、23—轴　8—弹簧销
10、15—拨叉轴　11、20—杠杆　12—连杆　13、22—凸轮　14、18、19—圆销　16、17—拨叉

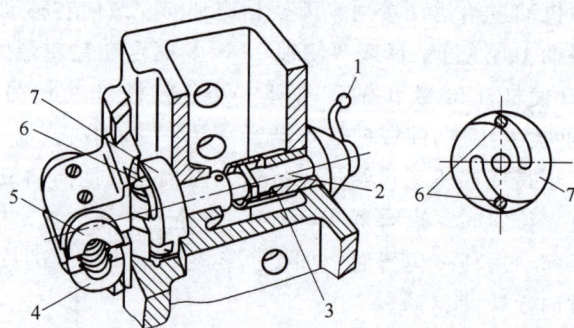

图 2-20 开合螺母机构

1—手柄　2—轴　3—支撑轴　4—下半螺母　5—上半螺母　6—圆销　7—槽盘

如果向下扳动手柄使开合螺母合上，则轴 5 顺时针转过一个角度，其上凸肩 a 嵌入轴 6 的槽中，将轴 6 卡住，使其不能转动，同时，凸肩又将装在支承套 7 横向孔中的球头销 3 压下，使它的下端插入轴 1 的孔中，将轴 1 锁住，使其不能左右移动（图 2-21a）。这时纵、

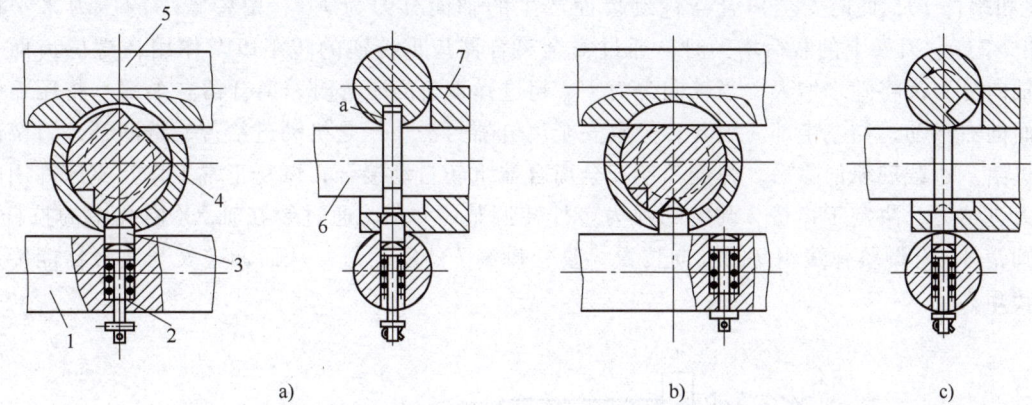

图 2-21 互锁机构工作原理

1、5、6—轴 2—弹簧销 3—球头销 4—销轴 7—支承套

横向机动进给都不能接通。如果接通纵向机动进给，则因轴 1 沿轴线方向移动了一定位置，其上的横向孔与球头销 3 错位（轴线不在同一直线上），使球头销 3 不能往下移动，因而轴 5 被锁住而无法转动（图 2-21b）。如果接通横向机动进给时，由于轴 6 转动了位置，其上的沟槽不再对准轴 5 的凸肩 a，使轴 5 无法转动（图 2-21c），因此，接通纵向或横向机动进给后，开合螺母均不能合上。

4）过载保险装置（安全离合器）。过载保险装置是机动进给时，当进给力过大或刀架移动受阻时，为了避免损坏传动机构，在进给传动链中设置的安全离合器。

图 2-22 所示为典型车床溜板箱中所采用的安全离合器。它由端面带螺旋形齿爪的左右两半部 5 和 6 组成，其左半部 5 用键装在超越离合器 M_6 的星轮 4 上，且与轴 XX 空套，右半部 6 与轴 XX 用花键连接。在正常工作情况下，在弹簧 7 压力作用下，离合器左右两半部分相互啮合，由光杠传来的运动，经齿轮 z_{56}、超越离合器 M_6 和安全离合器 M_7，传至轴

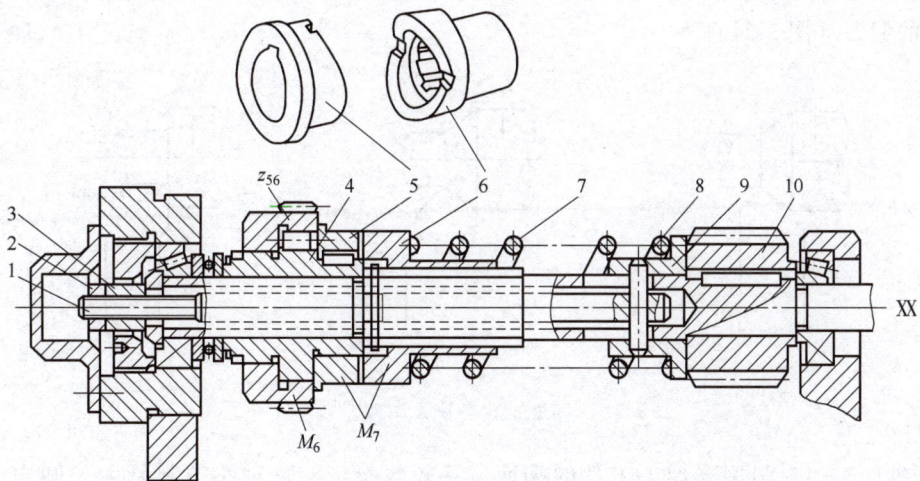

图 2-22 安全离合器

1—拉杆 2—锁紧螺母 3—调整螺母 4—星轮 5—左半部
6—右半部 7—弹簧 8—圆销 9—弹簧座 10—蜗杆

XX 和蜗杆 10，此时安全离合器螺旋齿面产生的轴向分力为 $F_\text{轴}$，由弹簧 7 的压力来平衡（图 2-23）。刀架上的载荷增大时，通过安全离合器齿爪传递的转矩以及作用在螺旋齿面上的轴向分力都将随之增大。当轴向分力 $F_\text{轴}$ 超过弹簧 7 的压力时，离合器右半部 6 将压缩弹簧而向右移动，与左半部 5 脱开，导致安全离合器打滑。于是机动进给传动链断开，刀架停止进给。过载现象消除后，弹簧 7 使安全离合器重新自动接合，恢复正常工作。机床许用的最大进给力，决定于弹簧 7 调定的弹力。拧转调整螺母 3、通过装在轴 XX 内孔中的拉杆 1 和圆销 8，可调整弹簧座 9 的轴向位置，改变弹簧 7 的压缩量，从而调整安全离合器能传递的转矩大小。

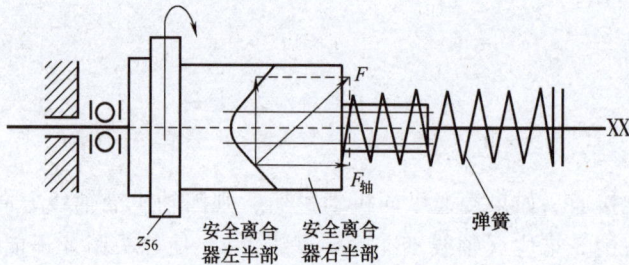

图 2-23　安全离合器工作原理

2.2.5　车刀

（1）车刀的种类和用途　车刀是金属切削加工中使用最广泛的刀具，它可以在各种车床上使用。由于它的用途不同，因此，它的形状、尺寸和结构等也就不同。车刀按其用途，可分为外圆车刀、端面车刀、切断车刀等。

1）外圆车刀主要用来加工圆柱形或圆锥形外表面。通常采用的是直头外圆车刀（图 2-24a），还可以采用弯头外圆车刀（图 2-24b）。弯头外圆车刀不仅可纵车外圆，还可车端面和倒内外角。当加工细长的和刚性不足的轴类外圆或同时加工外圆和凸肩端面时，可采用主偏角 $\kappa_\text{r}=90°$ 的偏刀（图 2-24c）。

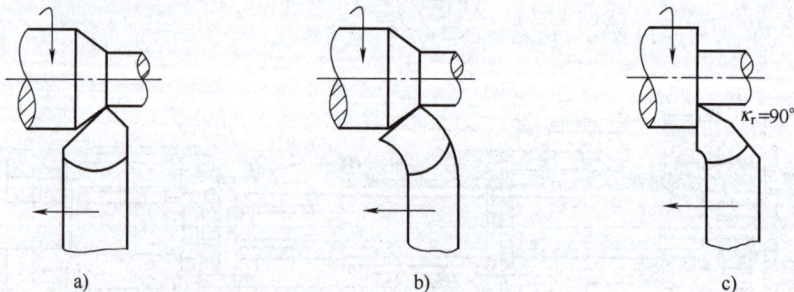

图 2-24　外圆车刀图

2）端面车刀专门用来加工工件的端面。一般情况下，这种车刀都是由外圆向中心进给，如图 2-25 所示，取 $\kappa_\text{r}\leqslant90°$。加工带孔工件的端面时，这种车刀也可以由中心向外圆进给。

3）切断车刀专门用于切断工件。为了能完全切断工件，车刀刀头必须伸出很长（一般应比工件半径大 5~8mm）。同时，为了减少工件材料消耗，刀头宽度应尽可能取得小一些（一般为 2~6mm）。所以，切断车刀的刀头显得长而窄（图 2-26a），其刚性差，工作时切屑排出困难。为了改善它的工作条件，可以设计成如图 2-26b 所示形式，以加强刀头刚度。

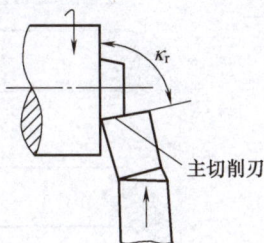

图 2-25 端面车刀图

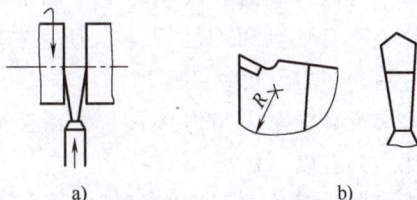

a)   b)

图 2-26 切断车刀

切槽用的车刀，在形式上类似于切断车刀。其不同点在于，刀头伸出长度和宽度应根据工件上槽的深度和宽度来决定。

（2）车刀的结构形式 车刀的结构有多种形式，如整体式高速钢车刀、焊接式硬质合金车刀、机械夹固式硬质合金车刀和金刚石车刀等。其中硬质合金车刀是现在应用得最为广泛的一种刀具。

1）焊接式硬质合金车刀。这种车刀是将一定形状的硬质合金刀片，用黄铜、紫铜或其他焊料，钎焊在普通结构钢刀杆上制成的，如图 2-27 所示。由于其结构简单、紧凑，抗振性能好，制造方便，使用灵活，因此用得非常广泛。但是，这种车刀也存在一些缺点，如刀片较易崩裂，刀杆尺寸大时不便于刃磨，刀杆不能重复使用，浪费较大等。

2）机械夹固式硬质合金车刀。为了克服焊接式硬质合金车刀的缺点，可将刀片用机械夹固方式装在车刀刀杆上。图 2-28 所示是这类结构的一种形式，硬质合金刀片是通过螺钉、楔块立装在刀杆上的。立装的刀片在车刀工作时受力状况较好，只需刃磨前刀面，可磨次数增加，提高了刀片利用率。每次刃磨时由刀片下面的螺钉调整其位置。

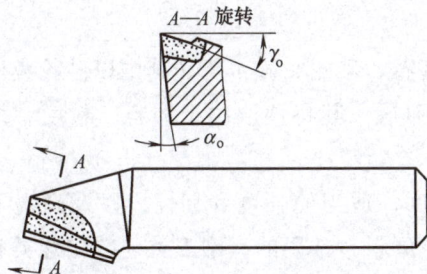

图 2-27 焊接式硬质合金车刀

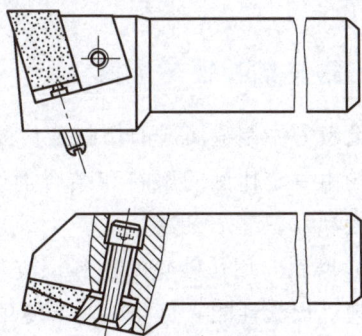

图 2-28 机械夹固式硬质合金车刀

采用机械夹固硬质合金刀片的主要优点是刀片可不经过高温焊接，避免了因焊接而引起的刀片硬度降低和由内应力导致的裂纹，提高了刀具寿命；刀杆可以重复使用，刀片的重磨次数多，利用率较高。但是，这种结构的车刀在使用过程中仍需刃磨，还不能完全避免由于刃磨而可能引起的裂纹。

为了进一步消除刃磨或重磨时内应力可能引起的裂纹，人们又创造了机夹式（即机械夹固式）可转位的不重磨车刀。如图 2-29 所示为机夹多边形可转位刀片的车刀结构。刀片的每一条边都可作为切削刃。一个切削刃用钝后，可以转动刀片改用另一个新的切削刃工作，直到刀片上所有切削刃均已用钝，刀片才报废回收。更换新刀片后，车刀又可继续工作。

机夹可转位车刀与焊接式、机械夹固式硬质合金车刀相比，具有以下优点：

①可转位刀片在制造时已经刃磨好，使用时不必重磨，也不需焊接，刀片材料能较好地保持原有力学性能、切削性能、硬度和抗弯强度；

②减少了刃磨、换刀、调刀所需的辅助时间，提高了生产率；

③可使用涂层刀片，提高刀具寿命。

目前，可转位硬质合金刀片已制定了国家标准，由硬质合金制造厂批量生产。

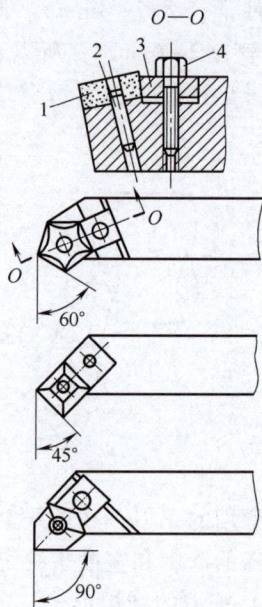

图 2-29　机夹多边形可转位车刀
1—刀片　2—销轴　3—楔块　4—螺钉

2.3　磨削加工与磨床

磨削在机械制造中是一种使用非常广泛的加工方法。其加工公差等级可达 IT6 ~ IT4，表面粗糙度 Ra 可达 $1.25 ~ 0.01 \mu m$。磨削的最大优点是对各种工件材料和各种几何表面都有广泛的适应性。过去磨削只是作为一种精加工方法，而现在其应用范围已扩大到对毛坯进行单位时间内金属切除量很大的加工（如蠕动磨削），并使之成为无须进行预先切削加工的最终加工工序。

2.3.1　砂轮的特性与选择

以磨料为主制造而成的切削工具称为磨具，如磨石、砂轮、砂带等，其中以砂轮应用最广。砂轮由一定比例的磨料和结合剂经压制和烧结而成。其特性取决于磨料、粒度、结合剂、硬度和组织五个参数。

（1）磨料　用作砂轮的磨料，应具有很高的硬度，适当的强度和韧性，以及高温下稳定的物理、化学性能。目前工业上使用的大多为人造磨料，常用的有刚玉类、碳化硅类和高硬度磨料类。表 2-8 列出了常用磨料的名称、代号、力学性能和适用范围。

（2）粒度　粒度是指磨粒尺寸的大小。对于用筛分法来确定粒度号的较大磨粒，以其能通过的筛网上每英寸长度上的孔数来表示粒度。粒度号越大，则磨料的颗粒越细。对于用显微镜测量来确定粒度号的微细磨粒（又称微粉），以实测到的最大尺寸，并在前面冠以"F"的符号来表示。粒度号越小，则微粉的颗粒越细。

表 2-8　常用磨料力学性能及适用范围

磨料名称		代号	主要成分	颜色	力学性能	反应性	热稳定性	适用范围
刚玉类	棕刚玉	A	Al_2O_3 95% TiO_2 2%~3%	褐色	韧性大、硬度大	稳定	2100℃熔融	碳钢、合金钢、铸铁
	白刚玉	WA	Al_2O_3>99%	白色				淬火钢、高速钢
碳化硅类	黑碳化硅	C	SiC>95%	黑色		与铁有反应	>1500℃氧化	铸铁、黄铜、非金属材料
	绿碳化硅	GC	SiC>99%	绿色				硬质合金等
高硬度磨料类	氮化硼	CBN	六方氮化硼	黑色	高硬度、高强度	高温时与水碱有反应	<1300℃稳定	硬质合金、高速钢
	人造金刚石	D	碳结晶体	乳白色			>700℃石墨化	硬质合金、宝石

　　粒度选择的原则是：粗磨时以高生产率为主要目标，应选小的粒度号；精磨时以表面粗糙度小为主要目标，应选大的粒度号。工件材料塑性大或磨削接触面积大时，为避免磨削温度过高，使工件表面烧伤，宜选小粒度号；工件材料软时，为避免砂轮气孔堵塞，也应选小粒度号；反之则选大粒度号。成形磨削，为保持砂轮轮廓的精度，宜用大粒度号。

　　磨料常用的粒度号、尺寸及应用范围见表 2-9。

表 2-9　常用粒度及应用范围

类别	粒度	颗粒尺寸/μm	应用范围	类别	粒度	颗粒尺寸/μm	应用范围
磨粒	F12~F36	2000~1600 500~400	荒磨 打毛刺	微粉	F280~F360	40~28 28~20	珩磨 研磨
	F46~F80	400~315 200~160	粗磨 半精磨 精磨		F400~F500	20~14 14~10	研磨、超精加工、超精磨削
	F100~F280	160~125 50~40	精磨 珩磨		F600~F1000	10~7 5~3.5	研磨、超精加工、镜面磨削

　　（3）结合剂　结合剂的作用是将磨料粘合成具有一定强度和各种形状及尺寸的砂轮。常用结合剂的名称、代号、性能和适用范围见表 2-10。

表 2-10　常用结合剂的名称、代号、性能和适用范围

结合剂	代号	性能	适用范围
陶瓷	V	耐热、耐蚀、气孔率大、易保持廓形、弹性差	最常用、适用于各类磨削加工
树脂	B	强度较 V 高、弹性好、耐热性差	适用于高速磨削、切断、开槽等
橡胶	R	强度较 B 高、更富有弹性、气孔率小、耐热性差	适用于切断及作无心磨的导轮
青铜	J	强度最高、导电性好、磨耗少、自锐性差	适用于金刚石砂轮

　　（4）硬度　砂轮的硬度是指磨粒受力后从砂轮表层脱落的难易程度。砂轮硬就表示磨粒难以脱落；砂轮软则与之相反，切勿将它与磨料的硬度混淆。砂轮的硬度等级名称及代号见表 2-11。

表 2-11　砂轮的硬度等级名称及代号

硬度等级				软硬级别
A	B	C	D	极软
E	F	G	—	很软
H	—	J	K	软
L	M	N		中
P	Q	R	S	硬
T	—	—	—	很硬
—	Y	—	—	极硬

砂轮硬度的选择原则包括：

1）工件材料越硬，应选越软的砂轮；反之，选越硬的砂轮。但是对有色金属等很软的材料，为避免磨削时堵塞砂轮，则选用较软的砂轮。

2）磨削接触面积较大时，应选较软的砂轮。薄壁零件及导热性差的零件，也应选软砂轮。

3）精磨和成形磨削时，应选较硬的砂轮。

4）砂轮的粒度号较大时，应选较软的砂轮。常用的砂轮硬度等级一般为 H 至 N（软 2 至中 2）。

（5）组织　砂轮的组织是指磨料、结合剂和气孔三者体积的比例关系，用来表示结构紧密或疏松的程度。砂轮的组织用组织号的大小表示。

砂轮的组织号及适用范围见表 2-12。

表 2-12　砂轮的组织号及适用范围

组织号	0	1	2	3	4	5	6	7	8	9	10	11	12	13	14
磨料率(%)	62	60	58	56	54	52	50	48	46	44	42	40	38	36	34
疏密程度	紧密				中等				疏松					大气孔	
适用范围	重负荷、成形精密磨削、间断及自磨削，或加工硬脆材料				外圆、内圆、无心磨及工具磨，淬火钢工件及刀具刃磨等				粗磨及磨削韧性大、硬度低的工件，适合磨削薄壁、细长工件，或砂轮与工件接触面大及平面磨削等					有色金属及塑料橡胶等非金属以及热敏性大的合金	

（6）形状　常用砂轮名称、代号、简图及主要用途见表 2-13。

表 2-13　常用砂轮名称、代号、简图及主要用途

砂轮名称	代号	简图	主要用途
平形砂轮	1		外圆磨、内圆磨、平面磨、无心磨、工具
平形切割砂轮	41		切断及切槽
黏结或夹紧用筒形砂轮	2		端磨平面

（续）

砂轮名称	代号	简图	主要用途
碗形砂轮	11		刃磨刀具、磨导轨
碟形一号砂轮	12A		磨铣刀、铰刀、拉刀、磨齿轮
双斜边砂轮	4		磨齿轮及螺纹
杯形砂轮	6		磨平面、内圆、刃磨刀具

在砂轮的端面上印有砂轮的标志，例如：1—300×50×65—WA60M5—V—30m/s，其含义为平形砂轮，外径300mm，厚度50mm，内径65mm，磨料为白刚玉，粒度号为F60，硬度为中，组织号为5，结合剂为陶瓷，允许的最高圆周速度为30m/s。

2.3.2 磨削原理

1. 磨粒的形状及磨削特点

磨粒的形状及其相对于工件的位置有着多种不同的形态和随机性，但是它们有着共同的特点，这就是绝大部分磨粒的顶尖角在90°～120°之间，因此磨削时磨粒均以负前角进行切削。磨削一段时间后，磨粒钝化，前角（负值）的绝对值还会增大。此外，磨粒切削刃相对于很小的切削厚度（0.1～10μm）来说，有着较大的切削刃钝圆半径（r_n 一般为10～35μm），磨削时对加工表面产生强烈的摩擦和挤压作用。

2. 磨削加工类型

磨削加工是用高速回转的砂轮或其他磨具以给定的背吃刀量，对工件进行加工的方法。根据工件被加工表面的形状和砂轮与工件之间的相对运动，磨削分为外圆磨削、内圆磨削、平面磨削和无心外圆磨削等几种主要加工类型。

（1）外圆磨削 外圆磨削是用砂轮外圆周面来磨削工件的外回转表面的。它能加工圆柱面、圆锥面、端面（台阶部分）、球面和特殊形状的外表面等。这种磨削方式按照不同的进给方向又可分为纵磨法和横磨法两种形式。图2-30所示为外圆磨削加工的各种方式。

1）纵磨法。磨削外圆时，砂轮的高速旋转为主运动。工件做圆周进给运动，同时随工作台沿工件轴向做纵向进给运动。每单次行程或每往复行程终了时，砂轮做周期性的横向进给，从而逐渐磨去工件径向的全部磨削余量。采用纵磨法每次的横向进给量小，磨削力小，散热条件好，并且能以光磨的次数来提高工件的磨削和表面质量，因而加工质量高，是目前生产中使用最广泛的一种磨削方法。

2）横磨法。采用这种磨削形式磨外圆时，砂轮宽度比工件的磨削宽度大，工件不需做纵向进给运动，砂轮以缓慢的速度连续或断续地沿工件径向做横向进给运动，直至磨到工件

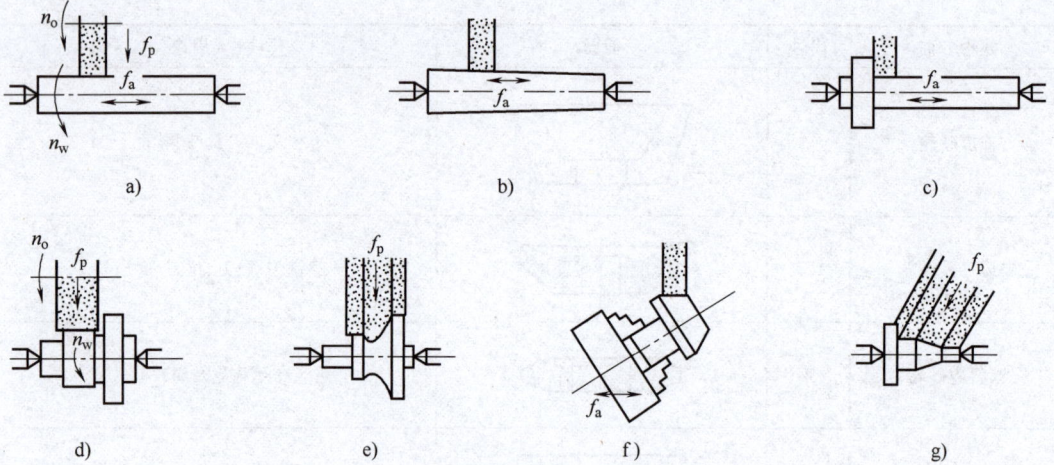

图 2-30　外圆磨削加工的各种方式

尺寸要求为止。横磨法因砂轮宽度大，一次行程就可完成磨削加工过程，所以加工效率高，同时它也适用于成形磨削。然而，在磨削过程中砂轮与工件接触面积大，磨削力大，必须使用功率大、刚性好的磨床。此外，磨削热集中，磨削温度高，势必影响工件的表面质量，必须给予充分的切削液来降低磨削温度。

（2）内圆磨削　用砂轮磨削工件内孔的磨削方式称为内圆磨削。它可以在专用的内圆磨床上进行，也能够在具备内圆磨头的万能外圆磨床上实现。

如图 2-31 所示，砂轮高速旋转做主运动 n_o，工件旋转做圆周进给运动 n_w，同时砂轮或工件沿其轴线往复移动做纵向进给运动 f_a，砂轮则做径向进给运动 f_p。

与外圆磨削相比，内圆磨削所用的砂轮和砂轮轴的直径都比较小。为了获得所要求的砂轮线速度，就必须提高砂轮主轴的转速，故容易发生振动，影响工件的表面质量。此外，由于内圆磨削时砂轮与工件的接触面积大，发热量集中，冷却条件差以及工件热变形大，特别是砂轮主轴刚性差，易弯曲变形，因此内圆磨削不如外圆磨削的加工精度高。

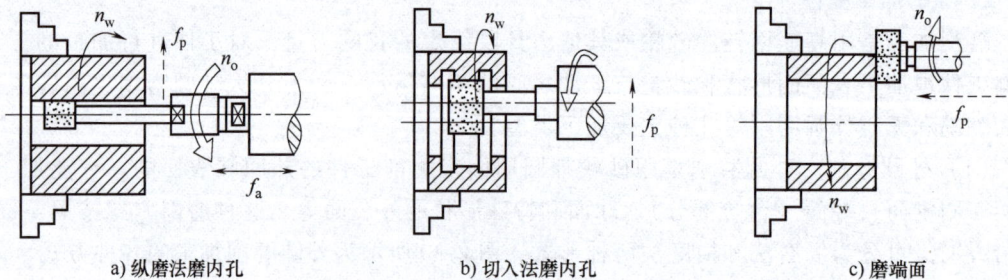

a) 纵磨法磨内孔　　　　b) 切入法磨内孔　　　　c) 磨端面

图 2-31　普通内圆磨床的磨削方法

（3）平面磨削　常见的平面磨削方式有四种，如图 2-32 所示。工件安装在具有电磁吸盘的矩形或圆形工作台上做纵向往复直线运动或圆周进给运动。由于砂轮宽度限制，需要砂轮沿轴线方向做横向进给运动。为了逐步地切除全部余量，砂轮还需周期性地沿垂直于工件被磨削表面的方向进给。

图 2-32a、b 所示属于圆周磨削。这时砂轮与工件的接触面积小，磨削力小，排屑及冷

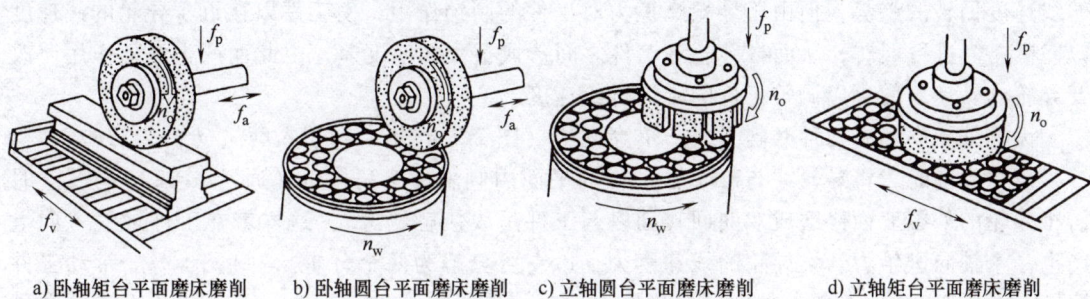

a) 卧轴矩台平面磨床磨削　　b) 卧轴圆台平面磨床磨削　　c) 立轴圆台平面磨床磨削　　d) 立轴矩台平面磨床磨削

图 2-32　平面磨削方式

却条件好，工件受热变形小，且砂轮磨损均匀，所以加工精度较高。然而，砂轮主轴呈悬臂状态，刚性差，不能采用较大的磨削用量，生产率较低。

图 2-32c、d 所示属于端面磨削，砂轮与工件的接触面积大，同时参加磨削的磨粒多。另外，磨床工作时主轴受压力，刚性较好，允许采用较大的磨削用量，故生产率高。但是，在磨削过程中，磨削力大，发热量大，冷却条件差，排屑不畅，造成工件的热变形较大，且砂轮端面沿径向各点的线速度不等，使砂轮磨损不均匀，所以这种磨削方法的加工精度不高。

（4）无心外圆磨削　无心外圆磨削的工作原理如图 2-33 所示。工件置于砂轮和导轮之间的托板上，以工件自身外圆为定位基准。当砂轮以转速 n_o 旋转，工件就有与砂轮以相同

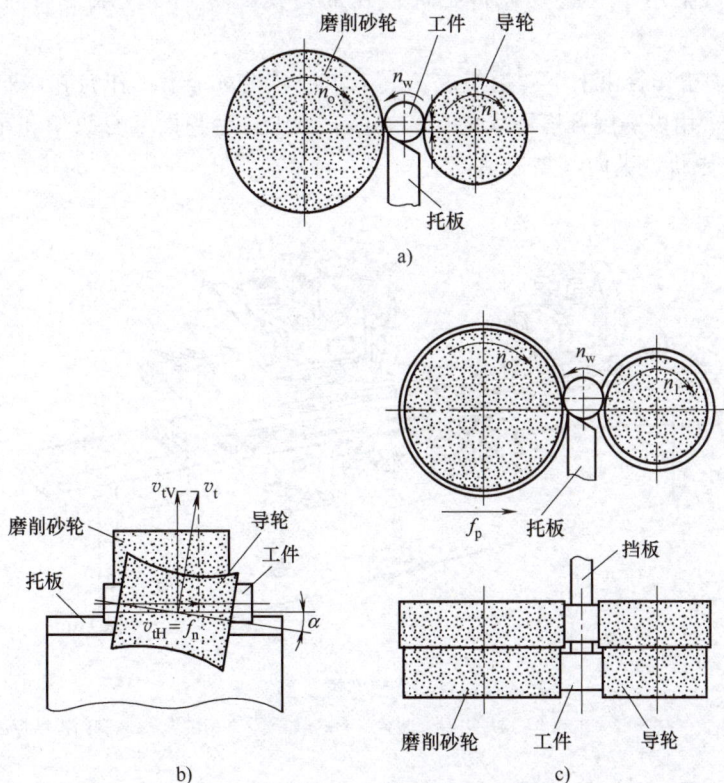

图 2-33　无心外圆磨削的工作原理

的线速度回转的趋势，但由于导轮摩擦力对工件的制约作用，使工件以接近于导轮的线速度（转速 n_w）进行回转，从而在砂轮和工件之间形成很大的速度差，由此而产生磨削作用。改变导轮的转速，便可以调整工件的圆周进给速度。

无心外圆磨削有两种磨削方式：贯穿磨法（图 2-33a、b）和切入磨法（图 2-33c）。

贯穿磨削时，将导轮在与砂轮轴平行的平面内倾斜一个角度 α（通常 $\alpha = 2° \sim 6°$，这时需将导轮的外圆表面修磨成双曲回转面以与工件呈线接触状态），这样就在工件轴线方向上产生一个轴向进给力。设导轮的线速度为 v_t，它可分解为两个分量 v_{tV} 和 v_{tH}。v_{tV} 带动工件回转，并等于 v_w；v_{tH} 使工件做轴向进给运动，其速度就是 f_a，工件一面回转一面沿轴向进给，就可以连续地进行纵向进给磨削。

切入磨削时，砂轮做横向切入进给运动（f_p）来磨削工件表面。

在无心外圆磨削过程中，由于工件是靠自身轴线定位，因而磨削出来的工件尺寸精度与几何精度都比较高，表面粗糙度小。如果配备适当的自动装卸料机构，就易于实现自动化。但是，无心外圆磨床调整费时，只适于大批量生产。

2.3.3 典型万能外圆磨床

（1）磨床的布局 图 2-34 所示为典型万能外圆磨床的外形图。它由下列主要部件组成：

1）床身。床身是磨床的支承部件，在其上装有砂轮架、头架、尾架及工作台等部件。床身内部装有液压缸及其他液压元件，用来驱动工作台和横向滑鞍的移动。

2）头架。头架用于安装及夹持工件，并带动其旋转，可在水平面内逆时针方向转动 90°。

3）工作台。工作台由上下两层组成，上工作台可相对于下工作台在水平面内转动很小的角度（±10°），用以磨削锥度不大的长圆锥面。上工作台顶面装有头架和尾架，它们随工作台一起沿床身导轨做纵向往复运动。

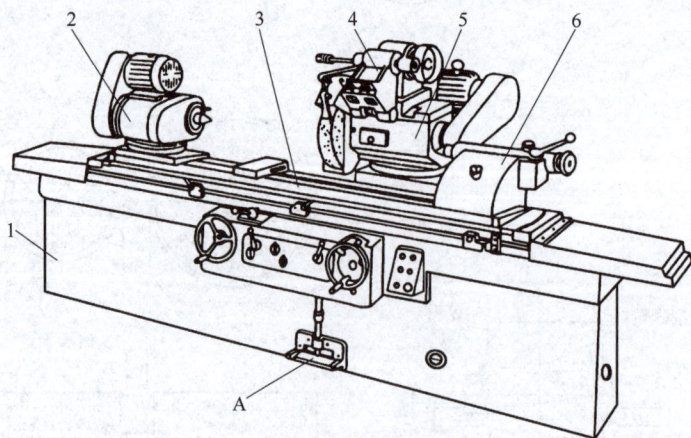

图 2-34 典型万能外圆磨床
1—床身 2—头架 3—工作台 4—内圆磨装置 5—砂轮架 6—尾架 A—脚踏操纵板卧轴矩台

4）内圆磨装置。内圆磨装置用于支承磨内孔的砂轮主轴部件，由单独的电动机驱动。

5）砂轮架。用于支承并传动高速旋转的砂轮主轴。砂轮架装在滑鞍上，当需磨削短圆锥时，砂轮架可在±30°内调整位置。

6）尾架。尾架和头架的前顶尖一起支承工件。

（2）磨床的运动与传动　图 2-35 所示是磨床几种典型的加工方法。其中图 2-35a、b、d 是采用纵磨法磨削外圆柱面和外、内圆锥面。这时磨床需要三个表面成形运动：砂轮的旋转运动 n_o、工件纵向进给运动 f_a 以及工件的圆周进给运动 n_w。图 2-35c 所示是切入法磨削短圆锥面，这时只有砂轮的旋转运动和工件的圆周进给运动。此外，磨床还有两个辅助运动：砂轮横向快速进退和尾架套筒缩回，以便装卸工件。典型万能外圆磨床的传动系统如图 2-36 所示。

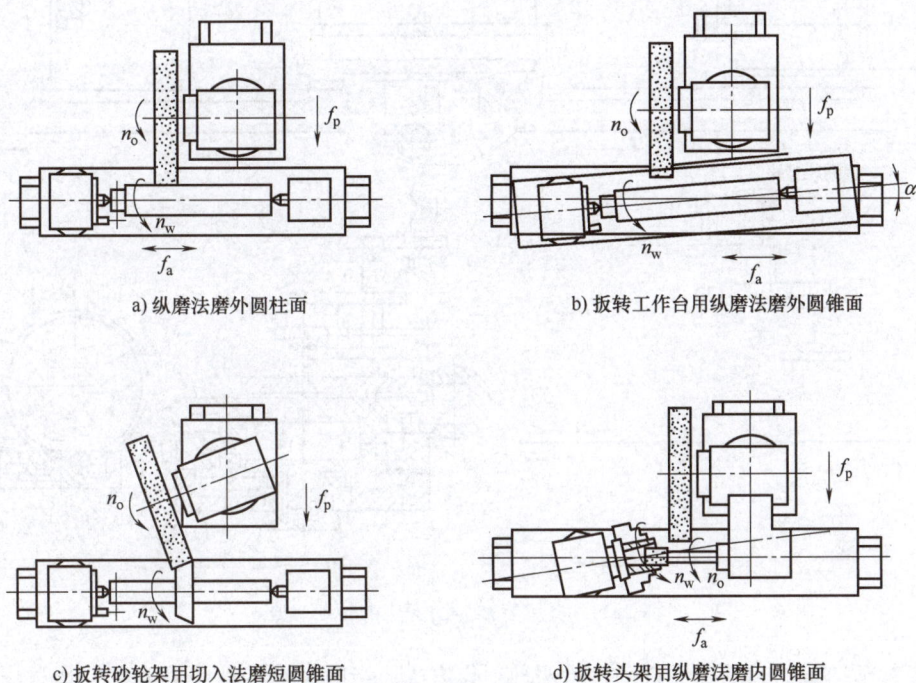

a) 纵磨法磨外圆柱面　　b) 扳转工作台用纵磨法磨外圆锥面

c) 扳转砂轮架用切入法磨短圆锥面　　d) 扳转头架用纵磨法磨内圆锥面

图 2-35　万能外圆磨床加工方法示意图

1）砂轮主轴的旋转运动 n_o。磨削外圆时，砂轮的旋转运动是由电动机（转速 1440r/min，功率 4kW）经 V 带直接传动。内圆磨削时，砂轮主轴的旋转运动由另一台电动机（转速 2840r/min，功率 1.1kW）经平带直接传动。更换带轮，可使砂轮主轴获得 2 种高转速：10000r/min 和 15000r/min。

2）工件圆周进给运动 n_w。工件的旋转运动是由双速电动机驱动，经三阶塔轮及两级带轮传动，使头架的拨盘或卡盘带动工件，实现圆周进给。由于电动机为双速，因而可使工件获得 6 种转速。

3）工件纵向进给运动 f_a。通常采用液压传动，以保证运动的平稳性，并便于实现无级调速和往复运动循环的自动化。此外，在调整磨床时，还可由手轮驱动工作台。为了防止液压传动和手轮 A 之间的干涉，设置了联锁装置。当轴Ⅵ上的小液压缸与液压系统相通，工作台纵向往复运动时，压力油推动轴Ⅵ上的双联齿轮移动，使齿轮18与72脱开。因此，液压驱动工作台纵向运动时手轮 A 并不转动。

4）砂轮架的横向进给运动。横向进给运动 f_p［单位为 mm/str 或 mm/(d·str)］可用手轮

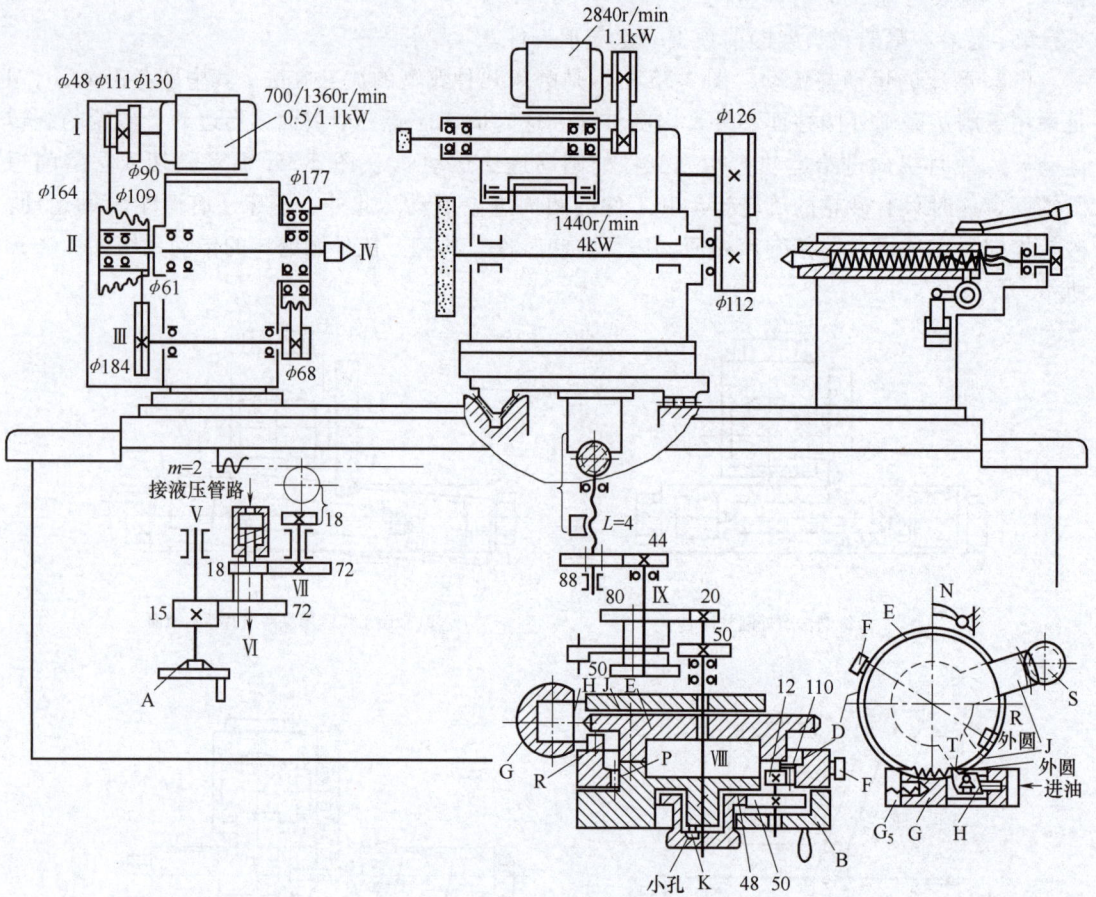

图 2-36 典型万能外圆磨床的传动系统

B 实现连续横向进给和周期性自动进给两种工作方式。当顺时针转动手轮 B 时，经过中间体 P 带动轴Ⅷ，再由齿轮副 50/50 或 20/80，经 44/88 传动丝杠转动（螺距 $P=4$mm），来实现砂轮架的横向进给运动。手轮转 1 周，砂轮架的横向进给量为 2mm（粗进给）或 0.5mm（细进给），手轮上的刻度盘 D 上刻度为 200 格，因此，每格进给量为 0.01mm 或 0.0025mm。

（3）主要部件结构

1）砂轮架。砂轮架由壳体、砂轮主轴部件、传动装置等组成，其中砂轮主轴部件结构直接影响工件的加工质量，应具有较高的回转精度、刚度、抗振性及耐磨性。

砂轮主轴前后径向支承为"短三瓦"动压滑动轴承。每个滑动轴承都由均布在圆周上的三块扇形轴瓦组成，每块轴瓦均支承在球面支承螺钉的球头上。当主轴向一个方向高速旋转时，三块轴瓦自动地摆动到一个平衡位置，其内表面与主轴轴颈间形成楔形缝隙，于是在轴和轴瓦之间形成三个压力油楔，将主轴悬浮在三块轴瓦的中间，不与轴瓦直接接触，因而主轴具有较高的回转精度，所允许的转速也较高。

由于砂轮的磨削速度很高，砂轮主轴运转的平稳性对磨削表面质量影响很大，因此对装在主轴上的零件都要仔细校正静平衡，特别是砂轮，整个主轴部件还要校正动平衡。为安全起见，砂轮周围必须安装防护罩，以防砂轮意外碎裂击伤人员及设备。此外，砂轮主轴部件必须浸在油中，油面高度可通过油标观察，主轴两端用橡胶油封进行密封。

2）内圆磨具。内圆磨具装在支架的孔中，不工作时，应翻向上方如图 2-34 所示的位置。为了使内圆磨具在高转速下运转平稳，主轴轴承应具有足够的刚度和寿命，并采用平带传动内圆磨具的主轴。

3）头架。头架主轴直接支承工件，因此它的回转精度和刚度直接影响工件的加工精度。

2.4　铣削加工与铣床

用铣刀在铣床上进行的加工称为铣削，铣削是一种应用非常广泛的切削加工方法。它可以对许多不同几何形状的表面进行粗加工和半精加工，其加工公差等级一般为 IT9～IT8，表面粗糙度 Ra 为 6.3～1.6μm。

2.4.1　铣削加工

（1）铣削的特点

1）多刃切削铣刀同时有多个刀齿参加切削，切削刃的作用总长度长，生产率高。其缺点为：由于刃磨和装配的误差，难以保证各个刀齿在刀体上应有的正确位置（如面铣刀各刀齿的刀尖不在同一端平面上），从而容易引起振动和冲击。

2）可选用不同的铣削方式如顺铣、逆铣等。

3）断续切削铣削时，刀齿依次切入和切离工件，易引起周期性的冲击振动。

4）半封闭铣削时，由于刀齿多，使得每个刀齿的容屑空间小，呈半封闭状态，容屑和排屑条件较差。

（2）端铣和周铣。用分布于铣刀端平面上的刀齿进行的铣削称为端铣，用分布于铣刀圆柱面上的刀齿进行的铣削称为周铣，如图 2-37 所示。

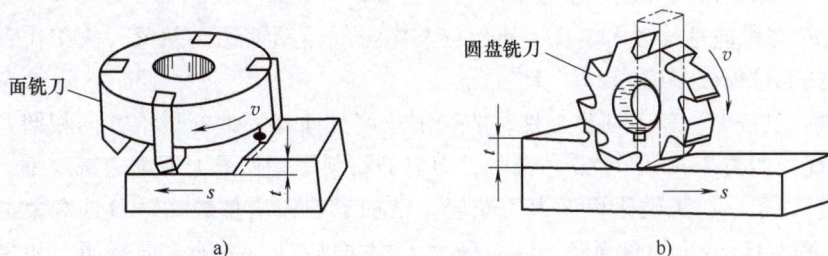

图 2-37　端铣和周铣

端铣与周铣相比，前者更容易使加工表面获得较小的表面粗糙度和较高的劳动生产率。因为端铣时副切削刃、倒角刀尖具有修光作用，而周铣时只有主切削刃工作。此外，端铣时主轴刚性好，并且面铣刀易于采用硬质合金可转位刀片，因而切削用量较大，生产率高，在平面铣削中端铣基本上代替了周铣，但周铣可以加工成形表面和组合表面。

（3）逆铣和顺铣　圆周铣削有逆铣和顺铣两种方式，如图 2-38 所示。

1）逆铣。铣削时，铣刀切入工件时的切削速度方向和工件的进给方向相反，这种铣削方式称为逆铣，如图 2-38a 所示。

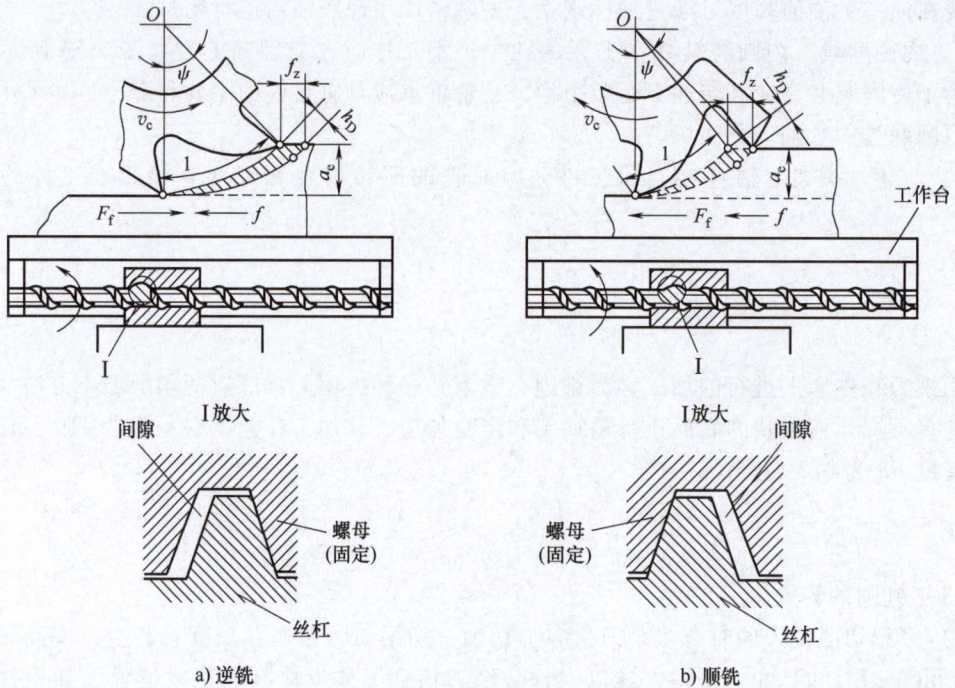

图 2-38 逆铣和顺铣

逆铣时，刀齿的切削厚度从零逐渐增至最大值。刀齿在开始切入时，由于切削刃钝圆半径的影响，刀齿在工件表面上打滑，产生挤压和摩擦，滑行到一定程度后，刀齿方能切下一层金属层。这样将使刀齿容易磨损，工件表面产生严重的冷硬层。紧接着，下一个刀齿又在前一个刀齿所产生的冷硬层上重复一次滑行、挤压和摩擦的过程，加剧刀齿磨损，增大了工件表面粗糙度值。此外，垂直铣削分力 F_v 向上易引起振动。铣床工作台的纵向进给运动是依靠丝杠和螺母来实现的。螺母固定不动，丝杠转动时，带动工作台一起移动。逆铣时，纵向铣削分力 F_f 与纵向进给方向相反，使丝杠与螺母间传动面始终贴紧，故工作台不会发生窜动现象，铣削过程较平稳。

2）顺铣。铣削时，铣刀切出工件时的切削速度方向与工件的进给方向相同，这种铣削方式称为顺铣，如图 2-38b 所示。顺铣时，刀齿的切削厚度从最大逐渐递减至零，没有逆铣时的刀齿滑行现象，加工硬化程度大为减轻，已加工表面质量较高，刀具寿命也比逆铣时高。从图 2-38b 中可看出，顺铣时，纵向分力 F_f 方向始终与进给方向相同，如果在丝杠与螺母传动副中存在间隙，当纵向分力 F_f 超过工作台摩擦力时，会使工作台带动丝杠向左窜动，进给不均匀，严重时会使铣刀崩刃。因此，如采用顺铣，必须消除铣床工作台纵向进给丝杠螺母副的间隙。

2.4.2 铣刀

铣削可用于加工平面、沟槽、台阶面、斜面、特形面等各种几何形状的表面（图 2-39）。这些表面的获得除了需要铣床提供必要的运动外，还须依靠多种多样的铣刀。

1）圆柱铣刀（图 2-39a）用于在卧式铣床上加工面积不太大的平面，一般用高速钢制造。切削刃分布在圆周上，无副切削刃，铣刀直径 $d_0 = 50 \sim 100mm$，加工效率不太高。

2）面铣刀（图 2-39b）用于在立式铣床上加工平面，尤其适合加工大面积平面。硬质合金刀片多采用可转位形式，并以机械方式夹固。

3）槽铣刀（图 2-39d）主要用于加工沟槽，图 2-39f 所示为锯片铣刀，主要用于铣窄槽（$B \leqslant 6mm$）和切断。

4）立铣刀（图 2-39c）主要用于在立式铣床上铣沟槽，也可用于加工平面、台阶面和二维曲面（例如平面凸轮的轮廓）。主切削刃分布在圆柱面上，副切削刃分布在端面上。

5）键槽铣刀（图 2-39i）只有两个刃瓣，铣削时先沿铣刀轴线进刀，然后沿工件轴线进给铣出键槽的全长。

6）T 形槽铣刀（图 2-39e）主要用于 T 形槽的铣削。

7）角度铣刀（图 2-39g、h）用于铣削角度槽和斜面。

8）盘形齿轮铣刀（图 2-39j）用于铣削直齿和斜齿圆柱齿轮的齿廓面。

9）成形铣刀（图 2-39k）用于加工外成形表面的专用铣刀。

10）鼓形铣刀（图 2-39l）用于数控铣床和加工中心上加工立体曲面。

11）球头立铣刀（图 2-39m）主要用于三维模具型腔的加工。

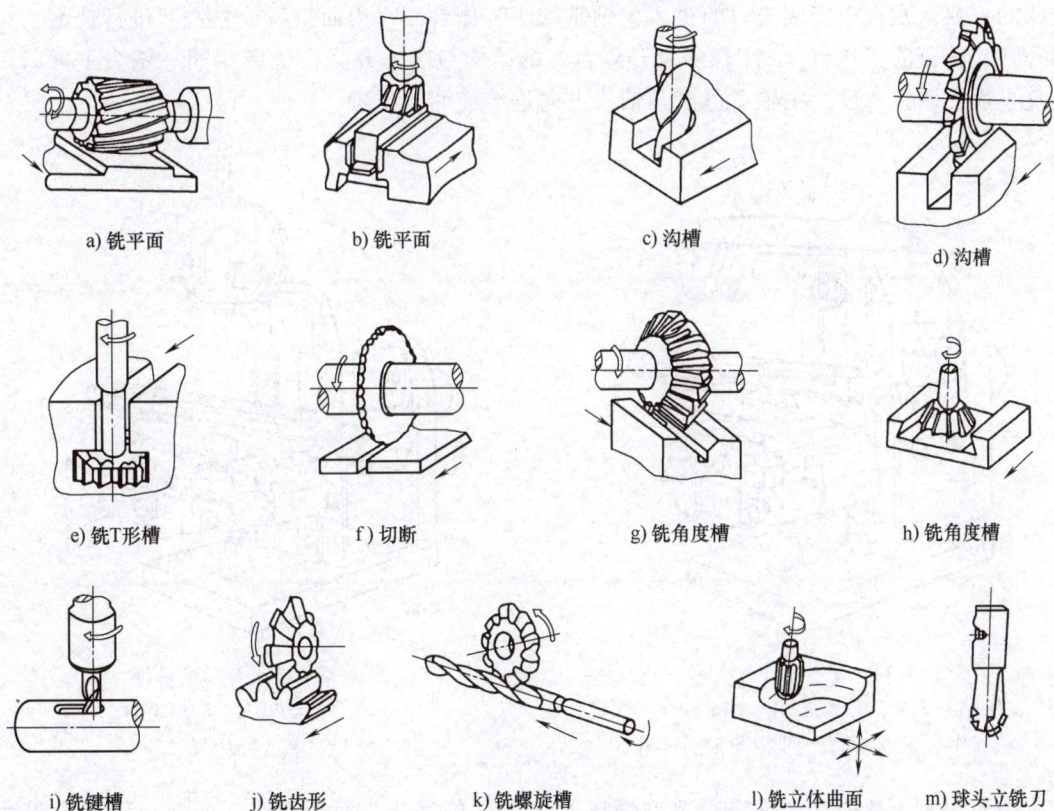

a) 铣平面　　b) 铣平面　　c) 沟槽　　d) 沟槽

e) 铣T形槽　　f) 切断　　g) 铣角度槽　　h) 铣角度槽

i) 铣键槽　　j) 铣齿形　　k) 铣螺旋槽　　l) 铣立体曲面　　m) 球头立铣刀

图 2-39　铣刀与铣削加工

2.4.3　铣床

（1）常用铣床　铣床的类型很多，主要有卧式升降台铣床、立式升降台铣床、龙门铣床、工具铣床和多种专门化铣床等。

使用比较广泛的为升降台式铣床。其工作台安装在可垂直升降的升降台上，工作台可在相互垂直的三个方向上调整位置或完成进给运动，由于升降台刚性差，因此适宜于加工中小型工件。

1）万能升降台铣床。万能升降台铣床的主轴是水平安置的，如图 2-40 所示，床身 2 固定在底座 1 上，用于安装和支承机床的其他部件，床身内装有主运动变速传动机构、主轴部件以及操纵机构等。床身 2 顶部的燕尾槽导轨上装有悬梁 3，可沿主轴 4 轴线方向前后调整位置，悬梁 3 上装有刀轴支架 5，用于支承刀杆的悬臂端。升降台 9 安装在床身前面的垂直导轨上，可以沿导轨垂直上下移动，升降台 9 内装有进给机构以及操纵机构。升降台 9 的水平导轨上装有床鞍 8，可沿主轴 4 轴线方向移动（横向移动）。床鞍 8 的导轨上安装有工作台 6，可沿垂直于主轴 4 轴线方向移动（纵向移动）。

在工作台 6 和床鞍 8 之间有一层回转盘 7，它可以相对于床鞍 8 在水平面内调整±45°偏转，改变工作台 6 的移动方向，从而可加工斜槽、螺旋槽等。此外，还可换用立式铣头等附件，扩大机床的加工范围。

2）立式升降台铣床。如图 2-41 所示为立式升降台铣床。立式升降台铣床与卧式升降台铣床的主要区别在于安装铣刀的机床主轴垂直于工作台面，用面铣刀或立铣刀进行铣削。立式升降台铣床的工作台 3、床鞍 4 及升降台 5 的结构与卧式升降台铣床相同。铣头 1 可以在垂直平面内调整角度，主轴 2 可沿其轴线方向进给或调整位置。

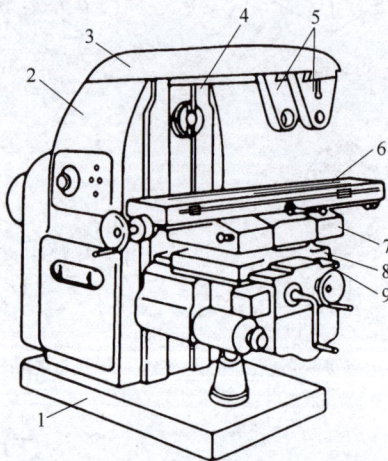

图 2-40 万能升降台铣床
1—底座 2—床身 3—悬梁 4—主轴 5—刀轴支架
6—工作台 7—回转盘 8—床鞍 9—升降台

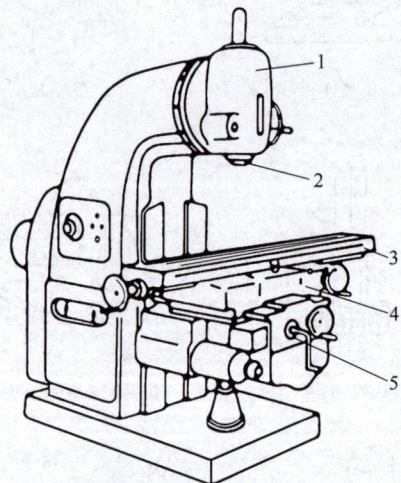

图 2-41 立式升降台铣床
1—铣头 2—主轴 3—工作台
4—床鞍 5—升降台

（2）典型万能升降台铣床　典型铣床的结构比较完善，通用性强，变速范围大，刚性好，操作方便，可变换成 18 种不同转速，其外形如图 2-40 所示。

主轴是前端带锥孔的空心轴，锥孔的锥度为 7∶24，用于安装刀杆。主轴孔前端装有两个平键块，与刀杆锥柄上的两个键槽配合，用于传递转矩。典型铣床的传动系统如图 2-1 所示。典型铣床的传动系统包括主运动传动链、进给运动传动链和快速空行程传动链。

2.5 孔加工与孔加工机床

孔是各种机器零件上最多的几何表面之一,按照它和其他零件之间的连接关系来区分,可分为非配合孔和配合孔。前者一般在毛坯上直接钻、扩出来;而后者则必须在钻孔、扩孔等粗加工的基础上,根据不同的精度和表面质量的要求,以及零件的材料、尺寸、结构等具体情况,做进一步的加工。无论后续的半精加工和精加工采用何种方法,总的来说,在加工条件相同的情况下,加工一个孔的难度要比加工外圆大得多。这主要是由于孔加工刀具有以下一些特点:

1)大部分孔加工刀具为定尺寸刀具。刀具本身的尺寸精度和形状精度不可避免地对孔的加工精度有着重要的影响。

2)孔加工刀具(含磨具)切削部分和夹持部分的有关尺寸受被加工孔尺寸的限制,致使刀具的刚性差,容易产生弯曲变形和对正确位置的偏离,也容易引起振动。孔的直径越小,深径比(孔的深度与直径之比)越大,这种"先天性"的消极影响越显著。

3)孔加工时,刀具一般是被封闭或半封闭在一个窄小的空间内进行的。切削液难以被输送到切削区域;切屑的折断和及时排出也较困难,散热条件不佳,对加工质量和刀具寿命都产生不利的影响。此外,在加工过程中对加工情况的观察、测量和控制,都比外圆和平面加工复杂得多。

基于上述原因,在机械设计过程中选用孔和轴配合的公差等级时,经常把孔的公差等级定得比轴低一级。例如典型卧式车床尾座丝杠轴颈与后盖孔之间、手柄与手轮之间,其配合分别为 20H7/g6 和 10H7/k6。此外,内孔与外圆较高的相互位置精度,一般都是先加工内孔,然后以孔为定位基准再加工外圆,就比较容易得到保证。

孔加工的方法很多,除了常用的钻孔、扩孔、锪孔、铰孔、镗孔、磨孔外,还有金刚镗、珩磨、研磨、挤压以及孔的特种加工等。其加工公差等级通常为 IT15~IT5;表面粗糙度 Ra 为 $12.5~0.006\mu m$。无论是直径 $\phi1000mm$ 以上的大孔,还是直径 $\phi0.01mm$ 的微细孔,无论是金属材料还是非金属材料,也不论孔淬硬与否以及工件材料其他的力学性能如何,总可以从以上各种孔加工方法中,进行合理的选择,在确保加工质量的前提下,拟订出一个比较理想的工艺方案。

2.5.1 钻削加工与钻床

(1)钻削加工 用钻头做回转运动,并使其与工件做相对轴向进给运动,在实体工件上加工孔的方法称为钻孔。用扩孔钻对已有孔(铸孔、锻孔、预钻孔)的孔径扩大的加工称为扩孔,钻孔和扩孔统称为钻削。两者的加工精度范围分别为 IT13~IT12 和 IT12~IT10;表面粗糙度 Ra 分别为 $12.5~6.3\mu m$ 和 $6.3~3.2\mu m$。

钻削一般要占机械加工车间切削加工总量的 30% 左右。由于它的加工精度低,表面粗糙度值大,一般只用于直径在 $\phi80mm$ 以下的次要孔(如螺栓孔、质量减轻孔等)的终加工和精度高和较高的孔的预加工。扩孔除了可用做高和较高的孔的预加工(铰削和镗削以前的加工)外,还由于其加工质量比钻孔高,可用于一些要求不高的孔的最终加工。加工孔径一般不超过 $\phi100mm$。

钻削可以在各种钻床上进行，也可以在车床、镗床、铣床和组合机床、加工中心上进行，但在大多数情况下，尤其是大批量生产时，主要还是在钻床上进行。

（2）钻床 主要用钻头在工件上加工孔的机床称为钻床。通常以钻头的回转为主运动，钻头的轴向移动为进给运动。

钻床分为：坐标镗钻床、深孔钻床、摇臂钻床、台式钻床、立式钻床、卧式钻床、铣钻床、中心孔钻床八组。它们中的大部分是以最大钻孔直径为其主参数值。

钻床的主要功用为钻孔和扩孔，也可以用来铰孔、攻螺纹、锪沉头孔及锪端面（图 2-42）等。

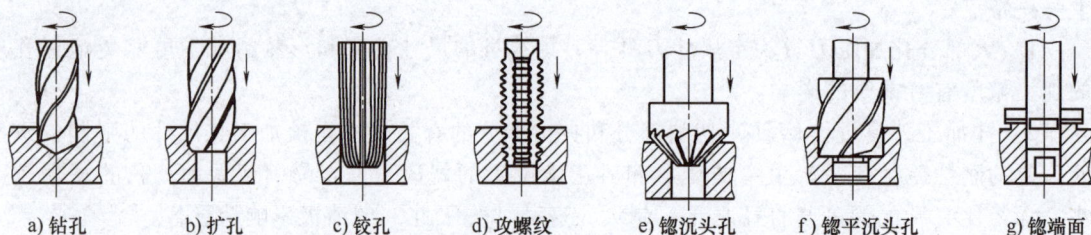

a) 钻孔　　b) 扩孔　　c) 铰孔　　d) 攻螺纹　　e) 锪沉头孔　　f) 锪平沉头孔　　g) 锪端面

图 2-42　钻床的加工方法

在钻床中，应用最广泛的是立式钻床和摇臂钻床，下面分别加以介绍。

（1）立式钻床 立式钻床（简称立钻）又分为圆柱立式、方柱立式钻床和可调多轴立式钻床三个系列。图 2-43 所示为一方柱立式钻床，因为其主要部件之一立柱呈方形横截面而得名。之所以称为立式钻床，是由于机床的主轴是垂直布置的，并且其位置固定不动，被加工孔位置的找正必须通过工件的移动。

图 2-43 所示立柱 4 的作用类似于车床的床身，是机床的基础件，必须有很好的强度、刚度和精度保持性。

其他各主要部件与立柱保持正确的相对位置。立柱 4 上有垂直导轨。主轴箱 3 和工作台 1 上有垂直的导轨槽，可沿立柱 4 上下移动来调整它们的位置，以适应不同高度工件加工的需要。调整结束并开始加工后，主轴箱 3 和工作台 1 的上下位置就不能再变动了。由于立式钻床主轴转速和进给量的级数比起卧式车床等类型的机床要少得多，而且功能比较简单，因此把主运动和进给运动的变速传动机构、主轴部件以及进给操纵机构 5 等都装在主轴箱 3 中。钻削时，主轴 2 随同主轴套筒在主轴箱 3 中做直线移动以实现进给运动。利用装在主轴箱 3 上的进给操纵机构 5，可实现主轴的快速升降、手动进给以及接通和断开机动进给。

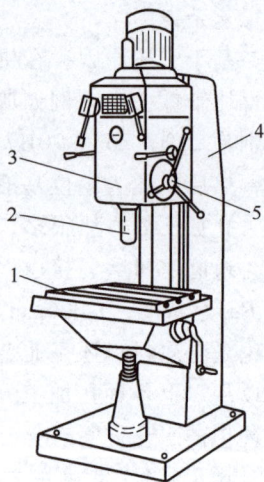

图 2-43　方柱立式钻床
1—工作台　2—主轴
3—主轴箱　4—立柱
5—进给操纵机构

主轴 2 回转方向的变换，靠电动机的正反转来实现。钻床的进给量是用主轴 2 每转一转时，主轴 2 的轴向位移来表示，符号也是 f，单位为 mm/r。

工件（或通过夹具）置于工作台 1 上。工作台 1 在水平面内既不能移动，也不能转动。因此，当钻头在工件上钻好一个孔而需要钻第二个孔时，就必须移动工件的位置，使被加工孔的中心线与刀具回转轴线重合。由于这种钻床固有的缺点，致使其生产率不高，大多用于单件、小批量生产的中小型零件加工，钻孔直径为 16~80mm。

如果在工件上需钻削的是一个平行孔系（轴线相互平行的许多孔），而且生产批量较大，则可考虑使用可调多轴立式钻床。加工时，动力由主轴箱通过主轴使全部钻头（钻头轴线位置可按需要进行调节）一起转动，并通过进给系统带动全部钻头同时进给。一次进给可将孔系加工出来，具有很高的生产率，且占地面积小。

（2）摇臂钻床　对于体积和质量都比较大的工件，若用移动工件的方式来找正其在机床上的位置，非常困难，此时可选用摇臂钻床进行加工。

图 2-44 所示为一摇臂钻床。主轴箱 4 装在摇臂 3 上，并可沿摇臂 3 上的导轨做水平移动。摇臂 3 可沿立柱 2 做垂直升降运动，该运动的目的是适应高度不同的工件需要。此外，摇臂 3 还可以绕立柱 2 轴线回转。为使钻削时机床有足够的刚性，并使主轴箱 4 的位置不变，当主轴箱 4 在空间的位置完全调整好后，应对产生上述相对移动和相对转动的立柱 2、摇臂 3 和主轴箱 4 用机床内相应的夹紧机构快速夹紧。

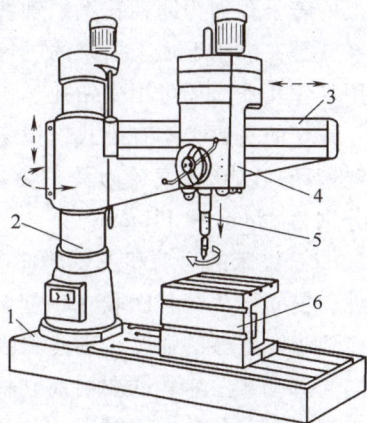

图 2-44　摇臂钻床
1—底座　2—立柱　3—摇臂
4—主轴箱　5—主轴　6—工作台

在摇臂钻床上钻孔的直径范围为 $\phi25~\phi125mm$，一般用于在单件和中小批生产的大中型工件上钻削。

如果要加工任意方向和任意位置的孔或孔系，可以选用万向摇臂钻床，机床主轴可在空间绕两特定轴线做 360° 的回转。此外，机床上端有吊环，可以放在任意位置，一般用于单件、小批生产的大中型工件，钻孔直径范围为 $\phi25~\phi100mm$。

2.5.2　镗削加工与镗床

1. 镗削加工

镗孔是一种应用非常广泛的孔及孔系加工方法。它可以用于孔的粗加工、半精加工和精加工；可以用于加工通孔和盲孔。对工件材料的适应范围也很广，一般有色金属、灰铸铁和结构钢等都可以镗削。镗孔可以在各种镗床上进行，也可以在卧式车床、回轮或转塔车床、铣床和数控机床、加工中心上进行。与其他孔加工方法相比，镗孔的一个突出优点是，可以用一种镗刀加工一定范围内各种不同直径的孔。在数控机床出现之前，对于直径很大的孔，它几乎是可供选择的唯一方法。此外，镗孔可以修正上一工序所产生的孔的相互位置误差。

镗孔的加工公差等级一般为 IT9~IT7，表面粗糙度 Ra 为 6.3~0.8μm。如在坐标镗床、金刚石镗床等高精度机床上镗孔，加工公差等级可达 IT6 以上，表面粗糙度 Ra 一般为 1.6~0.8μm。用超硬刀具材料对铜、铝及其合金进行精密镗削时，表面粗糙度可达 $Ra0.2μm$。

由于镗刀和镗杆截面尺寸及长度受到所镗孔径、深度的限制，所以镗刀（及镗杆）的刚性比较差，容易产生变形和振动，加之切削液的注入和排屑困难，观察和测量的不便，因此生产率较低，但在单件和中、小批生产中，仍是一种经济的应用广泛的加工方法。

2. 卧式镗床

（1）概述　镗床一般用于尺寸和质量都比较大的工件上大直径孔的加工，而且这些孔分布在工件的不同表面上。它们不仅有较高的尺寸和形状精度，而且有着要求比较严格的相互位置精度，如同轴度、平行度、垂直度等。相互有一定联系的若干孔称为孔系。如同一轴线上的若干孔称为同轴孔系；轴线互相平行的孔称平行孔系。例如卧式车床主轴箱上的许多孔系就是在镗床上加工出来的。镗孔以前的预制孔可以是铸孔，也可以是粗钻出的孔。镗床除用于镗孔外，还可用来钻孔、扩孔、铰孔、攻螺纹、铣平面等。

镗床的主要类型有卧式铣镗床、精镗床和坐标镗床等，以卧式铣镗床应用最为广泛。卧式铣镗床是以镗轴直径为其主参数的。常用的卧式铣镗床型号有 T68、T611 等，其镗轴直径分别为 85mm 和 110mm。

（2）镗床的运动和主要部件　图 2-45 所示为卧式铣镗床的外观图。床身 10 为机床的基础件，前立柱 7 与其固联在一起。这二者不仅承受着来自其他部件的重力和加工时的切削力，要求有足够的强度、刚度和吸振性能，而且后立柱 2 和工作台 3 要沿床身做纵向（y 轴方向）移动；主轴箱 8 要沿前立柱 7 上的导轨做垂直（z 轴方向）移动，两种移动的运动精度直接影响着孔的加工精度，所以床身 10 和前立柱 7 必须有很高的加工精度和表面质量，且精度能够长期保持。工作台 3 的纵向移动是通过其最下层的下滑座 11 相对于床身 10 导轨的平移实现的；工作台 3 的横向（x 轴方向）移动，是通过其中层的上滑座 12 相对于下滑座 11 的平移实现的。上滑座 12 上有圆环形导轨，工作台 3 最上层的工作台面可以在该导轨内绕铅垂轴线相对于上滑座 12 回转 360°。以便在一次安装中对工件上相互平行或成一定角度的孔和平面进行加工。

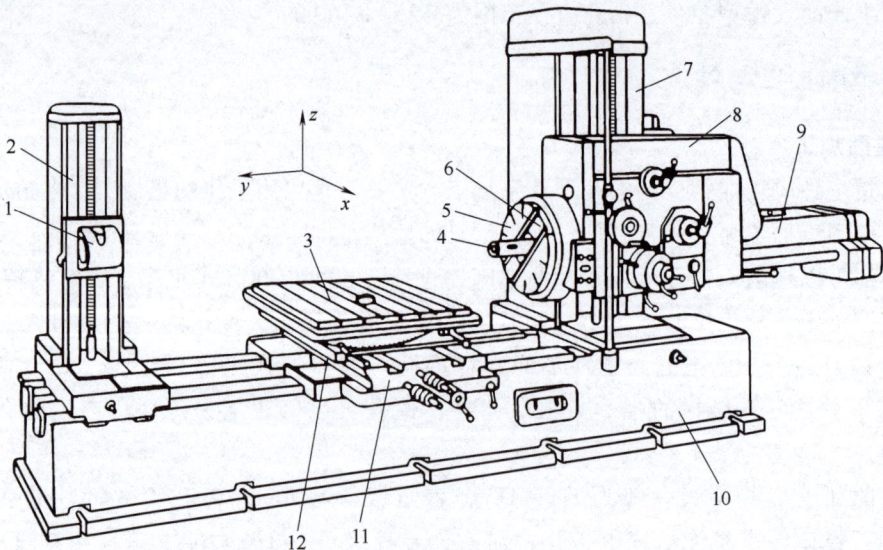

图 2-45　卧式铣镗床

1—后支承架　2—后立柱　3—工作台　4—镗轴　5—平旋盘　6—径向刀具溜板
7—前立柱　8—主轴箱　9—后尾筒　10—床身　11—下滑座　12—上滑座

主轴箱 8 沿前立柱 7 导轨的垂直（z 轴方向）移动，一方面可以实现垂直进给；另一方面可以适应工件上被加工孔位置的高低不同的需要。主轴箱 8 内装有主运动和进给运动的变速机构和操纵机构。根据不同的加工情况，刀具可以直接装在镗轴 4 前端的莫氏 5 号或 6 号锥孔内，也可以装在平旋盘 5 的径向刀具溜板 6 上。在加工长度较短的孔时，刀具与工件间的相对运动类似于钻床上钻孔，镗轴 4 和刀具一起做主运动，并且又沿其轴线做进给运动。该进给运动是由主轴箱 8 右端的后尾筒 9 内的轴向进给机构提供的。平旋盘 5 只能做回转主运动，装在平旋盘 5 导轨上的径向刀具溜板 6，除了随平旋盘 5 一起回转外，还可以沿导轨移动，做径向进给运动。

2.6 齿轮加工与齿轮加工机床

2.6.1 齿轮加工方法与齿轮加工机床的类型

齿轮加工机床是用来加工齿轮轮齿的机床。齿轮传动在各种机械及仪表中广泛应用，现代工业的发展对齿轮传动在圆周速度和传动精度等方面的要求越来越高，促进了齿轮加工机床的发展，使齿轮加工机床成为机械制造业中一种重要的加工设备。

1. 齿轮加工机床的工作原理

齿轮加工机床的种类繁多，构造各异，加工方法也各不相同，但就其加工原理来说，可分为成形法和展成法两类。

（1）成形法 成形法加工齿轮是使用切削刃形状与被切齿轮的齿槽形状完全相符的成形刀具切出齿轮的方法。即由刀具的切削刃形成渐开线母线，再加上一个沿齿坯齿向的直线运动形成所加工的齿面。这种方法一般在铣床上用盘铣刀或指形齿轮铣刀铣削齿轮，如图 2-46 所示。此外，也可以在刨床或插床上用成形刀具刨、插削齿轮。

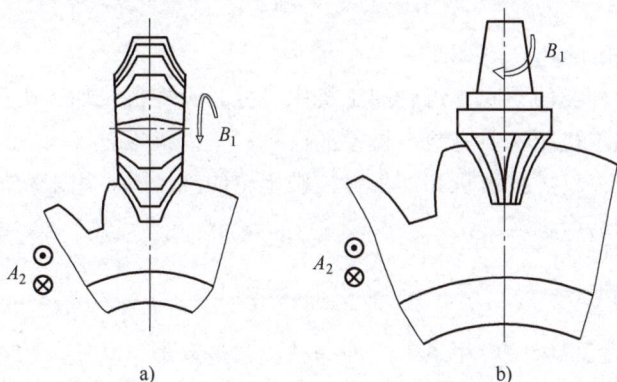

图 2-46 成形法加工齿轮

成形法加工齿轮是采用单齿廓成形分齿法，即加工完一个齿，退回，工件分度，再加工一个齿。因此生产率较低，而且对于同一模数的齿轮，只要齿数不同，齿廓形状就不同，需采用不同的成形刀具。在实际生产中为了减少成形刀具的数量，每一种模数通常只配有八把刀，各自适应一定的齿数范围，因此加工出的齿形是近似的，加工精度较低。但是这种方法，机床简单，不需要专用设备，适用于单件小批生产及加工精度不高的修理行业。

（2）展成法 展成法是切齿时刀具与工件模拟一对齿轮（或齿轮与齿条）做啮合运动

（展成运动），在运动过程中，刀具齿形的运动轨迹逐步包络出工件的齿形（图2-47）。刀具的齿形可以和工件齿形不同，所以可以使用直线齿廓的齿条式工具来制造渐开线齿轮刀具，例如用修整得非常精确的直线齿廓的砂轮来刃磨渐开线齿廓的插齿刀。这为提高齿轮刀具的制造精度和高精度齿轮的加工提供了有利条件。

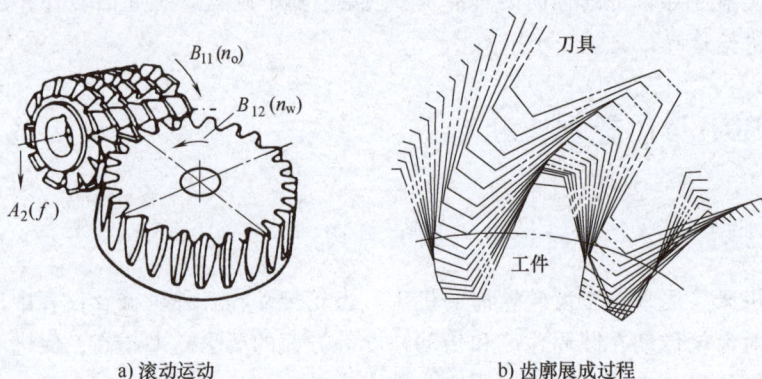

a) 滚动运动   b) 齿廓展成过程

图 2-47 滚齿运动

展成法加工齿轮是利用齿轮的啮合原理进行的，即把齿轮啮合传动（齿条-齿轮、齿轮-齿轮）中的一个转化为刀具，另一个转化为工件，并强制刀具和工件做严格的啮合运动而展成切出齿廓。

此外，展成法可以用一把刀具切出同一模数而齿数不同的齿轮，而且加工时能连续分度，具有较高的生产率。但是展成法需在专门的齿轮机床上加工，而且机床的调整、刀具的制造和刃磨都比较复杂，一般用于成批和大量生产。滚齿、插齿等都属于展成法切齿。

2. 齿轮加工机床的类型

按照被加工齿轮种类的不同，齿轮加工机床可分为圆柱齿轮加工机床和锥齿轮加工机床两大类。圆柱齿轮加工机床主要有滚齿机、插齿机、车齿机等；锥齿轮加工机床有加工直齿锥齿轮的刨齿机、铣齿机、拉齿机和加工弧齿锥齿轮的铣齿机。用来精加工齿轮齿面的机床有剃齿机、珩齿机和磨齿机等。

2.6.2 典型滚齿机

滚齿机是齿轮加工机床中应用最广泛的一种。它多数是立式的，用来加工直齿和斜齿的外啮合圆柱齿轮及蜗轮；也有卧式的，用于仪表工业中加工小模数齿轮和在一般机械制造业中加工轴齿轮、花键轴等。

1. 滚齿原理

滚齿加工是由一对交错轴斜齿轮啮合传动原理演变而来的。将其中一个齿轮的齿数减少到几个或一个，螺旋角 β 增大到很大，它就成了蜗杆。再将蜗杆开槽并铲背，就成为齿轮滚刀。在齿轮滚刀按给定的切削速度做旋转运动，工件轮坯按一对交错轴斜齿轮啮合传动的运动关系配合滚刀一起转动的过程中，就在齿坯上滚切出齿槽，形成渐开线齿面如图2-47a所示。在滚切过程中，分布在螺旋线上的滚刀各刀齿相继切去齿槽中一薄层金属，每个齿槽在滚刀旋转中由几个刀齿依次切出，渐开线齿廓则由切削刃一系列瞬时位置包络而成，如图 2-47b 所示。所以，滚齿时齿廓的成形方法是展成法，成形运动是滚刀旋转运动和工件旋转运动组成的复合运动（$B_{11}+B_{12}$），这个复合运动称为展成运动。当滚刀与工件连续不断地旋转时，便在工件整个圆周上依次切出所有齿槽。也就是说，滚齿时齿面的成形过程与齿轮的分度过程是结合在一起的，因而展成运动也就是分度运动。

由上述可知，为了得到所需的渐开线齿廓和齿轮齿数，滚齿时滚刀和工件之间必须保持严格的相对运动关系：当滚刀转过 1r 时，工件应该相应地转 k/z 转（k 为滚刀头数，z 为工件齿数）。

（1）加工直齿圆柱齿轮时的运动和传动原理　根据表面成形原理，加工直齿圆柱齿轮时的成形运动应包括：形成渐开线齿廓（母线）的运动和形成直线形齿线（导线）的运动。渐开线齿廓由展成法形成，靠滚刀旋转运动 B_{11} 和工件旋转运动 B_{12} 组成的复合成形运动——展成运动实现。

直线形齿线由相切法形成，靠滚刀旋转运动 B_{11} 和滚刀沿工件轴线的直线运动 A_2 来实现，这是两个简单成形运动（图 2-47a）。这里，滚刀的旋转运动既是形成渐开线齿廓的运动，又是形成直线形齿线的运动。所以，滚切直齿圆柱齿轮实际只需要两个独立的成形运动：一个复合成形运动（$B_{11}+B_{12}$）和一个简单成形运动 A_2。但是，习惯上常常根据切削中所起作用来称呼滚齿时的运动，即称工件的旋转运动为展成运动，滚刀的旋转运动为主运动，滚刀沿工件轴线方向的移动为轴向进给运动，并据此来命名实现这些运动的传动链。

滚切直齿圆柱齿轮所需成形运动的传动原理如图 2-48 所示。联系滚刀主轴（滚刀转动 B_{11}）和工作台（工件转动 B_{12}）的传动链"4—5—u_x—6—7"为展成运动传动链，由它来保证滚刀和工件旋转运动之间的严格运动关系。传动链中的换置机构 u_x 用于适应工件齿数和滚刀头数的变化。显然，这是一条内联系传动链，不仅要求它的传动比数值绝对准确，而且还要求滚刀和工件两者的旋转方向互相配合，即必须符合一对交错轴斜齿轮啮合传动时的相对运动方向。当滚刀旋转方向一定时，工件的旋转方向由滚刀螺旋方向确定。

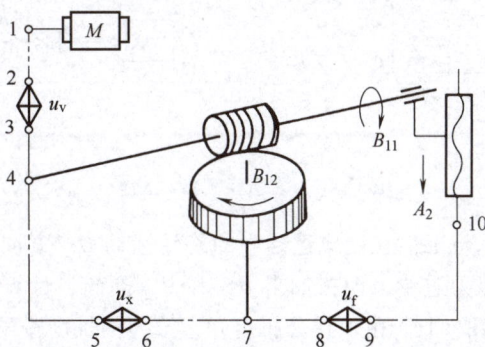

图 2-48　滚切直齿圆柱齿轮所需成形运动的传动原理

为使滚刀和工件能实现展成运动，需有传动链"1—2—u_v—3—4"把动力源 M 与展成运动传动链联系起来。它是展成运动的外联系传动链，使滚刀和工件共同获得一定速度和方向的运动。通常称联系动力源 M 与滚刀主轴的传动链为主运动传动链，传动链中的换置机

构 u_v 用于调整渐开线齿廓的成形速度，以适应滚刀直径、滚刀材料、工件材料、硬度以及加工质量要求等的变化，即根据工艺条件所确定的滚刀转速来调整其传动比。

滚刀的轴向进给运动是由滚刀刀架沿立柱移动实现的。为使刀架得到运动，用轴向进给运动传动链"7—8—u_f—9—10"将工作台（工件转动）与刀架（滚刀移动）联系起来。传动链中的换置机构 u_f 用于调整轴向进给量的大小和进给方向，以适应不同加工表面粗糙度的要求。需要明确的是，由于轴向进给运动是简单运动，因此轴向进给运动传动链是外联系传动链。这里所以用工作台作为间接运动源，是因为滚齿时的进给量通常以工件每转一转时，刀架的位移量来计量，且刀架运动速度较低，采用这种传动方案，不仅可满足工艺上的需要，又能简化机床的结构。

（2）加工斜齿圆柱齿轮时的运动和传动原理 斜齿圆柱齿轮与直齿圆柱齿轮不同之处是齿线为螺旋线，因此，滚切斜齿齿轮时，除了与滚切直齿一样，需要有展成运动、主运动和轴向进给运动外，为了形成螺旋线齿线，在滚刀做轴向进给运动的同时，工件还应做附加旋转运动 B_{22}（简称附加运动），而且这两个运动之间必须保持确定的关系，即滚刀移动一个工件螺旋线导程 L 时，工件应准确地附加转过一转。如图 2-49a 所示，设工件螺旋线为右旋，当刀架带着滚刀沿工件轴向进给 f（单位为 mm），滚刀由 a 点到 b 点时，为了能切出螺旋线齿线，应使工件的 b' 点转到 b 点，即在工件原来的旋转运动 B_{12} 的基础上，再附加转动 b'。当滚刀进给至 c 点时，工件应附加转动 c'。依此类推，当滚刀进给至 p 点，即滚刀进给一个工件螺旋线导程 L 时，工件上的 p' 点应转到 p 点，就是说工件应附加转 1r。

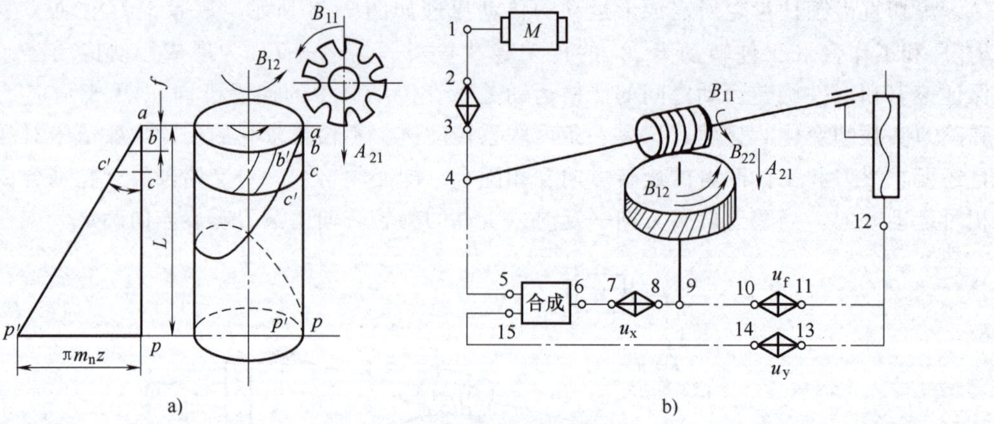

图 2-49 滚切斜齿圆柱齿轮

附加运动 B_{22} 的方向，与工件在展成运动中的旋转运动 B_{12} 方向或者相同，或者相反，这取决于工件螺旋线方向及滚刀进给方向；如果 B_{22} 和 B_{12} 同向，计算时附加运动取 +1r，反之，若 B_{22} 和 B_{12} 方向相反，则取 -1r。由上述分析可知，滚刀的轴向进给运动 A_{21} 和工件的附加运动 B_{22} 是形成螺旋线齿线所必需的运动，它们组成一个复合运动——螺旋轨迹运动。

滚切斜齿圆柱齿轮所需成形运动的传动原理如图 2-49b 所示。其中展成运动、主运动以及轴向进给运动传动链与加工直齿圆柱齿轮时相同，只是在刀架与工件之间增加了一条附加运动传动链：刀架（滚刀移动 A_{21}）—12—13—u_v—14—15—（合成）—6—7—u_x—8—9—工作台（工件附加转动 B_{22}），以保证刀架沿工件轴线方向移动一个螺旋线导程 L 时，工件附加转 1r，形成螺旋线齿线。显然，这条传动链属于内联系传动链。传动链中的换置机构 u_v 用于适应工件螺旋线导程 L 和螺旋方向的变化。由于滚切斜齿圆柱齿轮时，工件旋转运动既要与滚刀旋转运动配合，组成形成齿廓的展成运动，又要与滚刀刀架直线进给运动配合，组成形成螺旋线齿线的螺旋轨迹运动，而且它们又是同时进行的，因此加工时工件的旋转运动是两个运动的合成：展成运动中的旋转运动 B_{12} 和螺旋轨迹运动的附加运动 B_{22}。这两个运动分别由展成运动传动链和附加运动传动链传来，为使工件同时接受两个运动而不发生矛盾，需在传动系统中配置运动合成机构（图 2-49b）（原理图中均用〔合成〕表示），将两个运动合成之后再传给工件。

（3）滚齿机的运动合成机构 滚齿机上加工斜齿圆柱齿轮、大质数齿轮以及用切向进给法加工蜗轮时，都需要通过运动合成机构将展成运动中工件的旋转运动和工件的附加运动合成后传到工作台，使工件获得合成运动。

滚齿机所用的运动合成机构通常是圆柱齿轮或锥齿轮行星机构。图 2-50 所示为典型滚齿机运动合成机构，由模数 $m=3$，齿数 $z=30$，螺旋角 $\beta=0°$ 的四个弧齿锥齿轮组成。

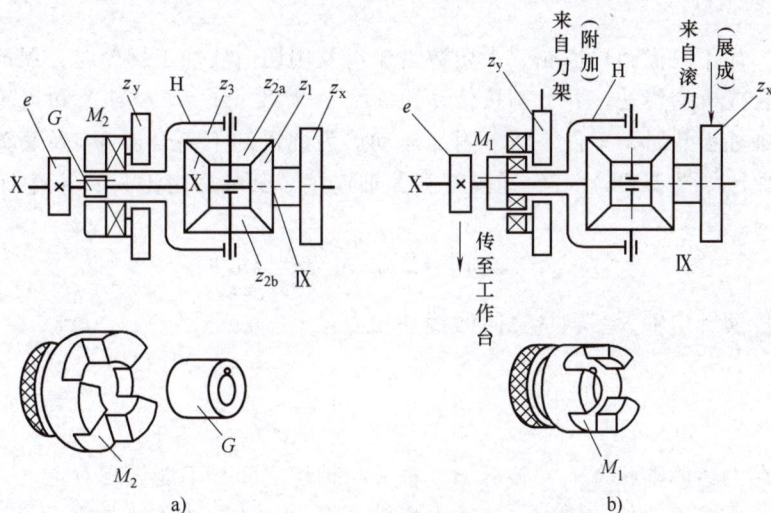

图 2-50 典型滚齿机运动合成机构

当需要附加运动时（图 2-50a），在轴 X 上先装上套筒 G（用键与轴连接），再将离合器 M_2 空套在套筒 G 上。离合器 M_2 的端面齿与空套齿轮 z_y 的端面齿以及转臂 H 右部套筒上的端面齿同时啮合，将它们连接在一起，因而来自刀架的运动可通过齿轮 z_y 传递给转臂 H。

设 n_X、n_{IX}、n_H 分别为轴 X、IX 及转臂 H 的转速，根据行星齿轮机构传动原理，可以列出运动合成机构的传动比计算式：

$$\frac{n_X - n_H}{n_{IX} - n_H} = (-1)\frac{z_1 \, z_{2a}}{z_{2a} \, z_3}$$

式中的（-1），由锥齿轮传动的旋转方向确定。将锥齿轮齿数 $z_1=z_{2a}=z_{2b}=z_3=30$ 代入上式，得

$$\frac{n_{\mathrm{X}} - n_{\mathrm{H}}}{n_{\mathrm{IX}} - n_{\mathrm{H}}} = -1$$

进一步可得运动合成机构中从动件的转速 n_{X} 与两个主动件的转速 n_{IX} 及 n_{H} 的关系式：

$$n_{\mathrm{X}} = 2n_{\mathrm{H}} - n_{\mathrm{IX}}$$

在展成运动传动链中，来自滚刀的运动由齿轮 z_{x} 经合成机构传至轴 X。可设 $n_{\mathrm{H}} = 1$，则轴 IX 与 X 之间的传动比为

$$u_{\hat{\Box}1} = \frac{n_{\mathrm{X}}}{n_{\mathrm{IX}}} = -1$$

在附加运动传动链中，来自刀架的运动由齿轮 z_{y} 传给转臂 H，再经合成机构传至轴 X。可设 $n_{\mathrm{X}} = 0$，则转臂 H 与轴 X 之间的传动比为

$$u_{\hat{\Box}2} = \frac{n_{\mathrm{X}}}{n_{\mathrm{H}}} = 2$$

综上所述，加工斜齿圆柱齿轮、大质数齿轮以及用切向法加工蜗轮时，展成运动和附加运动同时通过合成机构传动，并分别按传动比 $u_{\hat{\Box}1} = -1$ 及 $u_{\hat{\Box}2} = 2$ 经轴 X 和齿轮 e 传往工作台。加工直齿圆柱齿轮时，工件不需要附加运动。为此需卸下离合器 M_2 及套筒 G，而将离合器 M_1 装在轴上（图 2-50b）。M_1 通过键和 X 轴连接，其端面齿爪只和转臂 H 的端面齿爪连接，所以此时：

$$n_{\mathrm{H}} = n_{\mathrm{X}} ; n_{\mathrm{X}} = 2n_{\mathrm{X}} - n_{\mathrm{IX}} ; n_{\mathrm{X}} = n_{\mathrm{IX}}$$

展成运动传动链中轴 X 与轴 IX 之间的传动比为

$$u'_{\hat{\Box}1} = \frac{n_{\mathrm{X}}}{n_{\mathrm{IX}}} = 1$$

实际上，在上述调整状态下，转臂 H、轴 X 与轴 IX 之间都不能做相对运动，相当于联成一整体，因此在展成运动传动链中，运动由齿轮 z_{X}，经轴 IX 直接传至轴 X 及齿轮 e，即合成机构的传动比 $u'_{\hat{\Box}1} = 1$。

2. 典型滚齿机的传动系统及其调整计算

中型通用滚齿机常见的布局形式有立柱移动式和工作台移动式两种。如图 2-51 所示为典型工作台移动式滚齿机的外形。

床身 1 上固定有立柱 2，刀架溜板 3 可沿立柱 2 上的导轨垂直移动，滚刀用刀杆 4 安装在刀架体 5 中的主轴上。工件安装在工作台 9 的心轴 7 上，随同工作台 9 一起旋转。后立柱 8 和工作台 9 装在床鞍 10 上，可沿床身 1 的水平导轨移动。用于调整工件的径向位置或做径向进给运动。后立柱 8 上的支架 6 可用轴套或顶尖支承工件心轴上端。

通用滚齿机一般要求能加工直齿、斜齿圆柱齿轮和蜗轮，因此，其传动系统应具备下列传动链（图 2-52）：主运动传动链、展成运动传动链、轴向进给传动链、附加运动传动链、径向进给传动链和切向进给传动链，其中前四种传动链是所有通用滚齿机都具备的，后两种传动链只有部分滚齿机具备。此外，大部分滚齿机还具备刀架快速空行程传动链，用于传动刀架溜板快速移动。

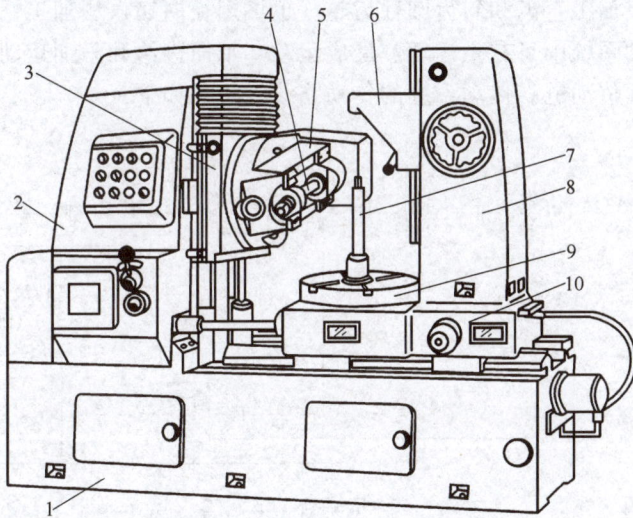

图 2-51　典型工作台移动式滚齿机的外形

1—床身　2—立柱　3—刀架溜板　4—刀杆　5—刀架体
6—支架　7—心轴　8—后立柱　9—工作台　10—床鞍

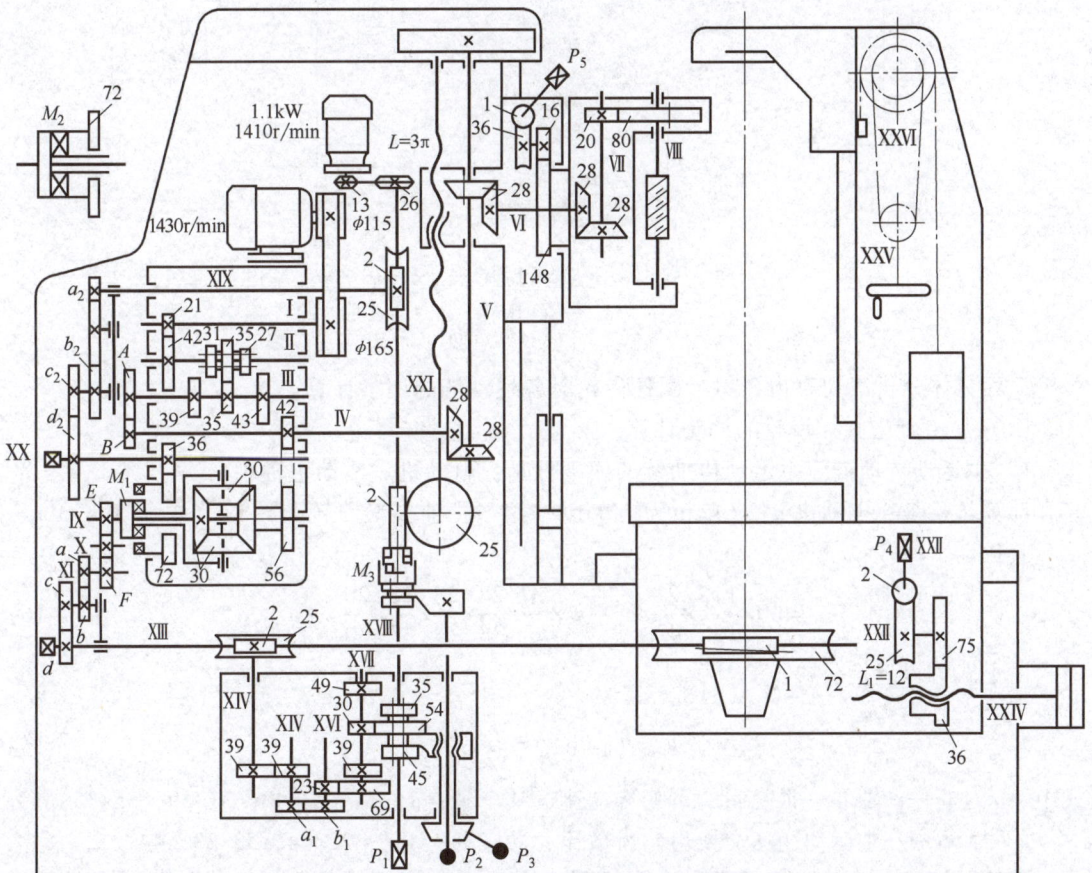

图 2-52　典型滚齿机传动系统图

该机床主要用于加工直齿和斜齿圆柱齿轮，也可用径向切入法加工蜗轮，但径向进给只能手动。因此，传动系统中只有主运动、展成运动、轴向进给和附加运动传动链。另外，还有一条刀架空行行程传动链。传动系统的传动路线表达式如下：

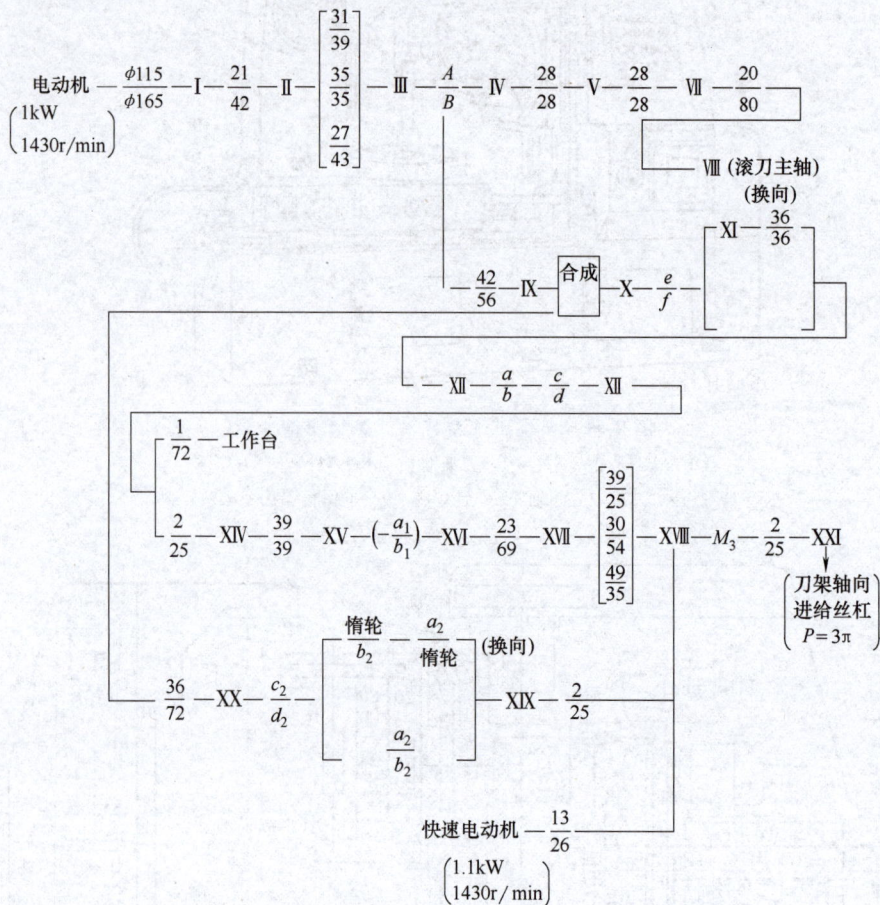

$$
\text{电动机} \begin{pmatrix} 1\text{kW} \\ 1430\text{r/min} \end{pmatrix} - \frac{\phi115}{\phi165} - \text{I} - \frac{21}{42} - \text{II} - \begin{bmatrix} \frac{31}{39} \\ \frac{35}{35} \\ \frac{27}{43} \end{bmatrix} - \text{III} - \frac{A}{B} - \text{IV} - \frac{28}{28} - \text{V} - \frac{28}{28} - \text{VII} - \frac{20}{80} - \text{VIII (滚刀主轴)(换向)}
$$

$$
- \frac{42}{56} - \text{IX} - \boxed{\text{合成}} - \text{X} - \frac{e}{f} - \text{XI} - \frac{36}{36}
$$

$$
- \text{XII} - \frac{a}{b} - \frac{c}{d} - \text{XII}
$$

$$
\frac{1}{72} - \text{工作台}
$$

$$
\frac{2}{25} - \text{XIV} - \frac{39}{39} - \text{XV} - \left(-\frac{a_1}{b_1}\right) - \text{XVI} - \frac{23}{69} - \text{XVII} - \begin{bmatrix} \frac{39}{25} \\ \frac{30}{54} \\ \frac{49}{35} \end{bmatrix} - \text{XVIII} - M_3 - \frac{2}{25} - \text{XXI} \begin{pmatrix} \text{刀架轴向} \\ \text{进给丝杠} \\ P=3\pi \end{pmatrix}
$$

$$
\frac{36}{72} - \text{XX} - \frac{c_2}{d_2} - \begin{bmatrix} \frac{\text{惰轮}}{b_2} - \frac{a_2}{\text{惰轮}} \text{(换向)} \\ \frac{a_2}{b_2} \end{bmatrix} - \text{XIX} - \frac{2}{25}
$$

$$
\text{快速电动机} \begin{pmatrix} 1.1\text{kW} \\ 1430\text{r/min} \end{pmatrix} - \frac{13}{26}
$$

下面具体分析滚切直齿、斜齿圆柱齿轮时各运动链的调整计算。

（1）加工直齿圆柱齿轮的调整计算

1）主运动传动链。主运动传动链的两端件是：电动机—滚动主轴VIII

计算位移是：电动机 $n_{电}$（单位为 r/min）—滚刀主轴（滚刀转动）$n_{刀}$（单位为 r/min）

其运动平衡式：

$$
1430 \times \frac{115}{165} \times \frac{21}{42} \times u_{\text{II}-\text{III}} \times \frac{A}{B} \times \frac{28}{28} \times \frac{28}{28} \times \frac{28}{28} \times \frac{20}{80} = n_{刀} \tag{2-16}
$$

由上式可得置换公式：

$$
u_v = u_{\text{II}-\text{III}} \frac{A}{B} = \frac{n_{刀}}{124.583} \tag{2-17}
$$

式中　$u_{\text{II}-\text{III}}$——轴 II—III 之间的可变传动比，共三种：$u_{\text{II}-\text{III}} = 27/43$，31/39，35/35；

　　　A/B——主运动变速交换齿轮齿数比，共三种：$A/B = 22/44$，33/33，44/22。

滚刀的转速确定后，就可算出 u_v 的数值，并由此决定变速箱中变速齿轮的啮合位置和交换齿轮的齿数。

2）展成运动传动链。展成运动传动链的两端件是：滚刀主轴（滚刀转动）—工作台（工件转动）

计算位移是滚刀主轴转一转时，工件转 k/z 转，其运动平衡式为

$$l \times \frac{80}{20} \times \frac{28}{28} \times \frac{28}{28} \times \frac{28}{28} \times \frac{42}{56} u_{合1} \times \frac{e}{f} \times \frac{a}{b} \times \frac{c}{d} \times \frac{1}{72} = \frac{k}{z} \qquad (2\text{-}18)$$

滚切直齿圆柱齿轮时，运动合成机构用离合器 M_1 连接，故 $u_{合1}=1$。

由式（2-18）得展成运动传动链换置公式：

$$u_X = \frac{a}{b} \times \frac{c}{d} = \frac{f}{e} \frac{24k}{z} \qquad (2\text{-}19)$$

式（2-19）中 e/f 的交换齿轮，用于工作齿数 z 在较大范围内变化时调整 u_X 的数值，使其数值适中，以便于选取交换齿轮。根据 z/k 的值，e/f 可以有三种选择：$5 \leqslant z/k \leqslant 20$ 时取 $e=48$，$f=24$；$21 \leqslant z/k \leqslant 142$ 时取 $e=36$，$f=36$；$z/k \geqslant 143$ 时取 $e=24$，$f=48$。

3）轴向进给运动传动链。轴向进给运动传动链的两端件是：工作台（工件转动）—刀架（滚刀移动）

计算位移是：工作台每转一转时，刀架进给 f（单位为 mm），运动平衡式为

$$l \times \frac{72}{1} \times \frac{72}{1} \times \frac{2}{25} \times \frac{39}{39} \times \frac{a_1}{b_1} \times \frac{23}{69} \times u_{XVII-XVIII} \times \frac{2}{25} \times 3\pi = f \qquad (2\text{-}20)$$

整理上式得出换置公式为

$$u_f = \frac{a_1}{b_1} u_{XVII-XVIII} = \frac{f}{0.4608\pi} \qquad (2\text{-}21)$$

式中　f——轴向进给量，单位为 mm/r；根据工件材料、加工精度及表面粗糙度等条件选定；

a_1/b_1——轴向进给交换齿轮；

$u_{XVII-XVIII}$——进给箱轴 XVII—XVIII 之间的可变传动比，共三种：49/35，30/54，39/45。

（2）加工斜齿圆柱齿轮的调整计算

1）主运动传动链。加工斜齿圆柱齿轮时，机床主运动传动链的调整计算和加工直齿圆柱齿轮时相同。

2）展成运动传动链。加工斜齿圆柱齿轮时，虽然展成运动传动链的传动路线以及两端件计算位移都和加工直齿圆柱齿轮时相同，但这时因运动合成机构用离合器 M_2 连接，其传动比为 $u_{合1}=-1$，代入运动平衡式后得出的换置公式为

$$u_X = \frac{a}{b} \times \frac{c}{d} = -\frac{f}{e} \frac{24k}{z} \qquad (2\text{-}22)$$

式（2-22）中负号说明展成运动链中轴 X 与 IX 的转向相反，而在加工直齿圆柱齿轮时两轴的转向相同（换置公式中符号为正）。因此，在调整展成运动交换齿轮时，必须按机床说明书规定配加惰轮。

3）轴向进给运动传动链。轴向进给传动链及其调整计算和加工直齿圆柱齿轮相同。

4）附加运动传动链。附加运动传动链的两端件是：滚刀刀架（滚刀移动）—工作台（工件附加转动）

计算位移是刀架沿工件轴向移动一个螺旋线导程 L 时，工件应附加转 $\pm 1r$，其运动平衡式为

$$\frac{L}{3\pi}\times\frac{25}{2}\times\frac{2}{25}\times\frac{a_2}{b_2}\times\frac{c_2}{d_2}\times\frac{36}{72}u_{合2}\times\frac{e}{f}\times\frac{a}{b}\times\frac{c}{d}\times\frac{1}{72}=\pm1 \qquad (2\text{-}23)$$

式中　3π——轴向进给丝杠的导程（mm）；

　　$u_{合2}$——运动合成机构在附加运动传动链中的传动比，$u_{合2}=2$；

　$a/b\times c/d$——展成运动链交换齿轮传动比，$a/b\times c/d=-f/e\times(24k)/z$；

　　　L——被加工齿轮螺旋线的导程（mm），$L=\pi m_n z/\sin\beta$；

　　m_n——法向模数（mm）；

　　　β——被加工齿轮的螺旋角，单位为度（°）。

代入上式，得

$$u_y=\frac{a_2}{b_2}\times\frac{c_2}{d_2}=\pm9\frac{\sin\beta}{m_n k} \qquad (2\text{-}24)$$

对于附加运动传动链的运动平衡式和换置公式，进行如下分析：

① 附加运动传动链是形成螺旋线齿线的内联系传动链，其传动比数值的精确度，影响着工件齿轮的齿向精度，所以交换齿轮传动比应配算准确。但是，换置公式中包含有无理数 $\sin\beta$，这就给精确配算交换齿轮 $a_2/b_2\times c_2/d_2$ 带来困难，因为交换齿轮个数有限，且与展成运动传动链共用一套交换齿轮。为保证展成交换齿轮传动比绝对准确，一般先选定展成交换齿轮，剩下的供附加运动交换齿轮选择，所以往往无法配算得非常准确，只能近似配算，但误差不能太大。选配的附加运动交换齿轮传动比与按换置公式计算所要求的传动比之间的误差，对于 8 级精度的斜齿轮，要准确到小数点后第四位数字（即小数点后第五位数字才允许有误差），对于 7 级精度的斜齿轮，要准确到小数点后第五位数字，才能保证不超过精度标准中规定的齿向允差。

② 运动平衡式中，不仅包含了 u_y，而且还包含有 u_x，这是因为附加运动传动链与展成运动传动有一公用段（轴 X 至工作台）的结果。这样的安排方案，可以经过代换使附加运动传动链换置公式中不包含工件齿数 z 这个参数，就是说配算附加运动交换齿轮与工件齿数无关。它的好处在于：一对互相啮合的斜齿轮，由于其模数相同，螺旋角绝对值也相同，当用一把滚刀加工一对斜齿轮时，虽然两轮的齿数不同，但是可以用相同的附加运动交换齿轮，因而只需计算和调整交换齿轮一次。更重要的是，由于附加运动交换齿轮近似配算所产生的螺旋角误差，对两个斜齿轮是相同的，因此仍可获得良好的啮合。

③ 子刀架的传动丝杠采用模数螺纹，其导程为 3π。由于丝杠的导程值中包含 3π 这个因子，可消去运动平衡式中工件齿轮螺旋线导程 L 式中的 π，使得换置公式中不含因子 π，计算简便。

④ 左旋和右旋螺旋齿线是两个不同的运动轨迹，是靠附加运动交换齿轮改变传动方向，即在附加运动交换齿轮中配加惰轮，改变附加运动 B_{22} 的方向而获得的。

5）刀架快速移动的传动路线。利用快速电动机可使刀架做快速升降运动，以便调整刀架位置及在进给前后实现快进和快退。此外，在加工斜齿圆柱齿轮时，起动快速电动机，可经附加运动传动链传动工作台旋转，以便检查工作台附加运动的方向是否正确。

刀架快速移动的传动路线如下：快速电动机—13/26—M_3—2/25—XXI（刀架轴向进给

丝杠）。

刀架快速移动的方向可通过控制快速电动机的旋转方向来变换。在典型滚齿机上，起动快速电动机之前，必须先用操纵手柄 P_3 将轴 XVIII 上的三联滑移齿轮移到空挡位置，以脱开 XVII 和 XVIII 之间的传动联系（图2-52）。为了确保操作安全，机床设有电气互锁装置，保证只有当操纵手柄 P_3 放在"快速移动"的位置上时，才能起动快速电动机。

使用快速电动机时，主电动机开动或不开动都可以。以滚切斜齿圆柱齿轮第一刀后，刀架快速退回为例，如主电动机仍然转动，这时刀架带着以 B_{11} 旋转的滚刀退刀，而工件以（$B_{12}+B_{22}$）的合成运动转动，如主电动机停止，则展成运动停止，当刀架快退时，刀架上的滚刀不转，但是工作台上的工件还是会转动，这是由附加运动传动链传来的 B_{22}。在加工一个斜齿圆柱齿轮的整个过程中，展成运动链和附加运动传动链都不可脱开。例如，在第一刀初切完后，需将刀架快速向上退回，以便进行第二次切削，绝不可分开展成运动传动链和附加运动传动链中的交换齿轮或离合器，否则将会使工件产生乱牙及斜齿被破坏等现象，并可能造成刀具及机床的损坏。

（3）滚刀安装角的调整 滚齿时，为了切出准确的齿形，应使滚刀和工件处于正确的"啮合"位置，即滚刀在切削点处的螺旋线方向应与被加工齿轮齿槽方向一致。为此，需将滚刀轴线与工件顶面安装成一定的角度，称为安装角 δ。

$$\delta = \beta \pm \omega \qquad (2\text{-}25)$$

式中 β——被加工齿轮的螺旋角；

ω——滚刀的螺旋升角。

式（2-25）中，当被加工的斜齿轮与滚刀的螺旋线方向相反时取"+"号，螺旋线方向相同时取"-"号。

滚切斜齿轮时，应尽量采用与工件螺旋方向相同的滚刀，使滚刀安装角较小，有利于提高机床运动的平稳性及加工精度。

当加工直齿圆柱齿轮时，因 $\beta = 0°$，所以滚刀安装角 $\delta = \pm\omega$。这说明在滚齿机上切削直齿圆柱齿轮时，滚刀的轴线也是倾斜的，与水平面成 β 角（对立式滚齿机而言），倾斜方向则决定于滚刀的螺旋线方向。

（4）滚齿的特点及应用 滚齿加工的特点主要体现在以下几个方面：

1）适应性好。由于滚齿是采用展成法加工，因而一把滚刀可以加工与其模数、齿形角相同的不同齿数的齿轮，大大扩展了齿轮加工的范围。

2）生产率高。因为滚齿是连续切削，无空行程损失。可采用多线滚刀来提高粗滚齿的效率。

3）滚齿时，一般都使用滚刀一周多点的刀齿参加切削，工件上所有齿槽都是由这些刀齿切出来的，因而被切齿轮的齿距偏差小。

4）滚齿时，工件转过一个齿，滚刀转过 $1/k$（k 为滚刀线数）转。因此，在工件上加工出一个完整的齿槽，刀具相应地转 $1/k$ 转。如果在滚刀上开有 n 个刀槽，则工件的齿廓是由 $j = n/k$ 个折线组成。由于受滚刀强度限制，对于直径为 $50 \sim 200\text{mm}$ 的滚刀，n 值一般为 $8 \sim 12$。这样，使用形成工件齿廓包络线的刀具齿形（即"折线"）十分有限，比起插齿要少得多。所以，一般用滚齿加工出来的齿廓表面粗糙度大于插齿加工的齿廓表面粗糙度。

5）滚齿加工主要用于加工直齿、斜齿圆柱齿轮和蜗轮，不能加工内齿轮和多联齿轮。

2.6.3 齿形的其他加工方法

（1）插齿 在展成法加工中，插齿加工也是一种应用非常广泛的方法。它一次完成齿槽的粗和半精加工，其加工精度为 7~8 级，表面粗糙度值 Ra 为 0.16μm。插齿主要用于加工直齿圆柱齿轮，尤其适用于加工在滚齿机上不能加工的内齿轮和多联齿轮。

插齿刀实质上是一个端面磨有前角，齿顶及齿侧均磨有后角的齿轮（图 2-53a）。插齿时，插齿刀沿工件轴向做直线往复运动以完成切削主运动，在刀具与工件轮坯做"无间隙啮合运动"的过程中，在轮坯上渐渐切出齿廓。加工过程中，刀具每往复一次，仅切出工件齿槽的一小部分，齿廓曲线是在插齿刀切削刃多次相继切削中，由切削刃各瞬时位置的包络线所形成的（图 2-53b）。

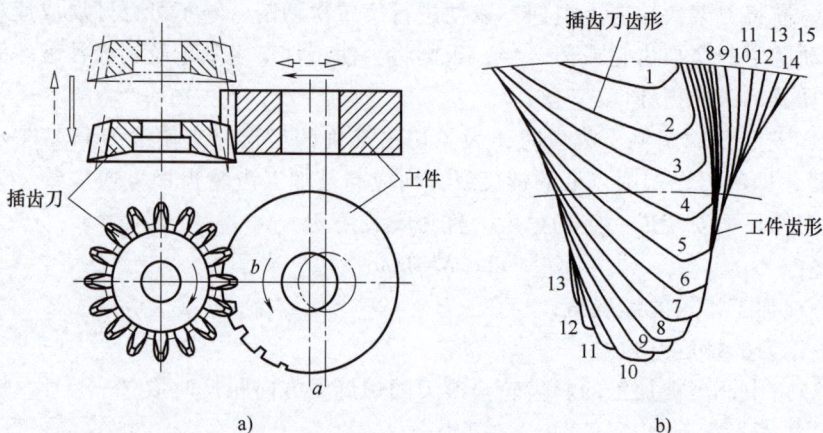

图 2-53 插齿原理

（2）剃齿 剃齿是由剃齿刀带动工件自由转动并模拟一对螺旋齿轮做双面无侧隙啮合的过程。剃齿刀与工件的轴线交错成一定角度。剃齿刀可视为一个高精度的斜齿轮，并在齿面上沿渐开线齿向上开了很多槽形成切削刃，如图 2-54 所示。剃齿常用于未淬火圆柱齿轮的精加工，生产率很高，是软齿面精加工最常见的加工方法之一。

（3）珩齿 珩齿是一种用于加工淬硬齿面的齿轮精加工方法。工作时珩磨轮与工件之间的相对运动关系与剃齿相同（图 2-55b），所不同的是作为切削工具的珩磨轮是用金刚砂磨料加入环氧树脂等材料作结合剂浇铸或热压而成的塑料齿轮，而不像剃齿刀有许多切削刃。在珩磨轮与工件"自由啮合"的过程中，凭借珩磨轮齿面密布的磨粒，以一定压力和相对滑动速度进行切削。

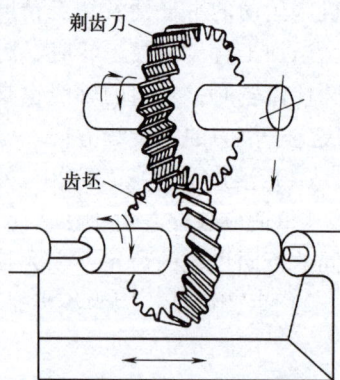

图 2-54 剃齿刀及剃齿工作原理

（4）磨齿 通常磨齿机都采用展成法来磨削齿面（图 2-56）。常见的磨齿机有大平面砂轮磨齿机、碟形砂轮磨齿机、锥面砂轮磨齿机和蜗杆砂轮磨齿机。其中，大平面砂轮磨齿机的加工精度最高，可达 3~4 级，但效率较低；蜗杆砂轮磨齿机的效率最高，加工精度可达 6 级。

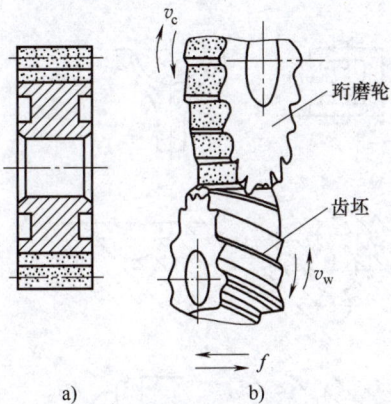

图 2-55 珩磨轮与珩磨原理

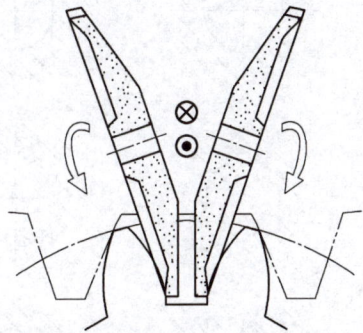

图 2-56 展成法磨齿

磨齿加工的主要特点是：加工精度高，一般条件下加工精度可达 4~6 级，表面粗糙度值 Ra 为 $0.8~0.2\mu m$。由于采取强制啮合方式，不仅修正误差的能力强，而且可以加工表面硬度很高的齿轮。但是，一般磨齿（除蜗杆砂轮磨齿外）加工效率较低、机床结构复杂、调整困难、加工成本高，目前主要用于加工精度要求很高的齿轮。

2.7 其他加工方法与设备

2.7.1 拉削加工与拉床

（1）拉削加工 拉削是用各种不同的拉刀在相应的拉床上切削出各种通孔、平面及成形表面的一种加工方法，其中以内孔拉削（圆柱孔、花键孔、内键槽等）最为广泛。

（2）拉削加工的特点

1）生产率高。虽然拉削速度较低（加工一般材料时 $v_c = 3~7m/min$），但由于同时工作的齿数多、切削刃长，而且粗、半精和精加工在一次行程中完成，因此生产率很高，是铣削的 3~8 倍。

2）加工质量高。拉削加工因为切屑薄，切削运动平稳，因而具有较高的加工公差等级（IT6 或更高）和较小的表面粗糙度（$Ra<0.62\mu m$）。

3）加工范围广。拉削不仅可广泛用于各种截面形状的加工，而且对一些形状复杂的成形表面，拉削几乎是唯一可供选择的加工方法。

4）刀具磨损缓慢，寿命高。

5）机床结构简单，操作方便。

6）拉刀的结构复杂，拉削每一种表面都需要用专门的拉刀，并且制造与刃磨的费用较高，大多适用于大批量生产。

（3）拉床的功用和类型 拉床是用拉刀进行加工的机床。拉床用于加工通孔、平面及成形表面等。图 2-57 所示为适于拉削的一些典型截面形状。拉削时拉刀使被加工表面在一次进给中成形，所以拉刀只有主运动没有进给运动。切削时，拉刀应平稳地低速直线运动。拉刀承受的切削力很大，拉刀的主运动通常是由液压驱动的，拉刀或固定拉刀的滑座通常由

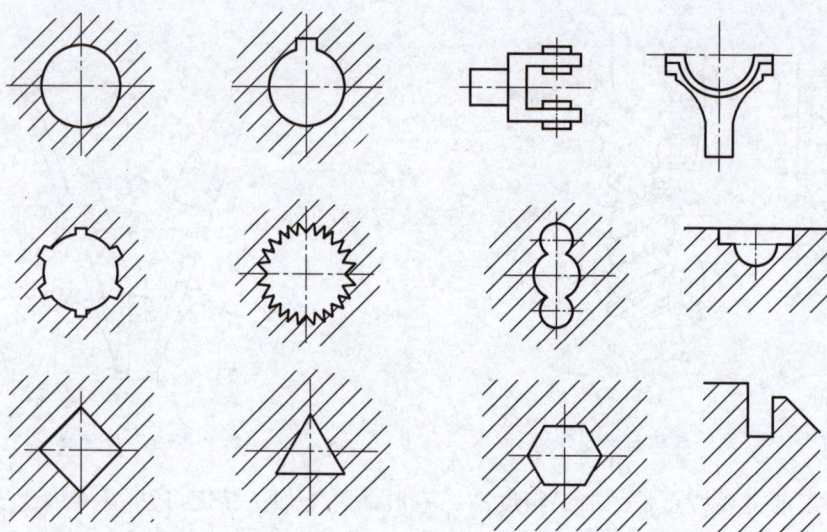

图 2-57　适于拉削的一些典型截面形状

液压缸的活塞杆带动。

拉削加工切屑薄，切削运动平稳，因而有较高的加工精度（IT6 级或更高）和较小的表面粗糙度（$Ra<0.62\mu m$）。拉床工作时，粗精加工可在拉刀通过工件加工表面的一次行程中完成，因此生产率较高，是铣削的 3~8 倍。但拉刀结构复杂，制造困难，拉削每一种表面都需要用专门的拉刀，因此仅适用于大批大量生产。图 2-58 所示是常用的几种拉床的外形图，图 2-58a 所示为卧式内拉床，图 2-58b 所示为立式内拉床，图 2-58c 所示为立式外拉床，图 2-58d 所示为连续式拉床。

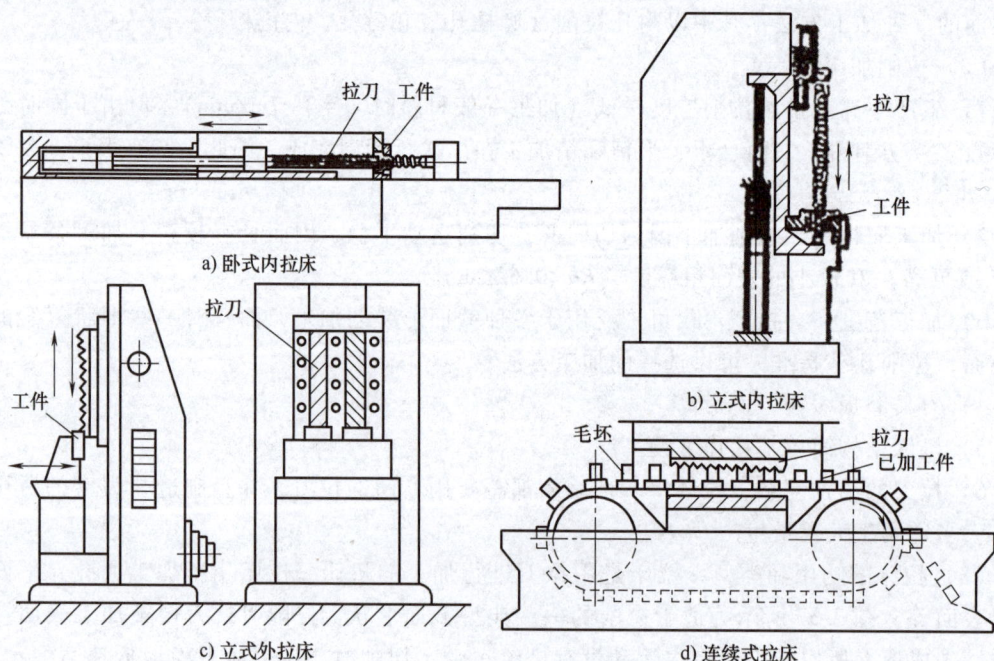

图 2-58　常用的几种拉床的外形图

2.7.2 刨削加工与刨床

（1）刨削加工 刨削是使用刨刀在刨床上加工各种平面（如水平面、垂直面及斜面等）和沟槽（如 T 形槽、燕尾槽、V 形槽等）。

刨削加工只在刀具向工件（或工件向刀具）前进的时候进行，返回的时候不进行切削，并且刨刀抬起——让刀，以免损伤已加工表面和减轻刀具磨损。通常称加工时的直线运动为工作行程，返回时为空行程。

（2）刨床 刨床类机床的主运动是刀具或工件所做的直线往复运动。进给运动由刀具或工件完成，其方向与主运动方向垂直，它是在空行程结束后的短时间内进行的，因而是一种间歇运动。

刨床类机床由于所用刀具结构简单，在单件小批量生产条件下，加工形状复杂的表面比较经济，且生产准备工作省时。此外，用宽刃刨刀以大进给量加工狭长平面时的生产率较高，因而在单件小批量生产中，特别在机修和工具车间是常用的设备。但这类机床由于其主运动反向时需克服较大的惯性力，限制了切削速度和空行程速度的提高，同时还存在空行程所造成的时间损失，因此在多数情况下生产率较低，在大批大量生产中常被铣床和拉床所代替。

刨床类机床主要有牛头刨床、龙门刨床和插床三种类型。

1）牛头刨床。牛头刨床因其滑枕刀架形似"牛头"而得名，牛头刨床的主运动由刀具完成，进给运动由工件或刀具沿垂直于主运动方向的移动来实现。它主要用于加工中小型零件，如图 2-59 所示。

牛头刨床工作台的横向进给运动是间歇进行的。它可由机械或液压传动实现。机械传动一般采用棘轮机构。牛头刨床的主参数是最大刨削长度。例如典型牛头刨床的最大刨削长度为 500mm。

2）龙门刨床。龙门刨床主要用于加工大型或重型零件上的各种平面、沟槽和各种导轨面，也可在工作台上一次装夹多个中小型零件进行多件同时加工，如图 2-60 所示。

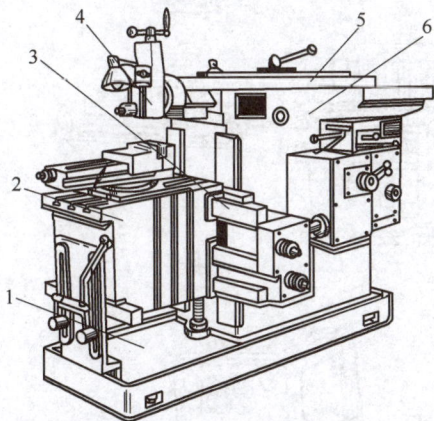

图 2-59 牛头刨床
1—底座 2—工作台 3—滑板
4—刀架 5—滑枕 6—床身

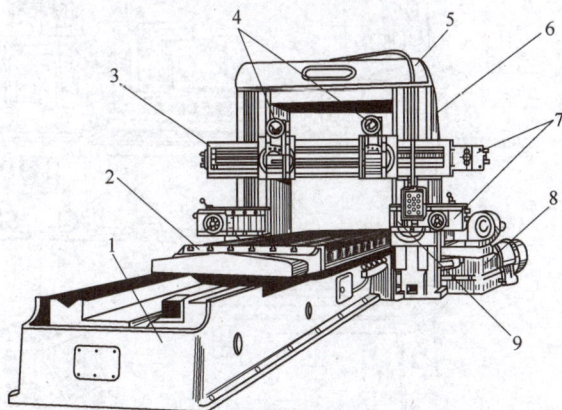

图 2-60 龙门刨床
1—床身 2—工作台 3—横梁 4—垂直刀架
5—顶梁 6—立柱 7—进箱 8—驱动机构 9—侧刀架

3）插床。实质上是立式刨床。其主运动是滑枕带动插刀沿垂直方向所做的直线往复运动。插床主要用于加工工件的内表面，如内孔中键槽及多边形孔等，有时也用于加工成形内外表面。

2.8　组合机床

组合机床是根据特定的加工要求，以系列化、标准化的通用部件为基础，配以少量的专用部件所组成的专用机床。它适宜于在大批量生产中对一种或几种类似零件的一道或几道工序进行加工。

组合机床的工艺范围有：铣平面、车平面、锪平面、钻孔、扩孔、铰孔、镗孔、倒角、切槽、攻螺纹等。

组合机床最适于加工箱体零件，例如汽缸体、汽缸盖、变速箱体、阀门与仪表的壳体等。另外，轴类、盘类、套类及叉架类零件，例如曲轴、汽缸套、连杆、飞轮、法兰盘、拨叉等也能在组合机床上完成部分或全部加工工序。

如图 2-61 所示为单工位三面复合组合机床。被加工工件安置在夹具 8 中，加工时工件固定不动，分别由电动机通过动力箱 5、多轴箱 4 和传动装置驱动刀具做旋转主运动，并由滑台 6 带动做直线进给运动，完成一定形式的运动循环。整台机床的组成部件中，除多轴箱 4 和夹具 8 外，其余均为通用部件。通常一台组合机床的通用部件占机床零、部件总数的 70%~90%。

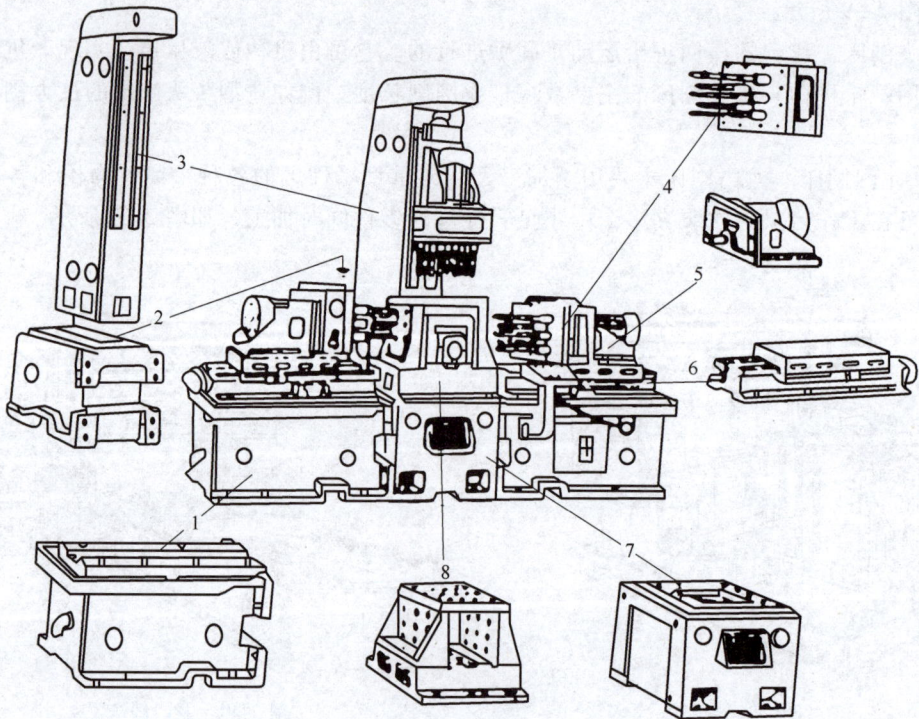

图 2-61　单工位三面复合组合机床
1—床身　2—工作台　3—立柱　4—多轴箱　5—动力箱　6—滑台　7—升降台　8—夹具

组合机床与一般专用机床相比，有以下特点：

1）设计、制造周期短，而且也便于使用和维修。

2）加工效率高。组合机床可采用多刀、多轴、多面、多工位和多件加工，因此，特别适用于汽车、拖拉机、电动机等行业定型产品的大量生产。

3）当加工对象改变后，通用零、部件可重复使用，组成新的组合机床，不致因产品的更新而造成设备的大量浪费。

2.9　数控机床

2.9.1　数控机床的概念与分类

数控机床也称数字程序控制机床，是一种以数字量作为指令信息形式，通过电子计算机或专用电子计算装置控制的机床。在数控机床上加工工件时，预先把加工过程所需要的全部信息（如各种操作、工艺步骤和加工尺寸等）利用数字或代码化的数字量表示出来，编制出控制程序，输入计算机。计算机对输入的信息进行处理与运算，发出各种指令来控制机床的各个执行元件，使机床按照给定的程序，自动加工出所需要的工件。当加工对象改变时，只需更换加工程序。数控机床是实现柔性生产自动化的重要设备。

数控机床的品种、规格繁多。按伺服系统的类型，可分为开环伺服系统、闭环伺服系统和半闭环伺服系统三类。按刀具（或工件）进给运动轨迹，可分为点位控制、直线控制和轮廓控制三类。按可同时控制的坐标轴数，可分为两坐标、两轴半坐标、三坐标及多坐标数控机床。按工艺用途可分为一般数控机床和加工中心两大类。

1）一般数控机床。这类机床的种类、布局、工艺范围和通用机床相似，不同的是，它是由数控系统按预先编制好的程序发出数字信息指令进行工作，而不像传统机床那样一切需要工人操作，如数控车床、数控立式铣床等。

2）加工中心。加工中心是带有刀库和自动换刀装置的机床。在加工中心上可使零件一次装夹定位后，进行各种工艺、多道工序的集中加工，因其减少了装卸工件次数，且可自动更换和调整刀具，减少了多次安装的定位误差等原因，比一般数控机床更能够实现高精度、高效率、高自动化加工。

2.9.2　数控机床的特点

数控机床与一般机床相比大致有以下几方面特点。

（1）数控机床的传动系统特点　数控机床的传动系统机械结构比较简单，传动链短。数控机床的动力源一般是具有一定调速范围的电动机。数控机床的主运动传动系统一般是动力源直接驱动主轴或经过简单的几级变速驱动主轴，进给运动传动系统一般是伺服电动机在数控装置的控制下直接驱动执行件。传统机械结构的传动，在数控机床中大部分被数控装置取代。但是，如果传动系统中有变速操纵机构，则其操纵应被纳入机床数控系统的控制中，如采用电磁离合器操纵滑移齿轮变速。

（2）数控机床的传动精度和定位精度较高　机床的传动系统多采用精度高、摩擦损失比较小的元件，如滚珠丝杠螺母机构、滚动导轨、静压轴承等。传动件（如齿轮）的间隙被适当消除，以保证反向传动精度。采用闭环控制的机床的控制系统可对传动误差进行补偿。因此，数控机床有很高的加工精度和稳定的加工质量。

（3）数控机床的机械部分的结构特点　数控机床是自动化高效设备，粗、精加工在一台机床上进行，因此对数控机床要提高机床的动、静刚度，减少热变形，减少摩擦，减少某些传动部件的惯量等，以适应高精度、高效率、高自动化加工的要求。

（4）加工中心类的数控机床具有自动换刀功能　数控机床在自动化加工过程中必须能自动换刀，这就要求：

1）刀具与主轴或刀架的连接标准化。

2）主轴组件或刀架应具备自动换刀功能，如自动夹紧刀具、自动松开刀具，自动保持刀具结合面干净、主轴或刀架定向准停等。

3）具有自动换刀装置。目前常用的自动换刀装置有两类。一类是车削中心常用的回转式刀架或多主轴的转塔头，在刀架或转塔的圆周方向均布一定数量的刀具，靠刀架或转塔的转位实现换刀；另一类是镗铣加工中心常用的刀库-机械手换刀系统，在机床上配制一个刀库，换刀机械手取下用完的刀具放入刀库，然后或同时取出下一把刀，装入指定位置，所有这些动作及刀具的管理检测等都在数控系统的控制下进行。

（5）生产率高，改善了劳动条件，便于现代化生产管理　数控机床减少了人工操作的工作量，并配有自动换刀系统，有些机床还具有自动转换工作台、自动检测等功能，机床防护好，切屑能够自动排除，因此数控机床缩短了辅助时间，减轻了工人的劳动强度，改善了劳动条件。由于几乎所有的机床工作内容（包括过去由工人完成的工作）都有计算机控制，因此很容易实现现代化的生产管理。

2.9.3　典型立式镗铣加工中心

典型立式镗铣加工中心是一种具有自动换刀装置的计算机数控（CNC）机床，它是在一般数控机床的基础上发展起来的工序更加集中的数控机床。机床上附有刀库和自动换刀机械手，配备有各种类型和不同规格的刀具。把工件一次装夹以后，可自动连续地对工件各加工面完成铣、镗、钻、锪、铰和攻螺纹等多种工序，适用于小型板类、盘类、模具类和箱体类等复杂零件的多品种小批量加工。这种机床适于中、小批量生产。

典型立式镗铣加工中心的外形如图 2-62 所示。机床的布局基本上是由一台立式铣床附加上数控装置和自动换刀装置所组成的。机床是三坐标的：装在床身 1 上的滑座 2 做横向（前后）运动

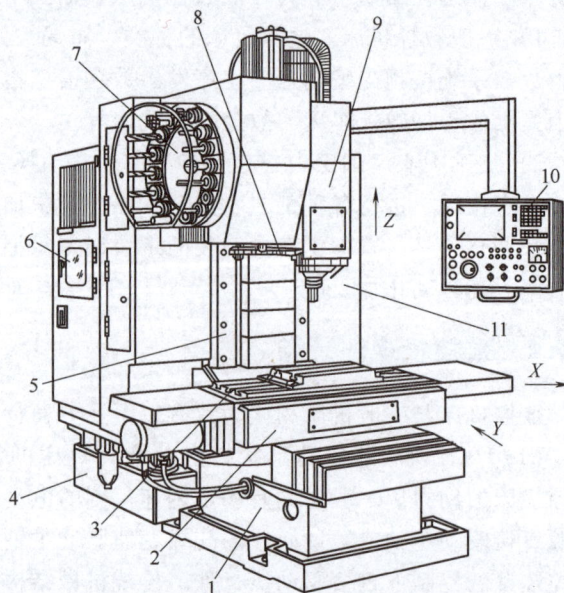

图 2-62　典型立式镗铣加工中心的外形

1—床身　2—滑座　3—工作台　4—后底座
5—立柱　6—数控柜　7—刀库　8—换刀机械手
9—主轴箱　10—操作面板　11—驱动电柜

（Y轴）；工作台 3 在滑座 2 上做纵向（左右）运动（X轴）；在床身 1 上的后部装有固定的框式立柱 5，主轴箱 9 在立柱 5 导轨上做升降运动（Z轴）。在立柱 5 左侧前部装有自动换刀装置（刀库 7 和自动换刀机械手 8）。在立柱 5 左侧后部是数控柜 6，内有小型计算机数控系统，对加工循环的全过程实现计算机控制。在立柱 5 右侧有驱动电柜 11，内有电源变压器和伺服装置等。操作面板 10 悬挂在机床的右前方，操作者通过面板上的按键和各种开关按钮实现对机床的控制；同时机床的各种工作状态信号也可以在操作面板上显示出来。

图 2-63 所示为典型立式铣镗加工中心的传动系统图。该机床传动系统有主运动、三个方向的伺服进给运动和刀库圆盘旋转运动。各种运动均有无级调速的电动机驱动，经过简单的机械传动装置驱动执行件，所以加工中心的传动系统比普通机床简单得多。

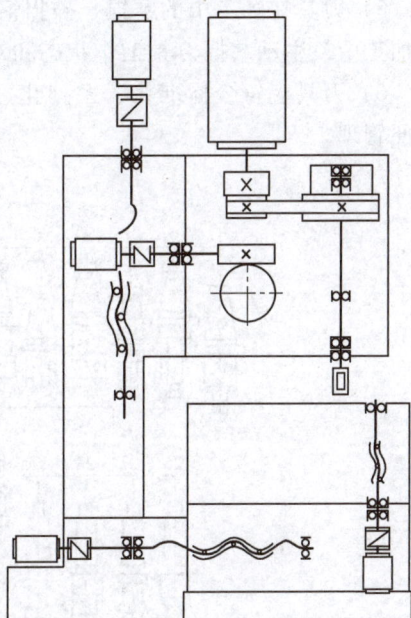

图 2-63　典型立式铣镗加工中心的
传动系统图

2.9.4　自动化加工对刀具的要求

进入 20 世纪 80 年代以来，计算机技术在机械制造业中得到广泛应用，自动化加工技术迅猛发展。数控机床、加工中心、柔性制造单元和柔性制造系统在机械制造业中的应用日益广泛，使工具生产者由过去单一生产刀具，扩展为工具系统、工具识别系统、刀具状态在线监测系统以及刀具管理系统的开发和生产。

自动化加工对刀具有下列要求：

1）刀具应具有很高的可靠性和尺寸耐用性。这是对自动化刀具最基本的要求，特别在无人看管的条件下，对保证加工质量和使自动化生产顺利进行，显得更加重要。

2）刀具应具有高的生产率。现代机床向着高速度、高刚度和大功率方向发展，要求刀具有承受高速切削和大进给量的能力，以提高生产率。

3）刀具在结构上应满足快速更换的要求，同时刀具能够预调，安装定位精度高，刚性好，以保证高精度加工要求。图 2-64 所示是车削加工中心用模块化快换刀具结构。

4）刀具应具有高复合性，特别在品种多、数量少的加工情况下，不致使刀具数量繁多而难以管理。目前国内、外已设计出适合加工中心的车、镗模块化组合工具系统，如图 2-65 所示。

图 2-64　车削加工中心用模块化快换刀具结构

5）刀具在加工中的磨损、破损情况应有在线监测、预报及补偿系统。这样，可在自动化加工中，主动掌握刀具工作状态和对产品质量进行控制，避免废品和突发事故发生。

6）刀具应符合标准化、系列化、通用化的要求，尽可能减少刀具、辅助工具的数量，以便管理。

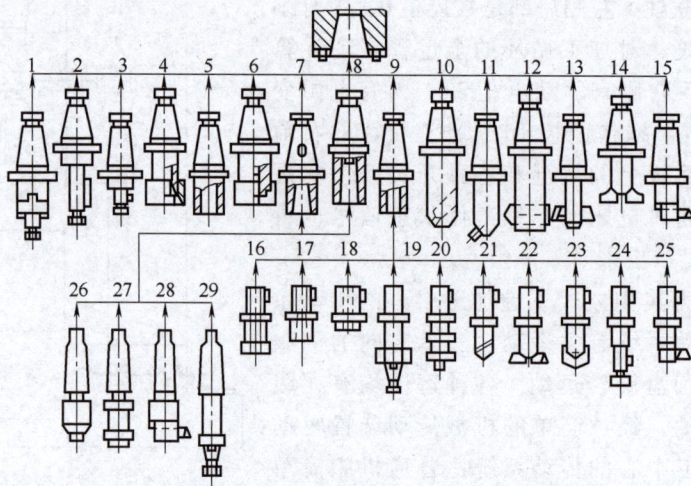

图 2-65　镗铣床工具系统

习题与思考题

2-1　说出下列机床的名称和主要参数（第二参数），并说明它们各具有何种通用或结构特性：CM6132，Z3040×16，XK5040，MGB1432。

2-2　传动系统如题图 2-1 所示，如要求工作台移动 $L_{工}$（单位为 mm）时，主轴转 1r，试导出换置机构 $\left[\dfrac{a}{b}\dfrac{c}{d}\right]$ 的换置公式。

2-3　举例说明何谓外联系传动链？何谓内联系传动链？其本质区别是什么？对这两种传动链有何不同要求？

2-4　分析典型普通车床的传动系统：

1）计算主轴低速转动时能扩大的螺纹倍数，并进行分析。

2）分析车削径节螺纹的传动路线，列出运动平衡式，说明为什么此时能车削出标准的径节螺纹。

3）当主轴转速分别为 40r/min、160r/min 及 400r/min 时，能否实现螺距扩大 4 倍及 16 倍？为什么？

4）为什么用丝杠和光杠分别承担切螺纹和车削进给的传动？如果只用其中一个，既切螺纹又传动进给，将会有什么问题？

5）为什么在主轴箱中有两个换向机构？能否取消其中的一个？溜板箱内的换向机构又

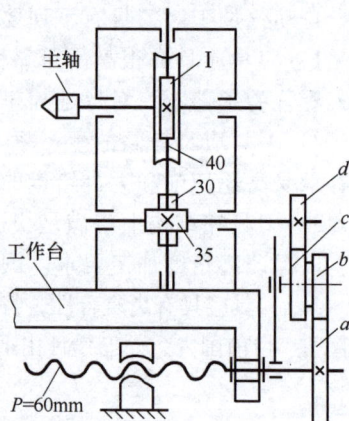

题图 2-1　习题 2-2 图

114

有什么用处？

6）离合器 M_3、M_4 和 M_5 的功用是什么？是否可以取消其中的一个？

2-5 在典型普通车床的主运动，车螺纹运动，纵向、横向进给运动，快速运动等传动链中，哪几条传动链的两端件之间具有严格的传动比？哪几条传动链是内联系传动链？

2-6 在典型普通车床上车削的螺纹导程最大值是多少？最小值是多少？分别列出传动链的运动平衡方程式。

2-7 分析题图 2-2 所示普通车床的传动机构：

1）写出主运动传动路线的表达式。

2）计算主轴的转速级数。

3）计算主轴的最高转速 N_{max} 和最低转速 N_{min}。

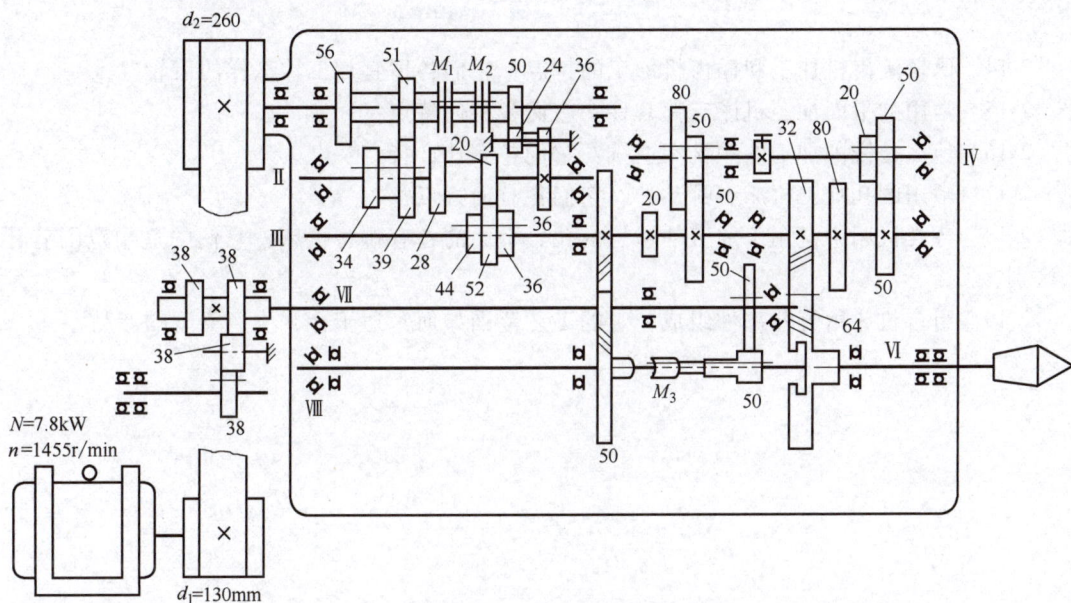

题图 2-2 习题 2-7 图

2-8 写出在典型普通车床上进行下列加工时的运动平衡式，并说明主轴的转速。

1）米制螺纹 $P = 16\text{mm}$，$k = 1$。

2）英制螺纹 $a = 8$ 牙/in。

3）模数螺纹 $m = 2\text{mm}$，$k = 3$。

2-9 试述磨削时砂轮特性要素的选择原则。（答案要点：1）砂轮特性的七个要素。2）着重从磨料的选择、粒度的选择、硬度的选择以及组织等几方面叙述。）

2-10 在典型万能外圆磨床上磨削工件，当磨削了若干工件后，发现砂轮磨钝，经修整后砂轮直径减少了 0.05mm，需调整磨床的横向进给机构，试列出调整运动平衡式。

2-11 典型万能外圆磨床应具备哪些主要运动与辅助运动？具有哪些联锁装置？

2-12 在拟订用滚刀滚切斜齿圆柱齿轮的传动原理图（题图 2-3）时，根据两内联系传动链换置机构放置的不同，分析它们各有何优缺点，并比较哪一个传动原理图较好。

2-13 在滚齿机上加工一对齿数不同的斜齿圆柱齿轮，当其中一个齿轮加工完成后，在加工另一个齿轮前应对机床进行哪些调整工作？

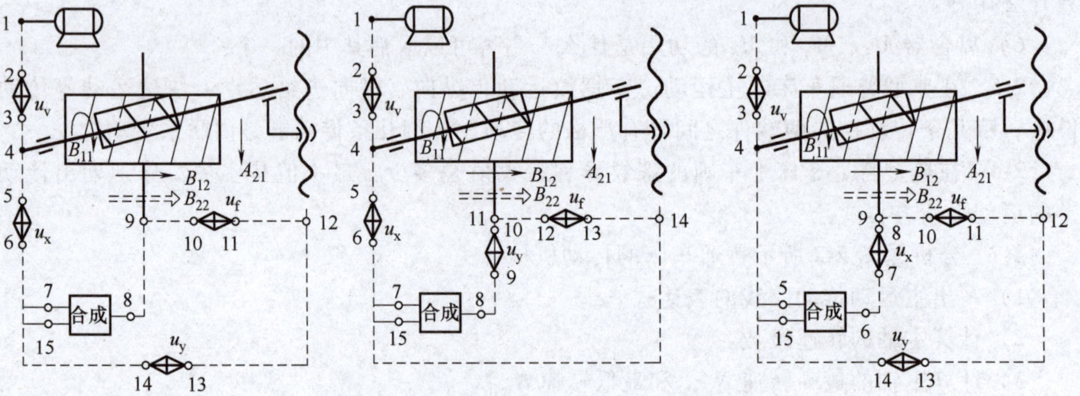

题图 2-3　习题 2-12 图

2-14　比较滚齿机加工和插齿机加工的特点，它们各适宜加工什么样的齿轮？

2-15　常用的平面加工机床有哪几种？它们各有何特点？

2-16　什么是铣削加工的顺铣和逆铣？它们各有什么特点？

2-17　常用的孔加工机床有哪几种？它们各有何特点？

2-18　各类机床中，用于加工外圆、内孔、平面的各有哪些机床？它们的适用范围有什么区别？

2-19　组合机床由哪些部件组成？它的工艺范围如何？适于什么生产类型的产品？

第3章　机械加工工艺规程

3.1　机械加工工艺过程的基本概念

3.1.1　生产过程与工艺过程

（1）生产过程　制造机器时，由原材料到成品之间的所有劳动过程的总和称为生产过程。其中包括原材料的运输与保存、生产的准备工作、毛坯的制造、毛坯经机械加工和热处理成为零件、零件装配成机器、机器的检验与试车运行、机器的涂装和包装等。一台机器的生产过程很复杂，往往由许多工厂联合完成。例如，一辆汽车有上万个零部件，为了便于组织专业化生产，提高劳动生产率和降低成本，这些零部件常常分散在许多工厂生产，然后集中在总装厂装配成汽车。

一个工厂的生产过程，又可分为各个车间的生产过程。一个车间的成品，往往又是另一车间的原材料。例如铸造车间的成品（铸件）就是机械加工车间的"毛坯"；而机械加工车间的成品又是装配车间的原材料。

（2）工艺过程　在机械产品的生产过程中，那些与原材料变为成品直接有关的过程称为工艺过程。如毛坯制造、机械加工、热处理和装配等。

采用机械加工的方法，直接改变毛坯的形状、尺寸和表面质量，使之成为成品的过程称为机械加工工艺过程（以下简称工艺过程）。

3.1.2　机械加工工艺过程的组成

工艺过程是由若干个按一定顺序排列的工序组成的，工序是工艺过程的基本单元。工序又可分为安装、工步、进给和工位。

（1）工序　工序是指一个（或一组）工人，在一个工作地点（或设备上），对一个（或同时几个）工件所连续完成的那一部分工艺过程。

划分工序的主要依据是工作地点是否改变和加工过程是否连续。如图3-1所示阶梯轴，其工艺过程包括五

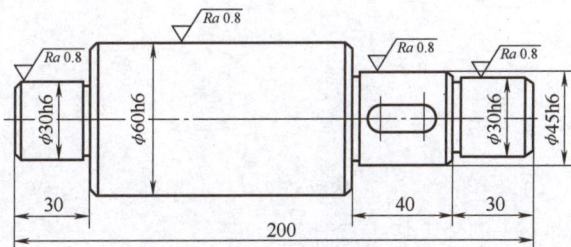

图 3-1　阶梯轴简图

个工序，见表 3-1。

表 3-1　阶梯轴工艺过程

工序号	工序名称	工作地点	工序号	工序名称	工作地点
1	铣端面钻中心孔	铣端面钻中心孔机床	4	去毛刺	钳工台
2	车外圆、切槽、倒角	普通车床	5	磨外圆	外圆磨床
3	铣键槽	立式铣床			

（2）安装　在同一道工序中，工件可能只装夹一次，也可能装夹几次。工件每装夹一次就称为一次安装。应尽可能减少装夹次数，因为多装夹一次就多一次误差，同时增加装夹工件的辅助时间。

（3）工步　在同一道工序内，当加工表面不变，切削工具不变，切削用量中的切削速度和进给量不变的情况下所完成的那一部分工艺过程称为工步。例如，图 3-1 所示阶梯轴的工序 2，可分为车 $\phi60$ 外圆、车 $\phi30$ 外圆、车端面、切槽、倒角等工步。但是，对于在一次安装中连续进行的若干相同的工步，通常算作一个工步。如图 3-2 所示的零件，如用一把钻头连续钻削四个 $\phi15$ 的孔，认为是一个工步——钻 $4\times\phi15$ 孔。还有一种情况，用几把不同刀具或复合刀具同时加工一个零件的几个表面的工步，也看作一个工步，这种工步称为复合工步。如图 3-3 所示的情况，就是一个复合工步。

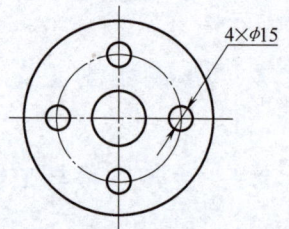

图 3-2　加工四个相同表面的工步

（4）进给　在一个工步内，若需切去的金属层较厚，则需分几次切削，每切一次称为一次进给。

（5）工位　为了减少安装次数，常常采用各种回转工作台（或回转夹具），使工件在一次安装中先后处于几个不同位置进行加工。工件在机床上占据的每一个位置称为一个工位。如图 3-4 所示，在回转工作台上依次完成装卸工件、钻孔、扩孔和铰孔四个工位的加工。

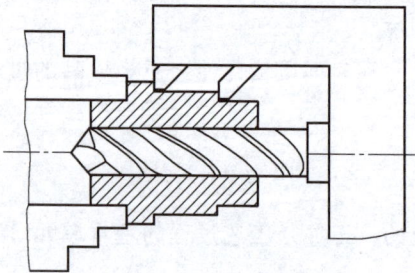

图 3-3　复合工步

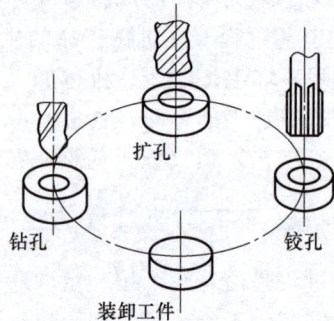

图 3-4　多工位加工

3.1.3　生产类型及其工艺特点

（1）生产纲领　某种产品（或零件）的年产量称为该产品（或零件）的生产纲领。零件的生产纲领可按下式计算：

$$N = Qn(1 + \alpha\% + \beta\%) \tag{3-1}$$

式中　　N——零件的生产纲领（件）；

　　　　Q——产品的年产量（台）；

　　　　n——每台产品中该零件的数量（件/台）；

　　$\alpha\%$——备品率；

　　$\beta\%$——废品率。

（2）生产类型　在机械制造业中，根据生产纲领的大小和产品的特点，可以分为三种不同的生产类型：单件生产、大量生产、成批生产。

1）单件生产。生产中单个地生产不同结构和尺寸的产品，很少重复或不重复，这种生产称为单件生产。如新产品试制、重型机械的制造等均是单件生产。

2）大量生产。同一产品的生产数量很大，大多数工作地点重复地进行某一个零件的某一道工序的加工称为大量生产。如汽车、拖拉机、轴承等的制造通常是以大量生产方式进行的。

3）成批生产。一年中分批地制造相同的产品，工作地点的加工对象周期性重复，称为成批生产。如普通车床、纺织机械等的制造通常是以成批生产方式进行的。

成批生产中，同一产品（或零件）每批投入生产的数量称为批量。根据产品批量的大小，成批生产又分为小批生产、中批生产、大批生产。小批生产的工艺特点接近单件生产，常将两者合称为单件小批生产。大批生产的工艺特点接近大量生产，常合称为大批大量生产。生产类型的划分，可根据生产纲领和产品及零件的特征或按工作地点每月担负的工序数，参照表3-2确定。

表3-2　生产类型划分

生产类型	工作地点每月担负的工序数	产品年产量/台		
		重型（零件质量高于2000kg）	中型（零件质量100~2000kg）	轻型（零件质量低于100kg）
单件生产	不做规定	<5	<20	<100
小批生产	>20~40	5~100	20~200	100~500
中批生产	>10~20	100~300	200~500	500~5000
大批生产	>1~10	300~1000	500~5000	5000~50000
大量生产	1	>1000	>5000	>50000

各种生产类型的工艺特点见表3-3。从表中可看出，在制定零件的机械加工工艺过程时，应首先确定生产类型，根据不同生产类型的工艺特点，制定出合理的工艺规程。

表3-3　各种生产类型的工艺特点

特点	单件生产	成批生产	大量生产
工件的互换性	一般是配对制造，缺乏互换性，广泛用钳工修配	大部分有互换性，少数用钳工修配	全部有互换性，有些精度较高的配合件用分组选择装配法
毛坯的制造方法及加工余量	铸件用木模造型；锻件用自由锻。毛坯精度低，加工余量大	部分铸件用金属模；部分锻件用模锻。毛坯精度中等，加工余量中等	铸件广泛采用金属模机器造型；锻件广泛采用模锻以及其他高生产率的毛坯制造方法。毛坯精度高，加工余量小

（续）

特点	单件生产	成批生产	大量生产
机床设备	通用机床。按机床种类及大小采用"机群式"排列	部分通用机床和部分高生产率专用机床。按加工零件类别分工段排列	广泛采用高产率的专用机床及自动机床。按流水线形式排列
夹具	多用通用夹具,极少采用专用夹具,靠划线及试切法达到精度要求	广泛采用专用夹具,部分靠划线法达到精度要求	广泛采用高生产率专用夹具及调整法达到加工精度
刀具与量具	采用通用刀具和万能量具	较多采用专用刀具及专用量具	广泛采用高生产率刀具和量具
对工人的要求	需要技术熟练的工人	需要一定熟练程度的工人	对操作工人的技术要求较低,对调整工人的技术要求较高
工艺规程	有简单的工艺路线卡	有工艺规程,对关键零件有详细的工艺规程	有详细的工艺规程
生产率	低	中	高
成本	高	中	低
发展趋势	箱体类复杂零件采用加工中心	采用成组技术,数控机床或柔性制造系统等进行加工	在计算机控制的自动制造系统中加工,并可能实现在线故障诊断,自动报警和加工误差自动补偿

3.2 工件的安装与基准

3.2.1 工件的安装

为了在工件上加工出符合规定技术要求的表面,加工前必须使工件在机床上或夹具中占据某一正确位置,这叫作定位。工件定位后,由于在加工中要受到切削力或其他力的作用,因此必须将工件夹紧以保持位置不变。工件从定位到夹紧的过程统称为安装。

工件安装的好坏将直接影响零件的加工精度,而安装的快慢则影响生产率的高低。因此工件的安装,对保证质量、提高生产率和降低加工成本有着重要的意义。

由于工件大小、加工精度和批量的不同,工件的安装有下列三种方式:

1) 直接找正安装。直接找正安装是用划针或百分表等直接在机床上找正工件的位置。如图 3-5a 所示为在磨床上磨削一个与外圆表面有同轴度要求的内孔,加工前将工件装在单动卡盘上,用百分表直接找正外圆,使工件获得正确的位置。又如图 3-5b 所示为在牛头刨

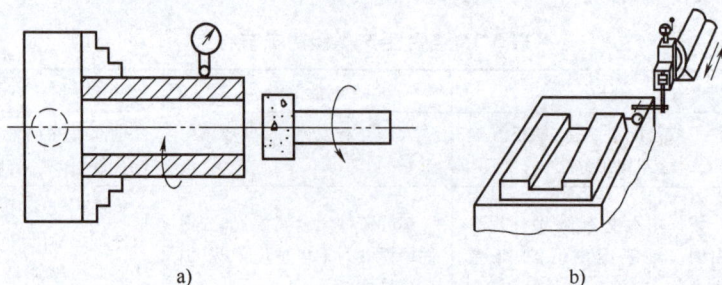

a) b)

图 3-5 直接找正安装

床上加工一个与工件底面、右侧面有平行度要求的槽，用百分表找正工件的右侧面，可使工件获得正确的位置，而槽与底面的平行度则由机床的几何精度来保证。

直接找正安装的精度和工作效率取决于要求的找正精度、所采用的找正方法、所使用的找正工具和工人的技术水平。此法的缺点是费时较多，因此一般只适用于工件批量小，采用专用夹具不经济或工件定位精度要求特别高，采用专用夹具也不能保证，只能用精密量具直接找正定位的场合。

2）划线找正安装。对形状复杂的工件，因毛坯精度不易保证，若用直接找正安装会顾此失彼，很难使工件上各个加工面都有足够和比较均匀的加工余量。若先在毛坯上划线，然后按照所划的线来找正安装，则能较好地解决这些矛盾。此法要增加划线工序，定位精度也不高。因此多用于批量小、零件形状复杂、毛坯制造精度较低的场合，以及大型铸件和锻件等不宜使用专用夹具的粗加工。

3）用专用夹具安装。这种情况是工件在夹具中定位并夹紧，不需要找正。此法的安装精度较高，而且装卸方便，可以节省大量辅助时间。但制造专用夹具成本高，周期长，因此适用于成批和大量生产。

3.2.2　基准及其分类

在零件的设计和制造过程中，要确定零件上点、线或面的位置，必须以一些指定的点、线或面作为依据，这些作为依据的点、线或面，称为基准。按照作用的不同，常把基准分为设计基准和工艺基准两类。

（1）设计基准　即设计时在零件图样上所使用的基准。如图3-6所示，齿轮内孔、外圆和分度圆的设计基准是齿轮的轴线，两端面可以认为是互为基准。又如图3-7所示，表面2、3和孔4轴线的设计基准是表面1；孔5轴线的设计基准是孔4的轴线。

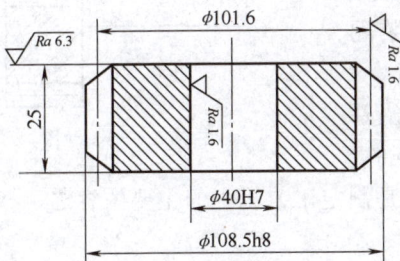

图 3-6　齿轮

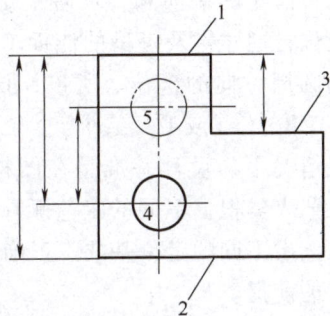

图 3-7　基准示意图

（2）工艺基准　即在制造零件和装配机器的过程中所使用的基准。工艺基准又分为工序基准、定位基准、测量基准和装配基准，它们分别用于工序图中工序尺寸的标注、工件加工时的定位、工件的测量检验和零件的装配。

1）工序基准。在工序图上，用以标定被加工表面位置的面、线、点称为工序基准（所标注的加工面的位置尺寸是工序尺寸），即工序尺寸的设计基准。如图3-8所示铣平面C，则M平面是C面的工序基准，尺寸$C \pm \Delta C$是工序尺寸。

2）定位基准。加工时确定零件在机床或夹具中位置所依据的那些点、线、面称为定位基准，即确定被加工表面位置的基准。例如车削图 3-6 所示齿轮轮坯的外圆和下端面时，若用已经加工过的内孔将工件安装在心轴上，则孔的轴线就是外圆和下端面的定位基准。

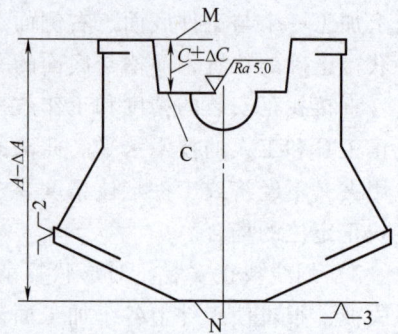

图 3-8　工序基准

必须指出的是，工件上作为定位基准的点或线，总是由具体表面来体现的，这个表面称为定位基准面。例如图 3-6 所示齿轮孔的轴线，并不具体存在，而是由内孔表面来体现的，确切地说，内孔是加工外圆和左端面的定位基准面。

3）测量基准。测被加工表面尺寸、位置所依据的基准称为测量基准，如图 3-9 所示。

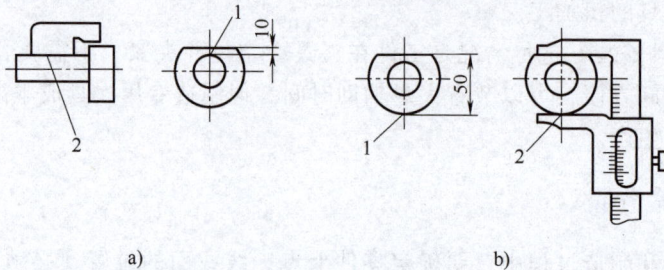

a)　　　　　　　　　　　b)

图 3-9　测量基准

1—工序基准　2—测量基准

4）装配基准。装配时用以确定零件、组件和部件相对于其他零件、组件和部件的位置所采用的基准。如图 3-10 所示，齿轮的内孔和传动轴的外圆 A 完成了二者的径向定位；齿轮的端面和传动轴的台阶面 B 完成了二者的轴向定位；通过键及键槽的侧面 C、D，实现了传动轴和齿轮的圆周方向的定位。所以，传动轴与齿轮的装配基准有 A、B、C（或 D）三个。

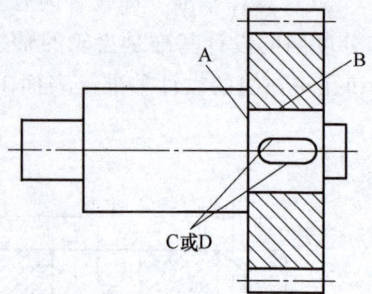

图 3-10　齿轮的装配

一般情况下，设计基准是在图样上给定的，定位基准则是工艺人员根据不同的工艺顺序与装夹方法确定的，因而可以选出不同的定位基准。正确地选择定位基准是制定工艺规程的主要内容之一，亦是夹具设计的前提。

3.3　机床夹具

3.3.1　机床夹具的基本概念

1. 机床夹具的分类

机床夹具种类繁多，可按不同的方式进行分类，常用的分类方法有以下几种。

（1）按夹具的使用特点分类

1）通用夹具。可在一定范围内用于加工不同工件的夹具。如车床使用的自定心卡盘、单动卡盘，铣床使用的机用虎钳、万能分度头等。这类夹具已经标准化，作为机床附件由专业厂家生产。其通用性强，不需调整或稍加调整就可以用于不同工件的加工；生产率低，夹紧工件操作复杂。这类夹具主要用于单件小批量生产。

2）专用夹具。指专为某一工件的某一道工序设计和制造的夹具。其特点是结构紧凑、操作迅速、方便；可以保证较高加工精度和生产率；设计和制造周期长，制造费用高；在产品变更后，无法利用而导致报废。因此这类夹具主要用于产品固定的大批大量生产中；对于形状和结构复杂工件（如薄壁件），为保证加工质量有时也采用专用夹具。

3）成组可调夹具（成组夹具）。指在成组工艺的基础上，针对某一组零件的某一工序而专门设计的夹具。在多品种小批量生产中，通用夹具的生产率低，加工精度不高，采用专用夹具不经济。这时，可采用成组可调整的"专用夹具"。其特点是在专用夹具的基础上少量调整或更换部分元件，即可用于装夹一组结构和工艺特征相似的工件，如滑柱式钻模和带可调换钳口的平口钳等夹具。这类夹具主要用于成组加工中，适合于多品种、中小批量生产。

4）组合夹具。由预先制造好的通用标准零部件经组装而成的专用夹具，是一种标准化、系列化、通用化程度高的工艺装备。其特点是组装迅速、周期短；通用性强，元件和组件可反复使用；产品变更时，夹具可拆卸、清洗、重复使用；一次性投资大，夹具标准元件存放费用高；与专用夹具比，其刚性差，外形尺寸大。这类夹具主要用于新产品试制以及多品种、中小批量生产中。

5）自动化生产用夹具。主要有随行夹具（自动线夹具）。在自动线上，随被装夹的工件一起从一个工位移到另一个工位的夹具，称为随行夹具。它是一种移动式夹具，担负装夹工件和输送工件两方面的任务。

（2）按使用机床分类　分为车床夹具、铣床夹具、钻床夹具、镗床夹具、拉床夹具、磨床夹具和齿轮加工机床夹具等。

（3）按夹紧的动力源分类　分为手动夹具、气动夹具、液压夹具、气液夹具、电磁夹具和真空夹具等。

2. 机床夹具在机械加工中的作用

机床夹具是机械加工中必不可少的工艺装备。机床夹具的主要作用有：

1）稳定保证加工质量。采用夹具后，工件各加工表面间的相互位置精度是由夹具保证的，而不是依靠工人的技术水平与熟练程度，所以产品质量容易保证。

2）提高劳动生产率。使用夹具使工件装夹迅速、方便，从而大大缩短了辅助时间，提高了生产率。特别是对于加工时间短、辅助时间长的中、小零件，效果更为显著。

3）减轻工人的劳动强度，保证安全生产。有些工件，特别是比较大的工件，调整和夹紧很费力气，而且注意力要高度集中，很容易疲劳；如果使用夹具，采用气动或液压等自动化夹紧装置，既可减轻工人的劳动强度，又能保证安全生产。

4）扩大机床的使用范围。实现一机多用，一机多能。如在铣床上安装一个回转台或分度装置，可以加工有等分要求的零件；在车床上安装镗模，可以加工箱体零件上的同轴孔系。

3. 夹具的组成

机床夹具虽然可以分成各种不同的类型，但它们都由下列共同的基本部分组成。

（1）定位装置　用于确定工件在夹具中的正确位置，它由各种定位元件构成。如图 3-11 所示钻床夹具中的圆柱销 5、菱形销 9 和支承板 4 都是定位元件，它们使工件在夹具中占据正确位置。

（2）夹紧装置　用于保持工件在夹具中的正确位置，保证工件在加工过程中受到外力（如切削力、重力、惯性力）作用时，已经占据的正确位置不被破坏。如图 3-11 所示钻床夹具中的开口垫圈 6 是夹紧元件，与螺杆 8、螺母 7 一起组成夹紧装置。

（3）对刀、导向元件　用于确定刀具相对于夹具的正确位置和引导刀具进行加工。其中，对刀元件是在夹具中起对刀作用的零部件，如铣床夹具上的对刀块、塞尺等。导向元件是在夹具中起对刀和引导刀具作用的零部件。如图 3-11 所示的钻模夹具中的钻套 1 是导向元件。

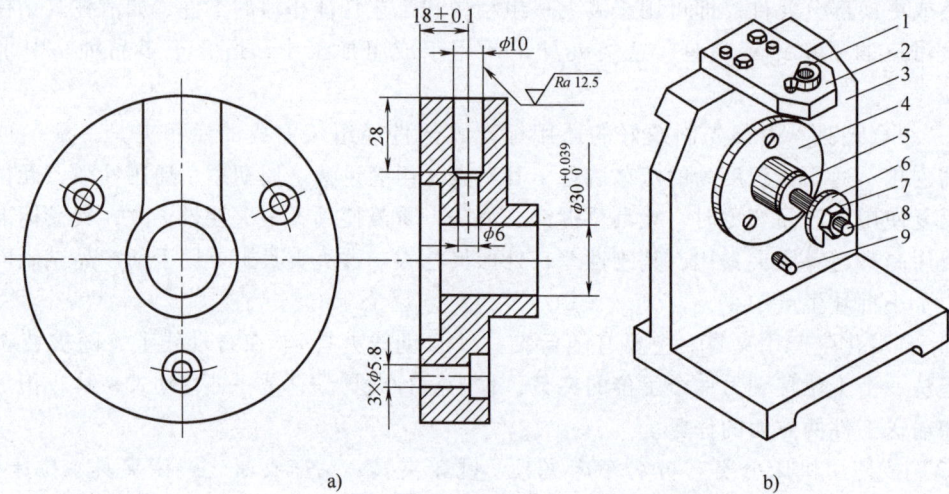

图 3-11　简易钻模夹具示例

1—钻套　2—钻模板　3—夹具体　4—支承板　5—圆柱销　6—开口垫圈　7—螺母　8—螺杆　9—菱形销

（4）夹具体　它是机床夹具的基础件，用于连接夹具上各个元件或装置，使之成为一个整体，并与机床有关部位相连接，如图 3-11 所示钻床夹具的夹具体 3 将夹具的所有元件连接成一个整体。

（5）连接元件　确定夹具在机床上正确位置的元件。如定位键、定位销及紧固螺栓等。

（6）其他元件和装置　根据夹具上特殊需要而设置的装置和元件，如：

1）分度装置。加工按一定规律分布的多个表面。

2）上下料装置。为方便输送工件，如输送垫铁等。

3）吊装元件。对于大型夹具，应设置吊装元件，如吊环螺钉等。

4）工件的顶出装置（或让刀装置）。加工箱体类零件多层壁上的孔。

3.3.2　工件定位的基本原理

工件在夹具中定位的目的是使同一工序的一批工件都能在夹具中占据正确的位置。工件位置正确与否，需用加工要求来衡量，一批工件逐个在夹具上定位时，各个工件在夹具中占据的位置不可能绝对一致，但各个工件的位置变动量必须控制在加工要求所允许的范围内。

工件的定位应解决两方面的问题：一是工件位置的"定与不定"问题，使工件在宏观上得到定位；二是工件位置的"准与不准"问题，即定位精度问题。

1. 六点定位原理

六点定位原理讨论工件在加工之前其位置"定与不定"问题。一个尚未定位的工件是一个自由物体，其空间位置是不确定的。一个自由物体的空间位置的不确定性，称为自由度，在空间直角坐标系中描述工件的位置不确定性，如图 3-12 所示，一个自由工件具有六个自由度：工件沿 X、Y、Z 轴方向的位置不确定性称为沿 X、Y、Z 轴的位移自由度，用 $\vec{X}$、$\vec{Y}$、$\vec{Z}$ 表示；绕 X、Y、Z 轴的角位置不确定性称为绕 X、Y、Z 轴的旋转自由度，

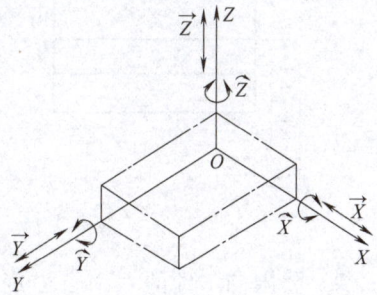

图 3-12　未定位工件的六个自由度

用 $\hat{X}$、$\hat{Y}$、$\hat{Z}$ 表示。而一个自由工件在空间的不同位置，就是这六个自由度不同状态的综合结果。

显然，要使工件在空间占据完全确定的位置，就必须限制工件的六个自由度。如果按图 3-13 所示设置六个支承点，工件的三个面分别与这些点接触，工件的六个自由度便都被限制了。这些用来限制工件自由度的固定点，称为定位支承点。通常把工件的某个表面限制的自由度数抽象为相应的定位支承点数。

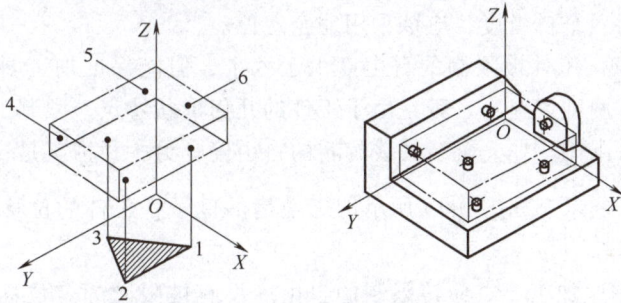

图 3-13　长方形工件的六点定位

但是，并非所有的情况下，工件的六个自由度都要限制。工件定位时，影响加工要求的自由度必须加以限制，不影响加工要求的自由度，有时可以不限制，视具体情况而定，如考虑定位的稳定性、夹具结构简单、夹紧方便、安全等因素。

如铣图 3-14 所示工件上的通槽，为保证槽底面与 A 面的平行度和尺寸 $60_{-0.2}^{0}$ mm 两项加工要求，必须限制 $\vec{Z}$、$\hat{Y}$、$\hat{Z}$ 三个自由度；为保证槽侧面与 B 面的平行度和尺寸 30 ± 0.1 mm 两项加工要求，必须限制 $\vec{X}$、$\hat{Z}$ 两个自由度；至于 $\vec{Y}$，从加工要求的角度看，可以不限制。因此，在此情况下，限制工件的五个自由度就可以保证工序的加工要求。

总之，工件在夹具中的定位，就是工件在未夹紧之前，为了达到工序规定的加工要求，适当地限制某些对加工要求产生影响的自由度，使同一批工件在夹具中占有一个确定的正确加工位置。由上述分析可以得出如下结论：

1）任何工件作为一个自由物体，都具有六个自由度。在直角坐标系中，它们分别表示为 $\vec{X}$、$\vec{Y}$、$\vec{Z}$ 和 $\hat{X}$、$\hat{Y}$、$\hat{Z}$。

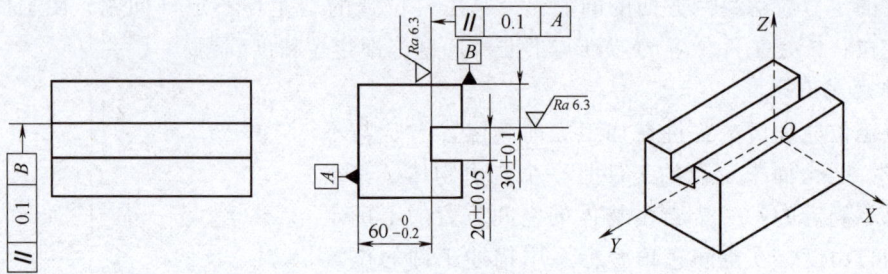

图 3-14　按照加工要求确定必须限制的自由度

2）要限制工件的六个自由度，就必须在夹具中设置相当于六个无重复作用的定位元件，与工件的定位基准相接触或配合。

3）工件定位时，需要限制的自由度的数目，是由工件在该工序的加工要求所确定的。独立定位支承点总数，不应少于工件加工时必须限制的自由度数目。

这个结论就是工件定位时必须遵循的定位原理，通常被称为工件的六点定位原理。

2. 六点定位原理的应用

在实际生产中，应用六点定位原理分析工件在夹具中的定位问题时，常有以下几种情况：

（1）完全定位　工件的六个自由度都被限制的定位称为完全定位。如长方体工件铣不通槽需要限制工件的六个自由度，应该采用完全定位。

（2）不完全定位　工件被限制的自由度少于六个，但能保证加工要求的定位称为不完全定位。这种定位有两种情况：一种是由于工件的几何形状特点，限制工件的某些自由度没有意义，有时也无法限制，如光轴绕轴线旋转的自由度；另一种情况是，工件的某些自由度不限制并不影响加工要求。如图 3-14 所示加工通槽的例子，工件的位移自由度 $\vec{Y}$ 不影响通槽的加工要求。

（3）欠定位　按照加工要求应该限制的自由度没有被限制的定位称为欠定位或定位不足。在确定工件在夹具中的定位方案时，欠定位是不允许出现的。

（4）过定位　工件的一个或几个自由度被不同的定位支承点重复限制的定位称为过定位。在设计夹具时，是否允许过定位，应根据工件的不同定位情况进行分析。如图 3-15a 所示为插齿时常用的夹具。工件 3（齿坯）以内孔在心轴 1 上定位，限制工件的 $\vec{X}$、$\vec{Y}$、$\hat{X}$、$\hat{Y}$ 四个自由度，又以端面在支承凸台 2 上定位，限制工件的 $\vec{Z}$、$\hat{X}$、$\hat{Y}$ 三个自由度，$\hat{X}$、$\hat{Y}$ 被重复限制，属于过定位。由于齿坯孔与端面的垂直度误差是不可避免的，工件的定位将如图 3-15b 所示，这时齿坯端面与凸台只有一点接触，夹紧后，造成工件和定位元件（心轴 1）的弯曲变形。如果齿坯孔与端面的垂直度很高，可认为是可用过定位的。

避免过定位的措施是改变定位装置的结构，如将长圆柱销改为短圆柱销，或将大支承板改为小支承板或浮动支承，如图 3-15c 所示用球面垫圈，去掉重复限制的 $\hat{X}$、$\hat{Y}$ 两个支承点。

1）过定位的不良效果。从上述工件定位实例可知，若工件定位时出现过定位现象，可能产生以下不良后果：①定位不稳定，增加了同批工件在夹具中位置的不一致性；②增加工件和夹具定位元件的夹紧变形；③导致部分工件不能顺利与定位元件配合，造成干涉。

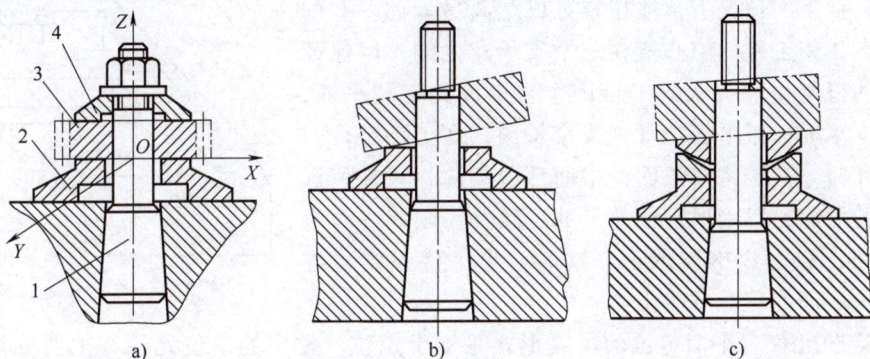

图 3-15　齿轮齿形加工常用定位方式及其夹具

1—心轴　2—支承凸台　3—工件　4—压板

2）消除或减少过定位不良效果的措施。在实际应用中，应当根据具体情况，采取如下措施，消除或减少过定位带来的不良后果：①提高工件定位基准之间及定位元件工作表面之间的位置精度，减小过定位对加工精度的影响，使不可用过定位变为可用过定位；②改变定位方案，避免过定位，消除重复限制自由度的支承或将其中某个支承改为辅助支承（或浮动支承），改变定位元件的结构，如圆柱销改为菱形销、长销改为短销等；③有些情况下，过定位是允许的，也是必要的，有时甚至是不可避免的。对于刚性差的薄壁件、细长杆件或用已加工过的大平面作为工件定位基准时，为减小切削力造成工件和夹具定位元件的变形，确保加工中定位稳定，常常采用过定位。例如，在车床上车削细长轴时，往往采用前后顶尖和中心架（或跟刀架）定位。

3.3.3　定位方式与定位元件

通常，设计夹具时总是将定位元件设计成为单独的分离元件，通过装配与整个夹具构成一个整体，以保证其特殊的精度要求和制造工艺要求。

设计定位元件时，应满足以下基本要求：具有较高的制造精度，以保证工件定位准确；耐磨性好，以延长定位元件的更换周期，提高夹具的使用寿命；应有足够的强度和刚度，以保证在夹紧力、切削力等外力作用下，不产生较大的变形而影响加工精度；工艺性好，定位元件的结构应力求简单、合理，便于加工、装配和更换。

虽然被加工工件的种类繁多，形状各异，但从它们的基本结构来看，不外乎是由平面、圆柱面、圆锥面及各种成形面所组成。工件可根据各自结构特点和工序加工精度要求，选取相应的平面、圆面、曲面或者组合表面作为定位基准。定位元件的工作表面的结构形状，必须与工件的定位基准面形状特点相适应，常用定位元件的结构和尺寸已经制定了行业标准，一般工厂也有工厂标准，对其规格、尺寸和技术要求等都做了具体规定。

1. 工件以平面定位及其定位元件

平面定位是工件定位中应用最普遍的定位形式。

（1）定位方式　平面作为定位基准，通常根据其限制自由度的数目，分为主要支承面、导向支承面和止推支承面，如图 3-16 所示。限制工件三个自由度的定位平面，称为主要支承面。常用于精度比较高的工件定位表面。当平面的精度很高时，可以直接将定位元件设计成为平面；更多的情况下，往往布置成距离尽量远一些的三个支承点，使工件的中心落在三个支承点之间，以保证工件定位的稳定可靠。限制工件两个自由度的定位平面，称为导向支承面，该平面常常做成窄长面；在工件定位表面精度不高时，甚至将窄长面的中间部分切除，只保留远端位置上的短面，以确保定位效果的一致性。限制一个自由度的平面，称为止推支承面。这时，为了确保定位准确，往往使平面面积尽可能小。

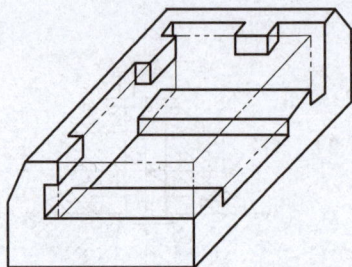

图 3-16　支承板定位简图

（2）定位元件　平面定位的主要形式是支承定位。常用的定位元件有主要支承和辅助支承。

1）主要支承。用来限制工件的自由度，起定位作用的支承。

① 固定支承：固定支承有支承钉和支承板两种形式。它们在使用过程中，固定不动。如图 3-17 所示为标准支承钉和支承板。图 3-17a 所示为平头支承钉，用于精基准；图 3-17b 所示为球头支承钉，用于粗基准，可减小与工件的接触面积，提高定位稳定性；图 3-17c 所示为齿纹头支承钉，用于侧面定位，花纹增大摩擦系数，由于清除切屑困难，很少用于底平面定位；图 3-17d 所示为平板式支承板，用于精基准，多用于侧面和顶面定位，用于底面定位时，孔边切屑不易清理；图 3-17e 所示为斜槽式支承板，用于精基准，适用于底面定位。

上述每一支承钉相当于一个定位支承点，可限制工件的一个自由度，大平面的定位只需布置三个支承钉。精基准的定位可布置四个平头支承钉，但仍相当于三个定位支承点。每一个支承板相当于两个定位支承点，可限制工件的两个自由度，组合两个支承板相当于三个定位支承点，能确定一个平面的位置。

在实际应用中，还可以根据需要设计非标准结构支承钉和支承板，如台阶式支承板、圆形支承板、三角形支承板等。

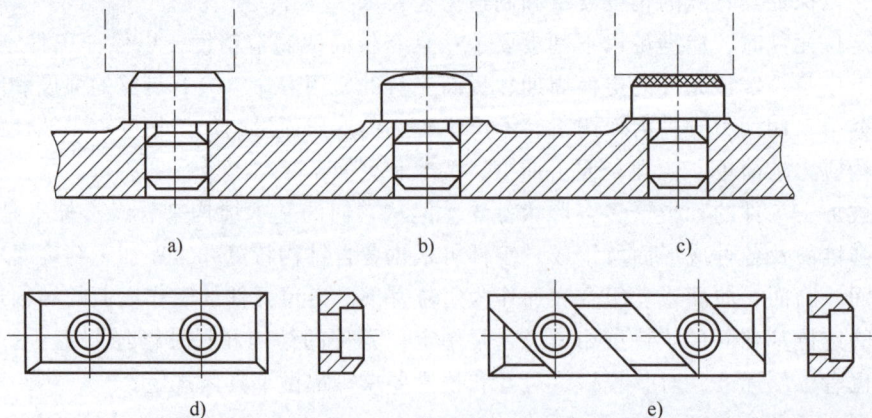

图 3-17　标准支承钉和支承板

② 可调支承：在工件定位过程中，高度可调整的支承钉。可调支承的工作位置，一经调节合适后需要锁紧，防止支承点的位置发生变化，作用相当于固定支承。如图 3-18 所示为可调支承的结构：图 3-18a 所示为调节支承，直接用手或拨杆转动球头螺钉 1 进行调节，适

用于轻型工件；图 3-18b 所示为六角头支承，用扳手调节螺钉 1，适用于较重的工件；图 3-18c 所示为带有压脚 1 的可调支承，可避免损坏定位面；图 3-18d 所示为顶压支承，用于侧面定位。

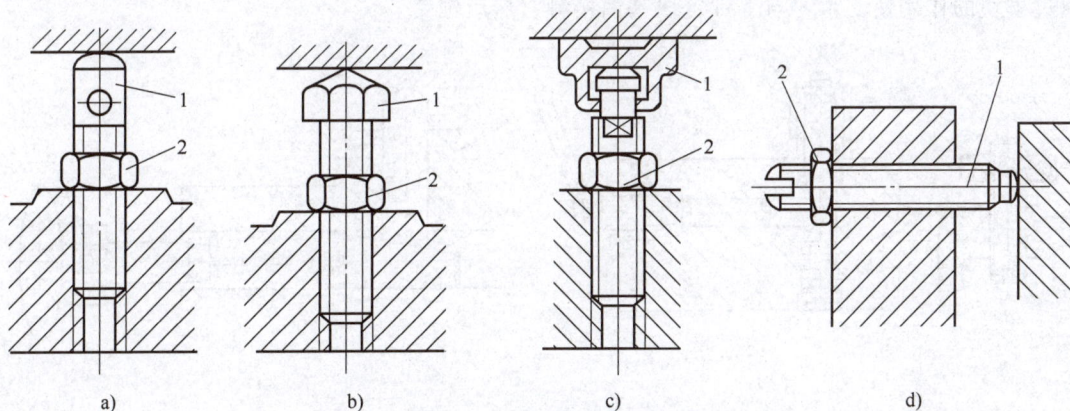

图 3-18　可调支承的结构

1—螺钉　2—锁紧螺母

可调支承常用于粗基准定位，适用于毛坯分批制造，其形状和尺寸变化较大的粗基准定位。可调支承用于可调整夹具中，实现加工形状相同而尺寸不同的工件。

③ 浮动支承（或自位支承）：工件在定位过程中，能自动调整位置的支承。常见的浮动支承结构如图 3-19 所示，图 3-19a 所示是球面多点式浮动支承，绕球面活动，与工件为多点接触；图 3-19b、c 所示是两点式浮动支承，绕销轴活动，与工件为两点接触。

这类支承的工作特点是支承点是活动的或浮动的，支承点的位置随工件定位基面的不同而自动调节，定位基面压下其中一点，其余点便上升，直至与工件定位基面接触；与工件为两点、三点（或多点）接触，作用相当于一个定位支承点，只限制工件的一个自由度；接触点数的增加，提高了工件的装夹刚度和定位稳定性。这类支承主要用于工件以毛坯面定位、定位基面不连续或为台阶面及工件刚性不足的场合。

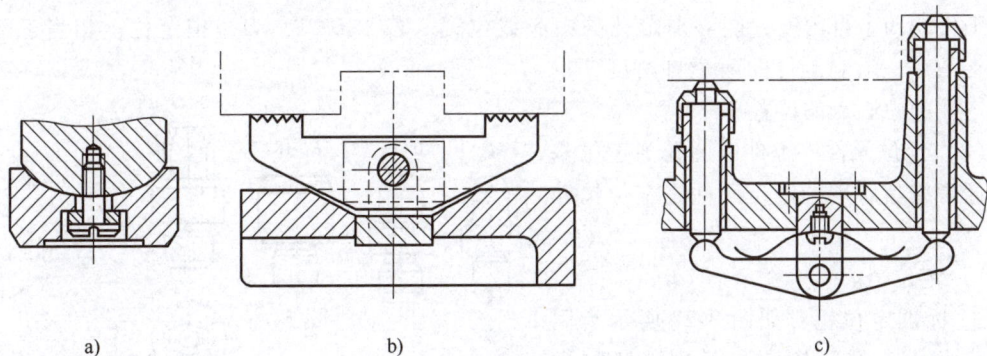

图 3-19　常见的浮动支承结构

2）辅助支承。用来提高工件的装夹刚度和定位稳定性，不起定位作用的支承。常见的辅助支承结构如图 3-20 所示，图 3-20a 所示是螺旋式辅助支承，工件定位时，支承 1 高度低于主要支承，工件定位后，必须逐个调整，以适应工件定位表面位置的变化，其结构简单，但效率低；图3-20b所示是自位式自动调节支承，支承1的高度高于主要支承，当工件放在主要支承上后，支承1被工件定位基面压下，并与工件定位基面保持接触，然后锁紧。图3-20c所示是推引式辅助支承，支承5的高度低于主要支承，当工件放在主要支承上后，推动手柄通过楔块的作用使支承5与工件定位基面接触，然后锁紧。

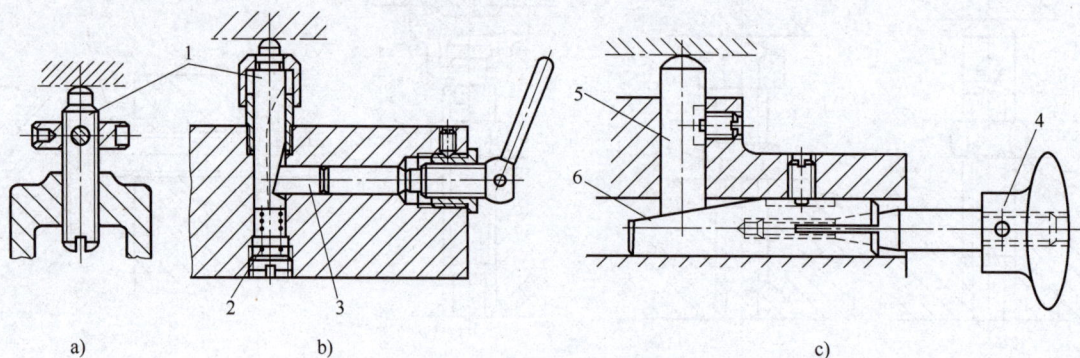

图3-20 常见的辅助支承结构

1、5—支承 2—弹簧 3—顶柱 4—手轮 6—楔块

辅助支承的特点是工件定位或定位夹紧后参与作用，不起定位作用，有调整和锁紧机构。如图3-20a所示拧动螺母进行调整，螺杆本身有自锁性能；如图3-20b所示靠弹簧2自动调整，通过支承1与顶柱3上7°～10°斜面自锁；如图3-20c所示推动手轮4调整，支承5与楔块6和半圆键锁紧。

2. 工件以圆柱孔定位及其定位元件

以工件的圆柱孔作为定位基面，定位可靠，使用方便，在实际生产中获得广泛使用。

（1）定位方法 齿轮、气缸套、杠杆类工件，常以孔的中心线作为定位基准。常用的定位方法有：在圆柱体上定位；在圆锥体上定位；在定心夹紧机构中定位等。

工件以圆孔为定位基面与定位元件多是圆柱面与圆柱面配合，具体定位限制的工件自由度数，不仅与两者之间的配合性质有关，同时根据定位基准孔与定位元件的配合长度L及直径D的比值L/D大小分为两种情形：当L/D≥1时，为长销定位，相当于四个定位支承点，限制工件的四个自由度，能够确定孔的中心线位置。若L/D<1，为短销定位，相当于两个定位支承点，限制工件的两个自由度，只能确定孔的中心点的位置。

（2）定位元件 工件以圆孔为定位基面，通常夹具所用的定位元件是定位销和心轴等。

1）定位销。

① 标准定位销：如图3-21所示为固定式定位销，有圆柱销和菱形销两种类型。对于直径为3～10mm的小定位销，根部倒圆，可以提高其强度；销的头部带有

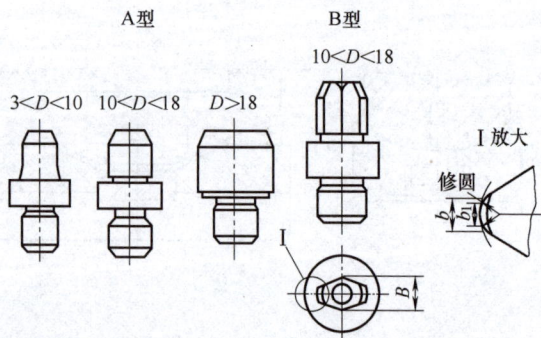

图3-21 固定式定位销

2～6mm的15°的倒角，方便工件的装卸。大批量生产中，工件装卸频繁，定位销容易磨损而丧失定位精度，可采用可换式定位销与衬套配合使用，如图3-22所示。

标准结构定位销属于短定位销，圆柱销消除工件的两个位移自由度；菱形销消除工件的一个位移自由度。

② 非标准定位销：设计夹具时，可根据需要设计非标准定位销。长圆柱销消除工件的四个自由度，长菱形销消除工件的两个自由度。

③ 圆锥销：如图 3-23 所示，工件圆孔与锥销定位，圆孔与锥销的接触线是一个圆，限制工件 $\vec{X}$、$\vec{Y}$、$\vec{Z}$ 三个位移自由度，图 3-23a 所示用于粗基准，图 3-23b 所示用于精基准。根据需要可以设计菱形锥销，消除工件两个位移自由度。

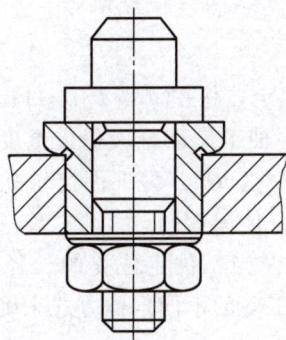

图 3-22 可换式定位销

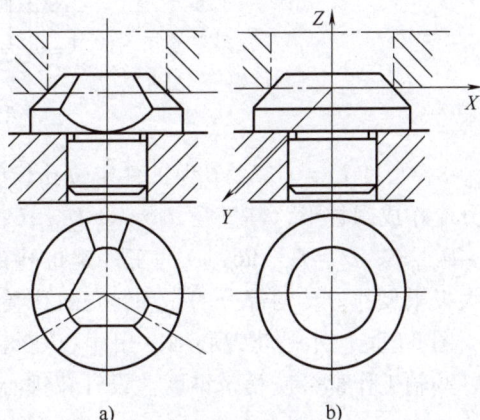

图 3-23 圆锥销定位

工件以圆孔与锥销定位能实现无间隙配合，但是单个圆锥销定位时容易倾斜，因此，圆锥销一般不单独使用，如图 3-24 所示。图 3-24a 所示为圆锥与圆柱组合心轴定位；图 3-24b 所示为用活动锥销与平面组合定位；图 3-24c 所示为双圆锥销组合定位。

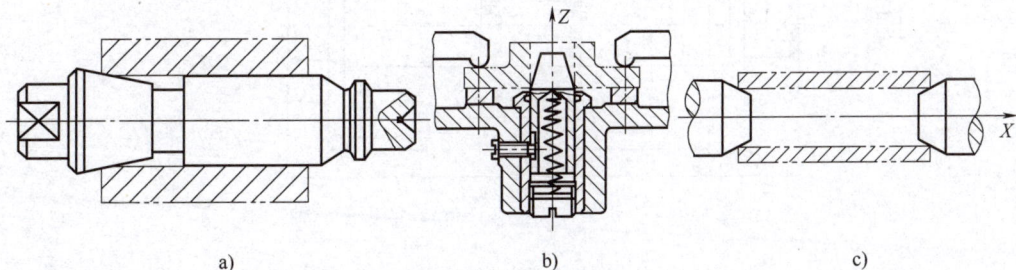

图 3-24 圆锥销组合定位

2）定位心轴（或刚性心轴）。常用的定位心轴分为圆柱心轴和锥度心轴。

① 圆柱心轴：常见结构形式如图 3-25 所示。图 3-25a 所示是间隙配合心轴，其工作部分一般按 h6、g6 或 f7 制造，与工件孔的配合属于间隙配合。其特点是装卸工件方便，但定心精度不高。工件常以孔与端面组合定位，因此要求工件孔与定位端面、定位元件的圆柱面与端面之间都有较高的位置精度。切削力矩传递靠端部螺纹夹紧产生的夹紧力传递。

图 3-25b 所示是过盈配合心轴，由导向部分 1、工作部分 2 和传动部分 3 组成。其特点是结构简单，定心准确，不需要另设夹紧机构；但装卸工件不方便，易损坏工件定位孔。因此多用于定心精度高的精加工。导向部分的作用是使工件方便地装入心轴，其直径 $d_3 =$

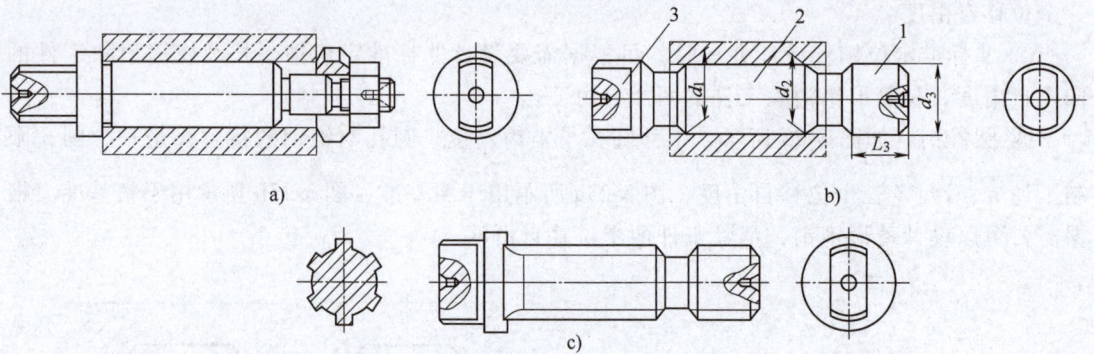

图 3-25　圆柱心轴

$D_{\min}e8$，长度 $L_3 = 0.5L$，L 为工件定位孔长度，工作部分起定位作用。当 $L/D \leqslant 1$，心轴工作部分应作成圆柱形，其直径 $d_1 = d_2 = D_{\max}r6$；当 $L/D > 1$，心轴工作部分应稍带锥度，其直径 $D_1 = D_{\max}r6$；$D_2 = D_{\max}h6$，D 为工件定位孔的公称尺寸，$D_{\min}$、$D_{\max}$ 为工件定位孔的最小和最大极限尺寸。传动部分的作用是与机床传动装置相连接，传递运动。

图 3-25c 所示是花键心轴，用于以花键孔定位的工件。当工件定位孔的长径比 $L/D > 1$ 时，心轴工作部分应稍带锥度。设计花键心轴时，应根据工件的不同定位方式来确定心轴的结构。

②锥度心轴：如图 3-26 所示，工件在锥度心轴上定位，并靠工件定位圆孔与心轴柱面的弹性变形夹紧工件，心轴锥度 K 见表 3-4。

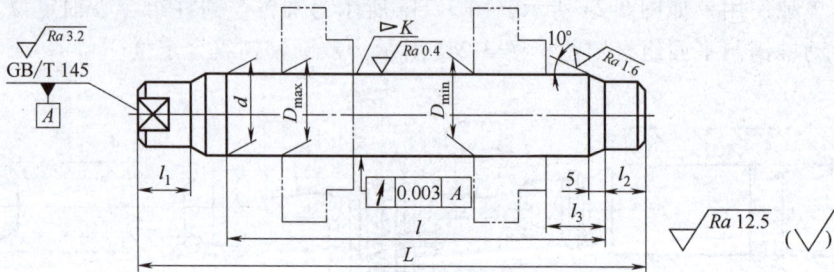

图 3-26　适合工件孔径 8~50mm 的锥度心轴

表 3-4　心轴锥度 K

工件定位孔直径 D/mm	8~25	25~70	50~70	70~80	80~100	>100
锥度 K	0.01/2.5D	0.01/2D	0.01/1.5D	0.01/1.25D	0.01/D	0.01/100

这种定位方式的定心精度较高，可达到 $\phi 0.005 \sim \phi 0.01$mm，但工件的轴向位移误差较大，适用于工件定位孔精度不低于 IT7 的精车和磨削加工，不能用于加工端面。

锥度心轴的结构尺寸确定。为保证心轴的刚度，心轴的长径比 $L/d > 8$ 时，应将工件按定位孔的公差范围分成 2~3 组，每组设计一根心轴。

此外，心轴定位还有弹性心轴、液塑心轴、定心心轴等，它们在完成工件定位的同时完成工件的夹紧，使用方便，但结构较复杂。

3. 工件以外圆柱面定位及其定位元件

（1）定位方式　以工件的外圆柱面定位有两种基本形式，即定心定位和支承定位。

1）定心定位。外圆柱面是定位基面，外圆柱面的中心线是定位基准。采用各种形式的定心夹紧卡盘、弹簧夹头、以及其他形式的定位夹紧机构，实现定位和夹紧同时完成，定位套筒也常用于外圆柱面的定位。

2）支承定位。外圆柱面的支承定位应用很广。常以支承钉或者支承板作为定位元件，定位基准为与支承接触的圆柱面的一条母线，其消除的自由度数目取决于母线的相对接触长度。半圆孔定位也是典型的一种支承定位。

（2）定位元件　在夹具设计中，常用于外圆表面定位的定位元件有定位套、支承板和V形块等。各种定位套对工件外圆表面实现定心定位，支承板实现对外圆表面的支承定位，V形块则实现对外圆表面的定心对中定位。

1）V形块。V形块如图 3-27 所示，两斜面夹角有 60°、90°、120°，其中 90°V 形块使用最广泛。工件外圆以 V 形块定位是最常见的定位方式之一。标准 V 形块结构有固定 V 形块、调整 V 形块和活动 V 形块三种形式。固定 V 形块可用于粗、精基准，如轴类工件铣键槽。长 V 形块相当于四个定位支承点，限制工件的两个位移自由度和两个旋转自由度；短 V 形块相当于两个定位支承点，限制工件的两个位移自由度。

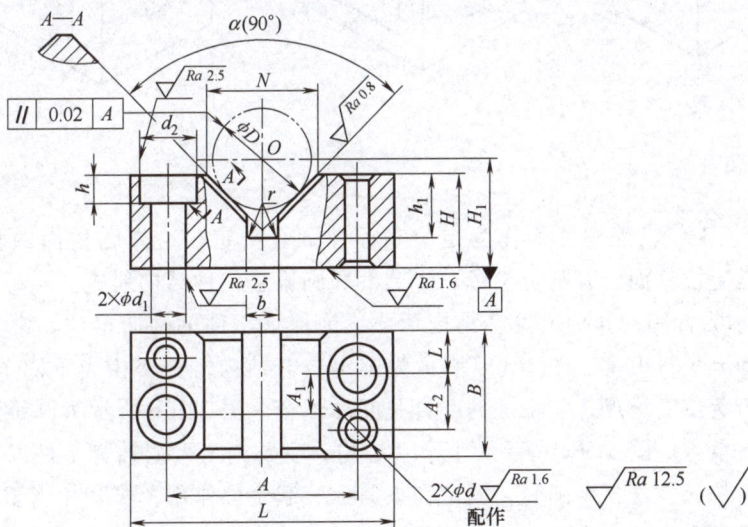

图 3-27　V 形块

如图 3-28a 所示，活动 V 形块在定位机构中消除工件一个位移自由度；如图 3-28b 所示，用于定位夹紧机构中，消除工件一个位移自由度，还兼夹紧工件的作用。

使用 V 形块定位的优点是对中性好，能使工件的定位基准处在 V 形块两斜面的对称面内，可用于粗、精基准，可用于完整或局部圆柱面，活动 V 形块还可以兼作夹紧元件。

根据需要 V 形块可以设计成非标准结构，如图 3-29 所示。图 3-29a 所示用于精基准；图 3-29b 所示用于粗基准，接触面长度为 2~5mm；图 3-29c 所示是镶装支承钉或支承板的结构。它们都属于长 V 形块，限制工件的四个自由度。

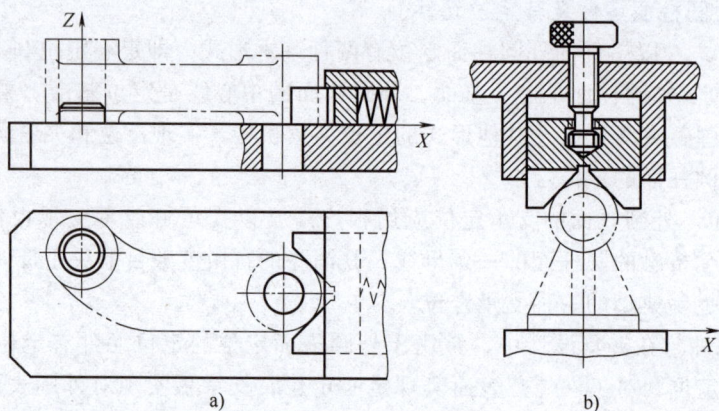

图 3-28 活动 V 形块的应用

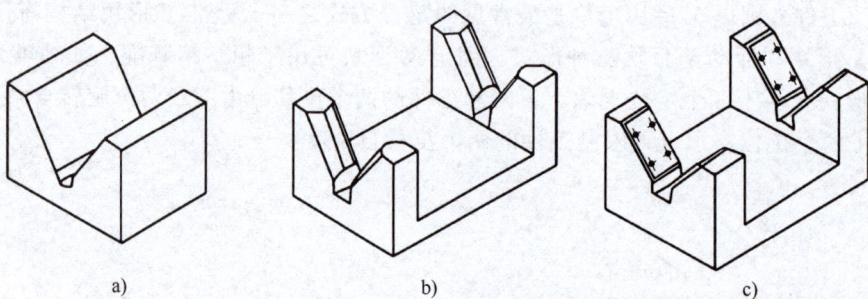

图 3-29 非标准 V 形块的结构

2）定位套。工件以外圆柱面作为定位基面在圆孔中定位，外圆柱面的轴线是定位基准，外圆柱面是定位基面。有圆定位套、半圆套和圆锥套三种结构形式。

图 3-30 所示为常用的几种定位套结构形式，为保证工件的轴向定位，常与端面组合定位，限制工件的五个自由度。图 3-30a 所示为圆定位套结构，长套相当于四个定位支承点；短套相当于两个定位支承点，与工件的配合是间隙配合。图 3-30b 所示为圆锥套的结构，相当于三个定位支承点。图 3-30c 所示为半圆套结构，主要用于大型轴类工件以及不便于轴向装夹的工件，定位元件是下半圆套，固定在夹具上，起定位作用，长套相当于四个定位支承点；短套相当于两个定位支承点，与工件的配合是间隙配合，上半圆套是活动的，起夹紧作用。定位套结构简单、制造容易，但定心精度不高，主要用于精基准。

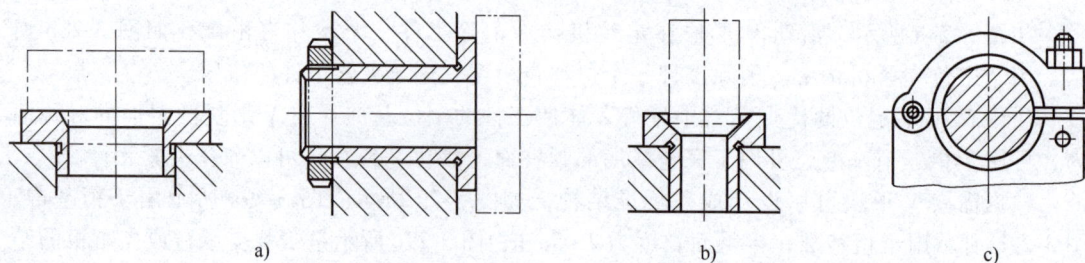

图 3-30 常用的定位套结构形式

3）支承板。工件以外圆柱表面侧母线作定位基准时，定位元件常采用支承板或平头支承钉，属于支承定位。接触长度较短时，限制工件一个自由度；接触长度较长时，限制工件两个自由度。

4. 组合表面定位

通常工件多是以两个或者多个表面组合起来作为定位基准使用，称为组合表面定位。如三个相互垂直的平面组合、一个孔与其垂直端面组合、一个平面与两个垂直于平面的孔组合、两个垂直面与一个孔组合等。

以多个表面作为定位基准进行组合定位时，夹具中也有相应的定位元件组合来实现工件的定位。由于工件定位基准之间、夹具定位元件之间都存在一定的位置误差，所以，必须注意定位元件的结构、尺寸和布置方式，处理好"过定位"问题。

（1）一个孔和一个端面组合 一个孔与端面组合定位时，孔与销或心轴定位采用间隙配合，此时应注意避免过定位，以免造成工件和定位元件的弯曲变形，如图3-31所示。

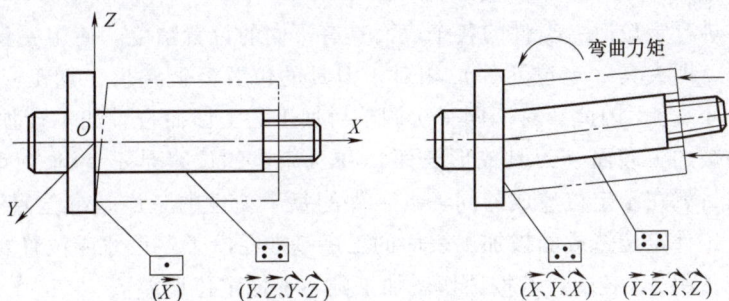

图 3-31 孔与端面的组合定位

1）端面为第一定位基准，限制工件的 $\overrightarrow{X}$、$\widehat{Y}$、$\widehat{Z}$ 三个自由度，孔中心线为第二定位基准，限制工件的 $\overrightarrow{Y}$、$\overrightarrow{Z}$ 两个自由度。定位元件是平面支承（大支承板或三个支承钉）和短圆柱销，实现五点定位，如图3-32所示。

2）孔中心线为第一定位基准，限制工件的 $\overrightarrow{Y}$、$\overrightarrow{Z}$、$\widehat{Y}$、$\widehat{Z}$ 四个自由度，平面为第二定位基准，限制工件的 $\overrightarrow{X}$ 一个自由度；用的定位元件为小平面支承（小支承板或浮动支承，如球面多点浮动）和长圆柱销或心轴，实现五点定位，如图3-33所示。

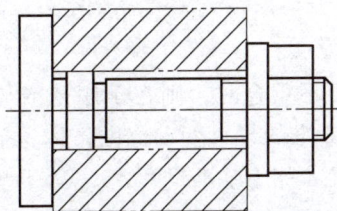

图 3-32 端面为第一定位基准

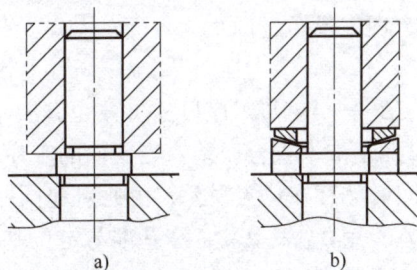

a)   b)

图 3-33 孔中心线为第一定位基准

（2）一个平面和两个与平面垂直的孔组合 在加工箱体、支架、连杆和机体类工件时，常以平面和垂直于此平面的两个孔为定位基准组合起来定位，称为一面两孔定位。此时，工件上的孔可以是专为工艺的定位需要而加工的工艺孔，也可以是工件上原有的孔。一面两孔定位，通常要求平面为第一定位基准，限制工件的 $\vec{Z}$、$\hat{X}$、$\hat{Y}$ 三个自由度，定位元件是支承板或支承钉；孔 1 的中心线为第二定位基准，限制工件的 $\vec{X}$、$\vec{Y}$ 两个自由度，定位元件是短圆柱销；孔 2 的中心线为第三定位基准，限制工件的 $\hat{Z}$ 一个自由度，定位元件是短菱形销，实现六点定位，如图 3-34 所示。

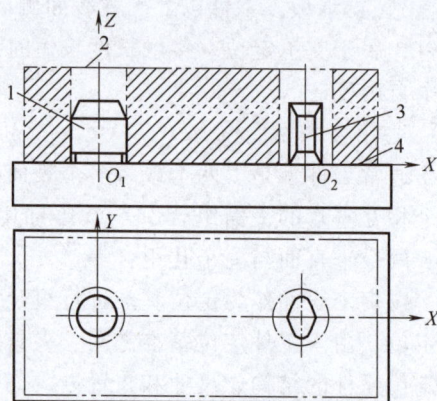

图 3-34　一面两孔定位
1—短圆柱销　2—工作　3—短菱形销　4—平面

3.3.4　定位误差的分析与计算

对于一批工件来说，由于每个工件彼此在尺寸、形状和相互位置上均有差异，使得同一批工件在同一个夹具中进行定位时，工件的各个表面具有不同的位置精度。使用夹具装夹工件按调整法进行加工时，即夹具（定位元件）相对于刀具的位置经调整后，加工一批工件时不再变动（对刀尺寸不变）。因此，对于同一次调整后加工的工件而言，如不计加工过程中的其他误差，工件的被加工表面（刀具成形表面）在机床上的位置是不变的。因此，产生工序尺寸误差的原因，就在于定位造成的同一批工件的每个工件的工序基准位置不一致。所以，定位误差是由于工件定位造成的被加工表面的工序基准在沿工序尺寸或位置要求方向上的最大可能变动范围，用 Δ_D 表示。若按试切法加工则不考虑定位误差。

计算定位误差的目的就是判断定位精度，看定位方案能否保证加工要求，是决定定位方案是否合理的重要依据。一般定位误差与加工精度应满足下列关系：

$$\Delta_D \leqslant (1/3 \sim 1/5)T \tag{3-2}$$

式中　T——工件的工序尺寸公差或位置公差。

1. 定位误差的产生原因及组成

造成一批工件在夹具中定位时，工序基准变动而产生定位误差的原因主要有：

1）基准位移误差。由于定位基面和定位元件本身的制造误差以及它们之间的最小配合间隙等因素，会引起同一批工件的定位基准相对位置变动，这一变动的最大范围称为基准位移误差，用 Δ_W 表示。基准位移误差引起的定位误差是将 Δ_W 在加工要求（尺寸、位置要求）方向上投影，即

$$\Delta_{DW} = \Delta_W \cos\beta \tag{3-3}$$

式中　β——Δ_W 与工序尺寸（或位置要求）方向的夹角。

2）基准不重合误差。当工件的工序基准与定位基准不重合时，则在工序基准与定位基准之间必然存在位置误差，由此引起同一批工件的工序基准的最大变动范围，称为基准不重合误差，用 Δ_B 表示。工序基准与定位基准之间的联系尺寸称为基准尺寸。Δ_B 等于基准尺寸的公差。基准不重合误差引起的定位误差是将 Δ_B 在加工要求（尺寸、位置要求）方向上投影，即

$$\Delta_{DB} = \Delta_B \cos\gamma \tag{3-4}$$

式中　γ——Δ_B 与工序尺寸（或位置要求）方向的夹角。

2. 定位误差的计算方法

定位误差常用的计算方法有：

1）合成法。定位误差是由基准位移误差和基准不重合误差两部分产生的定位误差 Δ_{DW}、Δ_{DB} 的合成。

$$\Delta_D = \Delta_W \cos\beta \pm \Delta_B \cos\gamma \tag{3-5}$$

当工序基准在定位基面上，即 Δ_W、Δ_B 有相关的公共变量时，在定位基面尺寸变动方向一定的条件下，如果 Δ_W 与 Δ_B 变动方向相同，即对工序尺寸影响相同，取"+"号；如果二者变动方向相反，即对工序尺寸影响相反，取"–"号。当工序基准与定位基准为两个独立的表面，即 Δ_W、Δ_B 无相关的公共变量时，取"+"号。

2）极限位置法。根据定位误差的定义，直接计算出一批工件的工序基准在工序尺寸方向上的相对位置最大位移量，即工序尺寸的最大变动范围。具体计算时：画出工件定位时工序基准变动的两个极限位置，直接按几何关系确定工序尺寸的最大变动范围。

3）微分法（尺寸链分析计算法）。此法对包含多误差因素的复杂定位方案的定位误差分析计算比较方便，需要列出定位误差与各影响因素间的关系方程，应用时可查有关资料。

综上所述，分析计算定位误差的关键，在于找出同一批工件的工序基准在工序尺寸方向上可能的最大位移变动量。计算基准不重合误差 Δ_B 的大小关键在于找到基准尺寸的公差。当基准尺寸为单一尺寸时，可以直接得出；当基准尺寸为一组尺寸时，直接联系定位基准和工序基准的基准尺寸，就是这组尺寸的封闭环，可以根据尺寸链原理求得。要减少基准不重合误差，只有提高工序基准与定位基准之间的相互位置精度；要消除该项误差，必须使定位基准与工序基准重合。基准位移误差 Δ_W 即由于定位基准位移引起的工序基准的变动量，其具体分析计算方法与定位方式有关。

3. 典型表面定位时的定位误差

（1）工件以平面定位

1）工件以未加工过的毛坯表面定位（粗基准）时，只能用三个球头支承钉实现三点定位，消除工件的三个自由度。一批工件定位状况相差较大，如平面度误差为 ΔH，则基准位移误差 $\Delta_W = \Delta H$。

2）工件以加工平面定位（精基准）时，用平头支承钉、支承板等定位元件，消除工件的三个自由度。由于平面度误差很小，通常忽略不计，即基准位移误差 $\Delta_W = 0$。

例 3-1： 如图 3-35 所示，工件底面和侧面已加工。求工序尺寸 A 的定位误差。

解： 用合成法求工序尺寸 A 的定位误差。

1）由于用已加工过的平面定位，$\Delta_W = 0$。

2）定位基准是底面，工序基准是圆孔中心线，二者不重合，因此产生基准不重合误差。基准尺寸为 $50 \pm 0.1\,mm$，所以基准不重合误差 $\Delta_B = 0.2\,mm$。Δ_B 的方向与工序尺寸之间的夹角 $\gamma = 45°$。

3）工序尺寸 A 的定位误差 $\Delta_D(A) = \Delta_B \cos\gamma = 0.2\cos45°\,mm = 0.1414\,mm$

（2）工件以外圆柱面定位 外圆表面定位方式有定

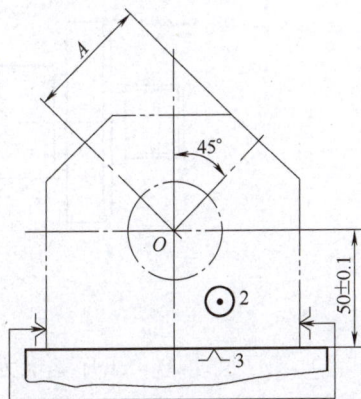

图 3-35 工件铣平面的定位示意图

心定位和支承定位。常用的定位元件是各种定位套、支承板和 V 形块。下面主要分析外圆柱面在 V 形块上定位的情形。

工件以外圆柱面在 V 形块上定位时，定位基准是外圆柱面的中心线，外圆柱面是定位基面。V 形块是一种对中元件，如不考虑 V 形块制造误差，则定位基准被限制在 V 形块的对称面上，其水平位移为零；在垂直方向上，工件制造公差 T_d 会引起基准位移误差 Δ_W。

设 O 是定位基准的理想状态，如图 3-36 所示，由于外圆柱面 d 的制造公差 T_d 的存在，O 在 O_1、O_2 之间变动。定位基准的最大变动量 $\overline{O_1O_2}$ 即为基准位移误差。由图示几何关系可知：

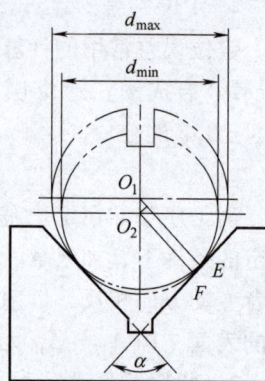

图 3-36　工件在 V 形块上定位

$$\overline{O_1E} = \frac{d_{max}}{2}, \overline{O_2F} = \frac{d_{min}}{2}$$

$$\Delta_W = \overline{O_1O_2} = \frac{T_d}{2\sin\frac{\alpha}{2}} \tag{3-6}$$

例 3-2： 铣如图 3-37 所示工件上的键槽，如图 3-36 所示，以圆柱面 $d_{-T_d}^{0}$ 在 $\alpha = 90°$ 的 V 形块上定位，不考虑 V 形块的制造误差，求工序尺寸 A_1、A_2、A_3 的定位误差。

解： 用合成法求各工序尺寸的定位误差。

1) 工序尺寸 A_1：工序基准为外圆柱面的中心线，与定位基准重合，基准不重合误差为

$$\Delta_B(A_1) = 0$$

由于定位基面存在制造公差 T_d，定位基准 O 在 O_1、O_2 之间变动，基准位移误差为

$$\Delta_W(A_1) = \frac{T_d}{2\sin\frac{\alpha}{2}}$$

Δ_W 的方向与工序尺寸 A_1 相同，即 $\beta = 0°$。工序尺寸 A_1 的定位误差为

$$\Delta_W(A_1) = \Delta_W(A_1) = \frac{T_d}{2\sin\frac{\alpha}{2}}$$

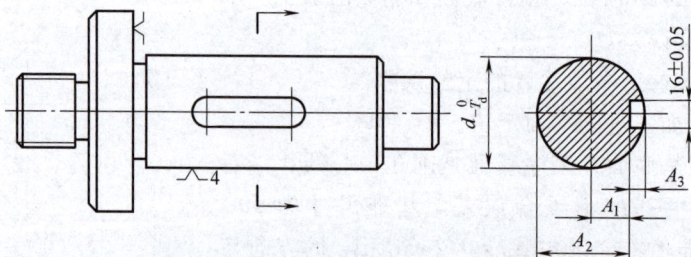

图 3-37　铣键槽工序简图

2) 工序尺寸 A_2：工序基准为外圆柱面的下母线，与定位基准不重合，会产生基准不重合误差。基准尺寸为 $d/2$，基准尺寸公差为 $T_d/2$，所以基准不重合误差为 $\Delta_B(A_2) = T_d/2$，

Δ_B 的方向与工序尺寸 A_2 方向相同，即 $\gamma = 0$。同理，基准位移误差 $\Delta_W(A_2) = \Delta_W(A_1)$。

工序基准在定位基面上，Δ_B 与 Δ_W 有相关公共变量 T_d，当定位基面由 d_{min} 变为 d_{max} 时，定位基准由 $O_2 \rightarrow O_1$ 变动。工序基准反向变动，应取 "－" 号。工序尺寸 A_2 的定位误差为

$$\Delta_D(A_2) = \frac{T_d}{2\sin\frac{\alpha}{2}} - \frac{T_d}{2} = \frac{T_d}{2}\left(\frac{1}{\sin\frac{\alpha}{2}} - 1\right)$$

3）工序尺寸 A_3：同理，基准不重合误差数值 $\Delta_B(A_3) = \Delta_B(A_2)$，基准位移误差数值 $\Delta_W(A_3) = \Delta_W(A_2)$。

由于定位基准变动与工序基准变动方向相同，应取 "＋" 号。工序尺寸 A_3 的定位误差为

$$\Delta_D(A_3) = \frac{T_d}{2\sin\frac{\alpha}{2}} + \frac{T_d}{2} = \frac{T_d}{2}\left(\frac{1}{\sin\frac{\alpha}{2}} + 1\right)$$

由上述定位误差分析计算可知：同样是在 V 形块上定位，工序基准不同，其定位误差不同，$\Delta_D(A_3) > \Delta_D(A_1) > \Delta_D(A_2)$。V 形块夹角 α 不同，定位误差不同。α 越小，Δ_D 越大；α 越大，Δ_D 越小，对中性下降。因此，在实际生产中，广泛采用 $\alpha = 90°$ 的 V 形块。

（3）工件以内孔定位 工件以内孔定位时，定位基准是内孔中心线。用定心机构定位（如弹性心轴）或用过盈配合定位心轴（圆柱定位销）定位时，可以实现无间隙配合，基准位移误差 $\Delta_W = 0$。用间隙配合定位心轴（或圆柱定位销）定位时，由于定位基面和定位元件的制造公差及配合间隙的存在，将产生基准位移误差 Δ_W。此时孔与轴的接触有两种情况。

1）孔与定位心轴任意边接触。设孔与轴配合公称尺寸为 D；孔的极限尺寸为 D_{max}、D_{min}，公差为 T_D；轴的极限尺寸 d_{min}、d_{max}，公差为 T_d。

为了安装方便，在圆柱孔直径最小与心轴直径最大相配合时，预留一个最小安装间隙 X_{min}，当孔的尺寸最大为 D_{max}，心轴尺寸最小为 d_{min} 时，定位基准的变动量最大，等于孔轴的最大配合间隙 X_{max}（图 3-38），即基准位移误差为

$$\Delta_W = X_{max} = T_D + T_d + X_{min} \tag{3-7}$$

2）孔与定位心轴固定边接触。如图 3-39 所示，心轴中心位置为 O_1。当定位销直径为

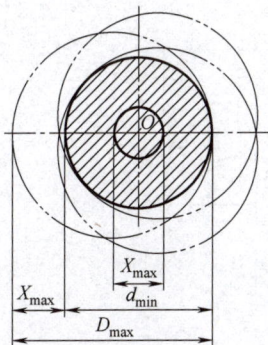

图 3-38 孔与心轴任意边间隙配合

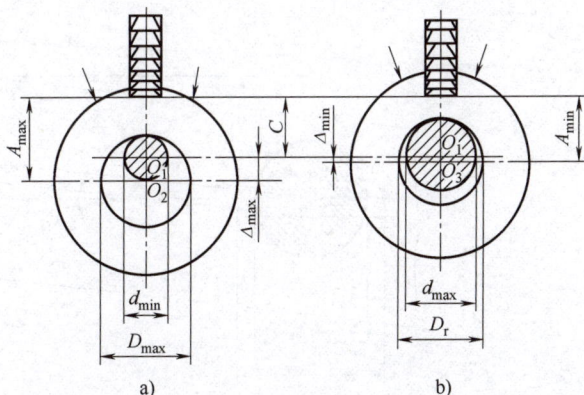

图 3-39 孔与心轴间隙配合固定边接触基准位移误差

d_{min}，工件孔径为 D_{max} 时，定位基准位于 O_2，此时定位基准的位移量最大：$\Delta_{max}=(D_{max}-d_{min})/2$；当定位销直径为 d_{max}，工件孔径为 D_{min} 时，定位基准为 O_3，此时定位基准的位移量最小：$\Delta_{min}=(D_{min}-d_{max})/2$。

基准位移误差为定位基准的最大变动量 $\overline{O_3O_2}$，即

$$\Delta_W=\overline{O_3O_2}=\frac{T_D+T_d}{2} \tag{3-8}$$

（4）工件以组合表面定位时的定位误差 工件以多个表面组合定位时，工序基准的位置与多个定位基准有关。用极限位置法求定位误差比较方便。当工件以"一面两孔"在夹具一面两销上定位时，如图 3-40 所示，由于 O_1 孔与圆柱销存在最大配合间隙 X_{1max}，孔 O_2 与菱形销存在最大配合间隙 X_{2max}，因此产生基准位置（位移和转角）误差。

1）孔 1 中心 O_1 的基准位移误差。在任何方向上均为

$$\Delta_W(O_1)=X_{1max}=T_{D_1}+T_{d_1}+X_{1min} \tag{3-9}$$

2）孔 2 中心 O_2 的基准位移误差。孔 2 在两孔连线方向 Y 上不起定位作用，所以在该方向上不计基准位移误差。在垂直于两孔连线方向 X 上，存在最大配合间隙 X_{2max}，产生基准位移误差为

$$\Delta_W(O_{2X})=X_{2max}=T_{D_2}+T_{d_2}+X_{2min} \tag{3-10}$$

3）转角误差。由于 X_{1max} 和 X_{2max} 的存在，在水平面内，两孔连线 O_1O_2 产生基准转角误差。设 O_1O_2 是定位基准的理想状态（销中心与孔中心重合），当 d_{1min}、d_{2min}、D_{1max}、D_{2max} 时，O_1 在 O_1' 和 O_1'' 之间变动，O_2 在 O_2' 和 O_2'' 之间变动，O_1O_2 两种极限状态如下。

① 单向移动：如图 3-40a 所示，定位基准由 O_1O_2 变为 $O_1'O_2'$，此时基准转角误差为

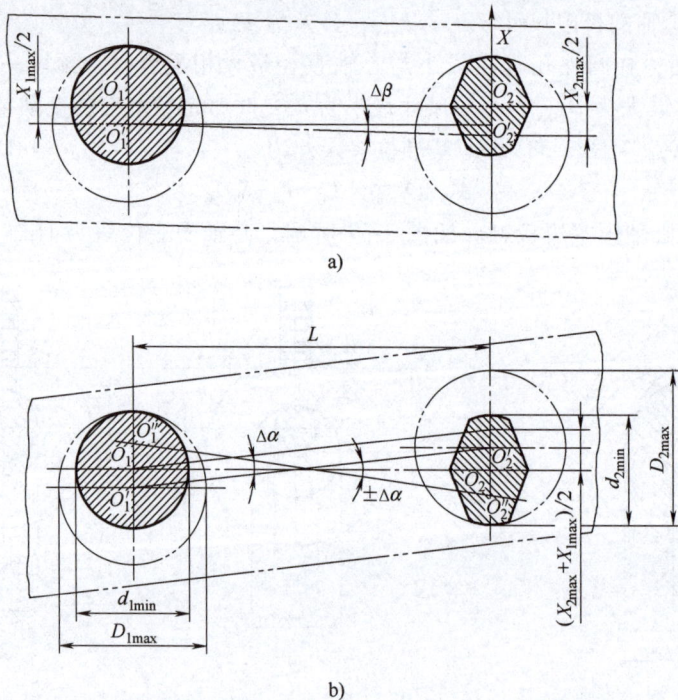

a)

b)

图 3-40 一面两孔定位的基准位移和基准转角误差

$$\Delta\beta = \arctan \frac{X_{2\max} - X_{1\max}}{2L} \tag{3-11}$$

则有

$$2\Delta\beta = 2\arctan \frac{X_{2\max} - X_{1\max}}{2L} \tag{3-12}$$

② 交叉状态：如图 3-40b 所示，定位基准由 $O_1'O_2'$ 变为 $O_1''O_2''$，此时基准转角误差为

$$\Delta\alpha = \arctan \frac{X_{1\max} + X_{2\max}}{2L} \tag{3-13}$$

则有

$$2\Delta\alpha = 2\arctan \frac{X_{1\max} + X_{2\max}}{2L} \tag{3-14}$$

将所求得的有关基准位移和基准转角误差，按最不利的情况，反映到工序尺寸方向上，即为基准位置误差引起工序尺寸的定位误差。

3.3.5　工件的夹紧

将工件定位后的位置固定下来称为夹紧。夹紧的目的是保持工件在定位中所获得的正确位置，使其在外力（夹紧力、切削力、离心力等）作用下，不发生移动和振动。

1. 夹紧装置的组成及基本要求

（1）夹紧装置的组成　夹紧装置由两个基本部分组成。

1）动力装置。夹紧力来源于人力或者某种动力装置。用人力对工件进行夹紧称为手动夹紧。用各种动力装置产生夹紧作用力进行夹紧称为机动夹紧。常用的动力装置有：液压、气动、电磁、电动和真空装置等。

2）夹紧机构。一般把夹紧元件和中间传递机构称为夹紧机构。中间传递机构是在动力装置与夹紧元件之间，传递夹紧力的机构。其主要作用有：改变作用力的方向和大小，夹紧工件后的自锁性能，保证夹紧可靠，尤其在手动夹具中。夹紧元件执行元件，它直接与工件接触，最终完成夹紧任务。图 3-41 所示是液压夹紧的铣床夹具。其中，液压缸 4、活塞 5、活塞杆 3 组成了液压动力装置，铰链臂 2 和压板 1 等组成了铰链压板夹紧机构，压板 1 是夹紧元件。

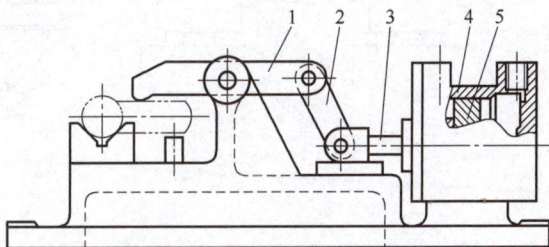

图 3-41　液压夹紧的铣床夹具
1—压板　2—铰链臂　3—活塞杆　4—液压缸　5—活塞

（2）对夹紧装置的基本要求

1）能保证工件定位后占据的正确位置。

2）夹紧力的大小要适当、稳定。既要保证工件在整个加工过程中的位置稳定不变，振动小，又要使工件不产生过大的夹紧变形。夹紧力稳定可减少夹紧误差。

3）夹紧装置的复杂程度与生产类型相适应。工件的生产批量越大，设计的夹紧装置的功能应越完善，工作效率越高，进而越复杂。

4）工艺性好，使用性好。其结构应尽量简单，便于制造和维修；尽可能使用标准夹具

零部件；操作方便、安全、省力。

2. 夹紧力的确定

设计夹具的夹紧机构时，所需夹紧力的确定包括夹紧力的作用点、方向、大小三要素。

（1）夹紧力的方向

1）夹紧力的方向应有助于定位，不应破坏定位。只有一个夹紧力时，夹紧力应垂直于主要定位支承或使各定位支承同时受夹紧力作用。图 3-42 所示为夹紧力的方向朝向主要定位面的示例。

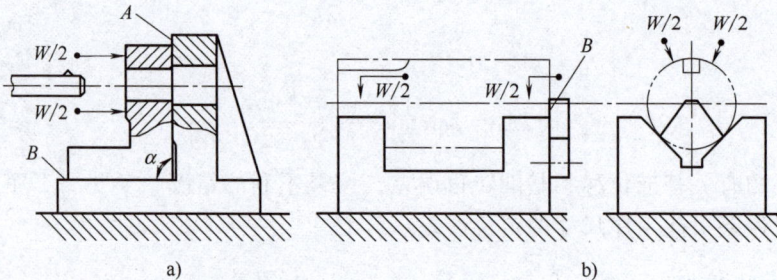

图 3-42　夹紧力的方向朝向主要定位面的示例

图 3-43 所示是一力两用和使各定位基面同时受夹紧力作用的情况。图 3-43a 所示对第一定位基面施加 W_1，对第二定位基面施加 W_2；图 3-43b、c 所示施加 W_3 代替 W_1、W_2，使两定位基面同时受到夹紧力的作用。

用几个夹紧力分别作用时，主要夹紧力应朝向主要定位支承面，并注意夹紧力的动作顺序。如三平面组合定位，$W_1 > W_2 > W_3$，W_1 是主要夹紧力，朝向主要定位支承面，应最后作用；W_2、W_3 应先作用。

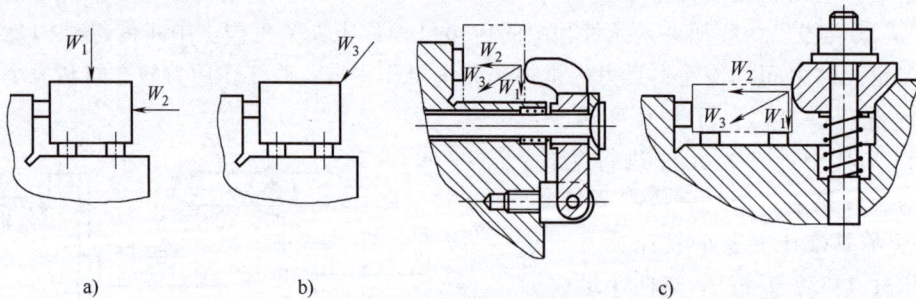

图 3-43　夹紧力作用的情况

2）夹紧力的方向应方便装夹和有利于减小夹紧力，最好与切削力、重力方向一致，图 3-44 所示为夹紧力与切削力、重力的关系。

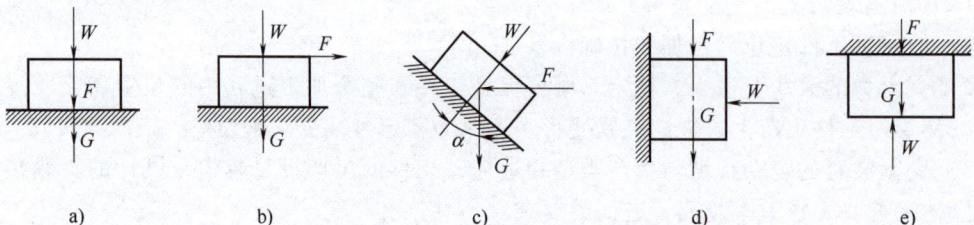

图 3-44　夹紧力与切削力、重力的关系

图 3-44a 所示为夹紧力 W 与重力 G、切削力 F 方向一致，可以不夹紧或用很小的夹紧力：$W=0$。

图 3-44b 所示为夹紧力 W 与切削力 F 垂直，夹紧力较小：$W=F/f-G$。

图 3-44c 所示为夹紧力 W 与切削力 F 成夹角 α，夹紧力较大：

$$W=\frac{F(\cos\alpha-f\sin\alpha)-G(\sin\alpha+f\cos\alpha)}{f}$$

图 3-44d 所示为夹紧力 W 与切削力 F、重力 G 垂直，夹紧力最大：$W=(F+G)f$。

图 3-44e 所示为夹紧力 W 与切削力 F、重力 G 反向，夹紧力较大：$W=F+G$。

由上述分析可知图 3-44a、b 所示应优先选用，图 3-44c、e 所示次之，图 3-44d 所示最差，应尽量避免使用。上面公式中的 f 为工件与支承间的摩擦系数。

（2）夹紧力的作用点

1）夹紧力的作用点应能保持工件定位稳定，不引起工件发生位移或偏转。为此夹紧力的作用点应落在定位元件上或支承范围内，否则夹紧力与支座反力会构成力矩，夹紧时工件将发生偏转。

如图 3-45 所示，夹紧力的作用点落在了定位元件支承范围之外，夹紧力与支座反力构成力矩，夹紧时工件将发生偏转，从而破坏工件的定位。

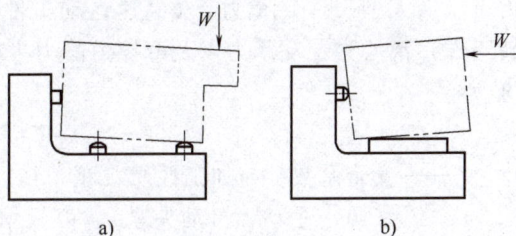

图 3-45 夹紧力作用点的位置不正确

2）夹紧力的作用点应有利于减小夹紧变形。夹紧力的作用点应落在工件刚性好的方向和部位，特别是对低刚度工件。如图 3-46a 所示薄壁套的轴向刚性比径向好，用卡爪径向夹紧，工件变形大，若沿轴向施加夹紧力，变形就会小得多；对于图 3-46b 所示薄壁箱体，夹紧力不应作用在箱体的顶面，而应作用在刚性好的凸边上。若箱体没有凸边时，如图 3-46c 所示，将单点夹紧改为三点夹紧，使着力点落在刚性好的箱壁上，可以减小工件的夹紧变形。

减少工件的夹紧变形，可采用增大工件受力面积的措施。如设计特殊形状夹爪、压角等分散作用夹紧力，增大工件受力面积。

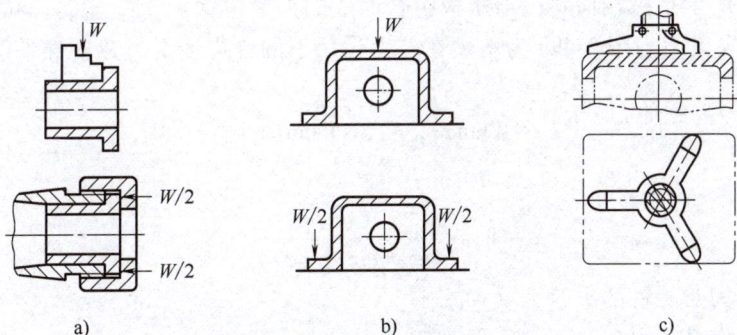

图 3-46 夹紧力作用点与夹紧变形的关系

3）夹紧力的作用点应尽量靠近工件加工表面，以提高定位稳定性和夹紧可靠性，减少加工中的振动。

不能满足上述要求时，如图 3-47 所示在拨叉上铣槽，由于主要夹紧力的作用点距工件加工表面较远，故在靠近加工表面处设置辅助支承，施加夹紧力 W，提高定位稳定性，承受夹紧力和切削力等。

（3）夹紧力的大小　夹紧力的大小必须适当。过小，工件在加工过程中发生移动，破坏定位；过大，使工件和夹具产生夹紧变形，影响加工质量。

理论上，夹紧力应与工件受到切削力、离心力、惯性力及重力等力的作用平衡；实际上，夹紧力的大小还与工艺系统的刚性、夹紧机构的传递效率等有关。切削力在加工过程中是变化的，因此夹紧力只能进行粗略的估算。估算夹紧力时，应找出对夹紧最不利的瞬时状态，略去次要因素，考虑主要因素在力系中的影响。通常将夹具和工件看成一个刚性系统，建立切削力、夹紧力 W_0、（大型工件）重力、（高速运动工件）惯性力、（高速旋转工件）离心力、支承力以及摩擦力静力平衡条件，计算出理论夹紧力 W_0。则实际夹紧力 W 为

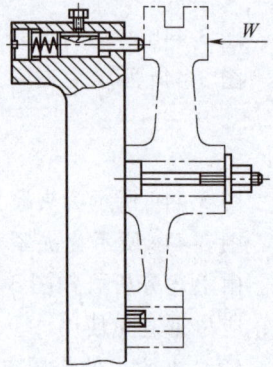

图 3-47　夹紧力作用点靠近加工表面

$$W = KW_0 \tag{3-15}$$

式中　K——安全系数，与加工性质（粗、精加工）、切削特点（连续、断续切削）、夹紧力来源（手动、机动夹紧）、刀具情况有关。粗加工时，$K = 2.5 \sim 3$；精加工时，$K = 1.5 \sim 2.5$。

生产中还经常用类比法（或试验）确定夹紧力。

3. 典型夹紧机构

常用的典型夹紧机构有斜楔夹紧机构、螺旋夹紧机构、偏心夹紧机构及铰链夹紧机构等。

（1）斜楔夹紧机构　斜楔夹紧机构是最基本的夹紧机构，螺旋夹紧机构、偏心夹紧机构等均是斜楔机构的变型。如图 3-48 所示为几种典型的斜楔夹紧机构，图 3-48a 所示是在工件上钻互相垂直的 $\phi8mm$、$\phi5mm$ 两组孔，工件 3 装入后，锤击斜楔 2 大头，夹紧工件；加工完毕后，锤击斜楔 2 小头，松开工件 3。可见，斜楔是利用其移动时斜面的楔紧作用所产生的压力夹紧工件。图 3-48b 所示是将斜楔与滑柱合成的一种夹紧机构，一般用气压或液压驱动。图 3-48c 所示是由端面斜楔与压板组合而成的夹紧机构。

1）斜楔的夹紧力。图 3-49a 为斜楔在外力作用下的受力情况，建立静平衡方程式：$F_1 + F_{RX} = F_Q$，其中，

$$F_1 = W\tan\varphi_1, \quad F_{RX} = W\tan(\alpha+\varphi_2)$$

整理后得

$$W = \frac{F_Q}{\tan\varphi_1 + \tan(\alpha+\varphi_2)} \tag{3-16}$$

式中　W——斜楔对工件的夹紧力（N）；

α——斜楔升角（°）；

F_Q——加在斜楔上的原始作用力（N）；

φ_1——斜楔与工件间的摩擦角（°）；

φ_2——斜楔与夹具体间的摩擦角（°）。

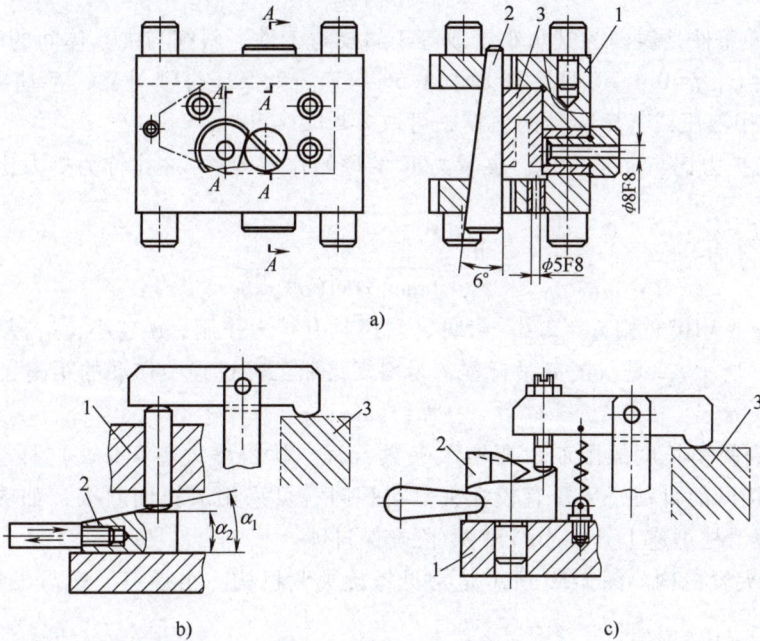

图 3-48　斜楔夹紧机构

设 $\varphi_1 = \varphi_2 = \varphi$，当 $\alpha \leq 10°$ 时，可用式（3-17）近似计算：

$$W = \frac{F_Q}{\tan(\alpha + 2\varphi)} \quad\quad (3-17)$$

2）斜楔的自锁条件。当加在斜楔上的原始作用力 F_Q 撤除后，斜楔在摩擦力作用下仍然不会松开工件的现象称为自锁。此时摩擦力的方向与斜楔企图松开和退出的方向相反，如图 3-49b 所示。从图中可见，要自锁，必须满足下式：

$$F_1 \geq F_{RX}$$

其中，
$$F_1 = W\tan\varphi_1 \quad\quad F_{RX} = W\tan(\alpha - \varphi_2)$$

整理后得
$$\varphi_1 \geq \alpha - \varphi_2$$

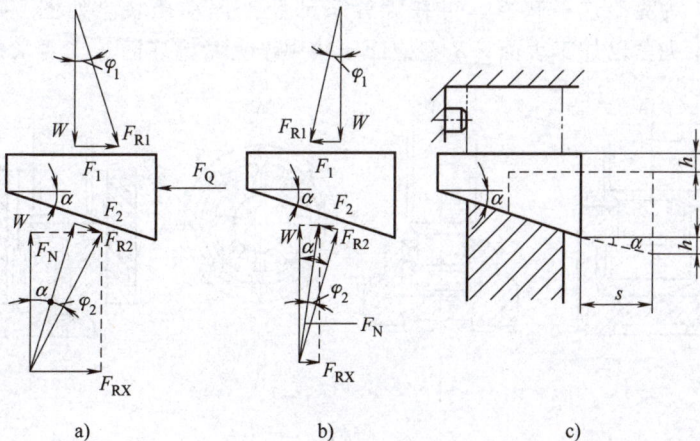

图 3-49　斜楔的受力分析

所以
$$\alpha \leqslant \varphi_1 + \varphi_2 \tag{3-18}$$

斜楔的自锁条件是斜楔的升角小于或等于斜楔与工件、斜楔与夹具体间的摩擦角之和。

若 $\varphi_1 = \varphi_2 = \varphi$，$f = 0.1 \sim 0.15$，则 $\alpha \leqslant 11.5° \sim 17°$。为保证自锁可靠，手动夹紧机构一般取 $\alpha = 6° \sim 8°$；用液压或气压驱动的斜楔，可取 $\alpha \leqslant 12° \sim 30°$。

3）斜楔的扩力比与夹紧行程。夹紧力 W 与原始作用力 F_Q 之比称为扩力比或增力系数，用 i_Q 表示，即

$$i_Q = \frac{W}{F_Q} = \frac{1}{\tan\varphi_1 + \tan(\alpha + \varphi_2)} \tag{3-19}$$

若 $\varphi_1 = \varphi_2 = 6°$，$\alpha = 10°$，则 $i_Q = 2.6$。可见，斜楔具有扩力作用，α 越小，i_Q 越大。

如图3-49c所示，s 是斜楔夹紧行程，是斜楔夹紧工件过程中移动的距离，则

$$h = s\tan\alpha \tag{3-20}$$

由于 s 受到斜楔长度的限制，要增大夹紧行程，就得增大斜角 α，这样会降低自锁性能。当要求机构既能自锁，又要有较大夹紧行程时，可采用双斜面斜楔，如图3-48b所示，大斜角 α_1 段使滑柱迅速上升，小斜角 α_2 段确保自锁。

（2）螺旋夹紧机构 图3-50所示是常见螺旋夹紧机构。由螺钉、螺母、垫圈、压板等元件组成。

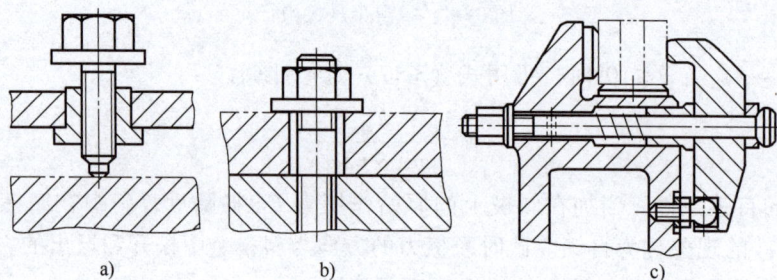

图 3-50 常见螺旋夹紧机构

1）单个螺旋夹紧机构。直接用螺钉或螺母夹紧工件的机构，称为单个螺旋夹紧机构，如图3-50所示。图3-50a所示螺栓头直接与工件表面接触，螺栓转动时，可能损伤工件表面或带动工件旋转。为克服这一缺点，可在螺栓头部装上摆动压块。如图3-51a、b所示，A 型光面压块，用于夹紧已加工表面；B 型槽面压块用于夹紧毛坯面。当要求螺钉只移动不转

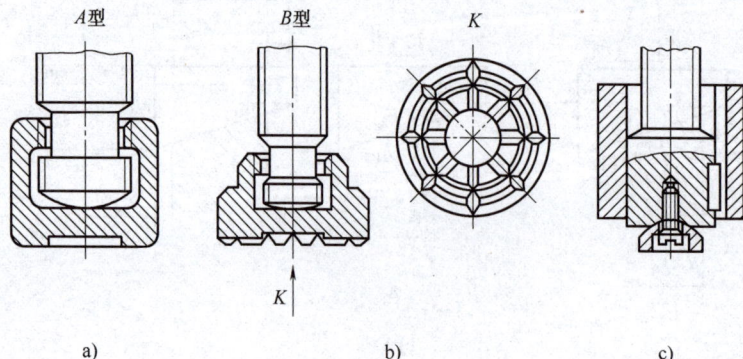

图 3-51 摆动压块

动时，可采用如图 3-51c 所示结构中的圆压块。

单个螺旋夹紧机构夹紧动作慢，装卸工件费时，常采用各种快速螺旋夹紧机构。

2）螺旋压板夹紧机构。常见的螺旋压板夹紧机构如图 3-52 所示，图 3-52a、b 所示为移动压板；图 3-52c、d 所示为回转压板。

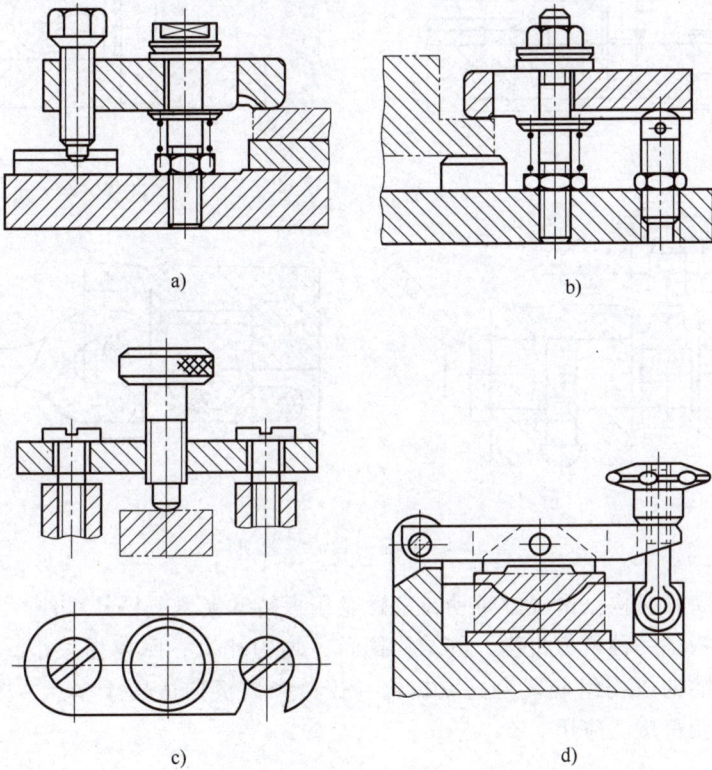

图 3-52 螺旋压板夹紧机构

如图 3-53 所示是螺旋钩形压板夹紧机构，其特点是结构紧凑，使用方便。当钩形压板妨碍工件装卸时，自动回转钩形压板避免了手转动钩形压板的麻烦。螺旋夹紧机构具有结构简单、制造容易、自锁性能好、夹紧可靠，是手动夹紧中常用的一种夹紧机构。

（3）偏心夹紧机构 用偏心件直接或间接夹紧工件的机构，称为偏心夹紧机构。常用的偏心件是圆偏心轮和偏心轴。如图 3-54 所示是常见的偏心夹紧机构，图 3-54a、b 所示是圆偏心轮；图 3-54c 所示是偏心轴；图 3-54d 所示是偏心叉。

偏心夹紧机构操作方便、夹紧迅速，但夹紧力和行程较小，一般用于切削力不大、振动小、夹压面公差小的情况。

（4）铰链夹紧机构 如图 3-55 所示是常用的铰链夹紧机构的三种基本结构，图 3-55a 所示为单臂铰链夹紧机构；图 3-55b 所示为双臂单作用铰链夹紧机构；图 3-55c 所示为

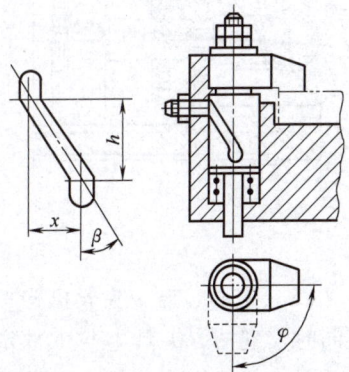

图 3-53 螺旋钩形压板夹紧机构

147

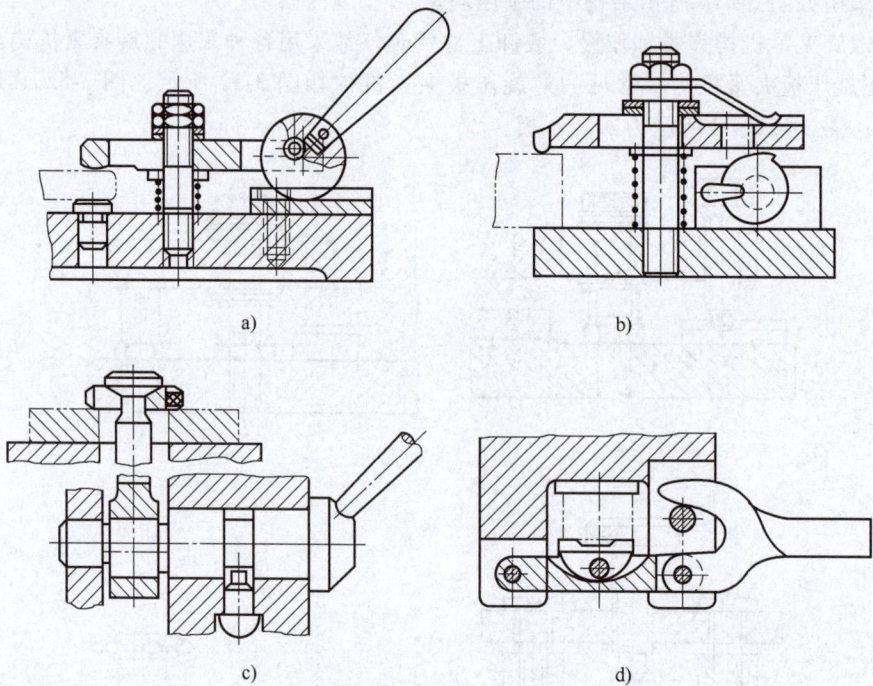

图 3-54　常见的偏心夹紧机构

双臂双作用铰链夹紧机构。由气缸带动铰链臂及压板转动夹紧或松开工件。

铰链夹紧机构是一种增力机构，其结构简单，增力比大，摩擦损失小，但自锁性能差，常与具有自锁性能的机构组成复合夹紧机构。铰链夹紧机构适用于多点、多件夹紧，在气动、液压夹具中获得广泛应用。

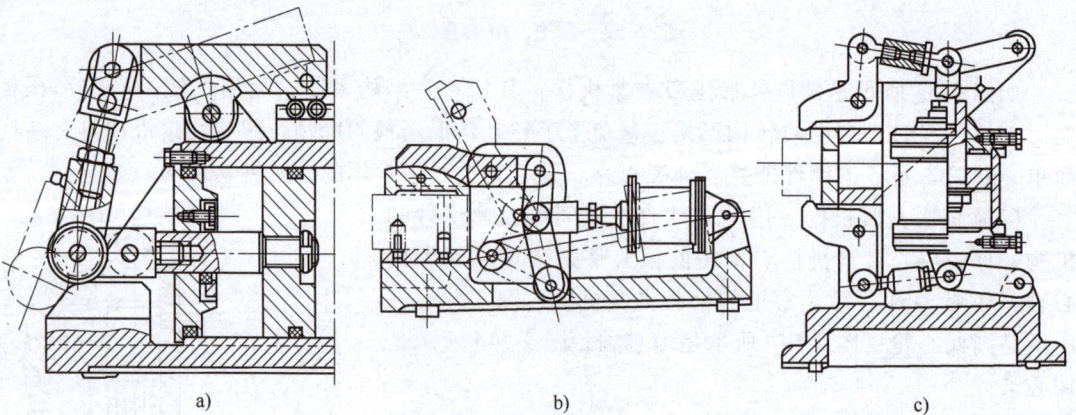

图 3-55　铰链夹紧机构

（5）定心、对中夹紧机构　定心、对中夹紧机构是一种特殊夹紧机构，其定位和夹紧是同时实现的，夹具上与工件定位基准相接触的元件，既是定位元件，又是夹紧元件。定心、对中夹紧机构一般按照以下两种原理设计。

1）定位-夹紧元件按等速位移原理来均分工件定位面的尺寸误差，实现定心和对中。如

图 3-56 所示为锥面定心夹紧心轴，如图 3-57 所示为螺旋定心夹紧机构。

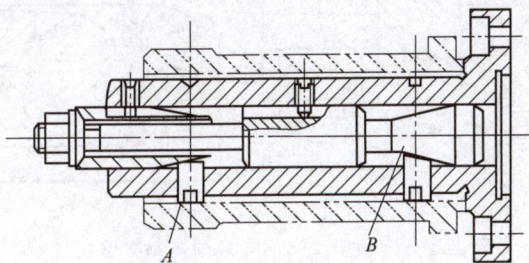

图 3-56　锥面定心夹紧心轴

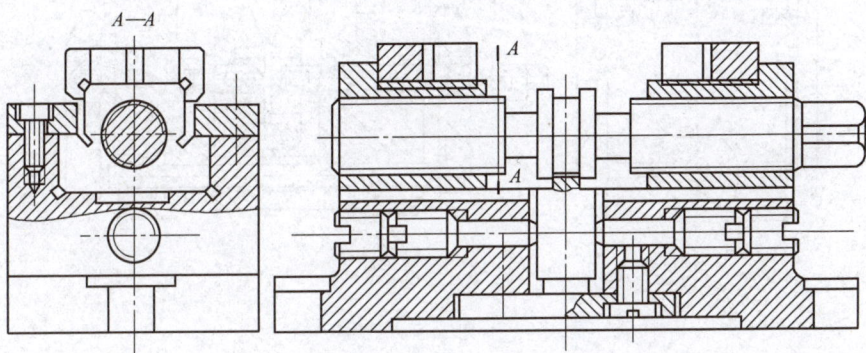

图 3-57　螺旋定心夹紧机构

2）定位-夹紧元件按均匀弹性变形原理实现定心夹紧。如各种弹簧心轴、弹簧夹头、液性塑料夹头等。如图 3-58 所示为弹簧夹头的结构。

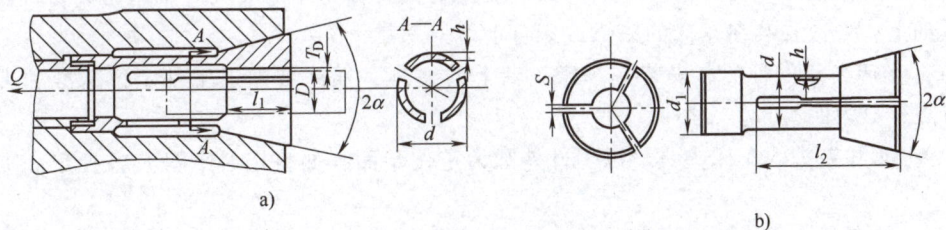

图 3-58　弹簧夹头的结构

（6）联动夹紧机构　需同时多点夹紧工件或几个工件时，为提高生产率，可采用联动夹紧机构。如图 3-59 所示，多点夹紧机构中有一个重要的浮动机构或浮动元件，在夹紧工件的过程中，若有一个夹紧点接触，该元件就能摆动（图 3-59a）或移动（图 3-59b），使两个或多个夹紧点都与工件接触，直至最后均衡夹紧。图 3-59c 所示为四点双向浮动夹紧机构，夹紧力分别作用在两个互相垂直的方向上，每个方向各有两个夹紧点，通过浮动元件实现对工件的夹紧，调节杠杆 L_1、L_2 的长度可以改变两个方向夹紧力的比例。

如图 3-60 所示是常见的对向式多件夹紧机构，通过浮动夹紧机构产生两个方向相反、大小相等的夹紧力，并同时将工件夹紧。

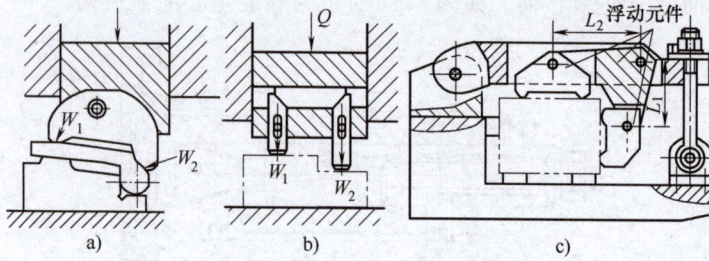

图 3-59　浮动压头和四点双向浮动夹紧机构

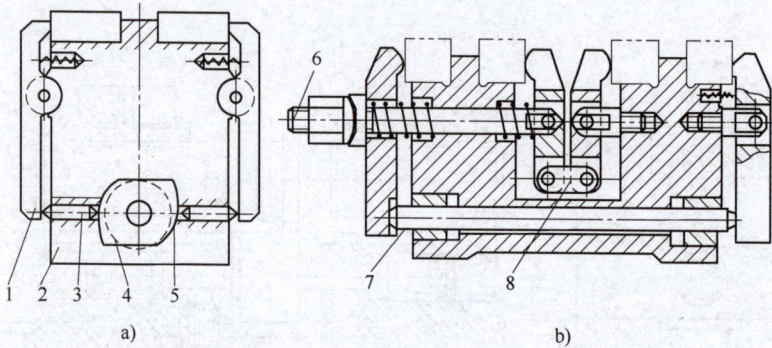

图 3-60　对向式多件夹紧机构

1—压板　2—夹具体　3—滑柱　4—偏心轮　5—导轨　6—螺杆　7—顶杆　8—连杆

3.3.6　典型机床夹具

1. 车床夹具

在车床上用来加工工件的内外回转面及端面的夹具称为车床夹具。车床夹具多数安装在车床主轴上；少数安装在车床的床鞍或床身上。

（1）车床夹具的种类　安装在车床主轴上的夹具，根据被加工工件定位基准和夹具的结构特点，分为四类：

1）卡盘和夹头式车床夹具，以工件外圆为定位基面，如自定心卡盘及各种定心夹紧卡头等。

2）心轴式的车床夹具，以工件内孔为定位基面，如各种定位心轴（刚性心轴）、弹簧心轴。图 3-61 所示为一车床上常用的带锥柄的圆柱心轴。加工时，工件以内孔及端面为定位基准，在心轴上定位，用螺母通过开口垫圈将工件夹紧。该心轴以锥柄与车床主轴连接。设计心轴时，应注意正确选择工件孔与心轴的配合。

3）以工件顶尖孔定位的车床夹具，如顶尖、拨盘等。

4）角铁和花盘式夹具，以工件的不同组合表面定位。

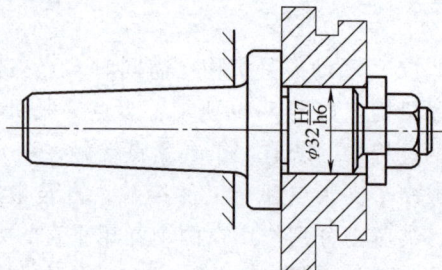

图 3-61　带锥柄的圆柱心轴

图 3-62 所示为车气门顶杆端面的角铁式车床夹具。由于该工件是以细小的外圆柱面定位，因此很难采用自动定心装置，于是采用半圆套定位元件，夹具体必然设计成角铁状。为了使夹具平衡，在夹具体一侧钻平衡孔。

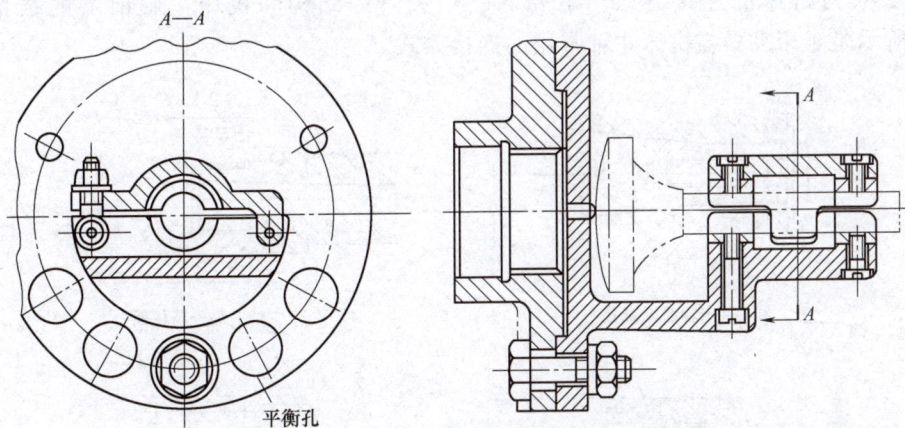

平衡孔

图 3-62　车气门顶杆端面的角铁式车床夹具

（2）车床夹具设计要点　车床夹具工作时，和工件随机床主轴或花盘一起高速旋转，具有离心力和不平衡惯量。因此设计夹具时，除了保证工件达到工序精度要求外，还应着重考虑以下问题：

1）车床夹具的总体结构。夹具结构应力求紧凑、轮廓尺寸小、重量轻。车床夹具的轮廓尺寸，如图 3-63 所示。当夹具采用锥柄与机床主轴锥孔连接时，夹具上最大轮廓直径 $D<$ 140mm 或 $D \leqslant (2 \sim 3)d$，d 为锥柄大端的直径。当夹具采用过渡盘与机床主轴相连接，$D<$ 150mm 时，$B/D \leqslant 1.25$；$D = 150 \sim 300mm$ 时，$B/D \leqslant$ 0.9；$D>300mm$ 时，$B/D \leqslant 0.6$。当为单支承的悬臂心轴时，其悬伸长度应小于直径的 5 倍。当为前后顶尖支承的心轴时，其长度应小于直径的 12 倍。当心轴直径大于 $\phi 50 \sim \phi 60mm$ 时，可采用中空结构，以减轻重量。

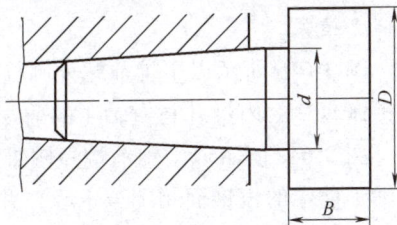

图 3-63　车床夹具轮廓尺寸简图

2）定位装置和夹紧装置的设计。车床夹具主要用来加工回转体表面，定位装置的作用必须使工件加工表面的轴线与车床主轴的回转轴线重合。对于盘套类或其他回转体工件，要求工件的定位基面、加工表面和车床主轴三者轴线重合，常采用心轴或定心夹紧夹具；对于壳体、支架、托架等形状复杂的工件，被加工表面与工序基准之间有位置尺寸和平行度、垂直度等相互位置要求，定位装置主要是保证定位基准与车床主轴回转轴线具有正确的尺寸和位置关系。加工这类工件多采用花盘式、角铁式车床夹具。

由于车床夹具高速旋转，在加工过程中除受切削力作用外，还承受离心力和工件重力的作用。因此，车床夹具的夹紧机构必须安全可靠，夹紧力必须克服切削力、离心力等外力的作用，且自锁可靠。若采用螺旋夹紧机构，一般要加弹簧垫圈或使用锁紧螺母。

3）夹具的平衡问题。车床夹具高速回转，若不平衡，就会产生离心力。不仅增加了主轴和轴承的磨损，还会产生振动，影响加工质量，降低刀具寿命。因此，设计车床夹具时，特别是角铁式、花盘式等结构不对称的车床夹具，必须采取平衡措施，以减少由离心力产生的振动和主轴、轴承的磨损。生产中常用加平衡块或加工减重孔的办法，通过平衡试验，来达到平衡夹具的目的。

4）夹具与机床的连接方式。主要取决于夹具的结构和机床主轴前端的结构形式。图 3-64 所示是车床夹具与机床主轴常用的连接方式。

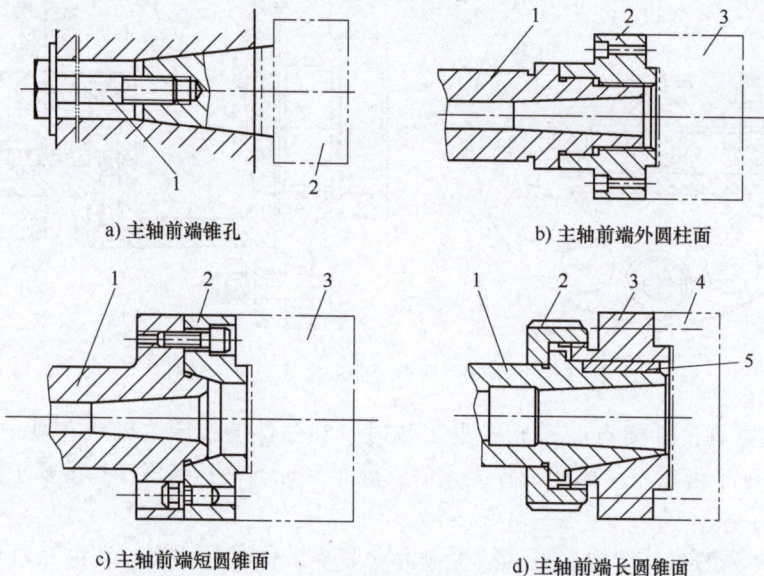

a) 主轴前端锥孔

b) 主轴前端外圆柱面

c) 主轴前端短圆锥面

d) 主轴前端长圆锥面

图 3-64 车床夹具与机床主轴常用的连接方式

图 3-64a 所示为以锥柄与主轴前端锥孔连接，夹具 2 以莫氏锥柄与主轴孔配合定心，由拉杆 1 拉紧。

图 3-64b 所示以主轴前端外圆柱面与夹具过渡盘连接（或直接与夹具连接），夹具 3 通过过渡盘 2 的内锥孔与主轴 1 的前端定心轴颈配合定心，并用螺钉紧固在一起。

图 3-64c 所示以主轴前端短圆锥面与夹具过渡盘连接，夹具 3 通过过渡盘 2 的内锥孔与主轴 1 前端的短锥面相配合定心，并用螺钉紧固在主轴上。

图 3-64d 所示是以主轴前端长圆锥面与夹具过渡盘连接，夹具 4 通过过渡盘 3 的内锥孔与主轴 1 前端的长锥面相配合定心，并用锁紧螺母 2 紧固。用键 5 连接传递转矩。

2. 钻床夹具

在各种钻床上用来钻、扩、铰孔的机床夹具称为钻床夹具，这类夹具的特点是装有钻套和安装钻套用的钻模板，故习惯上简称为钻模。

（1）钻床夹具的种类 钻床夹具的种类很多，根据钻模板的工作方式分为以下五类：

1）固定式钻模。这类钻模在加工过程中固定不动。夹具体上设有安放紧固螺钉或便于夹压的部位。这类钻模主要用于立式钻床加工单孔，或在摇臂钻床上加工平行孔系。

图 3-65 所示是在阶梯轴的大端钻孔的固定式钻模。工序图已确定了定位基准，钻模上采用 V 形块 2 及其端面和手动拔销 5 定位，用偏心压板夹紧，夹具体周围留有供夹紧用的凸缘或 U 形槽。

2）回转式钻模。回转式钻模用于加工工件上同一圆周上平行孔系或加工分布在同一圆周上的径向孔系。回转式钻模的基本形式有立轴、卧轴和倾斜轴三种。工件一次装夹中，靠钻模依次回转加工各孔，因此这类钻模必须有分度装置。夹具的回转分度部分多采用标准回转工作台。回转式钻模使用方便、结构紧凑，在成批生产中广泛使用。

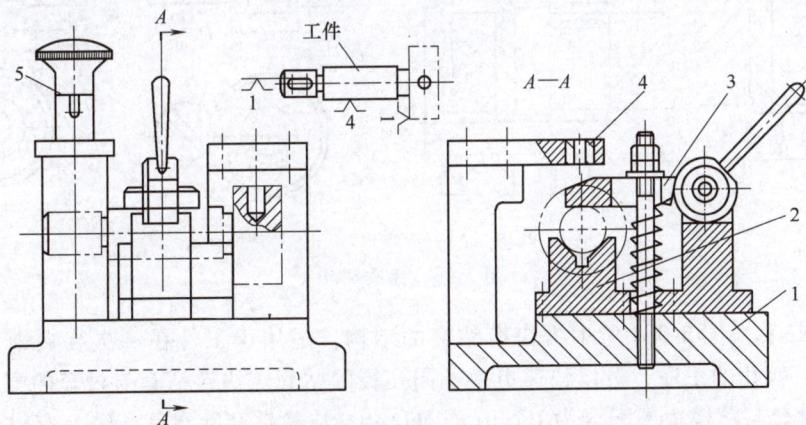

图 3-65　固定式钻模

1—夹具体　2—V形块　3—偏心压板　4—钻套　5—手动拔销

3）翻转式钻模。翻转式钻模是一种没有固定回转轴的回转钻模。在使用过程中，需要用手进行翻转，因此夹具连同工件的重量不能太重，一般≤8～10kg。主要适用于加工小型工件上分布几个方向的孔，这样可减少工件的装夹次数，提高工件上各孔之间的位置精度。

4）盖板式钻模。盖板式钻模只有一块钻模板，在钻模板上除了装钻套外，还有定位元件和夹紧装置。加工时，钻模板盖在工件上定位、夹紧即可。盖板式钻模的特点是定位元件、夹紧装置及钻套均设在钻模板上，因此结构简单、制造方便、成本低、加工孔的位置精度较高。常用于床身、箱体等大型工件上的小孔加工，对于中小批量生产，凡需钻、扩、铰后立即进行倒角、锪平面、攻丝等工步时，使用盖板式钻模非常方便。

5）滑柱式钻模。滑柱式钻模是带升降台的通用可调夹具。其平台上可根据需要安装定位装置，钻模板上可设置钻套、夹紧元件及定位元件等。

（2）钻床夹具的设计要点　设计钻模时，应根据工件的形状、尺寸、工序的加工要求、使用的设备及生产类型，合理地选用钻模的结构形式，并注意解决以下问题。

1）钻套。钻套是钻模上特有的元件，用来引导刀具以保证被加工孔的位置精度和提高刀具的刚度，并防止加工过程中刀具偏斜，通常钻套分为以下四种类型。

① 固定钻套：图 3-66a、b 所示为固定钻套的结构，图 3-66a 所示为 A 型固定钻套；图 3-66b 所示为 B 型固定钻套。钻套安装在钻模板或夹具体中，其配合为 H7/n6 或 H7/r6。固定钻套结构简单，钻孔精度高，但钻套磨损后，不易更换。适于小批生产或孔距小及孔位精度高的孔加工。

② 可换钻套：图 3-66c 所示为可换钻套的结构。在大批量生产中，可选用可换钻套。钻套与衬套的配合为 F7/m6 或 F8/m7，衬套与钻模板的配合为 H7/n6 或 H7/r6，并用钻套螺钉固定，以防止加工时钻套转动及退刀时脱出。钻套磨损后，卸下钻套螺钉，便可更换新的可换钻套。

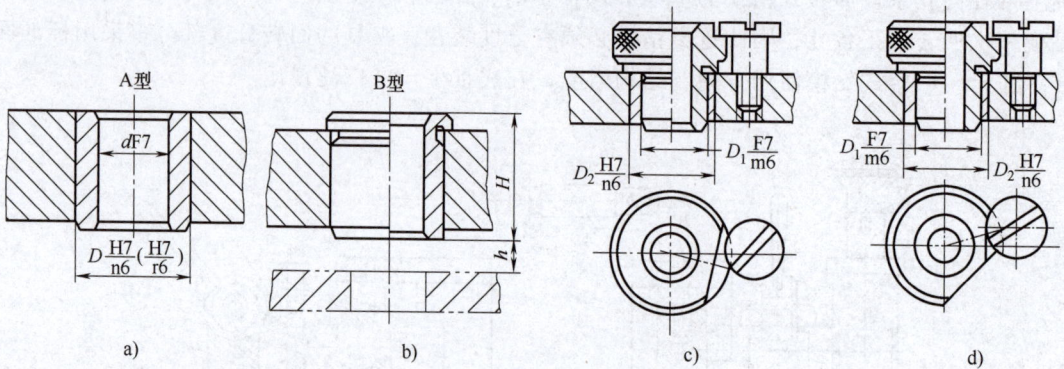

图 3-66　标准钻套

③ 快换钻套：图 3-66d 所示为快换钻套的结构。适用于工件在一次装夹中，需要依次进行钻、扩、铰孔的工序，可以快速更换不同孔径的钻套。快换钻套与衬套的配合为 F7/m6 或 F7/k6，衬套与钻模板的配合为 H7/r6 或 H7/n6。快换钻套除在其凸缘上有供钻套螺钉压紧的肩台外，还有一个削边平面。削边方向应考虑刀具的旋向，以免钻套自动脱出。

④ 特殊钻套：因工件形状或被加工孔的位置需要而不能使用标准钻套时，则需要设计特殊结构的钻套。如图 3-67 所示，图 3-67a 所示是加长钻套，加工凹面上的孔，而钻模板又无法接近工件的加工平面时使用；图 3-67b 所示是斜面钻套，用于斜面或圆弧面上钻孔，排屑空间的高度 $h \leq 0.5mm$，可增加钻头刚度，避免钻头引偏或折断；图 3-67c 所示是小孔距钻套，用定位销确定钻套方向。图 3-67d 所示是带内锥定位、夹紧钻套，钻套与衬套之间一段为圆柱间隙配合，一段为螺纹连接，钻套下端为内锥面，具有对工件定位、夹紧和引导刀具三种功能。

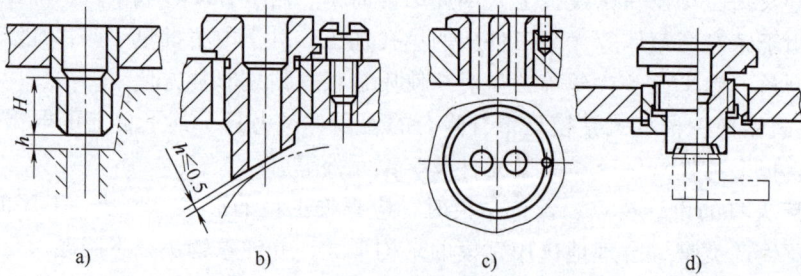

图 3-67　特殊钻套

设计钻套时，应注意以下问题：

① 钻套导向孔的公称尺寸取刀具的最大极限尺寸，以防止卡住和咬死。

② 对于标准的定尺寸刀具，如麻花钻、扩孔钻、铰刀等，钻套导向孔与刀具的配合应按基轴制选取。若刀具不是用切削部分导向，而是用刀具的导柱部分导向，此时可按基孔制的相应配合 H7/f7、H7/g6 或 H6/g5 选取。钻套导向孔与刀具之间，应保证一定的配合间隙。一般根据所用刀具和工件的加工精度要求来选取钻套导向孔的公差与配合。当钻孔和扩孔时，选 F7 或 F8；粗铰孔时，选 G7；精铰孔时，选 G6。当采用标准铰刀铰 H7 或 H9 孔时，导向孔的公称尺寸取被加工孔的公称尺寸，公差选 F7 或 E7。

③ 钻套的高度 H 增大，则导向性能好，刀具刚度提高，但钻套与刀具的磨损加剧。应根据孔距精度、工件材料、孔深、刀具寿命、工件表面形状等因素决定。通常取 $H = (1.5 \sim 2.5)d$，当加工精度较高或加工的孔径较小时，可以取 $H = (2.5 \sim 3.5)d$，d 为被加工孔径。

④ 钻套与工件间应留有适当的排屑空间 h，如图 3-68a 所示。若 h 太小，如图 3-68b 所示，排屑困难，会加速导向表面的磨损；若 h 太大，排屑方便，但导向性能降低，如图 3-68c 所示。因此设计时应根据钻头直径及工件材料确定适当的间隙。通常按经验公式选取 h 值。加工铸铁、黄铜时：$h = (0.3 \sim 0.7)d$；加工钢件时：$h = (0.7 \sim 1.5)d$。

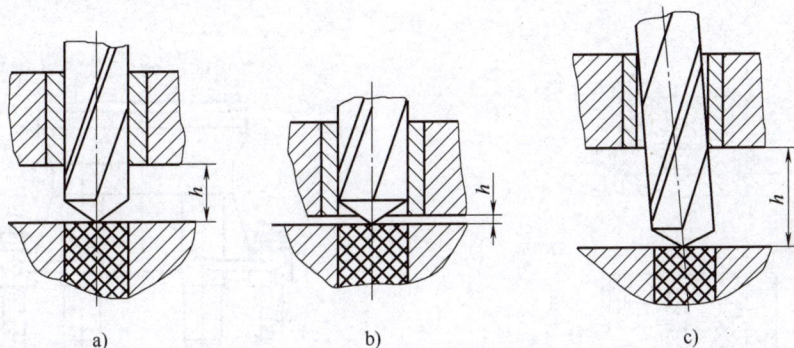

图 3-68 钻套与工件距离 h 的选取

工件材料硬度越高，其系数应取小值，钻头直径越小（钻头刚性越差），其系数应取大值，以免切屑堵塞而使钻头折断。下面几种特殊情况，需另行考虑：在斜面上钻孔（或钻斜孔）时，可取 $h = 0.3d$，以免钻头引偏；孔的位置精度较高时，可取 $h = 0$，使切屑从钻头的螺旋槽中排出；钻深孔（孔的长径比 $L/d > 5$）时，要求排屑畅快，取 $h = 1.5d$。

2）钻模板。钻模板用于安装钻套，并确保钻套在钻模上的正确位置。常见的钻模板有以下几种。

① 固定式钻模板：固定式钻模板与夹具体的连接，一般采用图 3-69 所示的三种结构：图 3-69a 所示为整体铸造结构；图 3-69b 所示为焊接结构；图 3-69c 所示为用螺钉和销钉装配结构。固定式钻模板结构简单、制造容易。

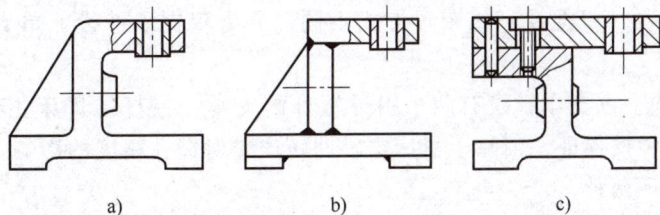

图 3-69 固定式钻模板

② 铰链式钻模板：通过铰链与夹具体固定支架相连接的钻模板（图 3-70）。当钻模板防碍工件装卸或钻孔后需扩孔、攻螺纹时常采用这种结构。铰链轴 1 与钻模板 5 的轴孔配合为 G7/h6，与铰链座 3 的轴孔配合为 N7/h6。钻模板 5 与铰链座 3 之间的配合为 H8/g7。钻套导向孔与夹具安装面的垂直度可通过调整两个支承钉 4 的高度加以保证。加工时，钻模板 5 由菱形螺母 6 锁紧。使用铰链式钻模板，装卸工件方便，但由于铰链轴孔之间存在配合间

隙，因此加工孔的位置精度比固定式钻模板低。

③ 可卸式钻模板：也叫分离式钻模板。钻模板与夹具体是分离的，各为独立部分。装卸工件时可以将钻模板取下。这类钻模板钻孔精度比铰链式钻模板高，但每装卸一次工件就需装卸一次模板，装卸时间长，效率较低。

④ 悬挂式钻模板：悬挂在机床主轴上，由机床主轴带动而与工件靠近或离开的钻模板称为悬挂式钻模板。如图 3-71 所示，钻模板 1 的位置由导向滑柱 4 来确定，并悬挂在滑柱上，通过弹簧 5 和横梁 6 与机床主轴或主轴箱连接。这类钻模板多与组合机床或多轴箱联合使用。

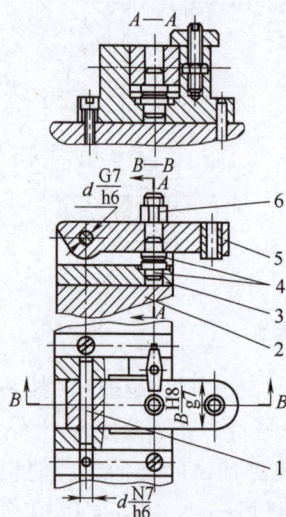

图 3-70　铰链式钻模板

1—铰链轴　2—夹具体　3—铰链座
4—支承钉　5—钻模板　6—菱形螺母

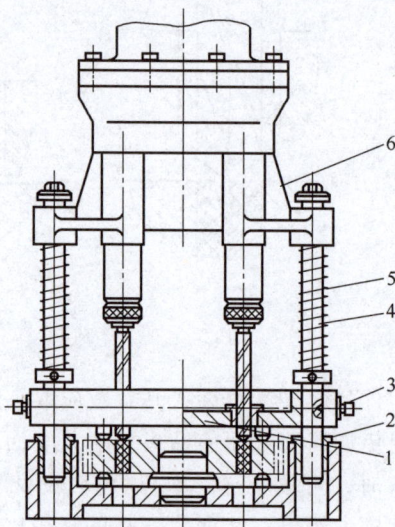

图 3-71　悬挂式钻模板

1—钻模板　2—套　3—螺钉
4—导向滑柱　5—弹簧　6—横梁

3. 镗床夹具

镗床夹具又称镗模。它是用来加工箱体、支架等类工件上的精密孔或孔系的机床夹具。

（1）镗模的种类　根据镗套的布置形式不同，分为双支承镗模、单支承镗模和无支承镗模。

1）双支承镗模。双支承镗模有两个引导镗杆的支承，镗杆与机床主轴采用浮动连接，镗孔的位置精度由镗模保证，消除了机床主轴回转误差对镗孔精度的影响。根据支承相对于刀具的位置分为以下两种。

① 前后双支承镗模：图 3-72 所示为镗削车床尾座孔镗模，镗模的两个支承分别设置在刀具的前方和后方。镗杆 9 和主轴之间通过浮动卡头 10 连接。工件以底面、槽及侧面在定位板 3、4 及可调支承钉 7 上定位，限制工件的六个自由度。采用联动夹紧机构，拧紧夹紧螺钉 6，压板 5、8 同时将工件夹紧。镗模支架 1 上装有滚动回转镗套 2，用以支承和引导镗杆。镗模以底面作为安装基面安装在机床工作台上，其侧面设置找正基面 B，因此可不设定位键。

前后双支承镗模，一般用于镗削孔径较大，孔的长径比 $L/D<1.5$ 的通孔或孔系，其加

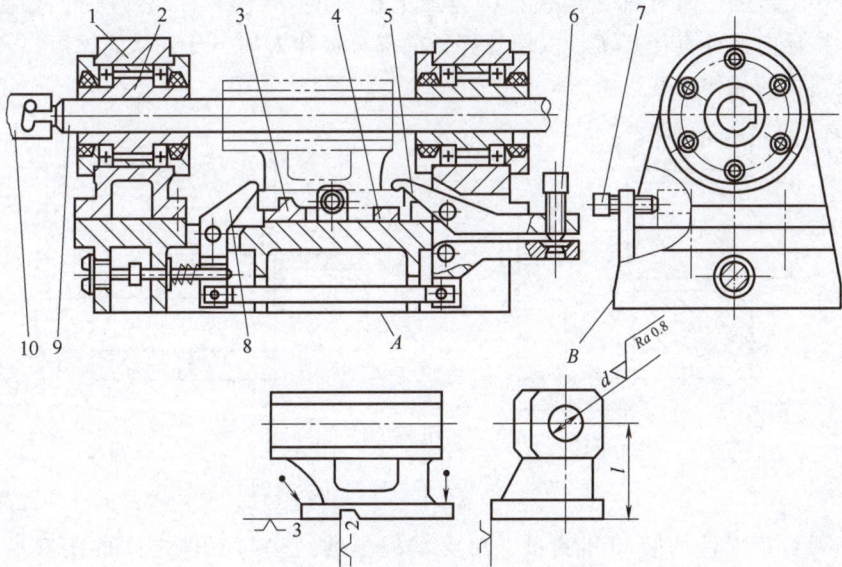

图 3-72 镗削车床尾座孔镗模

1—支架 2—镗套 3、4—定位板 5、8—压板 6—夹紧螺钉 7—可调支承钉 9—镗杆 10—浮动卡头

工精度较高，但更换刀具不方便。

② 后双支承镗模：图 3-73 所示为后双支承导向镗孔示意图，两支承设置在刀具后方，镗杆与主轴浮动连接。为保证镗杆刚性，镗杆悬伸量 $L_1<5d$；为保证镗孔精度，两支承导向长度 $L>(1.25\sim1.5)L_1$。后双支承导向镗模可在箱体一侧壁上镗孔，便于装卸工件和刀具，也便于观察和测量。

2）单支承镗模。这类镗模只有一个导向支承，镗杆与主轴采用固定连接。根据支承相对于刀具的位置分为以下两种。

① 前单支承镗模：图 3-74 所示为前单支承导向镗孔示意图，镗模支承设置在刀具的前方，用于加工孔径 $D>60$mm、加工长度 $L<D$ 的通孔。一般镗杆的导向部分直径 $d<D$。因导向部分直径不受加工孔径大小的影响，故在多工步加工时，可不更换镗套。这种布置便于在加工中观察和测量，但在立镗时，应设置镗套防护罩。

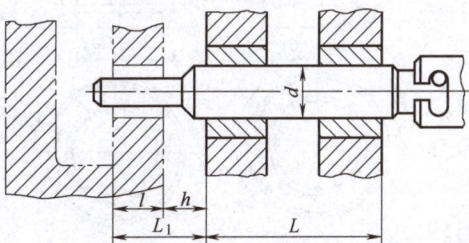

图 3-73 后双支承导向镗孔示意图

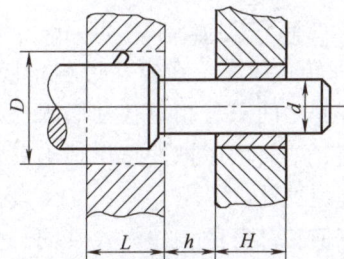

图 3-74 前单支承导向镗孔示意图

② 后单支承镗模：图 3-75 所示为后单支承导向镗孔示意图，镗套设置在刀具的后方。用于立镗时，切屑不会影响镗套。当镗削 $D<60$mm、$L<D$ 的通孔或盲孔时，如图 3-75a 所示，可使镗杆导向部分的尺寸 $d>D$，这种形式的镗杆刚度好，加工精度高，装卸工件和更换

刀具方便，多工步加工时可不更换镗杆；当加工孔长度 $L=(1\sim1.25)D$ 时，如图 3-75b 所示，应使镗杆导向部分直径 $d<D$，以便镗杆导向部分可伸入加工孔，从而缩短镗套与工件之间的距离及镗杆的悬伸长度。

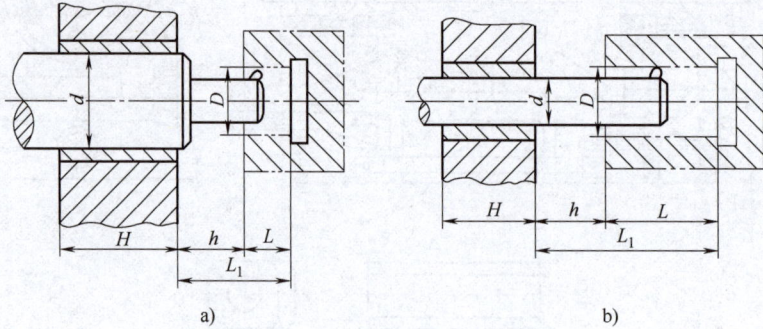

图 3-75　后单支承导向镗孔示意图

为便于刀具及工件的装卸和测量，单支承镗模的镗套与工件之间的距离一般在 20～80mm 之间，常取 $h=(0.5\sim1)D$。

3）无支承镗模。工件在刚性好、精度高的金刚镗床、坐标镗床或数控机床、加工中心上镗孔时，夹具上不设置镗模支承，加工孔的尺寸和位置精度均由镗床保证。这类夹具只需设计定位装置、夹紧装置和夹具体。

（2）镗模的设计要点　设计镗模时，除了定位、夹紧装置外，主要考虑与镗刀密切相关的刀具导向装置的合理选用（镗套、镗杆）。

1）镗套。用于引导镗杆。镗套的结构形式和精度直接影响被加工孔的精度。常用的镗套有以下两类。

① 固定式镗套：在镗孔过程中不随镗杆转动的镗套。图 3-76 所示是标准结构的固定式镗套，与快换钻套结构相似。A 型不带油杯和油槽，镗杆上开油槽；B 型则带油杯和油槽，使镗杆和镗套能充分润滑。

这类镗套结构紧凑，外形尺寸小，制造简单，位置精度高，但镗套易于磨损。因此固定式镗套适用于低速镗孔，一般线速度 $v\leqslant0.3\mathrm{m/s}$，固定式镗套的导向长度 $L=(1.5\sim2)d$。

② 回转式镗套：在镗孔过程中随镗杆一起转动，镗杆与镗套之间只有相对移动而无相对转动，可减少镗套磨损，不会因摩擦发热出现卡死现象。这类镗套适用于高速镗孔。

根据回转部分的工作方式不同，分为内滚式回转镗套和外滚式回转镗套。内滚式回转镗套是把回转部分安装在镗杆上，并且成为镗杆的一部分；外滚式回转镗套是把回转部分安装在导向支架上。如图 3-77 所示是常见的几种外滚式回转镗套的典型结构。

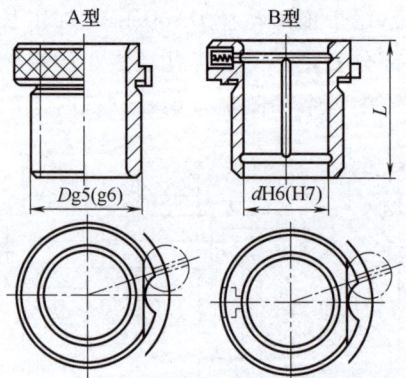

图 3-76　标准结构的固定式镗套

图 3-77a 所示为滑动轴承外滚式回转镗套，镗套 1 可在滑动轴承 2 内回转，镗模支架 3

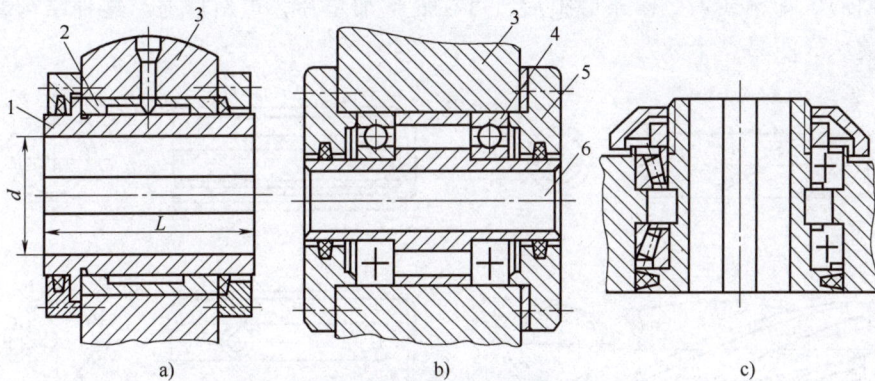

图 3-77 外滚式回转镗套

1、6—镗套 2—轴承 3—镗模支架 4—调整垫 5—轴承端盖

上设置油杯，经油孔将润滑油送到回转副，使其充分润滑。镗套中间开有键槽，镗杆上的键通过键槽带动镗套回转。这种镗套的径向尺寸较小，适用于孔距较小的孔系加工，回转精度高，减振性好，承载能力大，但需要充分润滑。常用于精加工，摩擦面线速度 $v<0.3\sim0.4\mathrm{m/s}$

图 3-77b 所示为滚动轴承外滚式回转镗套，镗套 6 支承在两个滚动轴承上，轴承安装在镗模支架 3 的轴承孔中，轴承孔的两端用轴承端盖 5 封住。这种镗套采用标准滚动轴承，所以设计、制造和维修方便，镗杆转速高，一般摩擦面线速度 $v>0.4\mathrm{m/s}$。但径向尺寸较大，回转精度受轴承精度影响。可采用滚针轴承以减小径向尺寸，采用高精度轴承提高回转精度。

图 3-77c 所示为立式镗孔用的回转镗套，为避免切屑和切削液落入镗套，需要设置防护罩。为承受轴向力，一般采用圆锥滚子轴承。

回转镗套一般用于镗削孔距较大的孔系，当被加工孔径大于镗套孔径时，需在镗套上开引刀槽，使装好刀的镗杆能顺利进入。为确保进入引刀槽，镗套上设置尖头键或钩头键（图 3-78）。回转镗套的导向长度 $L=(1.5\sim3)d$。

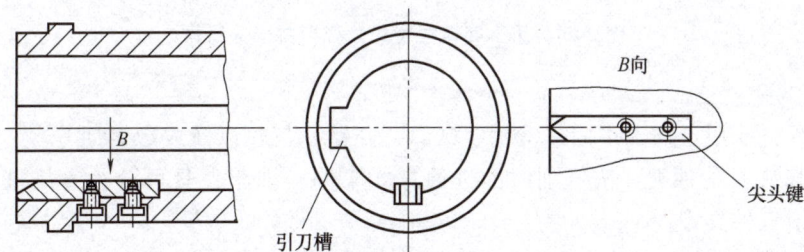

图 3-78 回转镗套的引刀槽及尖头键

2）镗杆。图 3-79 所示为用于固定镗套的镗杆导向部分结构。当导向直径 $d<50\mathrm{mm}$ 时，常采用整体式结构。图 3-79a 所示为开油槽的镗杆，镗杆与镗套的接触面积大，磨损大，若切屑从油槽内进入镗套，则易出现"卡死"现象，但镗杆的刚度和强度较好；图 3-79b、c 所示为深直槽和螺旋槽的镗杆，这种结构可减少镗杆与镗套的接触面积，沟槽有存屑能力，可减少"卡死"现象，但镗杆刚度较低；图 3-79d 所示为镶条式结构。镶条采用摩镲系数小

和耐磨的材料，如铜或钢。镶条磨损后，可在底部加垫片，重新修磨。这种结构摩擦面积小，容屑量大，不易"卡死"。

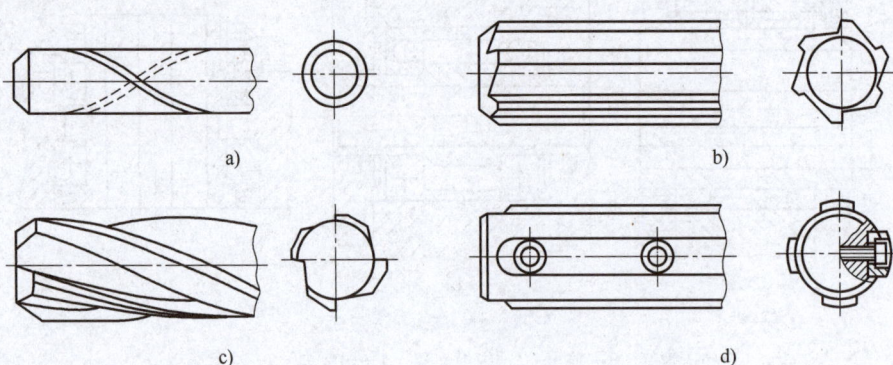

图 3-79　用于固定镗套的镗杆导向部分结构

图 3-80 所示为用于回转镗套的镗杆导向部分结构，图 3-80a 所示为在镗杆前端设置平键，键下装有压缩弹簧，键的前部有斜面，适用于有键槽的镗套，无论镗杆以何位置进入镗套，平键均能进入键槽，带动镗套回转；图 3-80b 所示的镗杆上开有键槽，其头部做成 ≤45° 的螺旋引导结构，可与图 3-78 所示装有尖头键的镗套配合使用。镗杆与加工孔之间应有足够的间隙容纳切屑，通常镗杆直径按 $d=(0.7\sim0.8)D$ 选取。

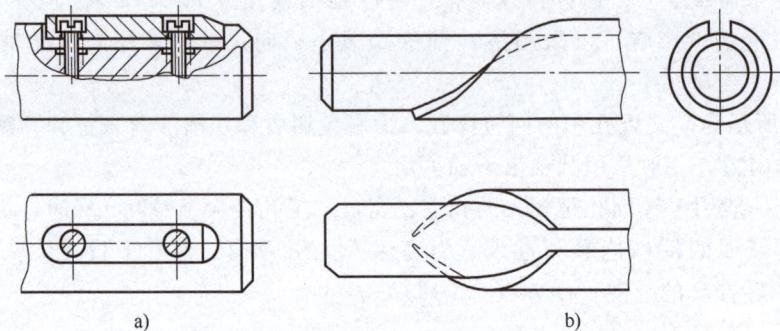

图 3-80　用于回转镗套的镗杆导向部分结构

4. 铣床夹具

铣床夹具主要用于加工平面、沟槽、缺口、花键、齿轮以及成形表面等。

（1）铣床夹具的种类　按铣削时的进给方式不同，铣床夹具可分为直线进给、圆周进给和靠模进给三种类型。

1）直线进给式铣床夹具。这类夹具安装在铣床工作台上，在加工中随工作台按直线进给方式运动。按照在夹具中同时安装工件的数目和工位多少分为单件加工、多件加工和多工位加工夹具。

图 3-81 所示是多件加工的直线进给式铣床夹具，该夹具用于在小轴端面上铣通槽。六个工件以外圆面在活动 V 形块 2 上定位，以一端面在支承钉 6 定位。活动 V 形块 2 装在两根导向柱 7 上，活动 V 形块之间用弹簧 3 分离。工件定位后，由薄膜式气缸 5 推动活动 V 形块 2 依次将工件夹紧。由对刀块 9 和定位键 8 来保证夹具与刀具和机床的相对位置。

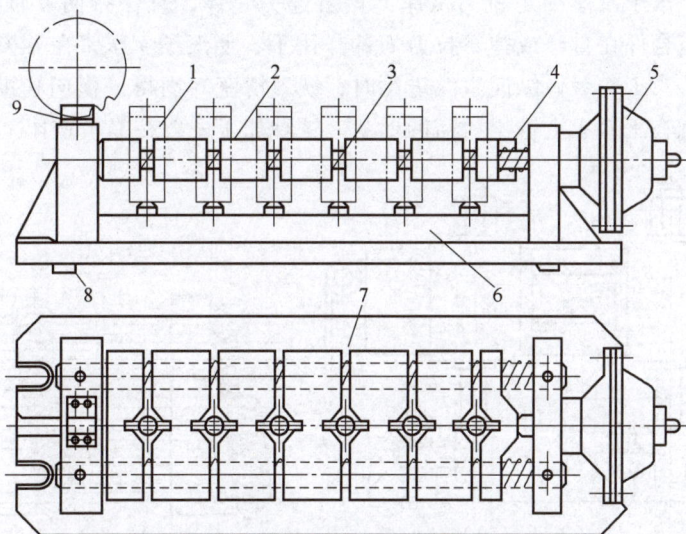

图 3-81　多件加工的直线进给式铣床夹具

1—小轴　2—活动 V 形块　3—弹簧　4—夹紧元件　5—薄膜式气缸　6—支承钉
7—导向柱　8—定位键　9—对刀块

图 3-82 所示是利用进给时间装卸工件的多工位双向进给铣床夹具，在铣床工作台 4 上装有两个相同的夹具 1 和 3，每个夹具都可以分别装夹 5 个工件，铣刀 2 安放在两个夹具中间位置。当铣床工作台 4 向左直线进给时，铣刀 2 便可铣削装在夹具 3 中的工件，与此同时，操作者便可在夹具 1 中装卸工件。待夹具 3 中的工件加工完后，铣床工作台 4 快速退至中间位置，然后向右直线进给，铣削装在夹具 1 中的工件，这时操作者便可装卸夹具 3 中的工件。

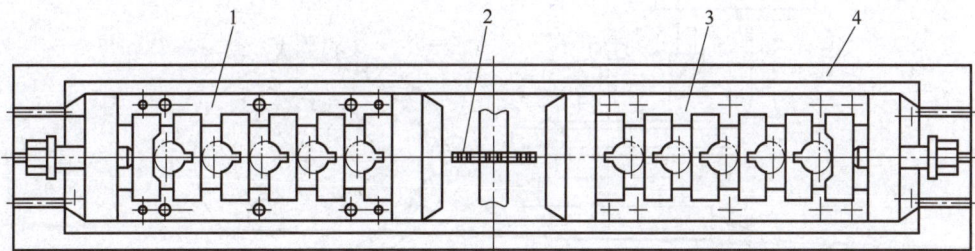

图 3-82　双向进给铣床夹具

1、3—夹具　2—铣刀　4—铣床工作台

2）圆周进给式铣床夹具。圆周进给式铣床夹具多用在回转工作台或回转鼓轮铣床，依靠回转台或鼓轮的旋转将工件顺序送入铣床的加工区域，实现连续切削。在切削的同时，可在装卸区域装卸工件，使辅助时间与机动时间重合，因此它是一种高效率的铣床夹具。

3）靠模进给式铣床夹具。靠模进给式铣床夹具是一种带有靠模的铣床夹具，适用于专用或通用铣床上加工各种非圆曲面。按照进给运动方式可分为直线进给式和圆周进给式两种。

图 3-83 所示为直线进给式靠模铣床夹具。靠模 3 与工件 1 分别装在夹具上，夹具安装

在铣床工作台上，滚子滑座 5 与铣刀滑座 6 两者连为一体，且保持两者轴线间的距离 k 不变。滚子滑座 5 组合件在重锤或弹簧拉力 F 的作用下，使滚子 4 压紧在靠模上，铣刀 2 则保持与工件 1 接触。当工作台做纵向直线进给时，铣刀滑座 6 则得一横向辅助运动，使铣刀 2 仿照靠模 3 的轮廓在工件 1 上铣出所需的形状。这种加工一般在靠模铣床上进行。

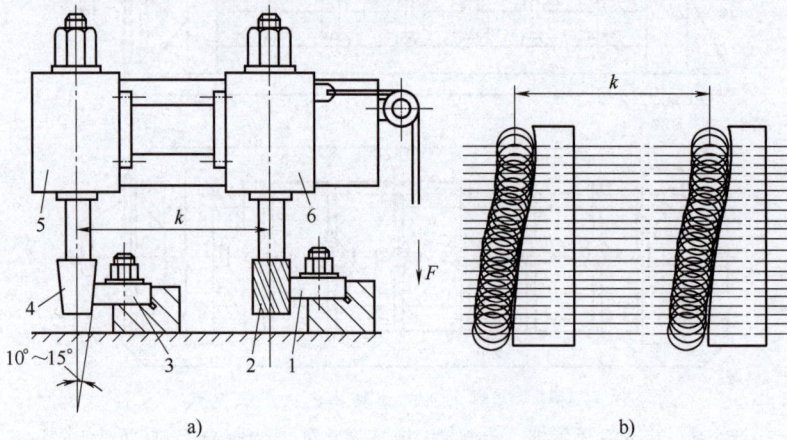

图 3-83　直线进给式靠模铣床夹具
1—工件　2—铣刀　3—靠模　4—滚子　5—滚子滑座　6—铣刀滑座

图 3-84 所示为圆周进给式靠模铣床夹具。夹具装在回转工作台 3 上，回转工作台 3 装在滑座 4 上。滑座 4 受重锤或弹簧拉力 F 的作用使靠模 2 与滚子 5 保持紧密接触。滚子 5 与铣刀 6 不同轴，两轴相距为 k。当回转工作台 3 带动工件 1 回转时，滑座 4 也带动工件 1 沿导轨相对于刀具做径向辅助运动，从而加工出与靠模 2 外形相仿的成形面。

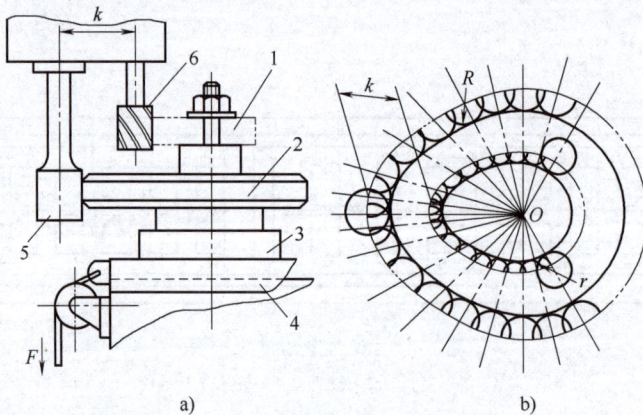

图 3-84　圆周进给式靠模铣床夹具
1—工件　2—靠模　3—回转工作台　4—滑座　5—滚子　6—铣刀

（2）铣床夹具的设计要点　由于铣削加工时切削用量较大、且为断续切削，故切削力较大，易产生冲击和振动，因此，设计铣床夹具时，要求工件定位可靠，夹紧力足够大，手动夹紧时夹紧机构要有良好的自锁性能，夹具上各组成元件应具有较高的强度和刚度。铣床夹具一般有确定刀具位置和夹具方向的对刀块和定位键。

1）定位键。为确定夹具与机床工作台的相对位置，在夹具体底面上应设置定位键。铣床夹具通过两个定位键与机床工作台上的 T 形槽配合，确定夹具在机床上的位置。定位键有矩形和圆形两种形式，如图 3-85 所示。

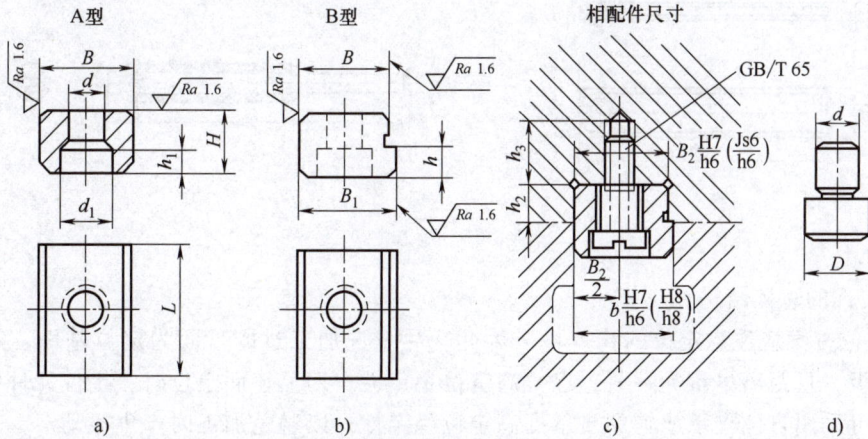

图 3-85 定位键

常用的矩形定位键有 A 型和 B 型两种结构型式。A 型定位键的宽度，按统一尺寸 B（h6 或 h8）制造，适用于夹具定向精度要求不高的场合。B 型定位键的侧面开有沟槽，沟槽上部与夹具体的键槽配合，其宽度尺寸 B 按 H7/h6 或 Js6/h6 与键槽配合；沟槽的下部宽度为 B_1，与铣床工作台的 T 形槽配合。因为 T 形槽公差为 H8 或 H7，故 B_1 一般按 h6 或 h8 制造。在制造定位键时，B_1 应留有修磨量 0.5mm，以便与工作台 T 形槽修配，达到较高的配合精度。

2）对刀装置。用于确定刀具与夹具的相对位置。一般有对刀块和塞尺。图 3-86 所示为几种常见铣刀的对刀装置，图 3-86a 所示是高度对刀装置，用于对准铣刀的高度，3 是标准圆形对刀块；图 3-86b 所示对刀块 3 是直角对刀块，用于对准铣刀的高度和水平方向位置；图 3-86c、d 所示是成形刀具对刀装置；图 3-86e 所示为组合刀具对刀装置，对刀块 3 是方形对刀块，用于组合铣刀的垂直和水平方向对刀。

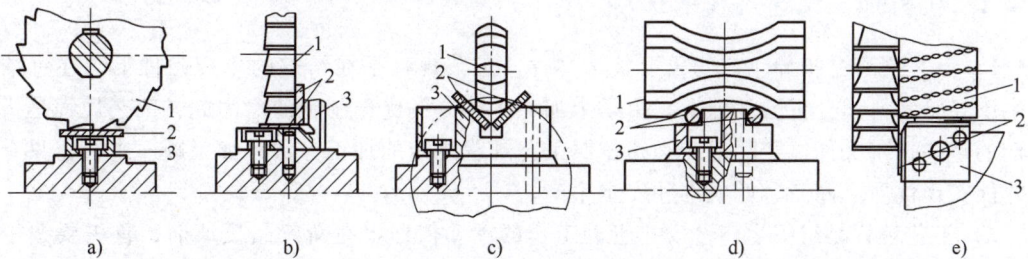

图 3-86 对刀装置

1—刀具 2—塞尺 3—对刀块

对刀时，铣刀不能与对刀块工作表面直接接触，以免损坏切削刃或造成对刀块过早磨损，应通过塞尺来校准它们之间的相对位置，即将塞尺放在刀具与对刀块的工作表面之间，凭抽动塞尺的松紧感觉来判断铣刀的位置。图 3-87 是常用的两种标准塞尺结构，图 3-87a 所示是对刀平塞尺，$H = 1 \sim 5mm$，公差为 h8；图 3-87b 所示是对刀圆柱塞尺，$d = 3 \sim 5mm$，公差为 h8。设计夹具时，夹具总图上应标注塞尺的尺寸和公差。

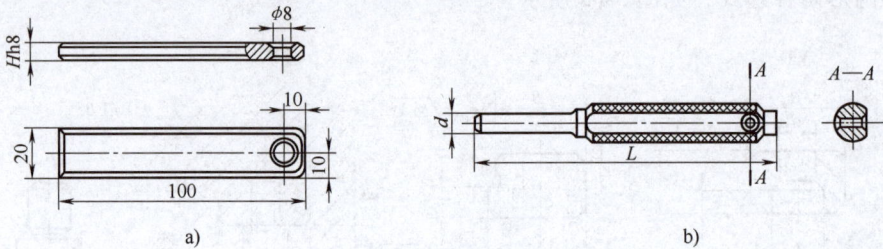

图 3-87　对刀塞尺

3）夹具的总体结构。

① 定位方案应注意定位的稳定性。为此，尽量选加工过的平面为定位基面，定位元件要用支承板，且距离尽量远一些，以提高定位稳定性；用毛坯面定位时，定位元件要用球头支承钉，可采用自位支承或辅助支承提高定位稳定性，以避免加工时产生振动。

② 夹紧机构刚性要好，有足够的夹紧力，力的作用点要尽量靠近加工表面，并夹紧在工件刚性较好的部位，以保证夹紧可靠、变形小。对于手动，夹紧机构应具有自锁性能。

③ 夹具的重心要尽可能低，夹具体与机床工作台的接触面积要大。因此夹具体的高度与宽度比一般为 $H/B \leq 1 \sim 1.25$，如图 3-88 所示。

④ 切屑流出及清理方便。大型夹具应考虑排屑口、出屑槽；对不易清除切屑的部位和空间应加防护罩。加工过程采用切削液时，夹具体设计要考虑切削液的流向和回收。

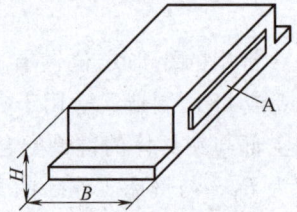

图 3-88　铣床夹具夹具体的外形尺寸

3.4　机械加工工艺规程的制定

3.4.1　机械加工工艺规程的作用

1）工艺规程是指导生产的重要技术文件。工艺规程是在给定的生产条件下，在总结实际生产经验和科学分析的基础上，由多个加工工艺方案优选制定的。因此，工艺规程是指导生产的重要技术文件，实际生产必须按照工艺规程规定的加工方法和加工顺序进行，只有这样才能实现优质、高产、低成本和安全生产。

2）工艺规程是组织生产、安排管理工作的重要依据。在新产品投产前，首先要按工艺规程进行大量的有关生产的准备工作；计划和调度部门，要按工艺规程确定各个零件的投料时间和数量，调整设备负荷，供应动力能源，调配劳动力等；各工作地点也要按工艺规程规定的工序、工步以及所用设备、工时定额等有节奏地进行生产。总之，制定定额、计算成本、生产计划、劳动工资、经济核算等企业管理工作都必须以工艺规程为依据，使各科室、车间、工段和工作地紧密配合，以保证均衡地完成生产任务。

3）工艺规程是设计或改（扩）建工厂的主要依据。在设计或改（扩）建工厂时，必须根据工艺规程有关规定，确定所需机床设备品种、数量；车间布局、面积；生产工人的工种、等级和数量等。

4）工艺规程有助于技术交流和推广先进经验。经济合理的工艺规程是在一定的技术水平及具体的生产条件下制定的，是相对的，是有时间、地点和条件的。因此，虽然在生产中必须遵守工艺规程，但工艺规程也要随着生产的发展和技术的进步不断改进，生产中出现了新问题，就要以新的工艺规程为依据组织生产。但是，在修改工艺规程时，必须采取慎重和稳妥的步骤，即在一定的时间内要保证既定的工艺规程具有一定的稳定性，要力求避免贸然行事，决不能轻率地修改工艺规程，以致影响生产的正常秩序。

3.4.2　制定工艺规程的原则、原始资料及步骤

（1）制定工艺规程的原则　制定工艺规程的原则是，在一定的生产条件下，应以最少的劳动量和最低的成本，在规定的期间内，可靠地加工出符合图样及技术要求的零件。在制定工艺规程时，应注意以下问题：

1）技术上的先进性。在制定工艺规程时，要了解当时国内国外本行业工艺技术的发展水平，通过必要的工艺试验，积极采用适用的先进工艺和工艺装备。

2）经济上的合理性。在一定的生产条件下，可能会出现几种能保证零件技术要求的工艺方案，此时应通过核算或相互对比，选择经济上最合理的方案，使产品的能源、原材料消耗和成本最低。

3）具有良好的劳动条件。在制定工艺规程时，要注意保证工人在操作时有良好安全的劳动条件。因此在工艺方案上要注意采取机械化或自动化的措施，将工人从笨重繁杂的体力劳动中解放出来。

（2）制定工艺规程的原始资料　在制定工艺规程时，通常应具备下列原始资料：

1）产品的全套装配图和零件工作图。

2）产品验收的质量标准。

3）产品的生产纲领（年产量）。

4）毛坯资料。毛坯资料包括各种毛坯制造方法的技术经济特征；各种钢材型料的品种和规格；毛坯图等。在无毛坯图的情况下，需实地了解毛坯的形状、尺寸及力学性能等。

5）现场的生产条件。为了使制定的工艺规程切实可行，一定要考虑现场的生产条件。因此要深入生产实际，了解毛坯的生产能力及技术水平；加工设备和工艺装备的规格及性能；工人的技术水平以及专用设备及工艺装备的制造能力等。

6）国内外工艺技术的发展情况。工艺规程的制定，既应符合生产实际，又不能墨守成规，要随着生产的发展，不断地革新和完善现行工艺，以便在生产中取得最大的经济效益。

7）有关的工艺手册及图册。

（3）制定工艺规程的步骤　制定零件机械加工工艺规程的主要步骤大致如下：

1）计算年生产纲领，确定生产类型。

2）零件的工艺分析。为了保证产品设计结构的合理性，制造工艺的可行性与经济性，在制定工艺规程时，必须对零件进行工艺分析。零件的工艺分析包括下面几个内容：

① 分析和审查零件图样。通过分析产品零件图及有关的装配图，了解零件在机械中的功用，在此基础上进一步审查图样的完整性和正确性。例如，图样是否符合有关标准，是否有足够的视图，尺寸、公差和技术要求的标注是否齐全等。若有遗漏或错误，应及时提出修

改意见，并与有关设计人员协商，按一定手续进行修改或补充。

② 审查零件材料的选择是否恰当。零件材料的选择应立足于国内，尽量采用我国资源丰富的材料，不能随便采用贵重金属。此外，如果材料选得不合理，可能会使整个工艺过程的安排发生问题。如图 3-89 所示的方销，方头部分要求淬硬到 55～60HRC，零件上有一个 $\phi2H7$ 的孔，装配时和另一个零件配作，不能预先加工好。若选用的材料为 T8A（优质碳素工具钢），因零件很短，总长只有 15mm，方头淬火时，势必全部被淬硬，以致 $\phi2H7$ 不能加工。若改用 20Cr，局部渗碳，在 $\phi2H7$ 处镀铜保护，淬火后不影响孔的配作加工，这样就比较合理了。

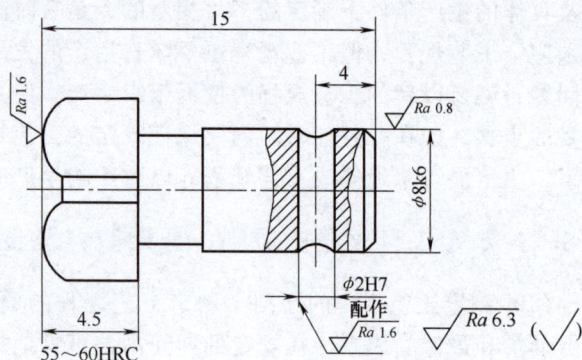

图 3-89　方销

③ 分析零件的技术要求。零件的技术要求包括：加工表面的尺寸精度；加工表面的几何形状精度；各加工表面之间的相互位置精度；加工表面粗糙度以及表面质量方面的其他要求；热处理要求及其他要求。

通过分析，了解这些技术要求的作用，并进一步分析这些技术要求是否合理，在现有生产条件下能否达到，以便采取相应的措施。

④ 审查零件的结构工艺性。零件的结构工艺性是指零件的结构在保证使用要求的前提下，是否能以较高的生产率和最低的成本方便地制造出来的特性。使用性能完全相同而结构不同的两个零件，它们的制造方法和制造成本可能有很大的差别。

结构工艺性涉及的方面较多，包括毛坯制造的工艺性（如铸造工艺性、锻造工艺性和焊接工艺性等）、机械加工的工艺性、热处理工艺性、装配工艺性和维修工艺性等。下面着重介绍机械加工中的零件结构工艺性问题。

a. 零件的结构应便于安装。安装基面应保证安装方便，定位可靠，必要时可增加工艺凸台，如图 3-90a 所示。工艺凸台可在精加工后切除。零件结构上应有可靠的夹紧部位，必要时可增加凸缘或孔，使安装时夹紧方便可靠，如图 3-90b 所示。

b. 被加工面应尽量处于同一平面上。以便于用高生产率的方法（如端铣、平面磨等）一次加工出来，如图 3-90c 所示。同时被加工面应与不加工面清楚地分开。

c. 被加工面的结构刚性要好。必要时可增加加强筋，这样可以减少加工中的变形，保证加工精度，如图 3-90d 所示。

d. 孔的位置应便于刀具接近加工表面。如图 3-90e 所示，孔口的入端和出端应与孔的轴线垂直，以防止钻头的引偏和折断，提高钻孔精度，如图 3-90f 所示。

e. 台阶轴的圆角半径、沉割槽和键槽的宽度以及圆锥面的锥度应尽量统一。以便于用同一把刀具进行加工，减少换刀与调整的时间，如图 3-90g 所示。

f. 磨削、车削螺纹都需要设置退刀槽。以保证加工质量和改善装配质量，如图 3-90h 所示。

g. 应尽量减少加工面的面积和避免深孔加工，以保证加工精度和提高生产率。

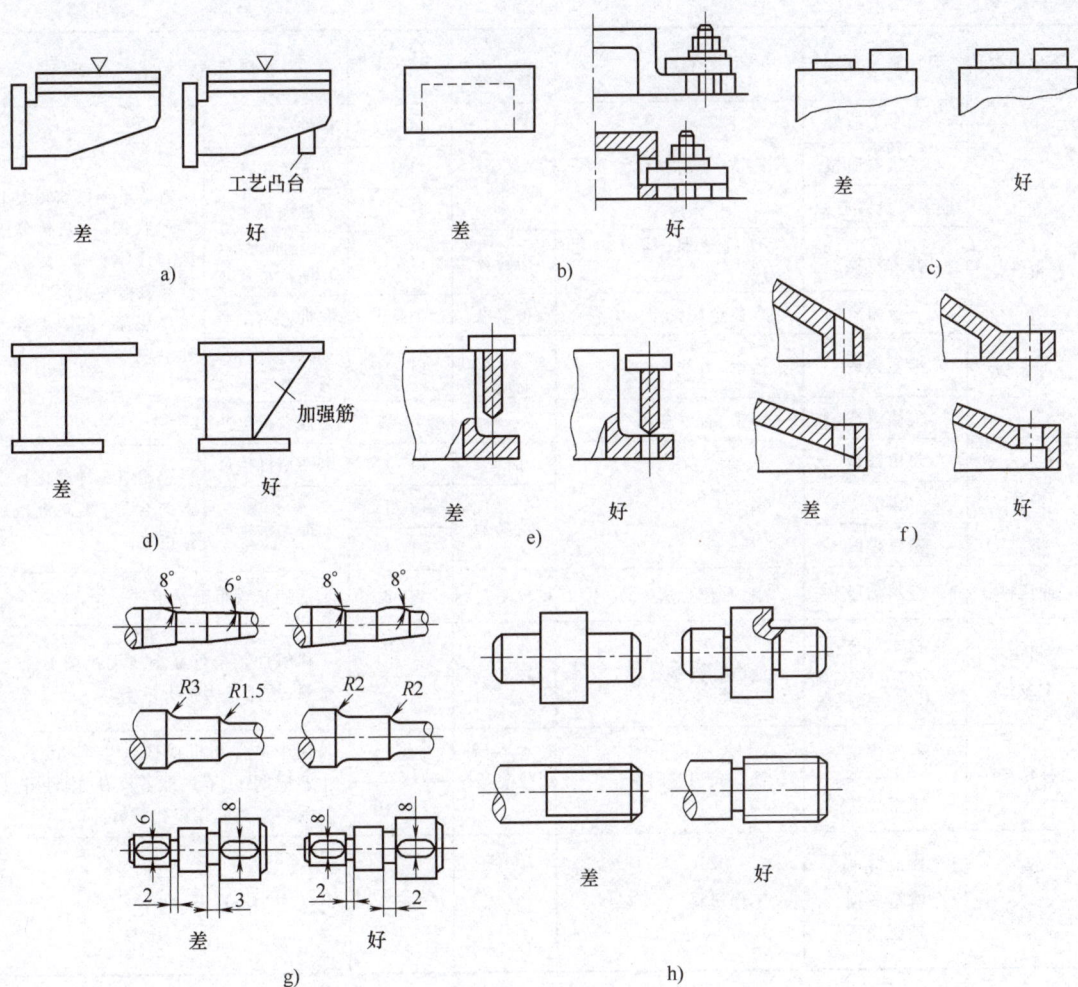

图 3-90　零件结构工艺性示例

3）毛坯的选择。毛坯是根据零件（或产品）所要求的形状、工艺尺寸等制成的供进一步加工用的生产对象。毛坯种类、形状、尺寸及精度对机械加工工艺过程、产品质量、材料消耗和生产成本有着直接影响。在已知零件工作图及生产纲领之后，应进行如下工作。

① 确定毛坯种类。机械产品及零件常用毛坯种类有铸件、锻件、焊接件、冲压件以及粉末冶金件和工程塑料件等。根据要求的零件材料、零件对材料组织和性能的要求、零件结构及外形尺寸、零件生产纲领及现有生产条件，可参考表 3-5 确定毛坯的种类。

表 3-5　机械制造业常用毛坯种类及其特点

毛坯种类	毛坯制造方法	材料	形状复杂性	公差等级（IT）	特点及适用的生产类型
型材	热轧	钢、有色金属（棒、管、板、异形等）	简单	12～11	常用作轴、套类零件及焊接毛坯分件，冷轧坯尺寸大、精度高但价格昂贵，多用于自动机
	冷轧（拉）			10～9	

（续）

毛坯种类	毛坯制造方法	材料	形状复杂性	公差等级（IT）	特点及适用的生产类型
铸件	木模手工造型	铸铁、铸钢和有色金属	复杂	14~12	单件小批生产	铸造毛坯可获得复杂形状，其中灰铸铁因其成本低廉，耐磨性和吸振性好而广泛用作机架、箱体类零件毛坯
	木模机器造型			12~	成批生产	
	金属模机器造型			12~	大批大量生产	
	离心铸造	有色金属、部分黑色金属	回转体	14~12	成批或大批大量生产	
	压铸	有色金属	可复杂	10~9	大批大量生产	
	熔模铸造	铸钢、铸铁	复杂	11~10	成批或大批大量生产	
	失蜡铸造	铸铁、有色金属		10~9	大批大量生产	
锻件	自由锻造	钢	简单	14~12	单件小批生产	金相组织纤维化且走向合理，零件机械强度高
	模锻		较复杂	12~11	大批大量生产	
	精密模锻			11~10		
冲压件	板料加压	钢、有色金属	较复杂	9~8	适用于大批大量生产
粉末冶金件	粉末冶金	铁、铜、铝基材料	较复杂	8~7	机械加工余量极小或无机械加工余量，适用于大批大量生产
	粉末冶金热模锻			7~6	
焊接件	普通焊接	铁、铜、铝基材料	较复杂	13~12	用于单件小批或成批生产，因其生产周期短、不需准备模具、刚性好及材料省而常用以代替铸件
	精密焊接			11~10	
工程塑料件	注射成型 吹塑成型 精密模压	工程塑料	复杂	10~9	适用于大批大量生产

② 确定毛坯的形状。从减少机械加工工作量和节约金属材料出发，毛坯应尽可能接近零件形状。最终确定的毛坯形状除取决于零件形状、各加工表面总余量和毛坯种类外，还要考虑：

a. 是否需要制出工艺凸台以利于工件的装夹，如图 3-91a 所示。

b. 是一个零件制成一个毛坯还是多个零件合制成一个毛坯，如图 3-91b、c 所示。

c. 哪些表面不要求制出（如孔、槽、凹坑等）。

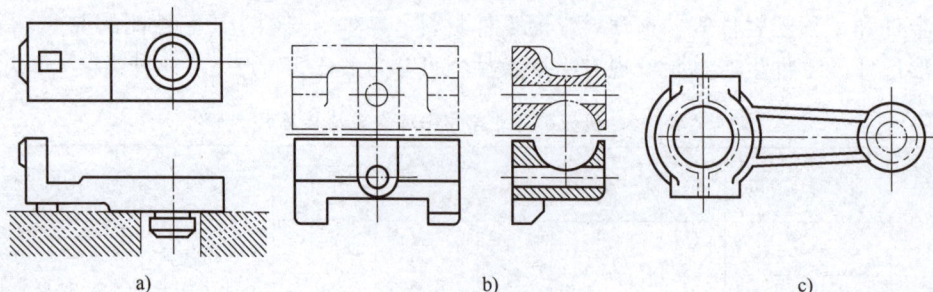

a) b) c)

图 3-91　毛坯的形状

d. 铸件分型面、拔模斜度及铸造圆角；锻件敷料、分模面、模锻斜度及圆角半径等。

③ 绘制毛坯-零件综合图。以反映出确定的毛坯的结构特征及各项技术条件。

4）拟定工艺路线。拟定工艺路线即确定由粗到精的全部加工过程，包括选择定位基准及各表面的加工方法、安排加工顺序等，还包括确定工序分散与集中的程度、安排热处理以及检验等辅助工序。这是关键性的一步，要多提出几个方案进行分析比较。

5）确定各工序的加工余量、计算工序尺寸及公差。

6）确定各工序的设备、夹具、刀具、量具和辅助工具。

① 设备的选择。选择机床时主要是决定机床的种类和型号。

选择机床的一般原则是：单件小批生产选用通用机床；大批大量生产可广泛采用专用机床、组合机床和自动机床。选择机床时，一方面考虑经济性，另一方面考虑下列问题：

a. 机床规格要与零件外形尺寸相适应。

b. 机床的精度要与工序要求的精度相适应。

c. 机床的生产率要与生产类型相适应。

d. 机床主轴转速范围、进给量及动力等应符合切削用量的要求。

e. 机床的选用要与现有设备相适应。

如果需要改装或设计专用机床，则应提出任务说明书，阐明与加工工序内容有关的参数、生产率要求，保证产品质量的技术条件以及机床的总体布局形式等。

② 夹具的选择。在设计工艺规程时，设计者要对采用的夹具有初步的考虑和选择。在工序图上应表示出定位、夹紧方式以及同时加工的件数等，要反映出所选用的夹具是通用夹具还是专用夹具。

③ 刀具的选择。在选择刀具时，应考虑工序的种类、生产率、工件材料、加工精度以及采用机床的性能等。应尽可能采用标准的刀具。特殊刀具如成形车刀、非标准钻头等，应专门设计和制造。

④ 量具的选择。在选用量具时，要考虑生产类型。在单件小批量生产中应尽量选用标准的通用量具；在大批大量生产中，一般根据所检验的尺寸，设计专用量具。如卡规、塞规以及自制专用检验量具。

⑤ 辅具的选择。辅具也分为标准和非标准两种。选择原则是首先考虑标准的，其次是非标准的。

7）确定切削用量和工时定额。

8）确定各主要工序的技术要求及检验方法。

9）填写工艺文件。将工艺规程的内容填入一定格式的卡片，即成为生产准备和施工依据的工艺文件。工艺文件主要有工艺过程卡片和工序卡片两种基本形式，如图 3-92 和图 3-93。图 3-92 所示机械加工工艺过程卡片是以工序为单位简要说明零件机械加工的一种文件，一般适用于单件小批生产。在大批大量生产中，工艺过程卡片可作为工序卡片的汇总表供生产调度人员安排生产使用。图 3-93 所示机械加工工序卡片是在工艺过程卡片的基础上，按每道工序所编制的一种工艺文件。工序卡片一般都有工序简图，并详细说明该工序每个工步的加工内容、工艺参数、操作要求及所使用的设备和工艺装备等。工序卡片主要用于大批大量生产中的机械加工各道工序和单件小批生产中的机械加工关键工序。

| （厂 名） | 机械加工工艺过程卡片 | 产品型号 | | 零件图号 | | 文件编号： | 共 页 |
| | | 产品名称 | | 零件名称 | | | 第 页 |

材料牌号		毛坯种类		毛坯外形尺寸		每毛坯件数		每台件数		备注	

工序号	工序名称	工序内容	车间	工段	设备	工艺装备	工时	
							准终	单件

		编制（日期）	审核（日期）	会签（日期）

标记	处数	更改文件号	签字	日期	标记	处数	更改文件号	签字	日期

描图
描校
底图号
装订号

图3-92 机械加工工艺过程卡片

文件编号：

(厂 名)	机械加工工序卡片	产品型号		零件图号		共 页
		产品名称		零件名称		第 页

车 间	工序号	工序名称	材料名称
毛坯种类	毛坯外形尺寸	毛坯件数	每台件数
设备名称	设备型号	设备编号	同时加工件数

夹具编号	夹具名称	冷却液	
		工序工时	
		准终	单件

	工序号	工步内容	工艺装备	主轴转速/(r·min^{-1})	切削速度/(m·min^{-1})	进给量/(mm·r^{-1})	吃刀深度/mm	进给次数	工时定额 机动	工时定额 辅助
描图										
描校										
底图号										
装订号										

										编制(日期)	审核(日期)	会签(日期)	
标记	处数	更改文件号	签字	日期	标记	处数	更改文件号	签字	日期				

图 3-93 机械加工工序卡片

3.5　制定工艺规程要解决的几个主要问题

3.5.1　定位基准的选择

合理地选择定位基准，对于保证加工精度和确定加工顺序都有决定性的影响。在最初的一道工序中，只能用毛坯上未经加工的表面作为定位基准，这种定位基准称为粗基准。经过加工的表面所组成的定位基准称为精基准。

（1）粗基准的选择　选择粗基准时一般应注意以下几点。

1）选择不加工表面作粗基准，可以保证加工面与不加工面之间的相互位置精度。如图 3-94a 所示零件，可以选外圆柱面 D 和左端面定位。这样可以保证内外圆同轴（壁厚均匀）和尺寸 L。

2）若工件必须保证某个重要表面加工余量均匀，则应选择该表面作为粗基准。例如，车床床身的导轨面是重要表面，要求硬度高而均匀，希望加工时只切去一小层均匀的余量，使其表面保留均匀的金相组织，具有较高而一致的力学性能，以增加导轨的耐磨性。故应先以导轨面作粗基准加工床腿底平面，然后以底平面作精基准加工导轨面，如图 3-94b 所示。

3）选作粗基准的表面应尽可能平整光洁，无飞边、毛刺等缺陷，使定位准确、夹紧可靠。

4）粗基准原则上只能用一次。因粗基准本身都是未经加工的表面，精度低，粗糙度数值大，在不同工序中重复使用同一方向的粗基准，不能保证被加工表面之间的位置精度。

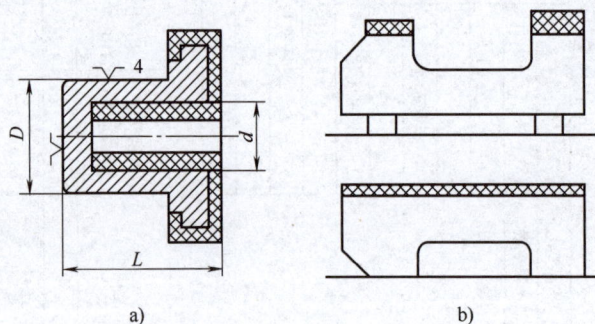

图 3-94　粗基准的选择

（2）精基准的选择　精基准的选择应有利于保证加工精度，并使工件装夹方便。具体选择时可参考下列原则。

1）基准重合原则。即尽量选设计基准作为定位基准，以避免基准不重合误差。如图 3-95 所示零件，设计尺寸 l_1、l_2。若以 B 面定位（同时还要以底面定位）铣 C 面，这时定位基准与设计基准重合，可直接保证设计尺寸 l_1。若以 A 面定位（同样还要以底面定位）铣 C 面，则定位基准与设计基准不重合，这时只能直接保证尺寸 l，而设计尺寸 l_1 是通过 l_2 和 l 来间接保证的。l_1 的精度取决于 l_2 和 l 的精度。尺寸 l_2 的误差即为定位基准 A 与设计基准 B 不重合所产生的误差，称为基准不重合误差，它将影响尺寸 l_1 的加工精度。

2）基准统一原则。即在尽可能多的工序中选用相同的精基准定位。这样便于保证不同工序中所加工的各表面之间的相互位置精度，并能简化夹具的设计与制造工作。如轴类零件常用两个

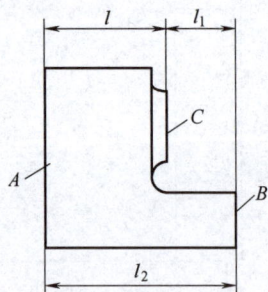

图 3-95　基准重合举例

顶尖孔作为统一精基准，箱体类零件常用一面两孔作为统一精基准。

3）互为基准原则。即互为基准，反复加工。如精密齿轮高频淬火后，齿面的淬硬层较薄，可先以齿面为精基准磨内孔，再以内孔为精基准磨齿面，这样可以保证齿面切去小而均匀的余量。

4）自为基准原则　某些精加工或光整加工工序中要求余量小而均匀，可选择加工表面本身作为精基准。例如，磨削床身导轨面时可先用百分表找正导轨面，然后进行磨削，可以获得小而均匀的余量，如图 3-96 所示。这时导轨面就是定位基准面。

此外，还要求所选精基准能保证工件定位准确可靠，装夹方便，夹具结构简单。

上述定位基准的选择原则常常不能全都满足，甚至会互相矛盾，如基准统一，有时就不能基准重合，故不应生搬硬套，必须结合具体情况，灵活应用。

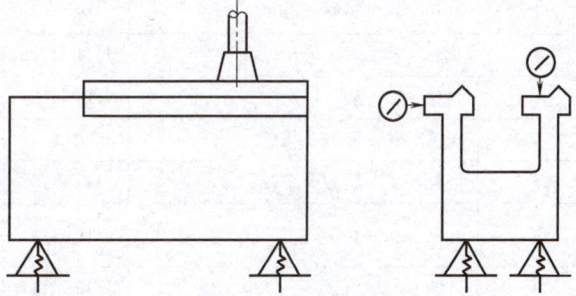

图 3-96　自为基准举例

3.5.2　表面加工方法的选择

选择表面加工方法时，一般先根据表面的精度和粗糙度要求选定最终加工方法，然后再确定精加工前准备工序的加工方法，确定加工方案。由于获得同一精度和表面粗糙度的加工方法往往有多种，选择时还要考虑生产率要求和经济效益，考虑零件的结构形状、尺寸大小、材料和热处理要求以及工厂的生产条件等。表 3-6、表 3-7、表 3-8 分别列出了外圆、孔和平面的加工方案，可供选择时参考。

表 3-6　外圆表面加工方案

序号	加工方案	经济加工公差等级	经济表面粗糙度 $Ra/\mu m$	适用范围
1	粗车	IT11 以下	50~12.5	适用于淬火钢以外的各种金属
2	粗车—半精车	IT10~IT8	6.3~3.2	
3	粗车—半精车—精车	IT8~IT7	1.6~0.8	
4	粗车—半精车—精车—滚压（或抛光）	IT8~IT7	0.2~0.025	
5	粗车—半精车—磨削	IT8~IT7	0.8~0.4	主要用于淬火钢，也可用于未淬火钢，但不宜加工有色金属
6	粗车—半精车—粗磨—精磨	IT7~IT6	0.4~0.1	
7	粗车—半精车—粗磨—精磨—超精加工（或轮式超精磨）	IT5	0.1~Rz0.1	
8	粗车—半精车—精车—金刚石车	IT7~IT6	0.4~0.025	主要用于要求较高的有色金属加工
9	粗车—半精车—粗磨—精磨—超精磨或镜面磨	IT5 以上	0.025~Rz0.05	极高精度的外圆加工
10	粗车—半精车—粗磨—精磨—研磨	IT5 以上	0.1~Rz0.05	

表 3-7　孔加工方案

序号	加工方案	经济加工公差等级	经济表面粗糙度 $Ra/\mu m$	适用范围
1	钻	IT12~IT11	12.5	加工未淬火钢及铸铁的实心毛坯,也可用于加工有色金属(但表面粗糙度稍大,孔径小于 15~20mm)
2	钻—铰	IT9	3.2~1.6	
3	钻—铰—精铰	IT8~IT7	1.6~0.8	
4	钻—扩	IT11~IT10	12.5~6.3	同上,但孔径大于 15~20mm
5	钻—扩—铰	IT9~IT8	3.2~1.6	
6	钻—扩—粗铰—精铰	IT7	1.6~0.8	
7	钻—扩—机铰—手铰	IT7~IT6	0.4~0.1	
8	钻—扩—拉	IT9~IT7	1.6~0.1	大批大量生产(精度由拉刀的精度而定)
9	粗镗(或扩孔)	IT12~IT11	12.5~6.3	除淬火钢以外各种材料,毛坯有铸出孔或锻出孔
10	粗镗(粗扩)—精镗(精扩)	IT9~IT8	3.2~1.6	
11	粗镗(扩)—半精镗(精扩)—精镗(铰)	IT8~IT7	1.6~0.8	
12	粗镗(扩)—半粗镗(精扩)—精镗—浮动镗刀精镗	IT7~IT6	0.8~0.4	
13	粗镗(扩)—半精镗—磨孔	IT8~IT7	0.8~0.2	主要用于淬火钢也可用于未淬火钢,但不宜用于有色金属
14	粗镗(扩)—半精镗—粗磨—精磨	IT7~IT6	0.2~0.1	
15	粗镗—半精镗—精镗—金刚镗	IT7~IT6	0.4~0.05	主要用于精度要求高的有色金属加工
16	钻—(扩)—粗铰—精铰—珩磨;钻—(扩)—拉—珩磨;粗镗—半精镗—精镗—珩磨	IT7~IT6	0.2~0.025	精度要求很高的孔
17	以研磨代替方案 16 中的珩磨	IT6 以上	0.1~0.02	

　　需要注意的是,任何一种加工方法,可以获得的精度和表面粗糙度值均有一个较大的范围,例如,精细地操作,选择低的切削用量,获得的精度较高。但是,又会降低生产率,提高成本。反之,如增加切削用量提高了生产率,虽然成本降低了,但精度也较低。所以,只有在一定的精度范围内才是经济的,这一定范围的精度就是指在正常加工条件下(即不采用特别的工艺方法,不延长加工时间)所能达到的精度,这种精度称为经济精度,采用经济加工公差等级度量。相应的表面粗糙度称为经济表面粗糙度。

表 3-8　平面加工方案

序号	加工方案	经济加工公差等级	经济表面粗糙度 $Ra/\mu m$	适用范围
1	粗车—半精车	IT9	6.3~3.2	端面
2	粗车—半精车—精车	IT8~IT7	1.6~0.8	
3	粗车—半精车—磨削	IT9~IT8	0.8~0.2	
4	粗刨(或粗铣)—精刨(或精铣)	IT9~IT8	6.3~1.6	一般不淬硬平面(端铣表面粗糙度较小)

（续）

序号	加工方案	经济加工公差等级	经济表面粗糙度 $Ra/\mu m$	适用范围
5	粗刨（或粗铣—精刨（或精铣）—刮研	IT7～IT6	0.8～0.1	精度要求较高的不淬硬平面；批量较大时宜采用宽刀精刨方案
6	以宽刀刨削代替上述方案刮研	IT7	0.8～0.2	
7	粗刨（或粗铣）—精刨（或精铣）—磨削	IT7	0.8～0.2	精度要求高的淬硬平面或不淬硬平面
8	粗刨（或铣）—精刨（或精铣）—粗磨—精磨	IT7～IT6	0.4～0.02	
9	粗铣—拉	IT9～IT7	0.8～0.2	大量生产，较小的平面（精度视拉刀精度而定）
10	粗铣—精铣—磨削—研磨	IT6 以上	0.1～Rz0.05	高精度平面

3.5.3　加工阶段的划分

零件的加工，总是先粗加工后精加工，要求较高时还需光整加工。所谓划分加工阶段，就是把整个工艺过程划分成几个阶段，做到粗精加工分开进行。粗加工的目的主要是切去大部分加工余量，精加工的目的主要是保证被加工零件达到规定的尺寸和质量要求。加工质量要求较高的零件，应尽量将粗、精加工分开进行。划分加工阶段有很多好处：

首先，有利于保证加工质量。因为粗加工时，切去的余量较大，工件的变形也较大。粗精加工分开进行，还可避免粗加工对已精加工表面的影响。

其次，可以合理地使用设备。粗加工可安排在功率大、精度不高的机床上进行，精加工则可安排在精加工机床上进行，由于切削力小，有利于保持机床精度。

此外，粗精加工分开后，还便于安排热处理、检验等工序。在粗加工时及早发现毛坯缺陷，及时修补或报废，避免继续加工而增加损失。

在拟订工艺路线时，一般应把工艺过程划分成几个阶段进行，尤其是精度要求高、刚性差的零件。但对于批量较小，精度要求不高，刚性较好的零件，可不必划分加工阶段。对刚性好的重型零件，因装夹、吊运费时，往往也不划分加工阶段，而是在一次安装下完成各表面的粗、精加工。

3.5.4　工序的集中与分散

工序集中与工序分散是拟订工艺路线的两个不同原则。

工序集中就是零件的加工集中在少数几道工序（甚至一道工序）内完成，而每一工序的加工内容比较多。工序分散则相反，整个工艺过程工序数目多，工艺路线长，而每道工序所包含的加工内容很少。

工序集中时，可减少工件的装夹次数，从而缩短装卸工件的辅助时间，由于一次安装加工较多的表面，这些表面之间的相互位置精度易于保证；工序集中能减少机床数量，相应地减少了操作工人，节省了车间面积；工序集中还便于采用高生产率的设备与工装，可大大提高劳动生产率。

工序分散时，机床与工装比较简单，便于调整，容易适应产品的变换；可以采用最合理的切削用量，减少机动时间；还有利于加工阶段的划分。

工序的集中与分散各有其特点，必须根据生产规模、零件的结构特点和加工要求、机床设备等具体生产条件来综合分析，确定合适的工序集中或分散程度。

在大批大量生产中，广泛采用高效率机床使工序集中。目前机械加工的发展方向趋向于工序集中，广泛采用各种多刀、多轴机床、数控机床、加工中心等进行加工。但对于某些表面不便于集中加工的零件，如连杆、活塞，各个工序广泛采用效率高而结构简单的专用机床和夹具，易于保证加工质量，同时也便于按节拍组织流水线生产，故可按工序分散的原则制定其工艺过程。

在单件小批生产时，常采用单刀顺序切削，使工序集中。这样不仅可以减少安装次数，缩短辅助时间，还便于保证各加工表面之间的相互位置精度。

3.5.5　加工顺序的安排

（1）切削加工顺序的安排原则　总的原则是前面工序为后续工序创造条件，作为基准准备。具体原则有：

1）先粗后精。零件的加工一般应划分加工阶段，先进行粗加工，然后半精加工，最后是精加工和光整加工，应将粗、精加工分开进行。

2）先主后次。先安排主要表面的加工，后进行次要表面的加工。因为主要表面加工容易出废品，应先进行加工，以减少工时浪费，次要表面的加工一般安排在主要表面的半精加工之后，精加工之前进行。

3）先面后孔。先加工平面，后加工内孔。因为平面一般面积较大，轮廓平整，先加工好平面，便于加工孔时定位安装，利于保证孔与平面的位置精度，同时，也给孔加工带来方便。

4）基准先行。用作精基准的表面，要首先加工出来。所以，第一道工序一般是进行定位面的粗加工和半精加工（有时包括精加工），然后再以精基准面定位加工其他表面。

（2）热处理工序的安排

1）预备热处理。

① 正火、退火的目的是消除内应力、改善切削性能以及为最终热处理进行准备。一般安排在粗加工之前。

② 时效处理。以消除内应力、减少工件变形为目的。一般安排在粗加工之后，对于精密零件，要进行多次时效处理。

③ 调质。对零件淬火后再高温回火，能消除内应力、改善切削性能并能获得较好的综合力学性能。对一些性能要求不高的零件，调质也常作为最终热处理。

2）最终热处理。常用的有淬火、渗碳淬火、渗氮等。它们的主要目的是提高零件的硬度和耐磨性，常安排在精加工（磨削）之前进行，其中渗氮由于热处理温度较低，零件变形很小，也可以安排在精加工之后。

（3）辅助工序的安排　检验工序是主要的辅助工序，除每道工序由操作者自行检验外，在粗加工之后，精加工之前，零件转换车间时，重要工序之后以及全部加工完毕进库之前，一般都要安排检验工序。

除检验外，其他辅助工序有表面强化和去毛刺、倒棱、清洗、去磁、防锈等，均不要遗漏，要同等重视。

3.5.6　确定各工序的加工余量，计算工序尺寸和公差

（1）基本概念　在切削加工过程中，为了使零件得到所要求的形状、尺寸和表面质量，必须从毛坯表面上切除的金属层厚度称为机械加工余量。其中分为总加工余量和工序余量两种。

1）总加工余量 Z。从毛坯表面切去全部多余的金属层厚度，此金属层厚度即为总加工余量，如图3-97所示。

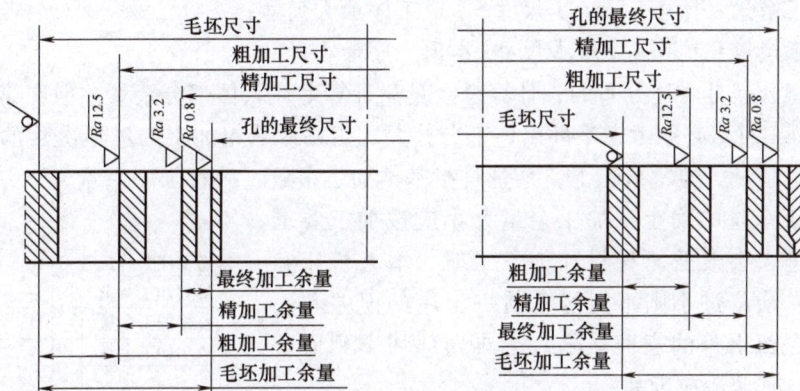

图 3-97　加工余量和加工尺寸分布图

2）工序余量。完成某一工序所切除的金属层厚度。即工件在某一工序前后尺寸之差。

对外表面（图3-98a）：　　　　　$Z_b = a - b$

对内表面（图3-98b）：　　　　　$Z_b = b - a$

式中　Z_b——工序余量；

　　　a——上道工序所得到的工序尺寸；

　　　b——本道工序所得到的工序尺寸。

图3-98a、b所示的加工余量为非对称的单边余量，图3-98c、d所示回转体表面（外圆和孔）上的加工余量为对称的双边余量。

对于轴（图3-98c）：　　　　　$2Z_b = d_a - d_b$

对于孔（图3-98d）：　　　　　$2Z_b = d_b - d_a$

式中　$2Z_b$——直径上的加工余量；

　　　d_a——上道工序的加工表面直径；

　　　d_b——本道工序的加工表面直径。

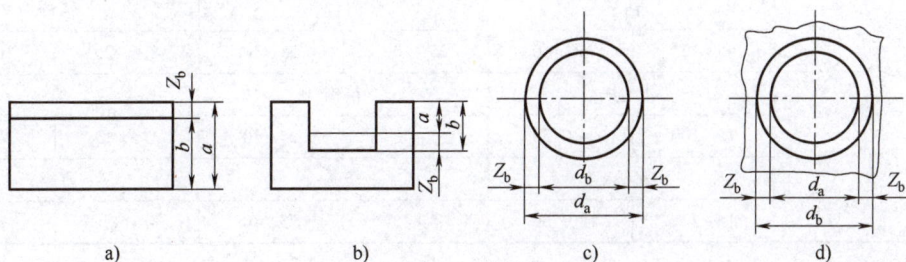

a)　　　　　　　b)　　　　　　　c)　　　　　　　d)

图 3-98　加工余量

无论是总加工余量还是工序余量，都必须规定一定的公差。总余量公差通常是对称分布的。工序尺寸公差除了孔与孔（或平面）之间的距离尺寸应按对称偏差标注以外，一般规定按"入体原则"标注。对外表面，工序公称尺寸就是上极限尺寸。对内表面，工序公称尺寸就是下极限尺寸。在加工中由于工序尺寸有公差，故实际切去的余量是变化的，因此加工余量又有基本（或公称）加工余量、最大加工余量和最小加工余量之分，如图 3-99 所示。对于轴：

基本加工余量 = 上道工序公称尺寸 - 本道工序公称尺寸；

最小加工余量 = 上道工序最小尺寸 - 本道工序最大尺寸；

最大加工余量 = 上道工序最大尺寸 - 本道工序最小尺寸。

由于毛坯公差是对称分布的，计算总余量只计算毛坯入体部分余量。但在第一道工序计算背吃刀量 a_{Sp} 时，必须考虑毛坯出体部分公差，否则影响粗加工的进给次数的安排，此时就用最大加工余量。通常情况下，余量是指基本加工余量（公称加工余量）。

（2）加工余量的确定 加工余量大小应按加工要求来定。余量过大会浪费原材料和加工工时，增大机床和刀具的负荷；余量过小则不能修正前一工序的误差和去掉前一道工序留下来的表面缺陷，造成局部切不到而影响加工质量，甚至造成废品。

为了合理确定加工余量，一定要搞清影响最小余量的各项因素。影响加工余量的主要因素如下。

1）前工序加工后的表面上有微观的表面粗糙度 Ra 和表面缺陷层 D_a，如图 3-100a 所示，在本工序加工时要去除这部分厚度。表面粗糙度和表面缺陷层指的是铸件的冷硬层、气孔类渣层、锻件和热处理的氧化皮、脱碳层、表面裂纹或其他破坏层、切削加工后的残余应力层等。它的大小与所采用的加工方法有关。实验结果数据见表 3-9。

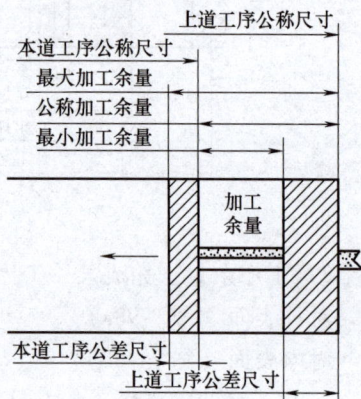

图 3-99　加工余量及其公差

表 3-9　各种加工方法的 Ra 和 D_a 的数据　　　　　（单位：μm）

表面加工	Ra	D_a	Ra	D_a	Ra	D_a
外圆	粗车		精车		磨	
	500 ~ 100	40 ~ 60	5 ~ 45	30 ~ 40	1.7 ~ 15	15 ~ 25
内孔	粗镗		精镗		磨	
	25 ~ 225	30 ~ 50	5 ~ 25	25 ~ 40	1.7 ~ 15	20 ~ 30
	钻		粗铰		精铰	
	45 ~ 225	40 ~ 60	25 ~ 100	25 ~ 30	8.5 ~ 25	10 ~ 20
平面	粗刨		精刨		磨	
	15 ~ 100	40 ~ 50	5 ~ 45	25 ~ 40	1.5 ~ 15	20 ~ 30
	粗铣		精铣		研磨	
	15 ~ 225	40 ~ 60	5 ~ 45	25 ~ 40	0 ~ 1.6	3 ~ 5

2）前工序的表面尺寸公差 T_a，由于前工序加工后，表面存在尺寸误差和形状误差，如

图 3-100b 所示，这些误差的总和一般不超过前工序的尺寸公差 T_a。所以当考虑加工一批零件时，为了纠正这些误差，本工序的加工余量在不考虑其他误差的存在时，不应小于 T_a。T_a 的数值可从工艺手册中按加工方法的经济加工精度查得。

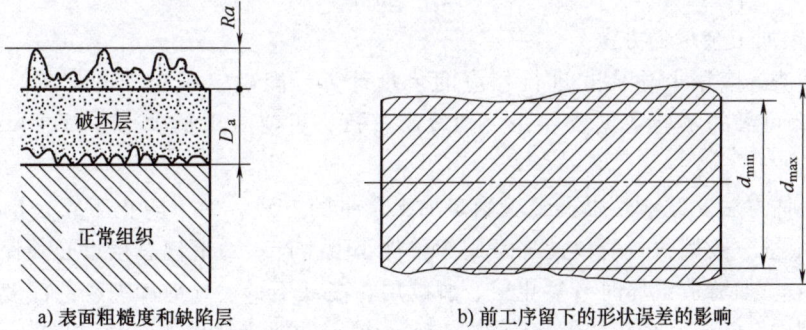

a) 表面粗糙度和缺陷层   b) 前工序留下的形状误差的影响

图 3-100 影响加工余量的因素

3）前工序的各表面间相互位置的空间误差 ρ_a，如直线度、同轴度、垂直度误差等。前工序加工后，还留下表面位置尺寸误差和表面间的相互位置误差，如图 3-101 所示的轴。由于前工序轴线有直线度偏差 δ，本工序加工余量需增加 2δ 才能保证该轴在加工后无弯曲。ρ_a 的数值需结合实际情况通过计算或试验统计求得。

4）本工序加工时的安装误差 ε_b。安装误差包括定位误差和夹紧误差。如图 3-102 所示用自定心卡盘夹紧工件外圆来磨内孔时，由于自定心卡盘本身定位不准确，使工件中心和机床主轴回转中心偏移了一个 e 值，为了加工出内孔就需使磨削余量增大 $2e$ 值。

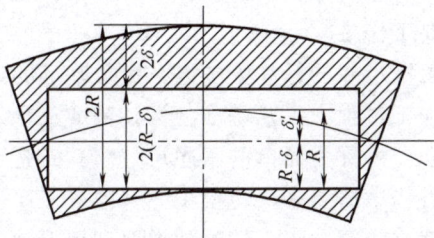

图 3-101 轴的弯曲对加工余量的影响   图 3-102 自定心卡盘的安装误差

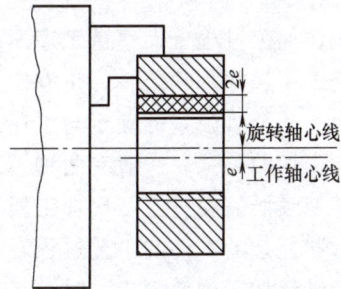

定位误差可按定位方法进行计算，夹紧误差可根据有关资料查得。由于 ρ_a 和 ε_b 在空间可有不同的方向，因此它们的合成应为向量和。综上所述，可得出加工余量的计算公式。

对于单边余量

$$Z_b = T_a + (Ra + D_a) + |\boldsymbol{\rho}_a + \boldsymbol{\varepsilon}_b| \tag{3-21}$$

对于双边余量

$$2Z_b = T_a + 2(Ra + D_a) + 2|\boldsymbol{\rho}_a + \boldsymbol{\varepsilon}_b| \tag{3-22}$$

式（3-21）、式（3-22）是两个基本计算式，在应用时需根据具体情况进行修正。例如：在无心磨床上加工时，安装误差可忽略不计。故有

$$2Z_b = T_a + 2(Ra + D_a) + 2\rho_a$$

用浮动铰刀、浮动镗刀及拉刀加工孔时，由于是自为基准，既不受相对位置尺寸公差的

影响，又无安装误差。故有

$$2Z_b = T_a + 2(Ra + D_a)$$

在超精加工和抛光时，主要是为了去除前工序留下的表面痕迹。故有

$$2Z_b = 2Ra$$

（3）确定加工余量的方法

1）计算法。应用上述公式进行相应的余量计算，能确定最合理的加工余量，节省金属，但必须有可靠的实验数据资料，否则较难进行，目前应用很少，有时在大批量生产中应用。

2）经验估算法。此法是根据经验确定加工余量的方法。为了防止工序余量不够而产生废品，所估余量一般偏大，所以此法常用于单件小批生产。对毛坯总余量必须保证切除毛坯制造时的缺陷。如铸造毛坯时有氧化层、脱碳层、高低不平、气泡和裂纹的深度等。铸铁毛坯顶面缺陷为 1～6mm，底面和侧面为 1～2mm；铸钢件缺陷比铸铁件深 1～2mm；碳钢锻件缺陷为 0.5～1mm。其次是机械加工和热处理时所造成的误差。在估算余量时，必须考虑上述因素。

3）查表修正法。此法是以生产实际情况和试验研究积累的有关加工余量的资料数据为基础，余量标准可以从《机械工程师手册》查找。在查表时应注意表中数据是基本（公称）值，对称表面（如轴或孔）余量是双面的，非对称表面余量是单面的。此法在实际生产中较实用，各工厂应用最广。

3.6 工序尺寸及其公差的确定

在机械加工过程中，每道工序所应保证的尺寸叫工序尺寸，其公差即工序尺寸公差。正确地确定工序尺寸及其公差，是制定工艺规程的重要工作之一。

工序尺寸及其公差的确定与工序余量的大小，工序尺寸的标注方法以及定位基准的选择与变换有密切的关系，一般有两种情况：其一是在加工过程中工艺基准与设计基准重合的情况下，某一表面需要进行多次加工所形成的工序尺寸，可称为简单的工序尺寸。其二是当制订表面形状复杂的零件的工艺过程，或零件在加工过程中需要多次转换工艺基准或工序尺寸需从尚待继续加工的表面标注时，工序尺寸的计算就比较复杂了，这时就需要利用尺寸链原理来分析和计算。

3.6.1 简单的工序尺寸

对于简单的工序尺寸，只需根据工序的加工余量就可以算出各工序的公称尺寸，其计算顺序是由最后一道工序开始向前推算。各工序尺寸的公差按加工方法的经济精度确定，并按"入体原则"标注。举例如下：某零件孔的设计要求为 $\phi 170J6({}^{+0.013}_{-0.007})$，$Ra \leqslant 0.8\mu m$，毛坯为铸铁件，在成批生产的条件下，其加工工艺路线为：粗镗—半精镗—精镗—浮动镗。求各工序尺寸。

从《机械加工手册》查得各工序的加工余量和所能达到的经济精度，见表 3-10 中第二、三列。其计算结果列于第四、五两列。其中关于毛坯公差（毛坯公差值按双向布置）可根据毛坯的生产类型、结构特点，制造方法和生产厂的具体条件，参照有关毛坯手册选取。

表 3-10　工序尺寸及公差的计算

表 3-10　工序尺寸及公差的计算

工序名称	工序双边余量	工序经济精度		下极限尺寸/mm	工序尺寸及极限偏差
		公差等级	公差值/mm		
浮动镗孔	0.2	IT6	0.025	$\phi 169.993$	$\phi 170^{+0.018}_{-0.07}$
精镗孔	0.6	IT7	0.04	$\phi 169.8$	$\phi 169.8^{+0.04}_{0}$
半精镗孔	3.2	IT9	0.10	$\phi 169.2$	$\phi 169.2^{+0.1}_{0}$
粗镗孔	6	IT11	0.25	$\phi 166$	$\phi 166^{+0.25}_{0}$
毛坯			3	$\phi 158$	$\phi 160^{+1}_{-2}$

3.6.2　尺寸链的基本概念

尺寸链原理是分析和计算工序尺寸的很有效的工具，在制定机械加工工艺过程和保证装配精度时都有很重要的作用。它的原理和计算方法并不复杂，但尺寸链的基本概念却十分重要，具体计算又比较繁琐，因此在学习过程中必须多加分析和比较，以便熟练地掌握。

（1）尺寸链的定义和特征

1）定义。在零件的加工或测量过程中，以及在机器的设计或装配过程中，经常能遇到一些互相联系的尺寸组合。这种互相联系的，按一定顺序排列成封闭图形的尺寸组合，称为尺寸链。其中，由单个零件在工艺过程中的有关尺寸所组成的尺寸链称为工艺尺寸链；在机器的设计和装配的过程中，由有关的零（部）件上的有关尺寸所组成的尺寸链，称为装配尺寸链。如图 3-103 所示，在机床上加工套筒工件时，面 3 以面 1 为测量基准，工序尺寸为 A_1；面 2 以面 3 为测量基准，工序尺寸为 A_2。在面 2、面 3 加工后，设计尺寸 A_0 间接得到保证，这时 A_0 的精度就取决于 A_1 和 A_2 的精度，三者构成一封闭组合，即工艺尺寸链。如图 3-104 所示是孔与轴的装配图，在尺寸 A_2 孔中装入尺寸 A_1 的轴形成间隙（或过盈）A_0。间隙（或过盈）A_0 是尺寸 A_1 和 A_2 的装配结果，三者也构成一个封闭组合，即装配尺寸链。

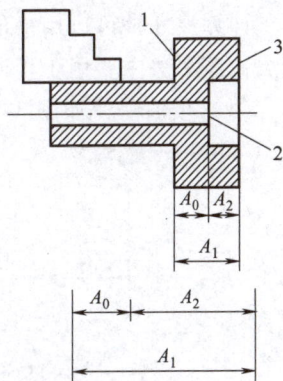

图 3-103　工艺尺寸链

2）特征。根据以上尺寸链定义可知，尺寸链有以下两个特征：

① 封闭性。尺寸链必须是一组有关尺寸首尾相接构成封闭形式的尺寸。其中，应包含一个间接保证的尺寸和若干个对此有影响的直接保证的尺寸。

② 关联性。尺寸链中，间接保证的尺寸的大小和变化（精度），是受这些直接保证尺寸的精度所支配的，彼此间具有特定的函数关系，并且间接保证的尺寸的精度必然低于直接保证的尺寸的精度。

（2）尺寸链的组成　尺寸链中各尺寸称为环。如图 3-103、图 3-104 所示的 A_1、A_2、A_0 都是尺寸链中的环。这些环又可分为两种：

1）封闭环。尺寸链中，间接保证的尺寸称为封闭

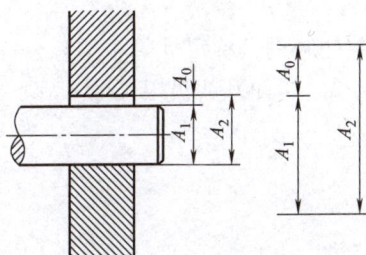

图 3-104　装配尺寸链

环。如图 3-103 和图 3-104 所示的 A_0 尺寸为封闭环。

2）组成环。尺寸链中除封闭环外其他的尺寸均为组成环。如图 3-103 和图 3-104 所示的 A_1 和 A_2 是组成环。组成环又可按它对封闭环的影响性质分成两类：

① 增环。当其余组成环不变，而这个环增大使封闭环也增大者，如图 3-103 所示的 A_1 环、图 3-104 所示的 A_2 环为增环。为明确起见，可加标一个箭头如 $\vec{A}_1$、$\vec{A}_2$。

② 减环。当其余组成环不变，而这个环增大使封闭环反而减小者。如图 3-103 所示 A_2 环，图 3-104 所示的 A_1 环为减环。可加标一个反向的箭头如 $\overleftarrow{A}_2$、$\overleftarrow{A}_1$。

对于环数较少的尺寸链，可以用增减环的定义来判别组成环的增减性质，但对环数较多的尺寸链（图 3-105），用定义来判别增减环就很费时且易弄错。为了能迅速准确地判别增减环，可在绘制尺寸链图时，用首尾相接的单向箭头顺序表示各环。方法为从封闭环开始任意规定一个方向，然后沿此方向，绕尺寸链依次给各组成环画出箭头。凡是与封闭环箭头方向相反者为增环，相同者为减环。如图 3-105 所示 $\vec{A}_1$、$\vec{A}_3$、$\vec{A}_4$、$\vec{A}_5$ 为增环，$\overleftarrow{A}_2$、$\overleftarrow{A}_6$ 为减环。

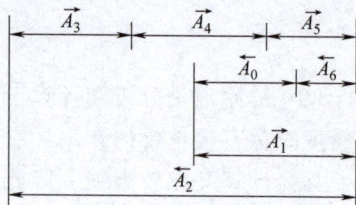

图 3-105　尺寸链增减环判别

3.6.3　尺寸链的基本计算公式

计算尺寸链可以用极值法（极大极小法）或概率法（统计法），目前生产中一般采用极值法，概率法主要用于生产批量大的自动化及半自动化生产，以及环数较多的装配过程。

（1）极值法　如图 3-106 所示。

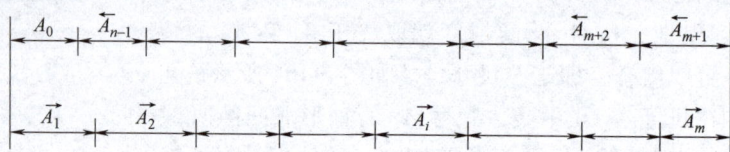

图 3-106　尺寸链图

$\vec{A}_i$—尺寸链中的增环　$\overleftarrow{A}_i$—尺寸链中的减环　A_0—尺寸链中的封闭环

n—尺寸链的总环数　m—尺寸链中的增环数

1）封闭环的公称尺寸

$$A_0 = \sum_{i=1}^{m} \vec{A}_i - \sum_{i=m+1}^{n-1} \overleftarrow{A}_i \qquad (3-23)$$

即封闭环的公称尺寸等于增环公称尺寸之和减去减环公称尺寸之和。

2）封闭环的极限尺寸

$$A_{0max} = \sum_{i=1}^{m} \vec{A}_{imax} - \sum_{i=m+1}^{n-1} \overleftarrow{A}_{imin} \qquad (3-24)$$

$$A_{0min} = \sum_{i=1}^{m} \vec{A}_{imin} - \sum_{i=m+1}^{n-1} \overleftarrow{A}_{imax} \qquad (3-25)$$

式中　A_{0max}——封闭环的最大极限尺寸；

$A_{0\min}$——封闭环的最小极限尺寸;

$\vec{A}_{i\max}$——增环的最大极限尺寸;

$\overleftarrow{A}_{i\max}$——减环的最大极限尺寸;

$\vec{A}_{i\min}$——增环的最小极限尺寸;

$\overleftarrow{A}_{i\min}$——减环的最小极限尺寸。

即封闭环的最大极限尺寸等于增环最大极限尺寸之和减去减环最小极限尺寸之和;封闭环最小极限尺寸等于增环最小极限尺寸之和减去减环最大极限尺寸之和。

3)封闭环的上、下极限偏差

$$ES(A_0) = A_{0\max} - A_0$$
$$= \left(\sum_{i=1}^{m} \vec{A}_{i\max} - \sum_{i=1}^{m} \vec{A}_i \right) - \left(\sum_{i=m+1}^{n-1} \overleftarrow{A}_{i\min} - \sum_{i=m+1}^{n-1} \overleftarrow{A}_i \right)$$
$$= \sum_{i=1}^{m} ES(\vec{A}_i) - \sum_{i=m+1}^{n-1} EI(\overleftarrow{A}_i) \qquad (3\text{-}26)$$

式中 $ES(A_0)$——封闭环的上极限偏差;

$ES(\vec{A}_i)$——增环的上极限偏差;

$ES(\overleftarrow{A}_i)$——减环的下极限偏差。

即封闭环的上极限偏差等于增环上极限偏差之和减去减环下极限偏差之和。

$$EI(A_0) = A_{0\min} - A_0$$
$$= \left(\sum_{i=1}^{m} \vec{A}_{i\min} - \sum_{i=1}^{m} \vec{A}_i \right) - \left(\sum_{i=m+1}^{n-1} \overleftarrow{A}_{i\max} - \sum_{i=m+1}^{n-1} \overleftarrow{A}_i \right)$$
$$= \sum_{i=1}^{m} EI(\vec{A}_i) - \sum_{i=m+1}^{n-1} ES(\overleftarrow{A}_i) \qquad (3\text{-}27)$$

式中 $EI(A_0)$——封闭环的下极限偏差;

$EI(\vec{A}_i)$——增环的下极限偏差;

$EI(\overleftarrow{A}_i)$——减环的上极限偏差;

即封闭环的下极限偏差等于增环的下极限偏差之和减去减环上极限偏差之和。

4)封闭环的公差

$$T(A_0) = A_{0\max} - A_{0\min}$$
$$= \left(\sum_{i=1}^{m} \vec{A}_{i\max} - \sum_{i=m+1}^{n-1} \overleftarrow{A}_{i\min} \right) - \left(\sum_{i=1}^{m} \vec{A}_{i\min} - \sum_{i=m+1}^{n-1} \overleftarrow{A}_{i\max} \right)$$
$$= \left(\sum_{i=1}^{m} \vec{A}_{i\max} - \sum_{i=m+1}^{n-1} \vec{A}_{i\min} \right) + \left(\sum_{i=m+1}^{n-1} \overleftarrow{A}_{i\min} - \sum_{i=m+1}^{n-1} \overleftarrow{A}_{i\min} \right)$$
$$= \sum_{i=1}^{m} T(\vec{A}_i) + \sum_{i=m+1}^{n-1} T(\overleftarrow{A}_i)$$
$$= \sum_{i=1}^{n-1} T(A_i) \qquad (3\text{-}28)$$

式中　$T(A_0)$——封闭环公差；

　　　$T(\vec{A_i})$——增环公差；

　　　$T(\overleftarrow{A_i})$——减环公差；

　　　$T(A_i)$——组成环公差。

即封闭环公差等于各组成环公差之和。

式（3-23）~ 式（3-28）就是按极值法解算尺寸链时所用的基本公式，其中式（3-28）进一步说明了尺寸链的第二个特征。可见，当封闭环公差 $T(A_0)$ 一定时，组成环的环数少，其公差就比环数多时的增大。

下面举例说明公式的应用，如图 3-107a 所示套筒零件，设计时根据要求，标注如图 3-107a 所示的轴向尺寸 $15_{-0.35}^{0}$mm 和 $60_{-0.15}^{0}$mm，至于大孔深度没有明确的精度要求，只要上述两个尺寸加工合格，它也就符合要求。因此，零件图上这个未标注的深度尺寸，就是零件中设计时的封闭环 A_0。连接有关的标注尺寸绘成尺寸链图，如图 3-107b 所示，其中 $\vec{A_1} = 60_{-0.15}^{0}$mm 为增环，$\overleftarrow{A_2} = 15_{-0.35}^{0}$mm 为减环。用极值法来解算其封闭环 A_0。把相应的值代入式（3-23）、式（3-24）、式（3-26）、式（3-27）、式（3-28）得

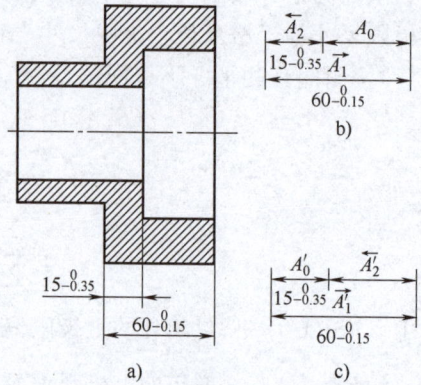

图 3-107　零件的两种尺寸链

$$A_0 = \vec{A_1} - \overleftarrow{A_2} = 60\text{mm} - 15\text{mm} = 45\text{mm}$$

$$ES(A_0) = ES(\vec{A_1}) - ES(\overleftarrow{A_2}) = 0\text{mm} - (-0.35)\text{mm} = +0.35\text{mm}$$

$$EI(A_0) = EI(\vec{A_1}) - ES(\overleftarrow{A_2}) = -0.15\text{mm} - 0\text{mm} = -0.15\text{mm}$$

$$T(A_0) = T(\vec{A_1}) + T(\overleftarrow{A_2}) = 0.35\text{mm} + 0.15\text{mm} = 0.50\text{mm}$$

所以当大孔深度为尺寸链封闭环时，其公称尺寸及上下极限偏差为 $45_{-0.15}^{+0.35}$mm。

极值法还有另一种计算法——竖式计算。见表 3-11，在"增环"这一行中抄入尺寸 $\vec{A_1}$ 及其上、下极限偏差，在"减环"这一行中把尺寸 $\overleftarrow{A_2}$ 的上、下极限偏差的位置对调，并改变其正负号（原来的正号改负号，原来的负号改正号），同时给减环的公称尺寸也冠以负号，然后把三列的数值求代数和，得到封闭环的公称尺寸、上极限偏差及下极限偏差。这种竖式对增环、减环的处理可归纳成一口诀："增环，上下极限偏差照抄；减环，上下极限偏差对调变号"。计算结果同样是 $A_0 = 40_{-0.15}^{+0.35}$mm。为明确起见，所求数值可用方框框起来。

表 3-11　竖式计算一　　　　　　　　　　　　　　　　　（单位：mm）

环	公称尺寸	ES	EI
增环 $\vec{A_1}$	+60	0	-0.15
减环 $\overleftarrow{A_2}$	-15	+0.35	0
封闭环 A_0	+45	+0.35	-0.15

上述例子在具体加工时，所构成的尺寸链就有所不同。因为 $15_{-0.35}^{\ 0}$ mm 尺寸不能直接测量得到，必须通过测量大孔孔深来间接保证。这时 $15_{-0.35}^{\ 0}$ mm 成为间接保证的尺寸链的封闭环 A_0'，其中 $\overrightarrow{A_1'} = 60_{-0.15}^{\ 0}$ mm 仍为增环，$\overleftarrow{A_2'} = 60_{-0.15}^{\ 0}$ mm（大孔深度）成为减环，制定工艺规程时，为了间接保证尺寸 $A_0' = 15_{-0.35}^{\ 0}$ mm 就得进行尺寸链计算，以确定作为大孔深度 $\overleftarrow{A_2'}$ 的制造公差。这也就是测量基准不重合引起的尺寸换算。表 3-12 为竖式计算，结果为 $\overleftarrow{A_2'} = 45_{\ 0}^{+0.20}$ mm。此处注意 $\overleftarrow{A_2'}$ 为减环，写上下极限偏差时要对调变号。

表 3-12　竖式计算二　　　　　　　　　　　（单位：mm）

环	公称尺寸	ES	EI
增环 $\overrightarrow{A_1'}$	+60	0	−0.15
减环 $\overleftarrow{A_2'}$	−45	0	−0.20
封闭环 A_0'	+15	0	−0.35

（2）概率法　在大批大量生产中，采用调整法加工时，一个尺寸链中各尺寸都可看成独立的随机变量；而在装配过程中，构成装配尺寸链中的各零件有关尺寸也都可看成独立的随机变量。而且实践证明各尺寸大多处于公差值中间，即符合正态分布。由概率论原理可得封闭环公差与各组成环公差之间的关系为

$$T(A_0) = \sqrt{\sum_{i=1}^{n-1} T(A_i)^2} \tag{3-29}$$

显然，在组成环公差不变时，由概率法计算出的封闭环公差要小于极值法计算的结果。因此，在保证封闭环精度不变的前提下，应用概率法可以使组成环公差放大，从而减低了加工和装配时对组成环尺寸的精度要求，降低了加工难度。

（3）尺寸链的计算形式　在尺寸链解算时，有以下三种情况：

1）正计算。已知组成环尺寸及其公差，求封闭环的尺寸及其公差，其计算结果是唯一的。这种情况主要用于验证设计的正确性以及审核图样，如图 3-107b 所示尺寸链的计算。

2）反计算。已知封闭环的尺寸及其公差和各组成环尺寸，求各组成环公差。这种情况实际上是将封闭环的公差值合理地分配给各组成环，主要用于产品设计、装配和加工尺寸公差的确定等方面。反计算时，封闭环公差的分配方法有以下几种：

① 按等公差法分配，将封闭环公差平均分配给各组成环。即：

极值法

$$T(\overrightarrow{A_i}) = T(\overleftarrow{A_i}) = \frac{T(A_0)}{n-1} \tag{3-30}$$

或

概率法

$$T(\overrightarrow{A_i}) = T(\overleftarrow{A_i}) = \frac{T(A_0)}{\sqrt{n-1}} \tag{3-31}$$

② 按等公差级（等精度）的原则分配封闭环公差，即各组成环的公差根据其公称尺寸的大小按比例分配，或是按照公差表中的尺寸分段及某一公差等级，规定组成环公差，使各组成环的公差符合：

$$\sum_{i=1}^{n-1} T(A_i) \leqslant T(A_0) \tag{3-32}$$

最后加以适当的调整。这种方法从工艺上讲是比较合理的。

3）中间计算。已知封闭环的尺寸及公差和部分组成环的尺寸及公差，求某一组成环的公差。此种方法广泛应用于各种尺寸链计算，反计算最后也要通过中间计算得出结果，如图3-107c 所示的尺寸链计算。

3.6.4　工序尺寸及其公差的确定

（1）基准不重合尺寸换算　在零件加工中，当加工表面的定位基准与设计基准不重合时，或者测量基准与设计基准不重合时，就要进行尺寸换算。

如图 3-108a 所示零件，镗孔前，表面 A、B、C 已经过加工，镗孔时，为使工件装夹方便，选择表面 A 为定位基准，并按工序尺寸 A_3 进行加工。为了保证镗孔后间接获得的设计尺寸 A_0 符合图样规定的要求，必须将 A_3 的加工误差控制在一定范围内。

首先必须明确设计尺寸 A_0 是本工序加工中需保证的尺寸，不能直接得到，因此是封闭环。它的尺寸大小和精度受上面工序加工已经得到的尺寸 A_1 和 A_2，以及本工序的工序尺寸 A_3 的大小及精度的影响。由此连接 A_0、A_1、A_2、A_3 成封闭图形，构成尺寸链。在此尺寸链中，按画箭头的方法可迅速判断 $\vec{A_2}$ 与 $\vec{A_3}$ 为增环，$\overleftarrow{A_1}$ 为减环。在明确各环的性质，并绘制出工艺尺寸链图后

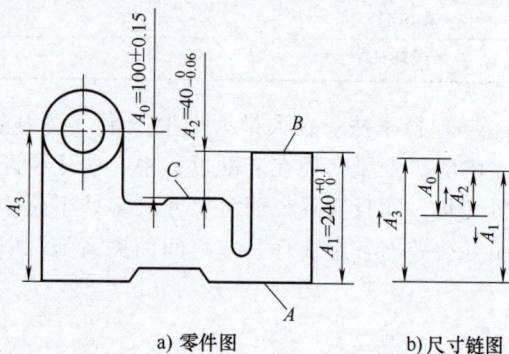

a) 零件图　　b) 尺寸链图

图 3-108　定位基准与设计基准不重合的尺寸换算

（图 3-108b），本工序孔的工序尺寸可按下列各式分别进行计算。

按式（3-23）计算 A_3 公称尺寸，因为

$$A_0 = \vec{A_2} + \vec{A_3} - \overleftarrow{A_1}$$

所以

$$\vec{A_3} = A_0 + \overleftarrow{A_1} - \vec{A_2} = 100\text{mm} + 240\text{mm} - 40\text{mm} = 300\text{mm}$$

按式（3-26）计算 A_3 的上极限偏差，因为

$$ES(A_0) = \sum_{i=1}^{m} ES(\vec{A_i}) - \sum_{i=m+1}^{n-1} EI(\overleftarrow{A_i}) = ES(\vec{A_2}) + ES(\vec{A_3}) - EI(\overleftarrow{A_1})$$

所以

$$ES(\vec{A_3}) = ES(A_0) + EI(\overleftarrow{A_1}) - ES(\vec{A_2}) = 0.15\text{mm} + 0\text{mm} - 0\text{mm} = 0.15\text{mm}$$

按式（3-27）计算 A_3 的下极限偏差

$$EI(\vec{A_3}) = EI(A_0) + ES(\overleftarrow{A_1}) - EI(\vec{A_2}) = -0.15\text{mm} + 0.10\text{mm} - (-0.06\text{mm}) = 0.01\text{mm}$$

最后得镗孔尺寸为

$$A_3 = 300^{+0.15}_{+0.01}\text{mm}$$

按表 3-13 竖式计算得出相同结果。

表 3-13　竖式计算三　　　　　　　　　　　（单位：mm）

环	公称尺寸	ES	EI
A_2	40	0	−0.06
$\boxed{A_3}$	$\boxed{300}$	$\boxed{+0.15}$	$\boxed{+0.01}$
A_1	−240	0	−0.1
A_0	100	+0.15	−0.15

工件在加工过程中，有时会遇到一些加工表面的设计尺寸不便直接测量，因此需要在工件上另选一个容易测量表面作为测量基准，以间接保证原设计尺寸的精度要求，所以要进行尺寸换算，求测量尺寸。如图 3-107b 所示第二种尺寸链就属于这一类。

（2）工序尺寸与余量的工序尺寸链　工序尺寸及其公差就是根据零件的设计要求，考虑到加工中的基准、工序间的余量及工序的经济精度等条件对各工序提出的尺寸要求。因此，零件加工后最终尺寸及公差就和有关工序的工序尺寸及其公差以及工序余量具有尺寸链的关联性，构成一种工艺尺寸链，通常也称工序尺寸链。以包容面加工为例，可以建立上下两道工序和工序余量之间的尺寸链图（图 3-109）。图中 H_a 为上道工序工序尺寸，H_b 为本道工序工序尺寸，Z_b 为本道工序工序余量。在机械加工中工序尺寸及其公差一般直接获得，所以本工序的工序余量 Z_b 就成为工序尺寸链的封闭环。

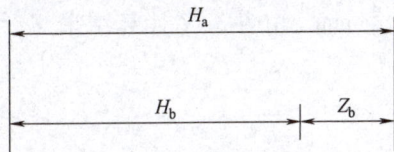

图 3-109　余量尺寸链图

根据余量的定义可知：

$$Z_{bmax} = H_{amax} - H_{bmin}$$
$$Z_{bmin} = H_{amin} - H_{bmax}$$

$$T(Z_b) = Z_{bmax} - Z_{bmin} = (H_{amax} - H_{bmin}) + (H_{bmax} - H_{amin}) = T(H_a) + T(H_b) \qquad (3-33)$$

各种加工方法的工序余量及所能达到的经济精度可从有关手册中查出，或凭经验决定。

例 3-3：如图 3-110a 所示为某小轴工件轴向尺寸的加工工艺过程。

工序Ⅰ，粗车小端外圆、肩面及端面，直接获得尺寸 $A_1 = 22_{-0.3}^{\ 0}$ mm 和 $A_2 = 52_{-0.5}^{\ 0}$ mm；

工序Ⅱ，车大端外圆及端面，直接得尺寸 $A_3 = 20.5_{-0.1}^{\ 0}$ mm；

工序Ⅲ，精车小端外圆、肩面及端面，直接得尺寸 $A_4 = 20_{-0.1}^{\ 0}$ mm 和 $A_5 = 50_{-0.2}^{\ 0}$ mm。

试检查轴向余量。

解：先作轴向尺寸形成过程及余量图，如图 3-110b 所示，由此可以画出如图 3-111 所示尺寸链，此三个尺寸链中 Z_3、Z_4、Z_5 为封闭环，分别用竖式计算。

由表 3-14 得 $Z_3 = 1.5_{-0.3}^{+0.1}$ mm，$Z_{3max} = 1.6$ mm，$Z_{3min} = 1.2$ mm；由表 3-15 得 $Z_4 = 0.5_{-0.1}^{+0.1}$ mm，$Z_{4max} = 0.6$ mm，$Z_{4min} = 0.4$ mm；由表 3-16 得 $Z_5 = 0.5_{-0.6}^{+0.5}$ mm，$Z_{5max} = 1$ mm，$Z_{5min} = -0.1$ mm。

从计算结果检查余量的最大值和最小值是否合适，余量过大浪费材料及工时，余量过小不够加工，因此 Z_3 和 Z_4 的余量是合适的，而 Z_{5min} 出现负值，说明精车时可能没有余量，这是不允许的，必须重新调整前面有关工序尺寸或公差。若改 $A_1 = 21.7_{-0.2}^{\ 0}$ mm，$A_2 =$

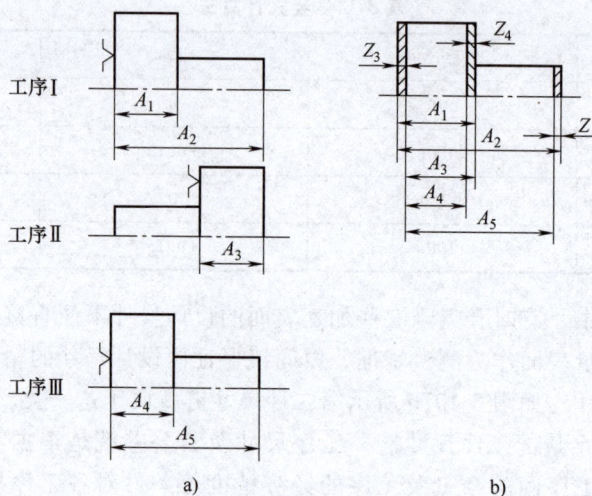

图 3-110　小轴轴向尺寸的工艺过程及工序尺寸链

$52_{-0.3}^{\ 0}$ mm。由表 3-17 计算结果 $Z_5 = 0.8_{-0.4}^{+0.4}$ mm，$Z_{5\max} = 1.2$ mm，$Z_{5\min} = 0.4$ mm，余量就合适了。

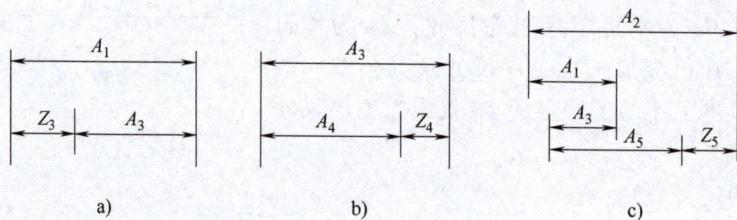

图 3-111　小轴加工过程的轴向尺寸

表 3-14　竖式计算四　　　　　　　　　　　　　　　　（单位：mm）

环	公称尺寸	ES	EI
A_1	22	0	-0.3
A_3	-20.5	+0.1	0
Z_3	1.5	+0.1	-0.3

表 3-15　竖式计算五　　　　　　　　　　　　　　　　（单位：mm）

环	公称尺寸	ES	EI
A_3	20.5	0	-0.1
A_4	-20	+0.1	0
Z_4	0.5	+0.1	+0.1

表 3-16　竖式计算六　　　　　　　　　　　　　　　　（单位：mm）

环	公称尺寸	ES	EI
A_2	52	0	-0.5
A_3	20.5	0	-0.1

（续）

环	公称尺寸	ES	EI
A_1	-22	+0.3	0
A_5	-50	+0.2	0
Z_5	0.5	+0.5	-0.6

表 3-17 竖式计算七 （单位：mm）

环	公称尺寸	ES	EI
A_2	52	0	-0.3
A_3	21.5	0	-0.1
A_1	-21.7	+0.2	0
A_5	-50	+0.2	0
Z_5	0.8	+0.4	-0.4

（3）需继续加工表面的工序尺寸及其公差的计算 在工件的加工过程中，有些加工表面的测量基准或定位基准是尚待加工的表面。当加工这些基面时，同时要保证两个设计尺寸的精度要求，为此要进行工序尺寸计算。

例 3-4：如图 3-112a 所示为齿轮内孔的局部简图，设计要求为：孔径 $\phi 40^{+0.05}_{0}$ mm，键槽深度尺寸为 $43.6^{+0.34}_{0}$ mm，其加工顺序如下：

工序 I，镗内孔至 $\phi 39.6^{+0.1}_{0}$ mm；

工序 II，插键槽至尺寸 A；

工序 III，热处理；

工序 IV，磨内孔至 $\phi 40^{+0.05}_{0}$ mm。试确定插槽的工序尺寸 A。

解：先列出尺寸链如图 3-112b 所示。要注意的是，当有直径尺寸时，一般应考虑用半径尺寸来列尺寸链。因最后工序是直接保证 $\phi 40^{+0.05}_{0}$ mm，间接保证 $43.6^{+0.34}_{0}$ mm，故 $43.6^{+0.34}_{0}$ mm 为封闭环，尺寸 A 和 $20^{+0.025}_{0}$ mm 为增环，$19.8^{+0.05}_{0}$ mm 为减环。利用竖式计算（表 3-18）可得到 $A=43.4^{+0.315}_{+0.050}$ mm，再按入体原则标注得 $A=43.45^{+0.265}_{0}$ mm。

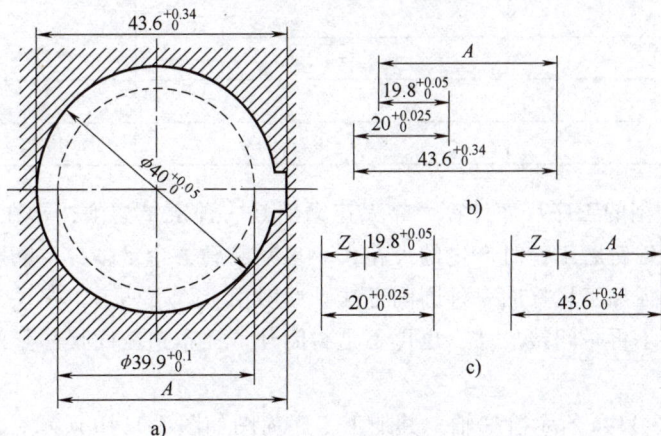

图 3-112 内孔及键槽的工序尺寸的计算

另外，尺寸链还可以画成如图 3-112c 所示形式，引进了半径余量 Z，图 3-112c 左图中 Z 是封闭环，右图中的 Z 则认为是已经获得，而 $43.6_0^{+0.34}$mm 是封闭环，其计算结果与图 3-112b 所示尺寸链相同。

表 3-18　竖式计算八　　　　　　　　　　　　（单位：mm）

公称尺寸	ES	EI
43.4	+0.315	+0.050
20	+0.025	0
−19.8	0	−0.050
43.6	+0.34	0

（4）保证渗氮、渗碳层深度的工序尺寸计算　有些零件的表面需进行渗氮或渗碳处理，并且要求精加工后要保持一定的渗层深度。为此，必须确定渗前加工的工序尺寸和热处理时的渗层深度。

例 3-5：如图 3-113a 所示某零件内孔，孔径为 $\phi45_0^{+0.04}$mm，内孔表面需要渗碳，渗碳层深度为 0.3～0.5mm。其加工过程如下：

工序 Ⅰ，磨内孔至 $\phi44.8_0^{+0.04}$mm；

工序 Ⅱ，渗碳深度 t_1；

工序 Ⅲ，磨内孔至 $\phi45_0^{+0.04}$mm，并保留渗碳层深度 $t_0 =$ 0.3～0.5mm。

试求渗碳时深度。

解：在孔的半径方向上画尺寸链如图 3-113b 所示，可见 $t_0 =$ $0.3_0^{+0.2}$mm 是间接获得的，为封闭环。用表 3-19 竖式计算出 $t_1 = 0.4_{+0.02}^{+0.18}$mm。即渗碳层深度为 0.42～0.6mm。

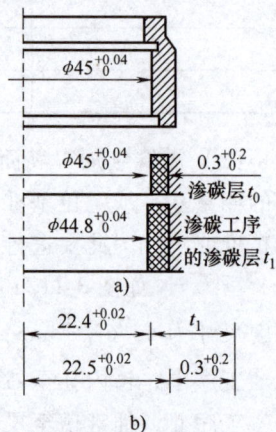

图 3-113　渗碳层深度的工序尺寸换算

表 3-19　竖式计算九　　　　　　　　　　　　（单位：mm）

公称尺寸	ES	EI
22.4	+0.02	0
t_1　0.40	+0.18	+0.02
−22.5	0	−0.02
0.3	+0.2	0

（5）靠火花磨削的工序尺寸计算　靠火花磨削是一种定量磨削，指在磨削工件端面时，由工人凭经验根据砂轮磨工件时产生的火花大小来判断磨去余量多少，磨削时不再测量工序尺寸，从而间接保证加工尺寸的一种磨削方法。此时由上、下两道工序尺寸与余量组成的工艺尺寸链中，余量不再是间接尺寸，也再不是封闭环。而本道工序尺寸是间接保证的，所以是封闭环。

例 3-6：如图 3-114a 所示阶梯轴，其加工工序简图如图 3-114b 所示，加工顺序如下：

工序 Ⅰ，以 A 面定位精车 B，C 端面，得尺寸 L_1 和 L_2。

工序Ⅱ，以 A 面定位靠火花磨削 B 面，保证设计尺寸 $80_{-0.11}^{0}$ mm 和 $140_{-0.12}^{0}$ mm。

求：精车时的工序尺寸 L_1 和 L_2

解：工序尺寸 L_1 和设计尺寸 $80_{-0.11}^{0}$ mm 以及磨削余量构成尺寸链（图 3-114c）；工序尺寸 L_2 与设计尺寸 $140_{-0.12}^{0}$ mm 以及磨削余量构成尺寸链（图 3-114d）。其中的靠火花磨削余量按经验取 $Z = (0.1 \pm 0.02)$ mm，现在按竖式（表 3-20，表 3-21）计算出 L_1 和 L_2 工序尺寸如下：

$$L_1 = 80.1_{-0.09}^{-0.02} \text{mm} = 80.08_{-0.07}^{0} \text{mm}$$

$$L_2 = 139.9_{-0.10}^{-0.02} \text{mm} = 139.88_{-0.08}^{0} \text{mm}$$

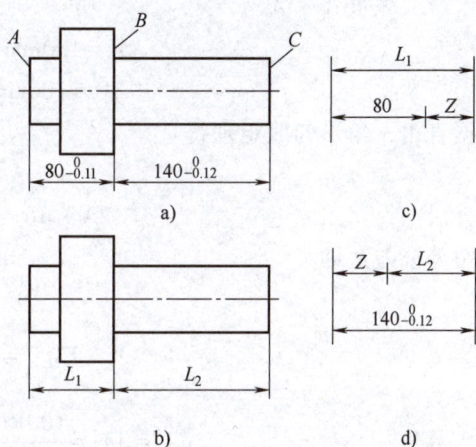

图 3-114　靠火花磨削工序尺寸链

表 3-20　竖式计算十　　　　　（单位：mm）

公称尺寸	ES	EI
L_1　80.1	-0.02	-0.09
Z　-0.1	+0.02	-0.02
80	0	-0.11

表 3-21　竖式计算十一　　　　　（单位：mm）

公称尺寸	ES	EI
L_2　139.9	-0.02	-0.10
Z　+0.1	+0.02	-0.02
140	0	-0.12

靠火花磨削具有以下特点：①靠火花磨削能保证磨去最小余量，无须停车测量，因此生产率较高；②在尺寸链中，磨削余量是直接保证的，为组成环，而本工序的工序尺寸为封闭环；③由于靠磨余量值存在公差，因而靠磨后尺寸误差要比靠磨前尺寸误差增大一个余量公差值，尺寸精度降低。因此靠磨后降低了加工精度，设计工艺时要注意。

（6）孔系坐标尺寸的计算　在机械设计、加工或检验中，会经常遇到孔系零件中心距与坐标尺寸之间的换算问题。它们共同特点是孔中心距精度要求较高，两坐标尺寸之间的夹角90°是定值，在加工时常采用坐标法加工，在设计其钻模板或镗模板时需要标注出坐标尺寸，这种孔系坐标的尺寸换算属于解平面尺寸链的问题。

例 3-7：如图 3-115 所示箱体镗孔工序图，已知两孔中心距 $N = (100 \pm 0.1)$ mm，$\alpha = 30°$，镗孔时按坐标尺寸 A_x、A_y 调整，试计算工序尺寸 A_x、A_y。

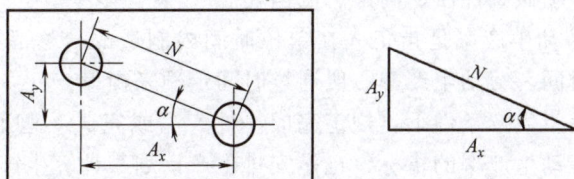

图 3-115　平面尺寸链图

解：先求 A_x，A_y

$$A_x = 100\text{mm} \times \cos30° = 86.6\text{mm}$$

$$A_y = 100\text{mm} \times \sin30° = 50\text{mm}$$

根据直角三角形勾股定理得

$$N^2 = A_x^2 + A_y^2$$

微分后 $\qquad\qquad 2N \cdot \mathrm{d}N = 2A_x\mathrm{d}A_x + 2A_y\mathrm{d}A_y$

若按等公差法即 $\qquad\qquad \mathrm{d}A_x = \mathrm{d}A_y$

则

$$\mathrm{d}A_x = \mathrm{d}A_y = \frac{N\mathrm{d}N}{A_x + A_y} \tag{3-34}$$

代入数值 $\qquad \mathrm{d}A_x = \mathrm{d}A_y = \frac{100 \times (\pm 0.1)}{86.6 + 50}\text{mm} = \pm 0.073\text{mm}$

故所求的镗孔尺寸为

$$A_x = (86.6 \pm 0.073)\text{mm}$$

$$A_y = (50 \pm 0.073)\text{mm}$$

例 3-8： 如图 3-116 所示箱体件在坐标镗床上按图示 1、2、3 序号顺序镗孔。已知 $A_1 = (120 \pm 0.02)$ mm，$A_2 = (90 \pm 0.02)$ mm。若不计角度误差，求孔距 A_3。

解：根据勾股定理 $A_1^2 + A_2^2 = A_3^2$，微分后

$$2A_1\mathrm{d}A_1 + 2A_2\mathrm{d}A_2 = 2A_3\mathrm{d}A_3$$

$$\mathrm{d}A_3 = \frac{A_1\mathrm{d}A_1 + A_2\mathrm{d}A_2}{A_3} \tag{3-35}$$

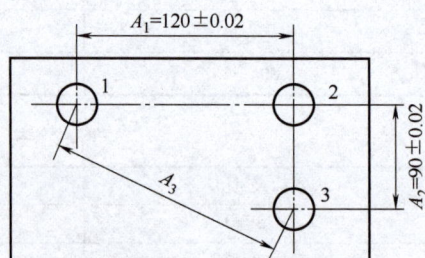

图 3-116　箱体件镗孔图

因为 $\qquad A_3 = \sqrt{A_1^2 + A_2^2} = \sqrt{120^2 + 90^2}\text{mm} = 150\text{mm}$

代入式（3-35）得 $\qquad \mathrm{d}A_3 = \frac{120 \times (\pm 0.02) + 90 \times (\pm 0.02)}{150}\text{mm} = \pm 0.028\text{mm}$

故镗孔后孔距为 $\qquad\qquad A_3 = (150 \pm 0.028)\text{mm}$。

3.7　机械加工的生产率与经济性分析

3.7.1　提高劳动生产率的途径

在制定机械加工工艺规程时，必须在保证零件质量要求的前提下，提高劳动生产率和降低成本。也就是说，必须做到优质、高产、低消耗。

（1）时间定额　劳动生产率是指工人在单位时间内制造的合格品数量，或者指制造单位产品所耗费的劳动时间。劳动生产率一般通过时间定额来衡量。

时间定额是指在一定生产条件下，规定完成一件产品或完成一道工序所需消耗的时间。时间定额不仅是衡量劳动生产率的指标，也是安排生产计划，计算生产成本的重要依据，还是新建或扩建工厂（或车间）时计算设备和工人数量的依据。

制定合理的时间定额是调动工人积极性的重要手段，它一般是由技术人员通过计算或类比方法，或通过对实际操作时间的测定和分析的方法进行确定的。使用中，时间定额还应定期修订，以使其保持平均先进水平。

完成零件一个工序的时间定额，称为单件时间定额。它包括下列组成部分。

1）基本时间（$T_{基本}$）。指直接改变生产对象的形状、尺寸、相对位置与表面质量等所耗费的时间。对机械加工来说，则为切除金属层所耗费的时间（包括刀具的切入和切出时间），又称机动时间。可通过计算求得，以车外圆为例：

$$T_{基本} = \frac{L+L_1+L_2}{nf} i = \frac{\pi D(L+L_1+L)_2 Z_b}{1000 v_c f a_{Sp}} \qquad (3\text{-}36)$$

式中　L——零件加工表面长度（mm）；

L_1、L_2——刀具的切入和切出长度（mm）；

n——工件转速（r/min）；

f——进给量（mm/r）；

i——进给次数（切削余量 Z_b/背吃刀量 a_{Sp}）；

v_c——切削速度（m/min）。

2）辅助时间（$T_{辅助}$）。指在每个工序中，为保证完成基本工艺工作时，用于辅助动作所耗费的时间。辅助动作主要有：装卸工件、开停机床、改变切削用量、试切和测量零件尺寸等。辅助时间的确定方法随生产类型而异。大批大量生产时，为使辅助时间规定得合理，需将辅助动作进行分解，再分别确定各分解动作的时间，最后予以综合；对于中批生产则可根据统计资料来确定；单件小批则常用基本时间的百分比来估算。基本时间（$T_{基本}$）和辅助时间（$T_{辅助}$）的总称为操作时间（$T_{操作}$）。

3）布置工作地时间（$T_{布置}$）。为使加工正常进行，工人看管工作地所耗费的时间。如调整和更换刀具、润滑机床、清理切屑、收拾工具及擦拭机床等。一般按操作时间的百分数估算（2%~7%）。

4）休息和生理需要时间（$T_{休息}$）。工人在工作班内为恢复体力和满足生理的需要所耗费的时间。一般可取操作时间的 2%。上述时间的总和称为单件时间：

$$T_{单件} = T_{基本} + T_{辅助} + T_{布置} + T_{休息} \qquad (3\text{-}37)$$

5）准备终结时间（$T_{准终}$）。在成批生产中，还需要考虑终结时间。准备终结时间是成批生产中，工人为了完成一批零件，进行准备和结束工作所耗费的时间。包括：开始加工前需要熟悉有关工艺文件、领取毛坯、安装刀具和夹具，调整机床和刀具等。加工一批零件后，要拆下和归还工艺装备，提交成品等。因此在成批生产中，如果一批零件的数量（批量）为 N，准备终结时间为 $T_{准终}$，则每个零件分摊到的准备终结时间为 $T_{准终}/N$。则单件和成批生产中零件核算时间应为

$$T_{核算} = T_{单件} + \frac{T_{准终}}{N} = T_{基本} + T_{辅助} + T_{布置} + T_{休息} + \frac{T_{准终}}{N} \qquad (3\text{-}38)$$

（2）提高劳动生产率的途径　劳动生产率是指在单位时间内生产合格产品数量，也可以说是劳动生产者在生产中的效率。时间定额是衡量劳动生产率高低的依据。缩减时间定额就可以提高劳动生产率，特别应该缩减占时间定额比较大的那部分时间。在大批大量生产中，基本时间比重较大，例如工件在多轴自动机床上加工时，基本时间占 69.5%，而辅助

时间仅占 21%，这时就应在设法缩减基本时间上采取措施。而在单件小批生产中，辅助时间和准终时间占的比重较大，例如在普通车床上进行某一零件的小批量生产时，基本时间仅占 26%，而辅助时间占 50%，这时就应着重在缩减辅助时间上采取措施。

1）缩短基本时间。由式（3-36）可以看出，提高切削用量 v_c、f、a_{Sp}，减少切削长度 L 和加工余量 Z 都可以缩短基本时间。

① 提高切削用量。随着刀具材料的迅速改进，刀具的切削性能已有很大提高，高速切削和强力切削已成为切削加工的主要发展方向。目前硬质合金车刀的切削速度一般可达 200m/min，而陶瓷刀具的切削速度可达 500m/min。近年来出现的聚晶立方氮化硼在切削普通钢材时，其切削速度可达 900m/min；加工 60HRC 以上的淬火钢或高镍合金钢时切削速度可在 90m/min 以上。磨削的发展趋势是高速磨削和强力磨削。高速磨削速度可达 80m/s 以上；强力磨削的切除率可为普通磨削的 3~5 倍，其磨削深度一次可达 6~30mm。

② 减少切削行程长度。如图 3-117a 所示用几把刀加工同一个表面。如图 3-117b 所示用多把成形车刀，并将纵向进给改成横向进给也可以减少刀具的切削长度，同时又是多刀加工，重合切削行程长度。用宽砂轮进行切入磨削，生产率可大大提高。采用了上述措施可以大大地提高切削效率，但是机床刚度也必须相应地增强，驱动功率也要加大，否则就容易引起工艺系统受力变形，产生振动等，影响加工质量。

2）缩短辅助时间。随着基本时间的减少，辅助时间在单件时间中所占比重就更高。若辅助时间比重在 55%~75% 以上，则提高切削用量，对提高生产率就不产生显著的效果。因此须从缩短辅助时间着手。

① 直接缩短辅助时间。采用先进的高效夹具可缩短工件的装卸时间。在大批大量生产中采用先进夹具，气动、液压驱动，不仅减轻了工人的劳动强度，而且可缩短装卸工件时间。在单件小批生产中采用成组夹具，能节省工件的装卸找正时间。

采用主动测量法可减少加工中的测量时间。主动测量装置能在加工过程中，测量工件加工表面的实际尺寸，并可根据测量结果，对加工过程进行主动控制，目前在内外圆磨床上应用较为普遍。

在各类机床上配置数字显示装置，都是以光栅、感应同步器为测量元件，来显示出工件在加工过程中的尺寸变化，采用该装置后能很直观地显示出刀具位移量，节省停机测量的辅助时间。

② 使辅助时间与基本时间重合。采用两工位或多工位的加工方法，使辅助时间与基本时间重合。当一工位上的工件在进行加工时，同时在另一工位的夹具中装卸工件，如图 3-118

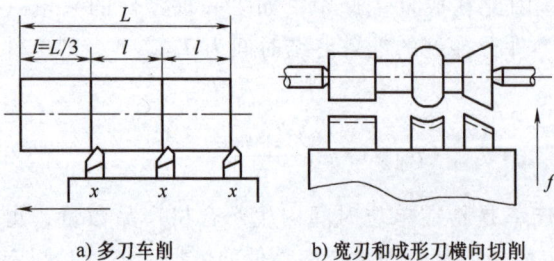

a) 多刀车削　　b) 宽刃和成形刀横向切削

图 3-117　减少和重合切削行程长度的方法

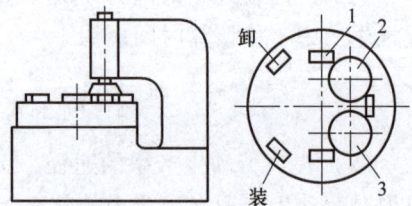

图 3-118　立式回转工作台铣床
1—工件　2—精铣刀　3—粗铣刀

所示为立式回转工作台铣床加工实例。机床有两根主轴顺次进行粗、精铣削。又如采用转位夹具或转位工作台以及几根心轴（夹具）等，可在加工时间内对另一工件进行装卸。这样可使辅助时间中的装卸工件时间与基本时间重合。前面提到的主动测量或数显装置也能起同样作用。

③ 同时缩短基本时间和辅助时间。采用多件加工，机床在一次装夹下同时加工几个工件，从而使分摊到每个工件上的基本时间与辅助时间都能够缩短。多件加工的效果在龙门刨床、龙门铣床上最为显著。它又可按情况不同分为顺序加工、平行加工、平行顺序加工（图 3-119）。

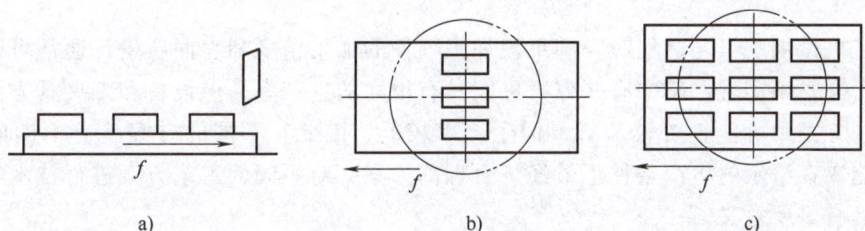

图 3-119 多件加工示意图

如图 3-117b 所示，采用多刀多刃加工及成形切削是一种行之有效的提高劳动生产率的方法。六角车床、多刀车床、多轴钻床、龙门铣床等都是为充分发挥多刀多刃加工的效果而设计制造出来的高效率机床。

成形切削也是提高生产率的一种方法，它又可分为成形刀具切削和仿形法切削两种。前者适用于尺寸较小的成形表面，后者适用于较大的成形表面加工。用单线或多线砂轮磨细纹，用蜗杆砂轮按展成法磨小模数齿轮都属于采用成形刀具切削的例子。用液压仿形刀架或液压仿形车床加工车床主轴是仿形法切削的例子。

3）缩短准备终结时间。应用高生产率的机床，如多刀车床、六角车床、半自动车床和自动车床等，调整和安装刀具经常耗费较长时间。在加工一批零件后，如更换零件的类型和尺寸，也必须更换夹具。缩减刀具、夹具或其他工具在机床上的安装和调整时间，是成批生产中提高劳动生产率的关键性工艺问题之一。

采用可换刀架和刀夹，例如六角车床的转塔刀架能快速更换，每一台机床配备几个备用刀架，按照加工对象预先调整等待使用。

采用刀具的微调机构和对刀的辅助工具。在多刀加工时，往往要耗费大量工时在刀具调整上。如果每把刀具尾部装上微调螺丝，就可使调整时间大为减少。

采用准备终结时间少的先进加工设备，如液压仿形刀架插销板式程控机床和数控机床等。这类机床的特点是所需的准备终结时间很短，可以灵活改变加工对象。

在成批生产中，除设法减少安装刀具、调整机床等时间外，应尽量扩大制造零件的批量，减少分摊到每一个零件上的准备终结时间。因此设法使零件通用化和标准化，采用成组工艺是缩减准备终结时间的好途径。

4）采用先进工艺方法。采用先进工艺方法是提高劳动生产率极为有效的手段。

① 采用先进的毛坯制造方法。例如，粉末冶金、失蜡铸造、压力铸造、精密锻造等新工艺，可以提高毛坯精度，减少切削加工的劳动量，提高生产率。

② 采用少、无切屑新工艺。例如，用挤齿代替剃齿，生产率可提高 6~7 倍。还有滚压、冷轧等工艺，都能有效地提高生产率。

③ 采用特种加工。对于某些特硬、特脆、特韧的材料及复杂面形等，采用特种加工能极大地提高生产率。如用电解或电火花加工锻模型腔，用线切割加工冲模等，可减少大量的钳工劳动量。

④ 改进加工方法如用拉孔代替镗孔、铰孔；用精刨、精磨代替刮研等，都可大大提高生产率。

3.7.2 工艺过程的技术经济分析

在制定机械加工工艺过程时，满足被加工零件的加工精度和表面质量，通常可以有几种不同的加工方案来实现，其中有些方案可能具有很高的生产率，但设备和工夹具方面投资较大；另一些方案则可能投资较节省，但生产率较低，因此，不同的方案就有不同的经济效果。为了选取在给定的生产条件下最经济合理的方案，对不同的工艺方案进行技术经济分析和评比就具有重要意义。

（1）生产成本与工艺成本 制造一个零件或一台产品必需的一切费用和总和，就是零件或产品的生产成本。这种费用实际上可以分为与工艺过程有关的费用和与工艺过程无关的费用两类。与工艺过程无关的那部分成本，如行政后勤人员的工资、厂房折旧费和维修费、照明空调费等在不同方案的分析评比中均是相等的，因而可以略去。而与工艺过程有关的那部分成本，占生产成本的 70%~75%。对不同方案进行经济分析和评比时，就只需分析、评比这部分费用，即工艺成本。

（2）可变费用与不变费用 工艺成本按照与年产量的关系，分为可变费用 V 和不变费用 S 两部分。可变费用 V 是与年产量直接有关，随年产量的增减而成比例变动的费用。它包括：材料和毛坯费、操作工人工资、机床电费、通用机床的折旧费和维修费、以及通用工装（夹具、刀具、量具和辅具等）的折旧费和维修费等，单位为元/件。不变费用 S 与年产量无直接关系，它是不随年产量的增减而变化的费用。它包括：调整工人工资、专用机床的折旧费和维修费，以及专用工装的折旧费和维修费，单位是元/年。因此，一种零件（或一道工序）的全年工艺成本 E 可表示为

$$E = VN + S \qquad\qquad (3\text{-}39)$$

式中 E——零件的全年工艺成本（元/年）；

  V——可变费用（元/件）；

  S——不变费用（元/年）；

  N——生产纲领（件/年）。

因此，单件工艺（或工序）成本 E_d 就是

$$E_d = V + S/N \qquad\qquad (3\text{-}40)$$

式中 E_d——单件工艺（或工序）成本（元/件）。

可见，全年工艺成本 E 与零件的生产纲领 N 成线性正比关系（图 3-120），而单件工艺成本 E_d 则与 N 成双曲线关系（图 3-121），即：当 N 增大时，E_d 逐渐减小，极限值接近于可变费用 V。

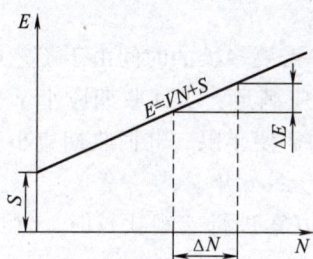

图 3-120 全年工艺成本与年产量的关系

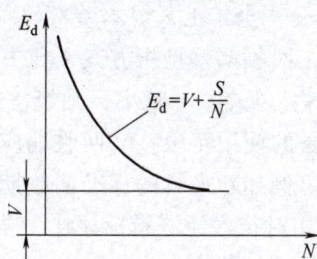

图 3-121 单件工艺成本与年产量的关系

（3）不同方案评比 当分析评比两种基本投资相近，或都采用现有设备的条件下，只有少数工序不同的工艺方案时，可以按式（3-40）对这两种工艺方案的零件工艺成本进行分析比较。当年产量变化时，由图 3-122 可知，可按临界产量 N_k 合理地选取经济方案 I 或 II。

$$E_{d1} = V_1 + S_1/N$$
$$E_{d2} = V_2 + S_2/N$$

当两个方案有较多的工序不同时，就应按式（3-39）分析对比这两个工艺方案的全年工艺成本：

$$E_1 = V_1 N + S_1$$
$$E_2 = V_2 N + S_2$$

当年产量变化时，由图 3-123 可知，可按两直线的临界产量 N_k 分别选定经济方案 I 或 II。此时 N_k 为

$$V_1 N + S_1 = V_2 N + S_2$$

$$N_k = \frac{S_2 - S_1}{V_1 - V_2} \tag{3-41}$$

若 $N < N_k$，宜采用方案 II；若 $N < N_k$，宜采用方案 I。

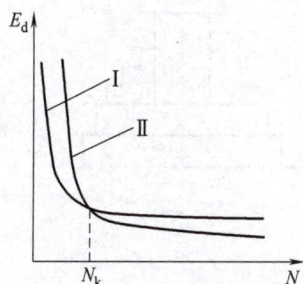

图 3-122 两种工艺方案单件工艺成本比较

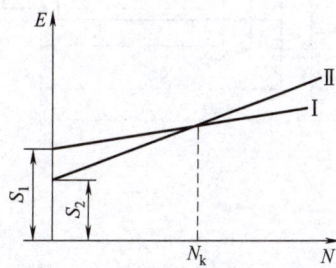

图 3-123 两种工艺方案全年工艺成本比较

如果两种工艺方案基本投资相差较大时，则应比较不同方案的基本投资差额回收期 τ。

例如，方案 I 采用高生产率、价格贵的工装设备，基本投资 K_1 大，但工艺成本 E_1 低；方案 II 采用了生产率较低、价格便宜的工装设备，基本投资 K_2 小，但工艺成本 E_2 较高。也就是说，方案 I 的低成本是以增加投资为代价的，这时需要考虑投资回收期 τ（年）：

$$\tau = \frac{K_1 - K_2}{E_2 - E_1} = \frac{\Delta K}{\Delta E} \tag{3-42}$$

式中 ΔK——基本投资差额（元）；

ΔE——全年工艺成本差额（元/年）。

所以，回收期就是指方案Ⅰ比方案Ⅱ多花费的投资，需要多长的时间由于工艺成本的降低而收回来。显然，τ 越小，则经济效益越好。但 τ 至少应满足：①回收期应小于采用设备或工艺装备的使用年限；②回收期应小于市场对该产品的需要年限；③回收期应小于国家规定的标准。例如新夹具的标准回收期为 2~3 年，新机床为 4~6 年。

（4）相对技术经济指标评比　当对工艺过程的不同方案进行宏观比较时，常用相对技术经济指标进行评比。

技术经济指标反映工艺过程中劳动的耗费、设备的特征和利用程度、工艺装备需要量以及各种材料和电力的消耗等情况。常用的技术经济指标有：每个生产工人的平均年产量（件/人），每台机床的平均年产量（件/台），每平方米生产面积的平均产量（件/m^2），以及设备利用率、材料利用率和工艺装备系数等。利用这些指标能概略和方便地进行技术经济评比。

习题与思考题

3-1　如题图 3-1 所示零件，毛坯为 ϕ35mm 棒料，批量生产时其机械加工工艺过程如下所述，试分析其工艺过程的组成。在锯床上切断下料，车一端面，钻中心孔，调头，车另一端面，钻中心孔，在另一台车床上将整批工件靠螺纹一边都车至 ϕ30mm，调头再换刀车整批工件的 ϕ18mm 外圆，又换一台车床车 ϕ20mm 外圆，在铣床上铣两平面，转 90°后，铣另外两平面，最后，车螺纹，倒角。

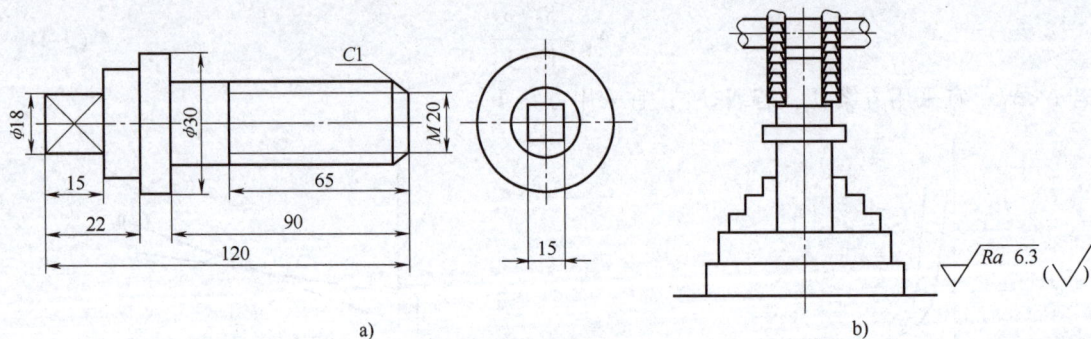

题图 3-1　题 3-1 图

3-2　为什么说夹紧不等于定位，定位不等于夹紧？

3-3　试分析题图 3-2 所示零件的基准。要求：

（1）加工平面 2 的设计基准、定位基准、工序基准和测量基准；

（2）镗孔 4 时的设计基准、定位基准、工序基准和测量基准。

3-4　试分析下列情况的定位基准：浮动铰（镗）刀铰（镗）孔；珩磨连杆大头孔；磨车床床身导轨面；无心磨外圆；拉孔；抛光加工，攻螺纹。

3-5　根据六点定位原理，试分析题图 3-3 所示定位元件所限制的自由度。

3-6　试分析题图 3-4 所示定位方案。要求：

（1）指出各定位元件所限制的自由度；

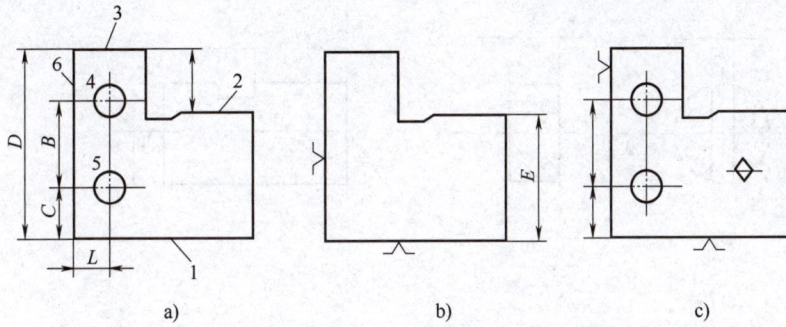

题图 3-2　题 3-3 图

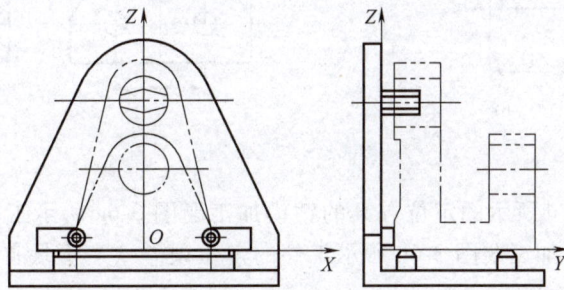

题图 3-3　题 3-5 图

（2）判断有无欠定位或重复定位，如有，提出改进意见。

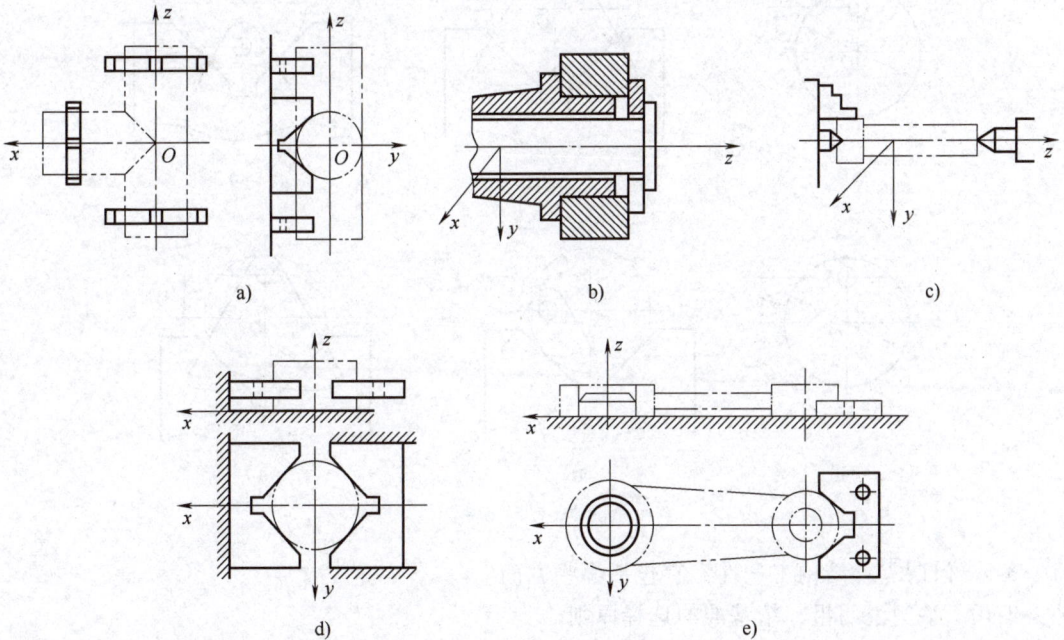

题图 3-4　题 3-6 图

3-7　试分析题图 3-5 所示零件加工时必须限制的自由度，并选择定位基准和定位元件。

3-8　现有圆形工件，如题图 3-6a、d 所示，要在其上钻孔，分别保证 H 和 M 尺寸。试

a)   b)   c)

d)   e)

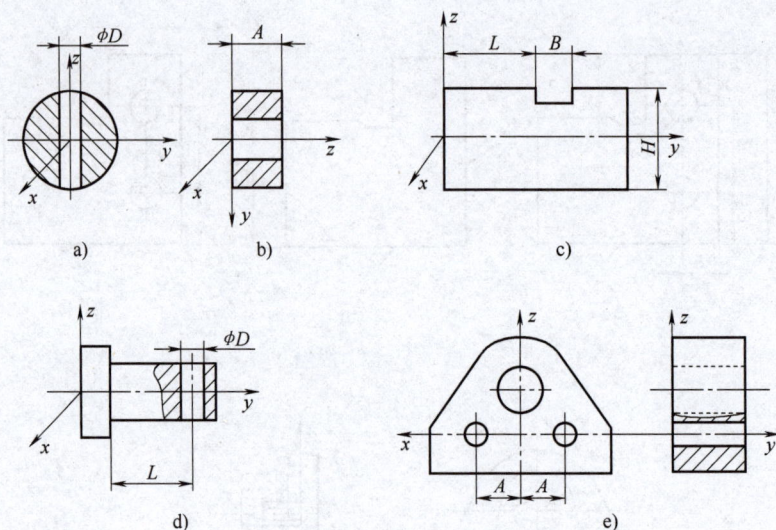

题图 3-5　题 3-7 图

分析计算用题图 3-6b、c 所示的定位方案的钻模加工题图 3-6a 所示工件以及用题图 3-6e、f 所示的定位方案的钻模加工题图 3-6b 所示工件的定位误差（V 形块夹角 $\alpha = 90°$，工件外圆直径 $d = \phi 50_{-0.062}^{0}\,\mathrm{mm}$）。

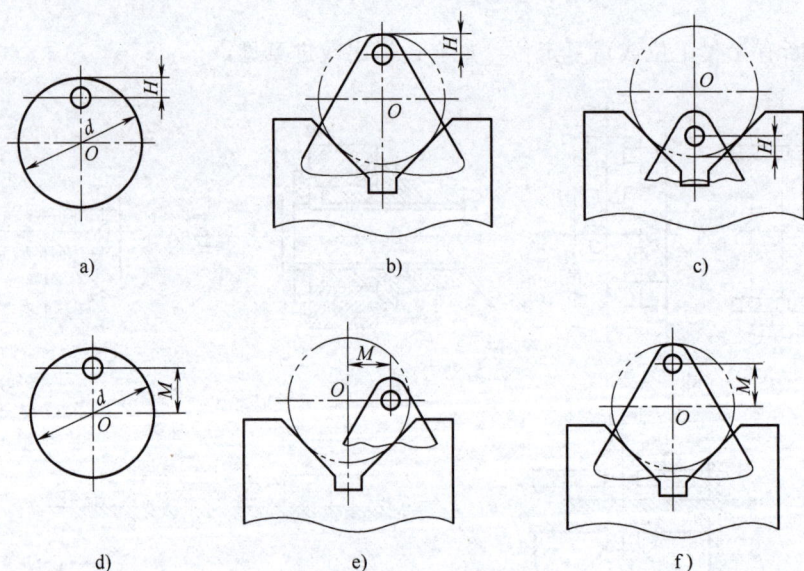

a)   b)   c)

d)   e)   f)

题图 3-6　题 3-8 图

3-9　何谓零件结构工艺性？它包括哪些方面？

3-10　举例说明粗、精基准的选择原则。

3-11　机械加工工艺过程为什么通常划分加工阶段？各加工阶段的主要作用是什么？

3-12　何谓工序集中与工序分散？各有何特点？应用场合如何？

3-13　试说明安排切削加工工序的原则。

3-14　什么是加工余量？加工余量、工序尺寸与公差之间有何关系？

3-15 何谓尺寸链？如何判断尺寸链中的封闭环、增环和减环？

3-16 如题图 3-7 所示工件，$A_1 = 70_{-0.07}^{-0.02}$mm，$A_2 = 60_{-0.04}^{0}$mm，$A_3 = 20_0^{+0.19}$mm。因 A_3 不便直接测量，试重新标出测量尺寸及其公差。

3-17 如题图 3-8 所示工件除缺口 B 处外，其余表面均已加工。试分析当加工缺口 B 保证尺寸 $8_0^{+0.2}$mm 时，有几种定位方案。计算出各种定位方案的工序尺寸，并选择最佳方案。

3-18 如题图 3-9 所示带键槽轴的工艺过程为：车外圆 $\phi30.5_{-0.1}^{0}$mm，铣键槽深度为 $H_0^{+T(H)}$；热处理；磨外圆至 $\phi30_{+0.015}^{+0.036}$mm。设磨后外圆与车后外圆同轴度公差为 $\phi0.05$mm。求保证铣键槽深度设计尺寸 $4_0^{+0.2}$mm 的铣键槽深度 $H_0^{+T(H)}$。

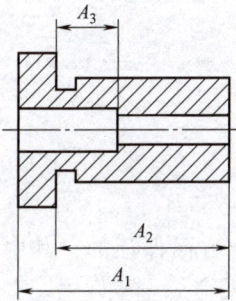

题图 3-7 题 3-16 图   题图 3-8 题 3-17 图   题图 3-9 题 3-18 图

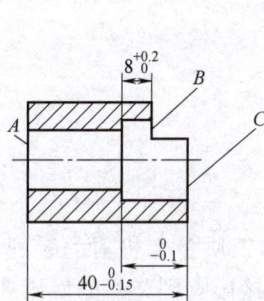

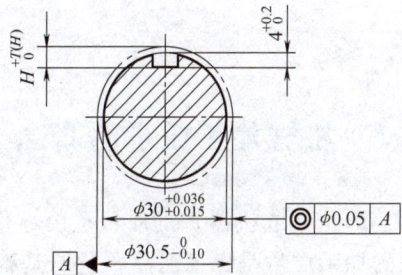

3-19 如题图 3-10a 所示为轴套零件简图，其内孔、外圆和各端面均已加工完毕，试分别计算题图 3-10b 所示三种定位方案钻孔时的工序尺寸及偏差。

3-20 何谓劳动生产率？提高机械加工劳动生产率的主要工艺措施有哪些？

3-21 时间定额由哪些时间组成？各种时间有哪些内容？

3-22 工艺成本由哪两大部分费用组成？各包括哪些费用？

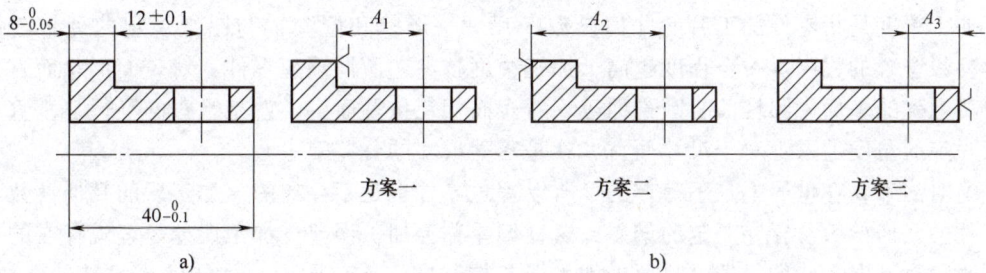

题图 3-10 题 3-19 图

第4章　机械加工质量

4.1　机械加工质量的概念

产品（或机器）的质量是由零件的加工质量和机器的装配质量两方面保证的，其中零件的加工质量是保证产品质量的基础，直接影响到产品的使用性能和寿命。

零件的机械加工质量指的是加工精度和表面质量两方面。产品的工作性能，尤其是它的可靠性、耐久性等，在很大程度上取决于其主要零件的加工精度和表面质量，深入探讨和研究机械加工精度和表面质量，掌握机械加工中各种工艺因素对加工精度和表面质量影响的规律，并应用这些规律控制加工过程，对提高零件的机械加工质量，保证产品质量，具有重要意义。

4.1.1　加工精度与工件获得精度的方法

加工精度是指零件加工后的几何参数（尺寸、形状和位置）与图纸规定的理想零件的几何参数符合的程度。符合程度越高，加工精度越高。所谓理想零件，对表面形状而言，就是绝对准确的平面、圆柱面、圆锥面等；对表面相互位置而言，就是绝对的平行、垂直、同轴和一定的角度关系；对于尺寸而言，就是零件尺寸的公差带中心。

绝对的事物在世界上是不存在的，所以理想零件也是不存在的。加工后的几何参数与理想零件的几何参数总存在一定的偏差，这种偏差称为加工误差。加工误差是客观存在的，实践证明：对不同性能的机器，只要把加工误差控制在一定范围内，就能够满足其性能要求。为提高效率，降低成本，只要加工误差不超过零件图上按设计要求和公差标准规定的偏差，该零件就算做合格的零件，也就是达到了加工精度的零件。加工误差越大，加工精度越低。加工精度包括三个方面：

1）尺寸精度。指加工后零件的实际尺寸与理想尺寸相符合的程度。

2）形状精度。指加工后零件表面的实际几何形状与理想的几何形状相符合的程度。

3）位置精度。指加工后零件有关表面之间的实际位置与理想位置相符合的程度。

机械加工中，获得尺寸精度的方法包括试切法、定尺寸刀具法、调整法、自动控制法四种。

（1）试切法　反复进行试切-测量-调整-再试切的方法，直到被加工零件的尺寸精度达到要求为止。这种方法费时费力，一般只适用于单件小批生产。

试切法达到的精度与操作工人的技术水平关系极大，同时，还受测量精度、刀具的锐钝程度及调节刀具和工件相对位置的微量进给机构的灵敏度和准确度的影响。

（2）定尺寸刀具法　用刀具的尺寸直接保证零件被加工表面尺寸精度的方法。例如，用钻头、铰刀、拉刀、丝锥和浮动镗刀块等进行加工就属于这类加工方法。这种方法生产率一般较高，在孔加工中得到广泛的应用。

定尺寸刀具法加工的尺寸精度比较稳定。精度高低主要取决于刀具本身的尺寸精度、形状精度、刀具的安装精度和磨损程度以及机床精度的影响。

（3）调整法　预先调整好刀具和工件在机床上的相对位置，并在一批零件的加工过程中始终保持这个位置不变，以保证零件被加工尺寸的方法。这种方法广泛应用于成批及大量生产中。

调整法比试切法的加工精度稳定性好，并有较高的生产率。零件的加工精度主要取决于调整精度、调整时的测量精度和机床精度以及刀具磨损等。

（4）自动控制法　这种方法是把测量装置、进给装置和控制系统等组成一个自动控制的加工系统。这个加工系统能根据测量装置对被加工零件的测量信息对刀具的运行进行控制，自动补偿刀具磨损及其他因素造成的加工误差，从而自动获得所要求的尺寸精度。例如，在磨削加工中，自动测量工件的加工尺寸，在与所要求的尺寸进行比较后发出信号，使砂轮磨削、修整和微量补偿或使机床停止工作。这种方法自动化程度高，获得的精度也高。

在机械加工中获得零件加工表面几何形状精度的方法即工件表面的成形方法。零件表面间相互位置精度主要靠机床及夹具精度保证。

4.1.2　加工表面质量

1. 加工表面质量的基本概念

任何机械加工方法所获得的加工表面，实际上都不可能是绝对理想的表面。加工表面质量是指表面粗糙度、波纹度及表面层的物理力学性能。

（1）表面粗糙度和波纹度　表面的微观几何性质用表面粗糙度度量。波长 L 与峰值 H 之比 $L/H<50$ 时的几何形状误差称为表面粗糙度。$L/H=50\sim1000$ 的几何形状误差称为波纹度，引起波纹度的主要原因是工艺系统在加工过程中的振动。$L/H>1000$ 的几何形状误差称宏观几何形状误差，如圆度、平面度等（图 4-1）。

（2）表面层的物理力学性能　表面层的物理力学性能主要指表面层的冷作硬化、金相组织变化和残余应力。

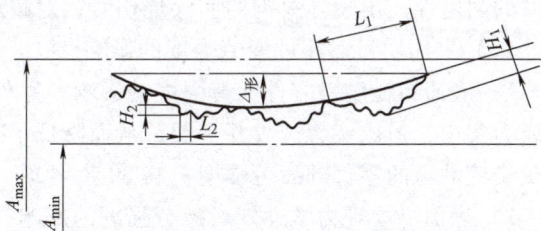

图 4-1　表面粗糙度、波纹度和几何形状误差

1）表面层冷作硬化。工件在机械加工时，表面层金属受到切削力和切削热作用，产生强烈的塑性变形，使表面层的强度和硬度提高，塑性下降，这种现象称为表面冷作硬化。表面冷作硬化的程度，以冷硬层深度 h、表面层的显微硬度 H 及硬化程度 N 表示。N 定义为

$$N = \frac{H - N_0}{H_0} \times 100\% \tag{4-1}$$

式中　　H_0——工件材料加工前的显微硬度；

　　　　N_0——工件材料加工前的硬化程度。

2）表面层金相组织变化。机械加工过程中，工件表面加工区及其周围在切削热的作用下温度上升，当温度升高到超过金相组织变化的临界值时，金相组织就会发生变化。

3）表面层残余应力。机械加工后的表面，一般都存在一定的残余应力。这是由于切削加工中表面层产生了强烈的塑性变形，同时，金相组织变化造成的体积变化也是产生残余应力的原因。

2. 机械加工表面质量对机器使用性能的影响

（1）表面质量对零件耐磨性的影响

1）表面粗糙度及波纹度对耐磨性的影响。零件的磨损过程分为三个阶段。初期磨损阶段，磨损比较显著，也称跑合阶段。正常磨损阶段，磨损缓慢，也是零件的正常工作阶段。急剧磨损阶段，磨损突然加剧，致使工件不能继续正常工作。

如图 4-2 所示是表面粗糙度对初期磨损量影响的实验曲线。从图中可以看出，在一定条件下，摩擦副表面有一个最佳粗糙度值。摩擦副表面粗糙度较小时，金属的亲和力增加，不易形成润滑油膜，从而使磨损增加。摩擦副表面粗糙度较大时，使实际接触面积减小，单位面积压力加大，也不易形成润滑油膜，同样使磨损加剧。最佳表面粗糙度的值与工作条件有关，约为 $Ra = 0.32 \sim 1.2\mu m$。

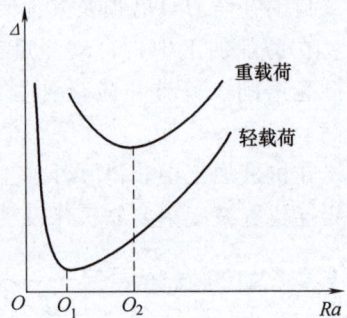

图 4-2　表面粗糙度对初期磨损量影响的实验曲线

2）表面物理力学性能对耐磨性的影响。表面冷作硬化一般能提高零件耐磨性，原因是冷作硬化提高了表面层的强度，减低了摩擦副进一步塑性变形和胶合的可能。但过度的冷作硬化会使金属组织疏松，甚至出现裂纹和剥落现象，降低耐磨性。实验证明，在不同加工条件下，最佳冷硬程度值不同。

表面层金属金相组织的变化改变了原有的金相组织，从而改变了原来的硬度，直接影响零件的耐磨性。出现淬火钢的回火烧伤时，对耐磨性的影响尤为显著。

（2）表面质量对零件疲劳强度的影响

1）表面粗糙度对零件疲劳强度的影响。零件的表面粗糙度、划痕和裂纹等缺陷容易引起应力集中，形成疲劳裂纹并扩展，从而降低了疲劳强度。试验表明，减少表面粗糙度可以使受交变载荷的零件的疲劳强度提高 30%～40%。

2）表面层物理力学性能对疲劳强度的影响。表面层残余应力的性质和大小对疲劳强度的影响极大。当表面层具有残余压应力时，可以抵消部分交变载荷引起的拉应力，延缓疲劳裂纹的扩展，因而提高了零件的疲劳强度。而残余拉应力容易使加工表面产生裂纹，使疲劳强度降低。带有不同残余应力的同样零件，疲劳寿命可相差数倍至数十倍。为此，生产中常用一些表面强化的加工方法，如滚压、挤压、喷丸等，既提高零件表面的硬度和强度，又使零件表面产生残余压应力，从而提高疲劳强度。表面层适度的冷作硬化可以减小交变载荷引起的变形幅值，阻止疲劳裂纹的出现和扩展，有助于提高零件的疲劳强度。但冷作硬化过度，表面易产生裂纹，反而会降低零件的疲劳强度。磨削烧伤会降低疲劳强度，其原因是烧伤之后，表面层的硬度、强度都将下降。如果出现烧伤裂纹，疲劳强度的降低更为显著。

（3）表面质量对配合精度的影响　表面粗糙度对配合精度的影响很大。对于动配合表面，如果表面粗糙度过大，初期磨损就比较严重，从而使间隙增大，降低配合精度和间隙配合的稳定性。对于过盈配合表面，轴在压入孔内时表面粗糙度的部分凸峰会挤平，使实际过盈量减小，影响了过盈配合的连接强度和可靠性。

（4）表面质量对零件耐蚀性的影响　当零件在潮湿的空气中或腐蚀性的介质中工作时，会发生化学腐蚀和电化学腐蚀。前者是由于在粗糙表面凹谷处积聚腐蚀介质而产生；后者是由于两种不同金属材料的表面相接触时，在表面粗糙度顶峰间产生的电化学作用而被腐蚀掉。降低表面粗糙度可以提高零件的耐蚀性。

（5）其他影响　表面质量对零件的使用性能还有一些其他的影响，如对密封性能、零件的接触刚度、滑动表面间的摩擦系数等。

4.2　机械加工精度

加工误差是普遍存在的，不可避免的。研究加工精度的目的在于揭示加工误差产生的原因和减小加工误差，以提高加工精度。

4.2.1　原始误差与加工误差

在机械加工时，机床、夹具、刀具和工件构成了一个相互联系的统一系统，称之为工艺系统。工艺系统的各组成部分本身存在误差，工艺系统在加工过程中还会受到各种因素如切削热、切削力、刀具磨损等的影响，从而使刀具和工件在切削过程中不能保持正确的相互位置关系，因而也就产生了加工误差。可见，工艺系统的误差是产生加工误差的根源，是"因"。加工误差是工艺系统误差导致的结果。因此，把工艺系统的误差称为原始误差。研究加工精度应从研究原始误差入手。

如图4-3所示为滚齿机滚齿加工的装夹图，在滚切时产生加工误差的可能因素包括如下。

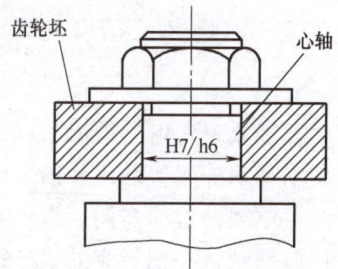

图4-3　滚齿机滚齿加工的装夹图

1）装夹误差。齿轮靠心轴定位，心轴与齿轮孔的配合间隙使孔的中心线偏离心轴中心，这种偏移是由于定位引起的，称为定位误差。这个误差会造成齿轮分度圆中心与孔的中心的同轴度误差，即齿圈径向跳动。如果夹紧力过大，夹紧时齿轮会产生变形，因夹紧力过大而引起的误差称夹紧误差。定位误差和夹紧误差统称为工件装夹误差。

2）调整误差。滚齿机加工的调整包括滚刀轴与齿轮水平面倾斜角调整和交换齿轮计算两项。倾斜角调整与交换齿轮计算误差称为调整误差。调整误差对调整后加工的一批零件而言是不变的。

3）加工误差。由于加工过程中的切削力、切削热、摩擦等物理现象，工艺系统会产生受力变形、热变形、刀具磨损等原始误差，影响了在机床调整时所获得的工件、刀具间的相对位置精度，引起加工误差。与调整误差不同，加工误差对机床调整好后加工的每一个零件是不等的。如工件调质硬度的变化使受力变形变化，刀具的磨损随加工工件数的增加而增加，在工艺系统未达到热平衡状态时，热变形随时间变化而变化。

4）度量误差。齿轮加工中要进行公法线长度或固定弦齿厚的测量，测量方法和量具本身的误差自然就加入到度量的读数之中，称为度量误差。

5）原理误差。滚切加工是展成法，即滚刀切削刃各个瞬时位置的包络面形成齿轮齿面。从理论上分析，要得到渐开线齿面，滚刀应采用渐开线基本蜗杆。但由于制造上的困难，生产上实际采用阿基米德基本蜗杆或法向直廓基本蜗杆，因而产生误差，这种误差称为原理误差。

综上所述，加工过程中可能出现的种种原始误差如图 4-4 所示。原始误差有以下特点：首先，为了保证加工精度，必须使工艺系统的各个组成部分（机床、刀具、工件、夹具）获得并在加工过程中保持正确的相互关系。原始误差就是破坏这种正确的位置关系和运动关系的误差。其次，原始误差可能在加工前已经存在，如定位误差、调整误差，也可能在加工中产生并随加工过程变化，如刀具磨损。前者可以通过重新调整机床给予补偿，后者则要对其产生的原因及变化规律进行探究，才能采取相应的工艺措施消除其影响。此外，各种加工误差并不是孤立存在的，而是相互影响的。在某

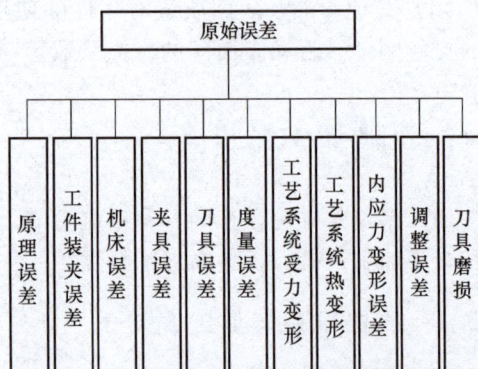

图 4-4 原始误差

一特定条件下，可能有某一种原始误差对加工误差起着主导作用，在这种情况下，抓住这个主要矛盾，可以有效地提高加工精度。

4.2.2 影响加工精度的因素

1. 原理误差

原理误差是由于采用了近似的加工运动或者近似的刀具轮廓而产生的。除前面提到的用阿基米德蜗杆近似地代替渐开线蜗杆的原理误差外，用齿轮模数铣刀对齿轮表面成形铣削也是产生原理误差的实例。齿形表面的渐开线形状由齿轮的模数和齿数决定。如果每种模数每种齿数都制造一把相应的成形铣刀，势必造成成形铣刀数太多，对成本、管理等不利。实际生产中对每一种模数只采用一套（8~26 把）模数铣刀，加工一定齿数范围内的所有齿轮。因而被加工齿轮齿数与刀具设计齿数不相符时，齿形就有了偏差，齿形偏差是由于原理误差而造成的加工误差，误差值可以从有关资料中查得。只要误差值在齿形误差允许的范围内，就可以采用这种加工方法。

2. 机床误差

对加工精度有重大影响的机床误差有主轴回转误差、导轨误差和传动链误差。机床的制造精度、安装精度和使用过程中的磨损是机床误差的根源。

（1）导轨误差　机床移动部件的运动精度，主要取决于机床导轨的精度。机床导轨

是确定机床移动部件的相对位置及其运动的基准。它的各项误差直接影响零件的加工精度。

以车床导轨为例,当车床的床身导轨在水平面内有了弯曲,在纵向切削过程中,刀尖的运动轨迹相对于工件轴线之间就不能保持平行,当导轨向后凸出时,工件就产生鼓形加工误差;当导轨向前凸出时,就产生鞍形加工误差。当导轨在水平面内的弯曲使刀尖在水平面内位移 Δy 时,引起工件在半径上的误差为 $\Delta R' = \Delta y$ 或 $\Delta D' = 2\Delta y$,如图 4-5a 所示。

当车床的床身导轨在垂直面内有弯曲,会使工件在纵剖面内形成双曲线的一部分,可以近似地看成锥形或鞍形。此时引起工件的半径误差为 ΔR。当导轨在垂直面内的弯曲使刀尖在垂直面内位移 Δz 时,如图 4-5b 所示,则有

$$(R+\Delta R)^2 = \Delta z^2 + R^2 \tag{4-2}$$

化简,并忽略 ΔR^2 项得

$$\Delta R \approx \frac{\Delta z^2}{2R} 或 \Delta D = \frac{\Delta^2 z}{R} \tag{4-3}$$

假设 $\Delta y = \Delta z = 0.1\text{mm}$, $D = 40\text{mm}$,则:

$$\Delta R = \frac{0.1^2}{40}\text{mm} = 0.00025\text{mm}$$

$$\Delta R' = \Delta y = 0.1\text{mm} = 400\Delta R$$

可见,在垂直面内导轨的弯曲对加工精度的影响很小,可以忽略不计;而在水平面内的同样大小的导轨弯曲就不能忽视。

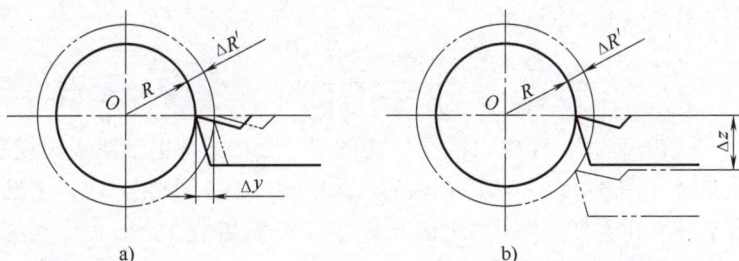

图 4-5 刀具在不同方向的位移量对工件直径的影响

一般来说,工艺系统原始误差所引起的刀尖与工件间的相对位移,若产生在加工表面的法线方向,则对加工精度就有直接的影响;若产生在切线方向,就可忽略不计。把对加工误差影响大的加工表面的法线方向称为误差敏感方向。

在转塔车床上加工时,往往把刀具垂直安装,如图 4-6 所示。这时,导轨在垂直平面内的误差就直接影响到工件的直径尺寸。采用垂直装刀的原因是:六角转塔在工作中频繁转位换刀,长期保持转位精度是很困难的,转位精度的修复费工费时。垂直装刀可以使转位误差位于加工表面的切向,即误差的不敏感方向,转位误差对加工精度的影响则可忽略不计。

提高机床导轨的耐磨性,提高机床的安装精度及建立完善的维护保养制度,可以长期保持机床导轨的精度。

(2) 主轴回转误差 机床主轴工作时,理论上其回转

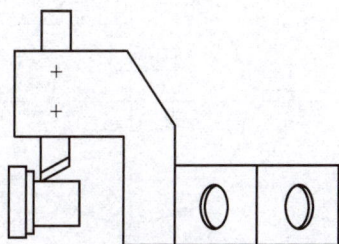

图 4-6 六角车床刀具的安装

中心线在回转过程中应保持在某一位置不变。但是由于在主轴部件中存在着主轴轴颈的圆度误差、前后轴颈的同轴度误差、主轴轴承本身的各种误差、轴承孔之间的同轴度误差、主轴的挠度及支承端面对轴颈轴线的垂直度误差等原因，主轴在每瞬时回转轴线的空间位置都是变动的，即存在着回转误差。

主轴回转误差定义为：主轴实际回转中心的瞬时位置与主轴回转中各个位置的平均轴线之间的最大偏差。把主轴回转中各个位置的平均轴线称为理想回转轴线。

为了分析主轴回转误差对加工精度的影响，一般把它分解为三种独立的运动形式：纯轴向窜动 Δx、纯径向跳动 Δr 和纯角度摆动 $\Delta \alpha$。

主轴的纯轴向窜动对于孔加工和外圆加工并没有影响，但在加工端面时却造成端面与轴线的不垂直度。设主轴每转一周沿轴向窜动一次，则向前窜动的半周中形成右螺旋面；向后窜动的半周中形成左螺旋面。在车削螺纹时，这种窜动产生单个螺距内的周期误差，即螺距的小周期误差。

主轴的纯径向跳动对车削和镗削的加工精度的影响是不同的，现以一个简单的特例来说明。设主轴纯径向跳动使主轴几何轴线在 y 坐标方向做简谐直线运动，其运动频率与主轴回转频率相等，振幅为 A。在镗床上加工时，设主轴中心偏移最大（偏移 A）时，镗刀刀尖正好通过水平位置 1（图 4-7）。则当镗刀转过一个 φ 角时，刀尖轨迹的水平分量和垂直分量分别为

$$Y = A\cos\varphi + R\cos\varphi = (A+R)\cos\varphi \tag{4-4}$$

$$Z = A\sin\varphi \tag{4-5}$$

则有

$$\frac{Y^2}{(R+A)^2} + \frac{Z^2}{R^2} = 1 \tag{4-6}$$

式（4-6）是一个椭圆方程式，即镗出的孔呈椭圆形，如图 4-7 中细双点画线所示。

在车床上加工时（图 4-8），仍做如上相同的假设，则工件在 1 处，主轴中心偏移量最大，此时切出的半径要比在 2、4 处切出的半径小一个振幅值 A；而工件在 3 处，主轴中心偏离理想中心 A，此时切出的半径要比在 2、4 处切出的半径大一个振幅值 A。而在点 1、2、3、4 处，工件直径都相等。可以证明，在其他各点所形成的直径只有较小数量级的误差，所以车削工件表面接近于一个真圆。

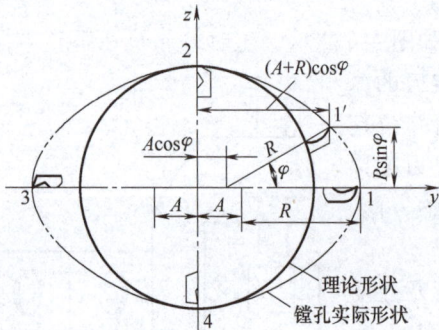

图 4-7 纯径向跳动对镗孔圆度的影响

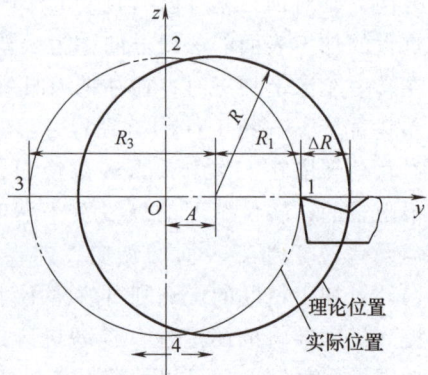

图 4-8 车削时纯径向跳动对圆度的影响

主轴的纯角度摆动表现为主轴瞬时回转轴线与平均回转轴线呈一倾斜角，但其交点位置固定不变，它主要影响工件的形状精度。

主轴实际工作中，主轴几何轴线的误差运动是上述三种误差的综合，而且也不只是简谐性质，除基波外还有高次谐波，并且具有随机特性。目前常采用动态测试的手段对其进行研究。

（3）传动链误差 当加工中要求有内联系传动时，如齿轮、螺纹、蜗轮、丝杠等表面的加工，刀具和工件运动关系的误差将造成这些表面的加工误差。如加工螺纹时，工件转一转，刀具必须移动一个导程；滚切齿轮时，滚刀转一转，工作台只能转 K/z 转（K 为滚刀头数，z 为齿轮齿数）。

传动链误差则为内联系传动的实际传动关系与理论计算的传动关系之间的偏差。产生传动链误差的主要因素是传动链中各传动件的制造精度、安装精度及受力变形等。

以 Y3150E 滚齿机为例，当滚刀传动到工作台的第一个齿轮有转角误差 $\Delta\phi_1$ 时，则工作台产生的转角误差为

$$\Delta\phi_{1n} = \Delta\phi_1 \times \frac{80}{20} \times \frac{28}{28} \times \frac{28}{28} \times \frac{28}{28} \times \frac{42}{56} \times K_{差} \times K_{分} \times \frac{1}{72} \tag{4-7}$$

$$= K_1 \times \Delta\phi_1$$

式中　$K_{差}$——差动轮系传动比；

　　　$K_{分}$——分度交换齿轮传动比。

推广而得：若传动链中第 j 个元件有转角误差 $\Delta\phi_j$，则工作台的转角误差为

$$\Delta\phi_{jn} = K_j \times \Delta\phi_j \tag{4-8}$$

式中　K_j——第 j 个元件的误差传递系数。

所以，传动链总误差应为

$$\Delta\phi_{\Sigma} = \sum_{j=1}^{n} \Delta\phi_{jn} = \sum_{j=1}^{n} K_j \times \Delta\phi_j \tag{4-9}$$

值得说明的是：式（4-9）中的求和是向量和，因转角误差是有方向的。目前均采用动态测试的方法和傅立叶级数的分析方法研究传动链误差。由式（4-9）可以得出以下结论：

1）当 $K_j > 1$，即升速传动时，误差被扩大，反之，则误差被缩小。

2）减少传动链中的元件数目，n 减小，即缩短传动链，可以减少误差来源。

3）提高传动元件，特别是末端传动元件的制造精度和装配精度，可以减少传动链误差。

4）减小末端传动副的传动比，有利于提高传动精度。

5）消除传动副间存在的间隙可以使末端元件瞬时速度均匀，尤其可以改善反向运动的滞后现象，减小反向死区对运动精度的影响。

3. 调整误差

调整主要是指使刀具切削刃与工件定位基准间在从切削开始到切削终了都保持正确的相对位置。因而调整包括机床调整、夹具调整、刀具调整等。由于调整不可能绝对准确，也就带来了一项原始误差，即调整误差。不同的调整方式，调整误差产生原因不同。

（1）试切法加工的调整误差 单件小批生产中广泛采用试切法调整。这种方法产生误差的原因有：度量误差、加工余量的影响和微进给误差。加工余量的影响在粗加工和精加工

时有所区别。粗加工试切时，由于余量比较大，不会产生刀具打滑。因为试切余量小于切削余量，试切部分受力变形小，让刀小，所以粗加工所得的尺寸比试切尺寸大一些。精加工试切时，试切的最后一刀，吃刀很小，容易产生刀具没有吃入工件金属层而在其上打滑的现象（锐利切削刃不打滑的吃刀深度可达 $5\mu m$，钝化的切削刃则为 $20\sim50\mu m$）。如果此时认为试切尺寸已经合格，就进行纵向进给，则新切到部分的背吃刀量比试切部分大（镗孔则相反），如图 4-9 所示。

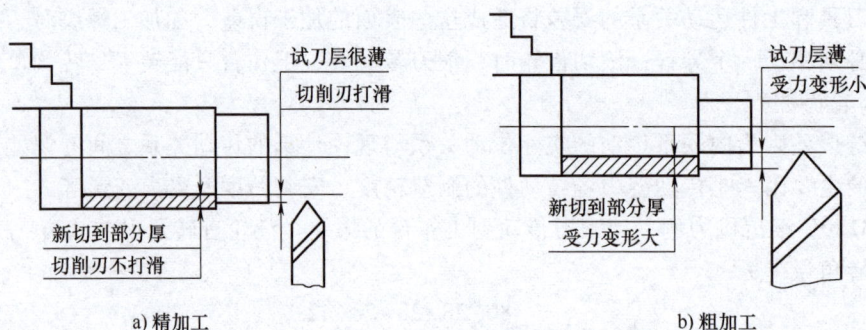

a) 精加工   b) 粗加工

图 4-9　试切调整

微量进给误差：在试切最后一刀，对刀具（或砂轮）的径向进给进行调整时，由于进给机构的刚度及传动链间隙的影响，会产生爬行现象，使刀具实际的径向移动比手轮上转动的刻度数偏大或偏小，以致难以控制尺寸精度，造成加工误差。为克服这一影响，操作工人操作时常采用两种办法：一种是在微量进给前先退刀，然后把刀具快速引进到新的手轮刻度值处，其间不停顿；另一种是轻轻敲击手轮，用振动消除爬行的影响。

（2）调整法加工的调整误差　在大批量生产中广泛采用行程挡块、靠模、凸轮等机构控制刀具的轨迹和行程。批量生产中也大量使用对刀装置来调整刀具与工件的相对位置。这种情况下，这些装置和机构的制造精度和调整精度，以及与它们配合使用的离合器、电器开关和控制阀等的灵敏度就成了影响调整误差的主要因素。

4. 工艺系统的受力变形

工艺系统在完成对工件加工的过程中，始终受到切削力、惯性力、重力、夹紧力等外力的作用。力的作用使工艺系统产生变形，从而破坏了已经调整好的刀具与工件之间的相对位置和机床预定的运动规律，使工件产生加工误差。在磨床上，为了消除工艺系统受力变形对加工精度的影响常采用"无进给磨削"或称"光磨"的办法，即磨削的最后几次行程中，砂轮不再向工件进刀。虽然不进刀，但依然磨出火花。随着行程次数的增加，火花逐渐减少，以至消失，火花消失表明工艺系统受力产生的弹性变形得到了恢复。光磨不但可以保证加工精度，而且有利于降低表面粗糙度。由此可见，工艺系统的受力变形是机械加工精度中一项重要的原始误差。

（1）工艺系统的刚度　工艺系统的刚度指工艺系统抵抗变形的能力。在零件加工过程中，工艺系统各部分在切削力作用下将在受力方向产生相应的变形。但从对零件加工精度的影响程度来看，则以在加工表面法线方向变形影响最大。因此，工艺系统刚度 K_{st} 定义为

$$K_{st} = \frac{F_p}{Y} \tag{4-10}$$

式中 F_p——背向力（N）；

    Y——在切削力、背向力、进给力共同作用下的法向变形（mm）。

由于 F_p 和 Y 是在静态条件下的力和变形，因此 K_{st} 又称工艺系统的静刚度。从动力学的观点出发，工艺系统是一个有一定质量、弹性和阻尼的多自由度的振动系统，在干扰力的作用下会产生振动，振动情况与系统动刚度有关。

由于工艺系统由一系列零、部件按一定的连接方式组合而成，因此受力后的变形与单个物体受力后的变形不同。在外力作用下，组成工艺系统的各个环节都要受力，各受力环节将产生不同程度的变形，这些变形又不同程度地影响到工艺系统的总变形。工艺系统的变形是各组成环节变形的综合结果。即工艺系统的变形应为机床有关部件、夹具、刀具和工件在总切削力作用下，使刀尖和加工表面在误差敏感方向产生的相对位移的代数和，可以记为

$$Y_{st} = Y_{jc} + Y_{jj} + Y_d + Y_g \tag{4-11}$$

式中 Y_{st}——工艺系统受力后 Y 方向的总位移（mm）；

Y_{jc}、Y_{jj}、Y_d、Y_g——机床、夹具、刀具、工件受力后 Y 方向的位移（mm）。

如果已知各组成部分的位移和在位移方向的受力 F_p，则可求出各部分的刚度分别为

$$K_{jc} = \frac{F_p}{Y_{jc}}; \; K_{jj} = \frac{F_p}{Y_{jj}}; \; K_d = \frac{F_p}{Y_d}; \; K_g = \frac{F_p}{Y_g}$$

故，工艺系统刚度为

$$K_{st} = \frac{F_p}{Y_{st}} = \frac{F_p}{Y_{jc} + Y_{jj} + Y_d + Y_g} = \frac{1}{\dfrac{1}{K_{jc}} + \dfrac{1}{K_{jj}} + \dfrac{1}{K_d} + \dfrac{1}{K_g}} \tag{4-12}$$

1）工件的刚度。可以把工件视为简单构件，用材料力学的公式做近似计算。例如棒料夹在卡盘中，可按照材料力学中的悬臂梁公式计算工件最远端刚度。

$$K_g = \frac{F_p}{Y_g} = \frac{3EI}{L^3} \tag{4-13}$$

式中 L——棒料悬臂长度（mm）；

    E——棒料弹性模量（N/mm^2），钢的弹性模量 $E = 2 \times 10^5 \text{N/mm}^2$；

    I——棒料截面惯性矩（mm^4），$I = \pi d^4 / 64$；

    d——棒料直径（mm）。

$$K_g \approx 3 \times 10^4 \frac{d^4}{L^3} \tag{4-14}$$

在两顶尖间加工棒料可近似地看做简支梁。如棒料两顶尖间距离为 L，则工件的刚度为

$$K_g = \frac{48EI}{L^3} \tag{4-15}$$

2）刀具的刚度。一般刀具在切削力作用下产生的变形对加工精度影响并不显著。但在镗孔时，由于镗杆悬伸很长，其变形对加工精度的影响便很严重。镗刀杆可以看成一悬臂梁，其刚度为

$$K_d = \frac{3EI}{L^3} \tag{4-16}$$

3）机床和夹具的刚度。机床和夹具都由若干零件和部件组成，受力变形情况要复杂得

多。因此，为确定机床的刚度，一般采用试验测定法。即在机床上模拟实际受力状态，绘制出受力变形曲线，根据受力变形曲线进行分析计算。

（2）工艺系统受力变形对加工精度的影响

1）由于切削力作用点位置变化而使工件产生形状误差以顶尖装夹车削光轴为例来说明这一问题，如图 4-10 所示。图中，工件两支点的距离为 L，背向力 F_p 随刀具纵向切削而改变位置。当刀具作用点在距床头前顶尖 X 处时，通过工件作用在床头（含前顶尖）部件和尾架（含后顶尖）部件的力分别为 F_A 和 F_B，刀架受力 F_p。从而使床头位置由 $A \rightarrow A'$、尾架位置由 $B \rightarrow B'$、刀架位置由 $C \rightarrow C'$，其值分别为 Y_{tw}、Y_{ww}、Y_{dw}。相应地使工件中心位置由 $AB \rightarrow A'B'$，在 X 处位移量为 Y_X。因机床床头的刚度一般比尾架刚度好，所以 $Y_{tw} < Y_{ww}$。在刀具作用点 C 处的总位移为

$$Y_{jc} = Y_X + Y_{dw} \tag{4-17}$$

由图 4-10 可见

$$Y_X = Y_{tw} + \delta_X \tag{4-18}$$

$$\delta_X = (Y_{ww} - Y_{tw}) \frac{X}{L} \tag{4-19}$$

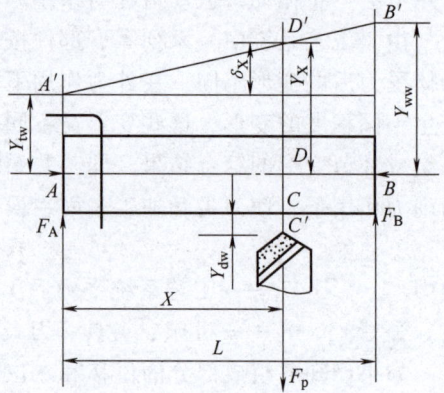

图 4-10　工艺系统的位移随施力点位置变化的情况

按刚度定义

$$Y_{tw} = \frac{F_A}{K_t} ; \quad Y_{ww} = \frac{F_B}{K_w} ; \quad Y_{dw} = \frac{F_p}{K_d}$$

式中　K_t、K_w、K_d——床头、尾架、刀架的刚度。

由理论力学公式计算得

$$F_A = F_p \frac{L-X}{L} ; \quad F_B = F_p \frac{X}{L} \tag{4-20}$$

将各式代入式（4-17）得

$$Y_{jc} = F_p \left[\frac{1}{K_d} + \frac{1}{K_t} \left(\frac{L-X}{L} \right)^2 + \frac{1}{K_w} \left(\frac{X}{L} \right)^2 \right] \tag{4-21}$$

机床的刚度为

$$K_{jc} = \frac{F_p}{Y_{jc}} = \frac{1}{\dfrac{1}{K_d} + \dfrac{1}{K_t} \left(\dfrac{L-X}{L} \right)^2 + \dfrac{1}{K_w} \left(\dfrac{X}{L} \right)^2} \tag{4-22}$$

如前所述，顶尖装夹车削光轴可简化为简支梁，则距离前顶尖 X 处工件的变形为

$$Y_g = \frac{F_p}{3EI} \times \frac{(L-X)^2 X^2}{L} \tag{4-23}$$

车削时 F_p 引起的刀具变形甚微，可以忽略不计。切削力的作用使刀具产生弯曲，使它相对于加工表面产生切向位移，因为不是在加工表面的误差敏感方向，也可以忽略不计。Y_{jj} 即顶尖变形，已考虑在 Y_{jc} 中，可不计。将式（4-21）、式（4-23）代入式（4-11）得

$$Y_{st} = Y_{jc} + Y_g = F_p \left[\frac{1}{K_d} + \frac{1}{K_t} \left(\frac{L-X}{L} \right)^2 + \frac{1}{K_w} \left(\frac{X}{L} \right)^2 + \frac{(L-X)^2 X^2}{3EIL} \right] \tag{4-24}$$

则

$$K_{st} = \cfrac{1}{\cfrac{1}{K_d} + \cfrac{1}{K_t} \left(\cfrac{L-X}{L} \right)^2 + \cfrac{1}{K_w} \left(\cfrac{X}{L} \right)^2 + \cfrac{(L-X)^2 X^2}{3EIL}} \tag{4-25}$$

由式（4-24）、式（4-25）可知，工艺系统刚度沿工件轴线的各位置是变化的，因此各点的位移量也不相同，加工后横截面上的直径尺寸随 X 值变化而变化，即形成加工表面纵截面的几何形状误差。设 $F_p = 300 \text{N}$，$K_t = 6000 \text{N/mm}$，$K_w = 5000 \text{N/mm}$，$K_d = 40000 \text{N/mm}$，$L = 600 \text{mm}$，工件直径 $d = 50 \text{mm}$，$E = 2 \times 10^5 \text{N/mm}^2$，则沿工件长度方向工艺系统的变形量见表 4-1。

表 4-1 工艺系统的变形量

X/mm	0（床头处）	$L/6$	$L/3$	$L/2$	$2L/3$	$5L/6$	L（床尾处）
Y_{jc}	0.0125	0.0111	0.0104	0.0103	0.0107	0.0118	0.0135
Y_j	0	0.0065	0.0166	0.0210	0.0166	0.0065	0
Y_{st}	0.0125	0.0176	0.0270	0.0312	0.0273	0.0183	0.0135

从表 4-1 中可以看出，一般情况下，加工后的工件呈鼓形，最大的圆柱度误差 $\Delta R_{max} = Y_{stmax} - Y_{stmin} \approx 0.0312 \text{mm} - 0.0125 \text{mm} = 0.0187 \text{mm}$。当机床的刚度低而工件刚度较大时，若忽略工件的变形，则加工出的工件出现鞍形的圆柱度误差。

如图 4-11 所示，假设毛坯有椭圆度误差，毛坯轮廓曲线为 1，刀具调整到细双点画线位置，在工件每一转的过程中，背吃刀量将从最大值 a_{Sp1} 减小到 a_{Sp2}，然后又增加到 a_{Sp1}。由于背吃刀量的变化，引起切削力的变化，使工艺系统的受力也产生相应的变化。设对应于 a_{Sp1} 系统的变形为 Y_1，对应于 a_{Sp2} 为 Y_2，从而使加工出的工件形状仍存在着椭圆形的圆度误差，如曲线 2 所示。这种现象称为误差复映。

按切削力计算公式：

$$F_p = C_{F_p} a_{Sp}^{X_{F_p}} f^{Y_{F_p}} \tag{4-26}$$

式中 C_{F_p}——与切削条件有关的系数；

a_{Sp}——背吃刀量（mm）；

f——进给量（mm）；

X_{F_p}、Y_{F_p}——指数。

假设在一次进给中，切削条件和进给量不变，即

$$C_{F_p} f^{Y_{F_p}} = C \tag{4-27}$$

C 为常数，在车削加工中 $X_{F_p} \approx 1$，所以

$$F_p = C a_{Sp}^{X_{F_p}} = C a_{Sp} \tag{4-28}$$

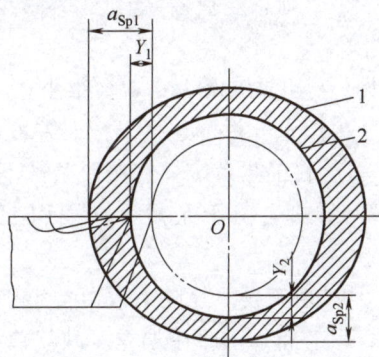

图 4-11 毛坯形状误差的复映

当切削有椭圆形圆度误差的毛坯时，在最大和最小背吃刀量 a_{Sp1} 和 a_{Sp2} 处产生的切削力分别为

$$F_{p1} = Ca_{Sp1} ; \quad F_{p2} = Ca_{Sp2} \tag{4-29}$$

由此引起的工艺系统受力变形为

$$Y_1 = \frac{F_{p1}}{K_{st}} = \frac{Ca_{Sp1}}{K_{st}} ; \quad Y_2 = \frac{F_{p2}}{K_{st}} = \frac{Ca_{Sp2}}{K_{st}} \tag{4-30}$$

则工件误差为

$$\Delta_g = Y_1 - Y_2 = \frac{C}{K_{st}}(a_{Sp1} - a_{Sp2}) \tag{4-31}$$

毛坯误差为

$$\Delta_m = a_{Sp1} - a_{Sp2} \tag{4-32}$$

所以

$$\Delta_g = \frac{C}{K_{st}}\Delta_m \tag{4-33}$$

定义加工后工件的某项误差值与毛坯的相应误差值之比为误差复映系数 ε，则有

$$\varepsilon = \frac{\Delta_g}{\Delta_m} = \frac{C}{K_{st}} \tag{4-34}$$

ε 值通常小于 1，它反映了毛坯误差在工件上的复映程度，说明工艺系统在受力变形这一因素影响下加工前后误差的变化关系，定量地表示了毛坯误差经加工后减少的程度。工艺系统刚性越高，ε 越小，毛坯误差在工件上的复映也就越小。当一次进给工步不能满足精度要求时，则必须进行第二次、第三次……进给，若每次进给工步的误差复映系数为 ε_1，ε_2，ε_3，…，则总复映系数为

$$\varepsilon = \varepsilon_1 \times \varepsilon_2 \times \varepsilon_3 \times \cdots$$

可见，经几次进给后，ε 会很小，工件的误差就会减小到工件公差许可的范围内。

由以上分析，还可以把误差复映概念做如下推广：

① 在工艺系统弹性变形条件下，毛坯的各种误差（圆度、圆柱度、同轴度、平直度误差等），都会由于余量不均而引起切削力变化，并以一定的复映系数复映成工件的加工误差。

② 由于误差复映系数通常小于 1，多次加工后，减小很快，因此当工艺系统的刚度足够时，只有粗加工时用误差复映规律估算才有现实意义。在工艺系统刚度较低的场合，如镗一定深度的小直径孔、车细长轴和磨细长轴等，误差复映现象比较明显，有时需要从实际反映的复映系数着手分析提高加工精度的途径。

③ 在大批量生产中，一般采用调整法加工。即刀具调到一定背吃刀量后，对同一批零件一次进给加工到该工序所要求的尺寸。这时，毛坯的"尺寸分散"使每件毛坯的加工余量不等，而造成一批工件的"尺寸分散"。要使一批零件尺寸分散在公差范围内，必须控制毛坯的尺寸公差。

④ 毛坯材料硬度的不均匀将使切削力产生变化，引起工艺系统受力变形的变化，从而产生加工误差。而铸件和锻件在冷却过程中的不均匀是造成毛坯硬度不均匀的根源。

2）工艺系统受其他作用力产生的加工误差。

①夹紧力的影响。当工件刚度较差时，或夹紧方法和夹紧力的作用点不当时，都会引起工件的夹紧变形，从而造成加工的形状误差或位置误差。例如用自定心卡盘夹持薄壁套筒零件进行镗孔，会使已加工孔变成三角棱圆形。

②由于机床部件和工件自重及它们在移动中位置变化而产生的影响。这种情况在大型机床上比较明显。如图 4-12a、b 所示是大型立车在刀架和横梁自重的作用下引起横梁变形的实例，它使所加工的工件端面产生平面度误差，使加工出的工件外圆呈锥度。如图 4-12c 所示是在靠模车床上加工尺寸较大的光轴时，由于尾架刚度比床头低，尾架的下沉变形比床头大，使加工表面产生锥度的圆柱度误差的实例。这种误差可通过调整靠模板的斜度来补偿。

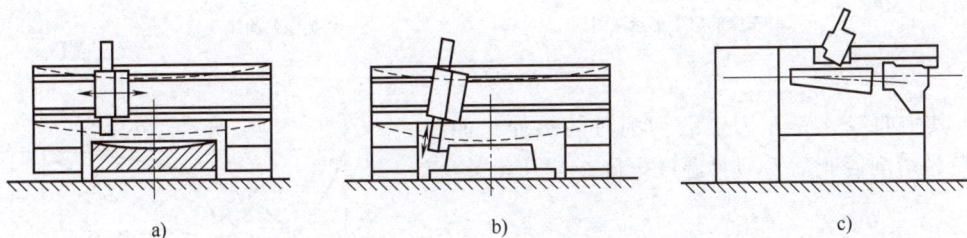

图 4-12　机床部件和工件自重所引起的误差

5. 其他原始误差的影响

（1）工艺系统的热变形　加工过程中，工艺系统的热源主要有两大类：内部热源和外部热源。内部热源主要包括：切削过程中产生的切削热，它以不同的比例传给工件、刀具、切屑、加工设备及周围介质；另一种是摩擦热，它来自机床中的各种传动副和动力源，如高速运动导轨副、齿轮副、丝杠蜗母副、蜗轮蜗杆副、摩擦离合器、电动机等。外部热源主要来自外部环境，如环境温度、阳光、取暖设备、灯光、人体等。

由于组成工艺系统的各个环节结构、尺寸、材质及受热程度的不同，使各个环节的温升不同，产生的变形也不同。这样，使工艺系统各环节的相对位置发生改变，从而产生加工误差。在精密加工中热变形引起的加工误差占总加工误差的 40%～70%；在大型零件的加工中，热变形对加工精度的影响也十分显著；在自动化生产中，热变形使加工精度不稳定。

1）机床热变形。不同类型的机床因其结构与工作条件的差异而使热源和变形形式各不相同。磨床的热变形对加工精度影响较大。外圆磨床的主要热源是砂轮主轴的摩擦热及液压系统的发热，而车、铣、钻、镗等机床的主要热源则是主轴箱。主轴箱轴承的摩擦热及主轴箱中油的发热，导致主轴箱及与它相连接部分的床身温度升高。如图 4-13 所示为车床的热变形情况，其中图 4-13a 所示温升使主轴提高、倾斜，并使床身凸起；图 4-13b 所示为主轴抬高量和倾斜量与运转时间的关系。车床主轴在垂直面内的热变形因不在加工误差敏感方向，对加工精度影响较小。但对六角车床和自动车床，因同时有水平刀架和垂直（或倾斜刀）架，上述热变形对加工精度影响较大。

2）刀具热变形。切削加工中传给刀具的切削热所占比例并不大，但是，由于刀体小、热容量小，刀具温升可能非常高，其热变形对加工精度的影响有时是不可忽视的。例如，用高速钢车刀切削时，切削刃部分温升可达 $700～800℃$，刀具伸长量可达 $0.03～0.05mm$。

在车削长轴或在立车上加工大端面时，刀具连续长时间工作，车刀热伸长曲线如图 4-14

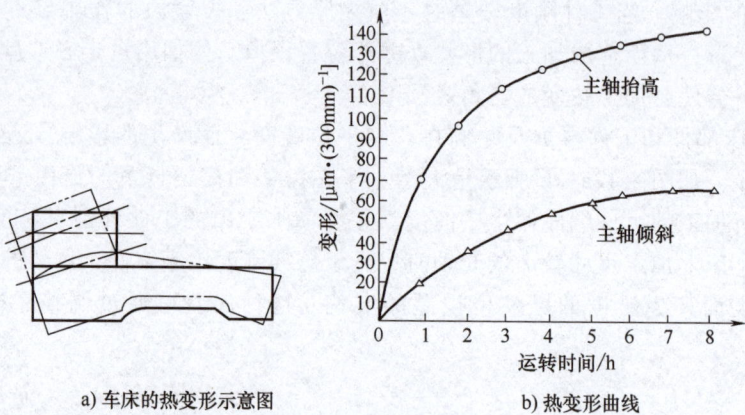

a) 车床的热变形示意图　　b) 热变形曲线

图 4-13　车床热变形

所示。其中曲线 A 是车刀连续切削时的热伸长曲线，曲线 B 为切削停止后，刀具温度下降、伸长量减小的曲线。

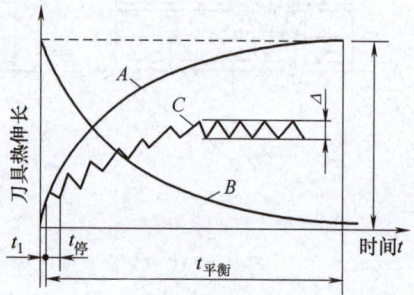

图 4-14　刀具热伸长曲线

由于刀具从常温到热平衡的连续工作过程中逐渐伸长，使加工出的大端面出现平面度误差；使加工出的长轴出现圆柱度误差。

在采用调整法加工一批工件时，刀具的受热与冷却是间歇进行的，开始加工的一些零件尺寸会逐渐减小或增大，当达到热平衡后，刀具的热变形在 Δ 范围内波动，对尺寸精度的影响不显著，如图 4-14 中折线 C 所示。

3）工件热变形。工件热变形的热源主要是切削热。热变形对加工精度的影响表现为两方面，当工件受热膨胀均匀时，会引起尺寸大小变化；若是膨胀不均匀，会引起形状的变化。这两方面影响的主次随加工情况不同而异。

对工件的平面进行铣、刨、磨等加工时，工件单侧受热，上下表面温升不等，从而使工件向上凸起，凸起部分被切掉，冷却后，被加工表面呈凹形。磨削加工中工件热变形对加工精度影响很大，例如，磨削长度为 3000mm 的丝杠，每磨一次温度升高约 3℃，经计算丝杠伸长量为 0.1mm，对 6 级精度丝杠，螺距累积误差在全长上不允许超过 0.02mm，3℃ 的温升足以使此项误差超差。

（2）工件残余内应力　残余应力是指残存在工件内部的一部分金属对另一部分金属的作用力。具有内应力的零件，其内部组织处于不稳定状态，即存在恢复到稳定的没有内应力的状态的强烈倾向。内应力的逐渐恢复，使工件的形状逐渐变化，从而丧失原有精度。

在铸、锻、焊、热处理加工过程中，由于工件各部分受热不均匀或冷却速度不同，以及金相组织转变而引起的体积变化，会使工件产生内应力。且工件结构越复杂，各部分厚度越不均匀，则内应力越大。

床身导轨是机床上的重要零件，铸造时由于外表面比中心部分冷却得快，因而外表面产生残余压应力，靠中心部分产生与之平衡的残余拉应力，如图 4-15 所示。为提高导轨面的耐磨性，采用局部激冷工艺使表面冷却得更快，这样内应力的数值也就更大。如果不经过去内应力处理就进行粗加工,则加工后内应力的重新分布将使导轨弯曲变形。因为内应力重新分布需要一定时间,所以加工后检验合格的导轨面会逐渐丧失加工精度。

一些细长轴类工件(如丝杠),刚度低,易弯曲变形,常用冷校直的办法使之变直,如图4-16所示。一根无内应力向上弯曲的长轴,当用力 F 使其校直时,F 力使轴线以上产生压应力,轴线以下产生拉应力。图中两虚线之间为弹性变形区,之外为塑性变形区。校直后,F 力去掉,工件内弹性变形的恢复受到塑性变形区的阻碍而使内应力重新分布。可见,工件经冷校直后,内部产生残余应力,处于不稳定状态,若不消除内应力就进行切削加工,工件将产生新的弯曲变形。

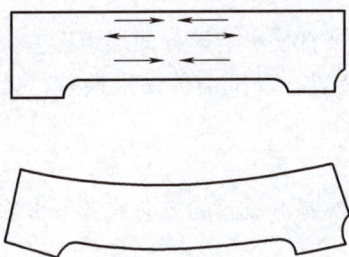

图4-15 床身因内应力而引起的变形

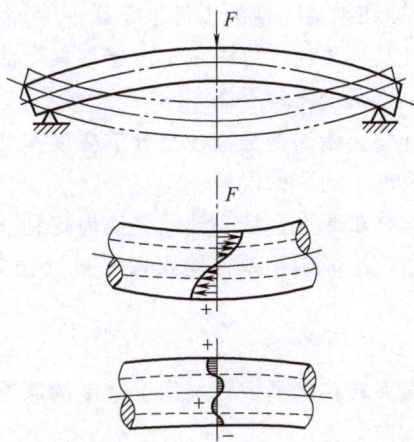

图4-16 校直引起的内应力

在切削加工中,切削力和热的作用也会使被加工表面产生内应力,而引起工件变形。为减小内应力对加工精度的影响,首先要合理设计零件结构,使零件结构简单、壁厚均匀。其次要安排消除内应力的退火或时效工序。还要使粗精加工分开,粗、精加工工序之间的时间间隔尽可能长些,使工件有足够的时间消除内应力。

4.2.3 提高加工精度的措施

1. 直接减小或消除原始误差

减小或消除原始误差指查明产生加工误差的主要因素之后,设法对其直接进行消除或减弱。如车削细长轴时,为了增加工件的刚度,采用跟刀架,但有时仍难车出高精度的细长轴。究其原因,采用跟刀架虽可减小背向力 F_p,解决使工件"顶弯"的问题,但没有解决工件在进给力 F_f 作用下的"压弯"问题,如图4-17所示。压弯后的工件在高速回转中,由于离心力的作用,不但变形加剧,而且产生振动。此外,装夹工件的卡盘和尾架顶尖之间的

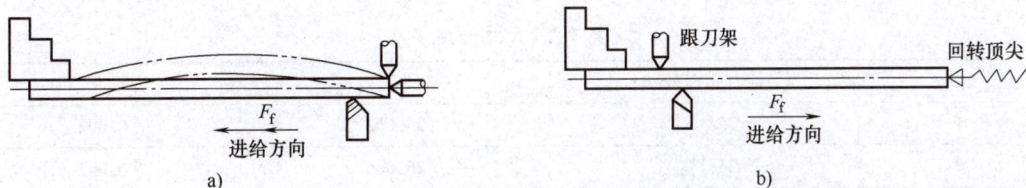

图4-17 车细长轴的误差原因及采取的措施

距离是固定的，切削热引起的工件热伸长受到阻碍，这又增加了工件的弯曲变形。实践证明，采用以下措施可以使鼓形度误差大为改善。

1）采用反向进给的切削方式（图 4-17b），进给方向由卡盘一端指向尾架，进给力 F_f 对工件是拉伸作用，解决了"压弯"问题。

2）反向进给切削时采用大进给量和较大的主偏角车刀，以增大 F_f 力，使工件受强力拉伸作用，而不被压弯。同时可消除振动，使切削过程平稳。

3）改用具有伸缩性的弹性后顶尖。这样既可避免工件从切削点到尾架顶尖一段由于受压力而弯曲，又使工件在热伸长下有伸缩的余地。

4）在卡盘一端的工件上车出一个缩颈，缩颈直径 $d \approx D/2$（D 为工件坯料直径）。缩颈使工件具有柔性，可以减小由于坯料弯曲而在卡盘强制夹持下而产生轴线歪斜的影响。

2. 补偿或抵消原始误差

补偿原始误差是指在充分掌握误差变化规律的条件下，采取一定的措施或方法补偿已经或将要产生的原始误差。

丝杠车床上，从主轴经交换齿轮到丝杠的传动链精度直接影响丝杠的螺距误差，在生产实际中广泛应用误差补偿原理来设计误差校正机构及装置，以抵消传动链误差，提高螺距精度。

3. 误差转移法

误差转移法是把影响加工精度的原始误差转移到对误差不敏感的方向或者不影响加工精度的方向上去。

例如，在六角车床上采用垂直装刀法，可以把由转塔刀架转位误差引起的刀具位置误差转移到加工表面的切向，即误差不敏感方向。

又如，在一般精度的机床上，采用专用的工夹具或辅具，能加工出精度较高的工件。典型实例是用镗床夹具加工箱体零件的孔系，镗杆与主轴采用浮动连接，就可以把机床主轴的回转误差、导轨误差、坐标尺寸的调整误差等排除掉。此时工件的加工精度就完全取决于镗杆和镗模的制造精度。

4. 均分与均化原始误差

均分原始误差就是当坯件精度太低，引起的定位误差或复映误差太大时，将坯件按其误差大小均分成 n 组，每组坯件的误差就缩小为原来的 $1/n$，再按组调整刀具和工件的相对位置以减小坯件误差对加工精度的影响。例如，某厂采用心轴装夹工件剃齿，齿轮内孔尺寸为为 $\phi 25^{+0.013}_{0}$mm（IT6），心轴实际尺寸为 $\phi 25.002$mm。由于配合间隙过大，剃齿后工件齿圈径向跳动超差。为减小配合间隙又不再提高加工精度，采用均分原始误差方法，按工件内孔尺寸大小分成 3 组，与相应心轴配合，见表 4-2，使每组配合间隙在 0.005mm 之内，保证了剃齿加工要求。

表 4-2 尺寸分组

组号	工件内孔直径/mm	心轴直径/mm	配合精度/mm
1	$25^{+0.004}_{0}$	25.002	±0.002
2	$25^{+0.008}_{+0.004}$	25.006	±0.002
3	$25^{+0.013}_{+0.008}$	25.011	+0.002 −0.003

均化原始误差的实质就是利用有密切联系的工件或刀具表面的相互比较、相互检查，从中找出它们之间的差异，然后再进行相互修正加工或互为基准的加工，使被加工表面原有的误差不断缩小和平均化。对配偶件的表面，如伺服阀的阀套和阀芯、精密丝杠与螺母采用配研的方法，实质上就是把两者的原始误差不断缩小的互为基准加工，最终使原始误差均化到两个配偶件上。在生产中，许多精密基准件的加工（如平板、直尺、角规、分度盘的各个分度槽等）都采用误差均化的方法。

5. "就地加工"达到最终精度

"就地加工"的办法就是把各相关零件、部件先行装配，使它们处于工作时要求的相互位置，然后就地进行最终加工。"就地加工"的目的在于消除机器或部件装配后的累积误差。

"就地加工"的实例很多，如六角转塔车床的制造中，为保证转塔上六个安装刀架孔的中心与机床主轴回转轴线的重合度及孔的端面与主轴回转轴线的垂直度，在转塔装配到车床床身后，再在主轴上装镗杆和径向进给小刀架，对转塔上的孔和端面进行最终加工。此外，普通车床上对花盘平面或软爪夹持面的修正、龙门刨床上对工作台面的修正等都属于"就地加工"。

6. 主动测量与闭环控制

主动测量指加工过程中随时测量出工件实际尺寸（形状、位置精度），根据测量结果控制刀具与工件的相对位置，这样，工件尺寸的变动始终在自动控制之中。

在数控机床上，一般都带有对各个坐标移动量的检测装置（如光栅尺、感应同步器）。检测信号作为反馈信号输入控制装置，实现闭环控制，以确保运动的准确性，从而提高加工精度。

4.2.4　机械加工误差的综合分析方法

前面分析了产生加工误差的各项因素，也提出了一些行之有效的解决途径。但从分析方法来讲，还侧重在单因素的分析。当某项因素是产生误差的主导因素时，上述分析与解决问题的方法是奏效的。在生产实际中，上述各项因素总是同时存在、互相影响的，使精度分析错综复杂。实践证明，用数理统计的方法可以成功地解决成批及大量生产中机械加工误差的分析和对加工精度的控制问题。

1. 误差的性质

按数理统计的理论，各种加工误差按它们在一批零件中出现的规律，可以分为两大类：系统误差和随机误差。

（1）系统误差　当连续加工一批零件时，大小和方向始终保持不变或是按一定规律变化的误差称为系统误差。将前者称为常值系统误差，后者称为变值系统误差。原理误差、机床、刀具、夹具和量具的制造和调整误差，工艺系统的静力变形都是常值系统误差，它们和加工顺序（加工时间）没有关系。机床、夹具和量具的磨损值在一定时间内可以看做常值系统误差。机床和刀具的热变形，刀具的磨损都随着加工顺序（或加工时间）有规律地变化，属于变值系统误差。

（2）随机误差　连续加工一批零件时，大小和方向没有一定变化规律的误差称为随机误差。毛坯误差（余量大小不一，硬度不均匀）的复映，定位误差（基准面尺寸不一，间隙影响等），夹紧误差（夹紧力大小不一），多次调整的误差，内应力引起的变形误差等都属于随机误差。

随机误差从表面上看似乎没有规律，但是用数理统计的方法对一批零件的加工误差进行统计分析，可以找出加工误差的总体规律性。

对上述两类不同性质的误差，解决的途径也不一样。一般来说，对常值系统误差，可以在查明其大小和方向后，通过相应的调整或检修工艺装备的办法来解决，有时还可用误差补偿或抵消的办法人为地用一个常值误差去抵偿已存在的常值系统误差。对变值系统误差，可以在摸清其变化规律的基础上，通过自动连续补偿或定期自动补偿的办法解决。如各种刀具（或砂轮的）自动补偿装置。随机误差没有明显的变化规律，很难完全消除，但可以采取适当的措施减小其影响，如缩小毛坯本身的误差和提高工艺系统的刚度可以减小毛坯误差的复映。采用主动测量与闭环控制对减小随机误差有显著的效果。

2. 加工误差的分布曲线分析法

（1）实际分布曲线 实际分布曲线是对一批零件实际加工结果的统计曲线。以下述实例说明实际分布曲线的做法及运用。

例 4-1： 一批活塞销孔，图样尺寸要求为 $\phi 28_{-0.015}^{0}$mm。对这批销孔精镗后，抽查 100 件，并按尺寸大小分组，每组的尺寸间隔为 0.002mm，见表 4-3。

表 4-3　活塞销孔直径测量结果

组别	尺寸范围/mm	中点尺寸/mm	组内工件数（m 件）	频率 m/n
1	27.992~27.994	27.993	4	4/100
2	27.994~27.996	27.995	16	16/100
3	27.996~27.998	27.997	32	32/100
4	27.998~28.000	27.999	30	30/100
5	28.000~28.002	28.001	16	16/100
6	28.002~28.004	28.003	2	2/100

表 4-3 中 n 是测量的工件数。以每组工件数 m 件或频率 m/n 作纵坐标，以尺寸范围的中点尺寸 x 为横坐标就可以绘出如图 4-18 所示的折线图，从该图可以算出：

1）分散范围 = 最大孔径 − 最小孔径 = 28.004mm−27.992mm = 0.012mm。

2）分散范围中心尺寸（即平均孔径）= $\sum mx/n$ = 27.9979mm。

3）公差带中心 = 28mm − 0.015/2mm = 27.9925mm。

4）废品率 = 18%，即尺寸为 28.000 ~ 28.004mm 的零件的频率，也即图中阴影部分。

5）系统误差 Δ_{st} = |分散范围中心尺寸 − 公差带中心尺寸| = |27.9979mm−27.9925mm| = 0.0054mm。

6）因为实际分散范围 = 0.012mm<公差值 =

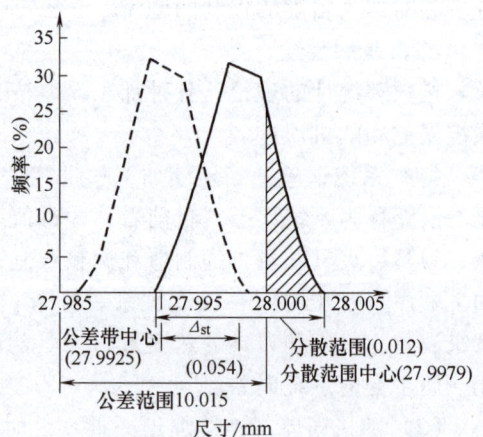

图 4-18　活塞销孔直径实际分布折线图

0.015mm，所以只须设法将分散中心调整到公差带中心，即将镗刀伸出量调小一点。

大量的统计表明，在绘制上述曲线时，如果把所取的工件数 n 增加，且把尺寸间隔减小，则所得的折线就非常接近光滑的曲线，这就是实际分布曲线。

（2）理论分布曲线 实际分布曲线与数理统计中的正态分布曲线（又称高斯曲线）非常近似，所以研究加工误差问题时，可以用正态分布曲线代替实际分布曲线。

正态分布曲线用概率密度函数来表示：

$$y(x) = \frac{1}{\sigma\sqrt{2\pi}}\exp\left[-\frac{(x-\overline{x})^2}{2\sigma^2}\right] \tag{4-35}$$

式中 x——工件尺寸（mm）；

$\overline{x}$——工件平均尺寸（分散范围中心）（mm），$\overline{x} = \sum\limits_{i=1}^{n} x_i/n$；

σ——均方根偏差（mm），$\sigma = \sqrt{\sum\limits_{i=1}^{n}(x_i-\overline{x})^2/n}$；

n——工件总数。

正态分布曲线具有以下特点：

1）曲线呈钟形，中间高，两边低。它表示尺寸靠近分散中心的工件占大多数，而远离尺寸分散中心的工件是极少数，如图 4-19a 所示。

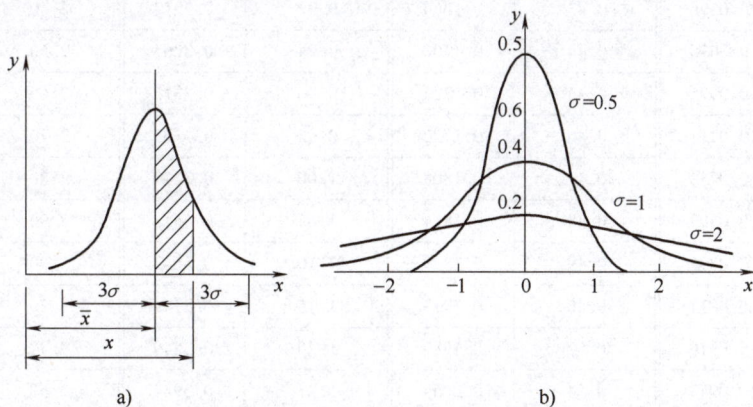

图 4-19 正态分布曲线性质

2）曲线有对称性，即工件尺寸大于 $\overline{x}$ 和小于 $\overline{x}$ 的同间距范围内的频率是相等的。

3）表示正态分布曲线形状的参数是 σ（图 4-19b），σ 越大，曲线越平坦，尺寸越分散，即加工精度越低。故 σ 表示了某种加工方法可达到的尺寸精度。

4）正态分布曲线下面所包含的全部面积代表了全部工件，即 100%。

$$\frac{1}{\sigma\sqrt{2\pi}}\int_{-\infty}^{\infty}\exp\left[-\frac{(x-\overline{x})^2}{2\sigma^2}\right]\mathrm{d}x = 1 \tag{4-36}$$

5）在尺寸 x 到 $\overline{x}$ 间的工件的频率为如图 4-19a 所示的阴影部分面积，可按下式计算

$$F = \frac{1}{\sigma\sqrt{2\pi}}\int_{\overline{x}}^{x}\exp\left[-\frac{(x-\overline{x})^2}{2\sigma^2}\right]\mathrm{d}x \tag{4-37}$$

也可以从表 4-4 中，由 $(x-\bar{x})/\sigma$ 值直接查出 F 值。

表 4-4　F 值

$(x-\bar{x})/\sigma$	F	$(x-\bar{x})/\sigma$	F	$(x-\bar{x})/\sigma$	F	$(x-\bar{x})/\sigma$	F
0.01	0.0040	0.29	0.1141	0.64	0.2389	1.50	0.4332
0.02	0.0080	0.30	0.1179	0.66	0.2454	1.55	0.4394
0.03	0.0120	0.31	0.1217	0.68	0.2517	1.60	0.4452
0.04	0.0160	0.32	0.1255	0.70	0.2580	1.65	0.4505
0.05	0.0199	0.33	0.1293	0.72	0.2624	1.70	0.4554
0.06	0.0239	0.34	0.1331	0.74	0.2703	1.75	0.4599
0.07	0.0279	0.35	0.1368	0.76	0.2764	1.80	0.4641
0.08	0.0319	0.36	0.1406	0.78	0.2823	1.85	0.4678
0.09	0.0359	0.37	0.1443	0.80	0.2881	1.90	0.4713
0.10	0.0398	0.38	0.1480	0.82	0.2939	1.95	0.4744
0.11	0.0438	0.39	0.1517	0.84	0.2995	2.00	0.4772
0.12	0.0478	0.40	0.1554	0.86	0.3051	2.10	0.4821
0.13	0.0517	0.41	0.1591	0.88	0.3106	2.20	0.4861
0.14	0.0557	0.42	0.1628	0.90	0.3159	2.30	0.4893
0.15	0.0596	0.43	0.1664	0.92	0.3212	2.40	0.4918
0.16	0.0636	0.44	0.1700	0.94	0.3264	2.50	0.4938
0.17	0.0975	0.45	0.1736	0.96	0.3315	2.60	0.4953
0.18	0.0714	0.46	0.1772	0.98	0.3365	2.70	0.4965
0.19	0.0753	0.47	0.1808	1.00	0.3413	2.80	0.4974
0.20	0.0793	0.48	0.1884	1.05	0.3513	2.90	0.4981
0.21	0.0832	0.49	0.1879	1.10	0.3643	3.00	0.49865
0.22	0.0871	0.50	0.1915	1.15	0.3749	3.20	0.49931
0.23	0.0910	0.52	0.1985	1.20	0.3849	3.40	0.49966
0.24	0.0948	0.54	0.2054	1.25	0.3944	3.60	0.499841
0.25	0.0987	0.56	0.2123	1.30	0.4023	3.80	0.499928
0.26	0.1023	0.58	0.2190	1.35	0.4115	4.00	0.499968
0.27	0.1064	0.60	0.2257	1.40	0.4192	4.50	0.499967
0.28	0.1103	0.62	0.2324	1.45	0.4265	5.00	0.49999997

6）由表 4-4 查出，$x-\bar{x}=3\sigma$ 时，$F=49.865\%$，$2F=99.73\%$。即工件尺寸在 $\pm3\sigma$ 以外的频率只有 0.27%，可以忽略不计。因此，一般取正态分布曲线的分散范围为 $\pm3\sigma$。

7）令工件公差带为 T，一般情况下应使 $T\geqslant6\sigma$。定义工艺能力系数 C_{p} 为

$$C_{\mathrm{p}}=\frac{T}{6\sigma} \tag{4-38}$$

其反映了某种加工方法具有的工艺能力。$C_{\mathrm{p}}>1.67$ 为特级，说明工艺能力过高，不一定经济；$1.67\geqslant C_{\mathrm{p}}>1.33$ 为一级，说明工艺能力足够；$1.33\geqslant C_{\mathrm{p}}>1.00$ 为二级，说明工艺能力勉

强，必须密切注意加工过程；$1.00 \geq C_p > 0.67$ 为三级，说明工艺能力不够，可能出少量不合格品；$0.67 > C_p$ 为四级，说明工艺能力不足，必须加以改进。

通过分布曲线法可以判断一种工艺能否保证加工精度，但不容易从分布曲线中看出和区分出几种不同性质的加工误差。

分布曲线法的另一个不足之处是，必须待全部工件加工完毕后才能进行测量和处理数据。因此它不能暴露出加工过程中误差的变化规律性，而点图法就比较优越。

3. 点图法

点图法的要点是：按加工的先后顺序绘出尺寸的变化图，以暴露整个加工过程中的误差变化全貌。所以使用点图法一般要按加工顺序定期抽测工件尺寸，并以其序号作横坐标，以测量得的尺寸为纵坐标。

（1）$\bar{x}$-R 点图　顺次地每隔一定时间抽检一组（m 件）工件（$m = 5 \sim 10$），以工件组的顺序为横坐标，以每组工件的实际尺寸的平均值 $\bar{x}$ 为纵坐标，绘制得到 $\bar{x}$ 点图；以每组工件实际尺寸的极差 R 为纵坐标，绘制 R 点图，统称为 $\bar{x}$-R 点图，如图 4-20 所示。图中：

$$\bar{x} = \frac{1}{m} \sum_{i=1}^{m} X_i ; \quad R = X_{max} - X_{min}$$

$\bar{x}$ 点图反映出加工过程中分布中心的位置及其变化趋势。反映系统误差对加工精度的影响。R 点图反映了加工过程中极差分布范围的变化趋势，即随机误差的影响。

（2）$\bar{x}$-R 点图的应用　在 $\bar{x}$-R 点图上画出横坐标中心线以及上下控制线，可得 $\bar{x}$-R 点图的控制图（图 4-21）。

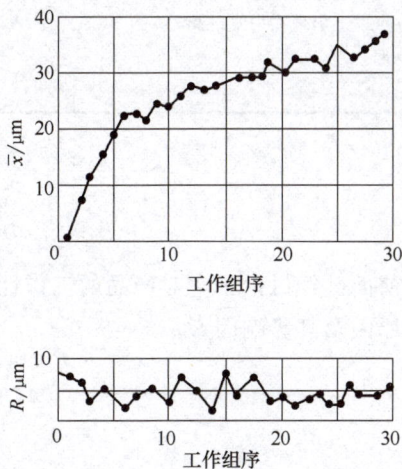

图 4-20　$\bar{x}$-R 点图

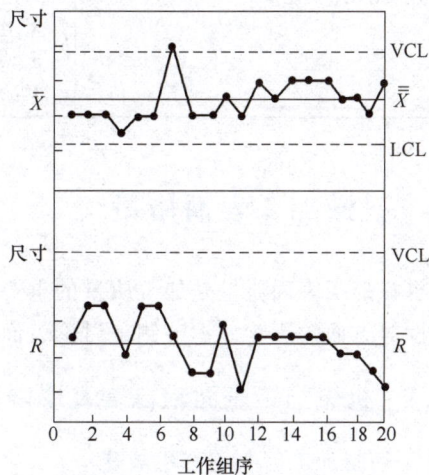

图 4-21　$\bar{x}$-R 点图的控制图

$\bar{x}$ 点图的中心线	$\bar{\bar{X}} = 1 / \left(K \sum_{i=1}^{k} \bar{X}_i \right)$;
$\bar{x}$ 点图上控制线	VCL $= \bar{\bar{X}} + A\bar{R}$;
$\bar{x}$ 点图下控制线	LCL $= \bar{\bar{X}} - A\bar{R}$;
R 图的中心线	$\bar{R} = 1 / \left(K \sum_{i=1}^{k} R_i \right)$;

R 图的上控制线 $\qquad$ $VCL = D\bar{R}$。

其中，A 和 D 的数值根据数理统计原理得出，表 4-5 给出了当每组个数 m 为 4 和 5 时的数据。

表 4-5 部分数据

每组个数 m	A	D
4	0.73	2.28
5	0.58	2.11

点的波动有正常波动和异常波动，正常波动说明工艺过程稳定；异常波动说明工艺过程不稳定。一旦出现异常波动，就要及时寻找原因，消除产生不稳定的因素，正常波动和异常波动的标志见表 4-6。

表 4-6 正常波动与异常波动的标志

正常波动	异常波动
1. 没有点超出控制线 2. 大部分点在中心线上下波动，小部分在控制线附近 3. 点没有明显的规律	1. 有点超出控制线 2. 点密集在中心线上下附近 3. 点密集在控制线附近 4. 连续 7 点以上出现在中线一侧 5. 连续 11 点中有 10 点出现在中线一侧 6. 连续 14 点中有 12 点以上出现在中线一侧 7. 连续 17 点中有 14 点以上出现在中线一侧 8. 连续 20 点中有 16 点以上出现在中线一侧 9. 点有上升或下降倾向 10. 点有周期性波动

4.3 机械加工表面质量

机械加工表面质量是加工质量的重要组成部分。前面已经讨论了它对产品的工作性能及可靠性等方面的影响，本节侧重讨论表面质量形成的原因及其影响因素。

4.3.1 机械加工表面粗糙度及影响因素

1. 切削加工后的表面粗糙度

（1）切削加工表面粗糙度的形成 在切削加工表面上，垂直于切削速度方向的粗糙度不同于切削速度方向的粗糙度。一般来说前者较大，由几何因素和物理因素共同形成；后者主要由物理因素产生。此外，机床-刀具-工件系统的振动也是形成表面粗糙度的重要因素。

1）几何因素。在理想的切削条件下，刀具相对工件做进给运动时，在工件表面上留下一定的残留面积。残留面积高度形成了理论粗糙度，其最大高度 $R_{\max}$ 可按如下方法计算。

刀尖圆弧半径为零时：$R_{\max} = f/(\cot\kappa_r + \cot\kappa_r')$；

刀尖圆弧半径为 r_ε 时：$R_{\max} \approx f^2/(8r_\varepsilon)$。

2）物理因素。切削加工后表面的实际粗糙度与理论粗糙度有较大的差别，这是由于存在着与被加工材料的性能及切削机理有关的物理因素的缘故。

① 切削脆性材料（如铸铁）时。产生崩碎性切屑，这时切屑与加工表面的分界面很不规则，从而使表面粗糙度恶化，同时石墨由铸铁表面脱落产生脱落痕迹，也影响表面粗糙度。

② 切削塑性材料时。刀具的刃口圆角及后刀面的挤压和摩擦使金属发生塑性变形，导致理论残留面积的挤歪或沟纹加深，增大了表面粗糙度。

③ 切削过程中出现的刀瘤与鳞刺，会使表面粗糙度严重恶化。在加工塑性材料时，它是影响表面粗糙度的主要因素。

刀瘤是切削过程中切屑底层与前刀面冷焊的结果。刀瘤是不稳定的，它不断形成、长大、前端受冲击而崩碎。碎片粘附在切屑上被带走，或嵌在工件表面上，使表面粗糙度增大。刀瘤还会伸出切削刃之外，在加工表面上划出深浅和宽窄都不断变化的刀痕，使表面质量更加恶化。

鳞刺是已加工表面上产生的周期性的鳞片状毛刺。在较低及中高的切削速度下，切削塑性材料时，常常出现鳞刺，它会使表面粗糙度等级降低 2~4 级。

（2）影响切削加工表面粗糙度的因素

1）工件材料。工件材料的力学性能中影响表面粗糙度的最大因素是塑性。韧性较大的塑性材料，加工后粗糙度大，而脆性材料的加工粗糙度比较接近理论粗糙度。对于同样的材料，晶粒组织越是粗大，加工后的粗糙度也越大。为减小加工后的表面粗糙度，常在切削加工前进行调质或正常化处理，以得到均匀细密的晶粒组织和较高的硬度。

2）刀具几何形状、材料、刃磨质量。刀具的前角 γ_o 对切削加工中的塑性变形影响很大。γ_o 增大，塑性变形程度减小，粗糙度值也就减小。γ_o 为负值时，塑性变形增大，粗糙度增大。

增大后角，可以减小刀具后刀面与加工表面间的摩擦，从而减小表面粗糙度。刃倾角 λ_s 影响着实际前角的大小，对表面粗糙度亦有影响。主偏角 κ_r 和副偏角 κ_r'、刀尖圆弧半径 r_ε 从几何因素方面影响着加工表面粗糙度。

刀具材料及刃磨质量对产生刀瘤、鳞刺等影响甚大，选择与工件摩擦系数小的刀具材料（如金刚石）及提高切削刃的刃磨质量有助于降低表面粗糙度。此外，合理选择切削液，提高冷却润滑效果，也可以降低表面粗糙度。

3）切削用量。切削用量中对加工表面粗糙度影响最大的是切削速度 v_c，实验证明 v_c 越高，切削过程中切屑和加工表面的塑性变形程度就越小，粗糙度就越小。刀瘤和鳞刺都在较低的速度范围内产生，采用较高的切削速度能避免刀瘤和鳞刺对加工表面的不良影响。

实际生产中，要针对具体问题进行具体分析，抓住影响表面粗糙度的主要因素，才能事半功倍地降低表面粗糙度。例如在高速精镗或精车时，如果采用锋利的刀尖和小进给量，加工轮廓曲线很有规律，如图 4-22 所示。说明粗糙度形成的主要因素是几何因素。若要进一步减小表面粗糙度，必须减小进给量，改变刀具几何参数，并注意在改变刀具几何形状时避

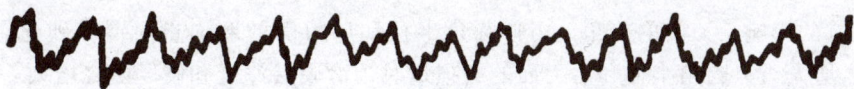

图 4-22 精镗（车）后的表面轮廓图（横向粗糙度）

免增大塑性变形。

2. 磨削加工后的表面粗糙度

磨削加工与切削加工有许多不同之处。从几何因素看，由于砂轮上磨削刃的形状和分布都不均匀、不规则，并随着磨削过程中砂轮的自砺而随时变化。定性的讨论可以认为：磨削加工表面是由砂轮上大量的磨粒刻划出的无数的沟槽形成的。单位面积上的刻痕数越多，即通过单位面积的磨粒越多，刻痕的等高性越好，则粗糙度也就越小。

从物理因素来看，磨削切削刃即磨粒，大多数具有很大的负前角，使磨削加工产生比切削加工大得多的塑性变形。磨削时金属材料沿磨粒的侧面流动形成沟槽的隆起现象而增大了表面粗糙度。磨削热使表面层金属软化，更易塑性变形，进一步增大了表面粗糙度。

从上述两方面分析可知，影响磨削加工表面粗糙度的主要因素如下。

1）磨削砂轮的影响。砂轮的参数中砂轮的粒度影响最大，粒度越细，则砂轮工作表面的单位面积上磨粒数越多，因而在工件表面上的刻痕也越细越密，粗糙度小。

砂轮的硬度影响着砂轮的自砺能力，砂轮太硬，钝化后的磨粒不易脱落而继续参与切削，与工件表面产生强烈的摩擦和挤压，加大工件塑性变形，使表面粗糙度急增。

此外，砂轮的磨料、结合剂与组织对磨削表面粗糙度都有影响，应根据加工情况进行合理选择。

2）砂轮的修整。修整砂轮时的背吃刀量与进给量越小，修出的砂轮越光滑，磨削刃等高性越好，磨出工件的表面粗糙度越小。即使砂轮粒度大，经过细修整后在磨粒上车出微刃，也能加工出低粗糙度的表面。

3）砂轮速度。提高砂轮速度可以增加砂轮在工件单位面积上的刻痕。同时，提高磨削速度可以使每个刃口切掉的金属量减小，即塑性变形量减少；还可以使塑性变形不能充分进行，从而使加工表面粗糙度减小。

4）磨削深度与工件速度。增大磨削深度和工件速度将增加塑性变形程度，从而增大表面粗糙度。实际磨削中常在磨削开始时采用较大的磨削深度以提高生产率，而在最后采用小的磨削深度或无进给磨削以降低粗糙度。

磨削加工中的其他因素，如工件材料的硬度及韧性，切削液的选择与净化，轴向进给速度等都是不容忽视的重要因素，在实际生产中解决粗糙度问题时应给予综合考虑。

4.3.2 机械加工表面物理力学性能变化

（1）加工表面的冷作硬化 加工表面层的冷作硬化程度取决于产生塑性变形的力、速度及变形时的温度。切削力越大，塑性变形越大，因而硬化程度越大。切削速度越大，塑性变形越不充分，硬化程度也就越小。变形时的温度 T 不仅影响塑性变形程度，还会影响塑性变形的回复，即当切削温度达到一定值时，已被拉长、扭曲、破碎的晶粒恢复到塑性变形前的状态。产生回复的温度为（0.25~0.30）$T_{熔}$（$T_{熔}$ 为金属材料的熔点），回复过程中，冷作硬化现象逐渐消失。可见切削过程中使工件产生塑性变形及回复的因素对冷作硬化都有影响。

1）刀具的影响。刀具的前角、刃口圆角半径和后刀面的磨损量对冷作硬化影响较大。减小前角、增大刃口圆角半径和后刀面的磨损量时，冷硬层深度和硬度随之增大。

2）切削用量的影响。影响较大的是切削速度 v_c 和进给量 f，切削速度增大，则硬化层深度和硬度都减小。这一方面是由于切削速度增加会使温度升高，有助于冷硬的回复；另一方面是由于切削速度增加后，刀具与工件接触时间短，使塑性变形程度减小。进给量 f 增大时，切削力增大，塑形变形程度也增大，使硬化现象严重。但在进给量较小时，由于刀具刃口圆角对工件表面的挤压作用加大而使硬化现象增大。

（2）加工表面层的金相组织变化——热变质层　机械加工中，在工件的切削区域附近要产生一定的温升，当温度超过金相组织的相变临界温度时，金相组织将发生变化。对于切削加工而言，一般达不到这个温度，且切削热大部分被切屑带走。磨削加工中切削速度特别高，单位切削面积上的切削力是其他加工方法的数十倍，因而消耗的功率比切削加工大得多。所消耗的功中绝大部分又都转变为热量，而且 70% 以上的热量传给工件表面，使工件表面温度急剧升高，所以磨削加工中很容易产生加工表面金相组织的变化，在表面上形成热变质层。

现代测试手段测试结果表明，磨削时在砂轮磨削区磨削温度超过 1000℃，磨削淬火钢时，在工件表面层上形成的瞬时高温将使金属产生以下两种金相组织的变化。

1）如果磨削区温度超过马氏体转变温度（中碳钢为 250~300℃），工件表面原来的马氏体组织将转化成回火屈氏体、索氏体等与回火组织相近似的组织，使表面层硬度低于磨削前的硬度，一般称为回火烧伤。

2）当磨削区温度超过淬火钢的相变临界温度（720℃），马氏体转变为奥氏体，又由于切削液的急剧冷却，发生二次淬火现象，使表面出现二次淬火马氏体组织，硬度比磨削前的回火马氏体硬度高，一般称为二次淬火烧伤。

磨削时的瞬时高温作用会使表面呈现出黄、褐、紫、青等烧伤氧化膜的颜色，从外观上展示出不同程度的烧伤。如果烧伤层很深，在无进给磨削中虽然可能将表面的氧化膜磨掉，但不一定能将烧伤层全部磨除，所以不能从表面没有烧伤色来断言没有烧伤层存在。

磨削烧伤除改变了金相组织外，还会形成表面残余力，导致磨削裂纹。因此，研究并控制烧伤有着重要的意义。烧伤与热的产生和传播有关，凡是影响热的产生和传导的因素，都是影响表面层金相组织变化的因素。

（3）加工表面层的残余应力

1）表面层残余应力的产生。各种机械加工所获得的零件表面层都残留有应力。应力的大小随深度而变化，其最外层的应力和表面层与基体材料的交界处（以下简称里层）的应力符号相反，并相互平衡。残余应力产生的原因可归纳为以下三个方面。

① 冷塑性变形的影响。切削加工时，在切削力的作用下，已加工表面层受拉应力作用产生塑性变形而伸长，表面积有增大的趋势，里层在表面层的牵动下也产生伸长的弹性变形。当切削力去除后，里层的弹性变形要恢复，但受到已产生塑性变形的外层的限制而恢复不到原状，因而在表面层产生残余压应力，里层则为与之相平衡的残余拉应力。

② 热塑性变形的影响。当切削温度高时，表面层在切削热的作用下产生热膨胀，此时基体温度较低，因此表面层热膨胀受到基体的限制而产生热压缩应力。当表面层的应力大到超过材料的屈服极限时，则产生热塑性变形，即在压应力作用下材料相对缩短。当切削过程结束后，表面温度下降到与基体温度一致，因为表面层已经产生了压缩塑性变形而缩短了，所以要拉着里层金属一起缩短，而使里层产生残余压应力，表面层则产生残余拉应力。

③ 金相组织变化的影响。切削时产生的高温会引起表面层金相组织的变化，由于不同

的金相组织有不同的比重，表面层金相组织变化造成了体积的变化。表面层体积膨胀时，因为受到基体的限制而产生残余压应力。反之，表面层体积缩小，则产生残余拉应力。马氏体、珠氏体、奥光体的比重大致为 $r_m \approx 7.75$；$r_z \approx 7.78$；$r_o \approx 7.96$，即 $r_m < r_z < r_o$。磨削淬火钢时若表面层产生回火烧伤，马氏体转化成索氏体或屈氏体（这两种组织均为扩散度很高的珠光体），因体积缩小，表面层产生残余拉应力，里层产生残余压应力。若表面层产生二次淬火烧伤，则表面层产生二次淬火马氏体，其体积比里层的回火组织大，因而表层产生残余压应力，里层产生残余拉应力。

2）机械加工后表面层的残余应力。机械加工后实际表面层上的残余应力是复杂的，是上述三方面原因综合作用的结果。在一定条件下，其中某一个方面或两个方面的原因可能起主导作用，例如，在切削加工中如果切削温度不高，表面层中没有热塑性变形产生，而是以冷塑性变形为主，此时表面层中将产生残余压应力。切削温度较高，以致在表面层中产生热塑性变形时，热塑性变形产生的拉应力将与冷塑性变形产生的压应力相互抵消掉一部分。当冷塑性变形占主导地位时，表面层产生残余压应力；当热塑性变形占主导地位时，表面层产生残余拉应力。磨削时因磨削温度较高，常以相变和热塑性变形产生的残余拉应力为主，所以表面层常带有残余拉应力。

3）磨削裂纹。磨削加工一般是最终加工，磨削加工后表面残余拉应力比切削加工大，甚至会超过材料的强度极限而形成表面裂纹。实验表明，磨削深度对残余应力的分布影响较大。减小磨削深度可以使表面残余拉应力减小。磨削热是产生残余拉应力而形成磨削裂纹的根本原因，防止裂纹产生的途径也在于降低磨削热及改善散热条件。前面所提到的能控制金相组织变化的所有方法对防止磨削裂纹的产生都是奏效的。

为了获得表层残余压应力的、高精度低粗糙度的最终加工表面，可以对加工表面进行喷丸、挤压、滚压等强化处理或采用精密加工或光整加工作为最终加工工序。

磨削裂纹的产生与材料及热处理工序有很大关系，硬质合金脆性大，抗拉强度低，导热性差，磨削时极易产生裂纹。含碳量高的淬火钢晶界脆弱，磨削时也容易产生裂纹。淬火后如果存在残余应力，即使在正常的磨削条件下出现裂纹的可能性也比较大。渗碳及氮化处理时如果工艺不当，会使表面层晶界面上析出脆性的碳化物、氮化物，在磨削热应力作用下容易沿晶界发生脆性破坏而形成网状裂纹。

磨削裂纹对机器的性能和使用寿命影响极大，重要零件上的微观裂纹甚至是机器突发性破坏的诱因，应该在工艺上给予足够的重视。

习题与思考题

4-1 试述加工精度和加工误差的概念，说明获得尺寸精度的方法。

4-2 何为原始误差？原始误差与加工误差是什么关系？

4-3 在公制车床上车削模数为 2mm 的蜗杆时，交换齿轮计算式为：$z_1/z_2 \times z_3/z_4 = t/T$，其中 t 为蜗杆螺距，T 为机床丝杠螺距，若 $T = 6mm$，$z_1 = 110$，$z_2 = 70$，$z_3 = 80$，$z_4 = 120$，求加工后蜗杆螺距误差是多少？

4-4 用卧式镗床加工箱体孔，若只考虑镗杆刚度的影响，试画出下列四种镗孔方式加工后孔的几何形状，并说明原因。

（1）镗杆送进，有后支承（题图 4-1a）； （2）镗杆送进，没有后支承（题图 4-1b）；
（3）工作台送进（题图 4-1c）； （4）在镗模上加工（题图 4-1d）。

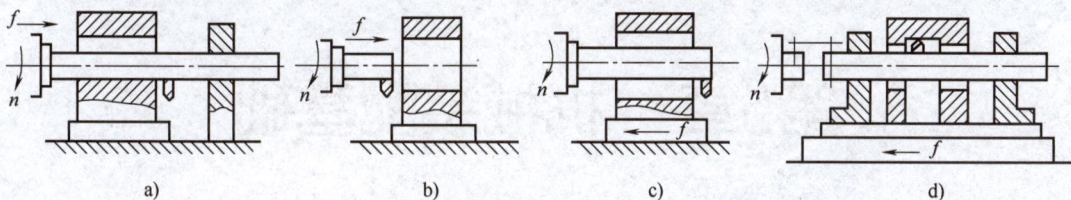

题图 4-1 题 4-4 图

4-5 在车床上加工光轴外圆，加工后经测量若发现整批工件有下列几何形状误差（题图 4-2）试分别说明题图 4-2a、b、c、d 产生误差的各种可能因素。

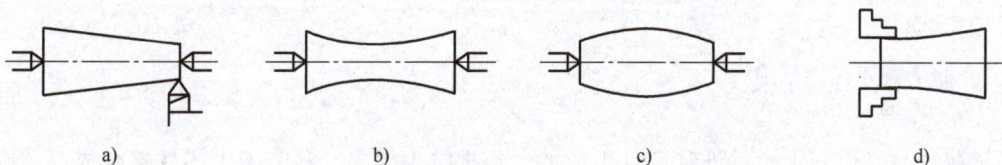

题图 4-2 题 4-5 图

4-6 什么是误差敏感方向？分析普通车床（水平装刀）和平面磨床的误差敏感方向。

4-7 已知工艺系统的误差复映系数为 0.25，在本工序前镗孔有 0.45mm 的圆度误差，若本工序规定允差为 0.01mm，问至少应该走几次刀才能使形状精度合格？

4-8 加工一批工件外圆，要求尺寸为 $\phi 20 \pm 0.07$ mm，加工后发现有 8% 的工件为废品，若加工尺寸按正态分布，且一半废品的尺寸大于工件的最大极限尺寸，试确定该工序所能达到的尺寸精度。

4-9 零件上孔的尺寸要求是 $\phi 10 \pm 0.1$ mm，使用 $\phi 10$ mm 的钻头，在一定的切削用量下钻孔。加工一批零件后，实测各零件得知：其尺寸分散符合正态分布，$\bar{x} = 10.04$ mm，$\sigma = 0.03$ mm。试问：

（1）这种加工方法的随机性误差、常值系统误差各是多少？

（2）计算可修复的废品率是多少？可采取什么方法防止不可修复废品产生？

（3）这种加工方法工艺能力是否满足要求？

4-10 试述切削加工表面粗糙度形成的因素及减小切削加工表面粗糙度的措施。

4-11 影响磨削表面粗糙度的因素有哪些？

4-12 解释机械加工表面冷作硬化现象，分析表面冷化硬化对零件耐磨性的影响。

4-13 解释磨削烧伤现象及影响磨削烧伤的主要因素。

4-14 试述磨削裂纹产生的原因及防止磨削裂纹产生的途径。

4-15 解释机械加工表面冷作硬化现象，分析表面冷作硬化对零件耐磨性的影响。

4-16 试述加工表面产生残余应力的原因，解释什么情况下表面产生残余压应力，什么情况下表面产生残余拉应力。

第5章 机械装配基础

5.1 机械装配精度

机械产品是由若干个零件和部件组成的。根据技术要求，将若干个零件接合成部件或将若干个零件和部件接合成产品的劳动过程，称为装配。

机械产品的总装配是机械产品制造的最后一个阶段，它主要包括零部件的清洗、接合、调整、试验、检验、涂装和包装等工作。机械产品的质量是以其工作性能、精度、寿命和使用效果等综合指标来评价的。这些指标是在保证零件质量的前提下，由装配工作最终予以保证的。因此，装配工作对产品质量具有重要影响。

机械产品质量标准，通常是用技术指标表示的，其中包括几何方面和物理方面的参数。物理方面的有转速、质量、平衡、密封、摩擦等；几何方面的参数，即装配精度，包括有距离精度、相互位置精度、相对运动精度、配合表面的配合精度和接触精度等。

5.1.1 装配的距离精度

距离精度是指为保证一定的间隙、配合质量、尺寸要求等，相关零件、部件的距离尺寸的准确程度。如图 5-1 所示为车床装配的尺寸。

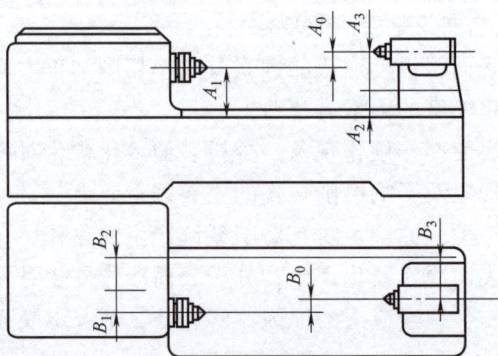

图 5-1 车床装配的尺寸

A_0、B_0—装配尺寸的垂直和水平方向精度 A_1—主轴箱前顶尖的高度尺寸 A_2—尾座底板的高度尺寸

A_3—尾座后顶尖的高度尺寸 B_1、B_2、B_3—床头和床尾水平方向有关尺寸

从图 5-1 中可以看出，影响装配精度（A_0 和 B_0）的有关尺寸是 A_1、A_2、A_3、B_1、B_2、B_3。亦即装配距离精度反映各有关尺寸与装配尺寸的关系。

5.1.2　装配的相互位置精度

如图 5-2 所示为装配的相互位置精度。

图 5-2 中装配的相互位置精度是活塞外圆的中心线与缸体孔的中心线平行。可以看出，影响装配相互位置精度的是 α_1、α_2、α_3、α_0。亦即装配相互位置精度反映各零件有关相互位置与装配相互位置的关系。

5.1.3　装配的相对运动精度

运动精度有主轴的圆跳动、轴向窜动、转动精度以及传动精度等。主要与主轴轴颈处的精度、轴承精度、箱体轴孔精度、传动元件自身的精度和它们之间的配合精度有关。

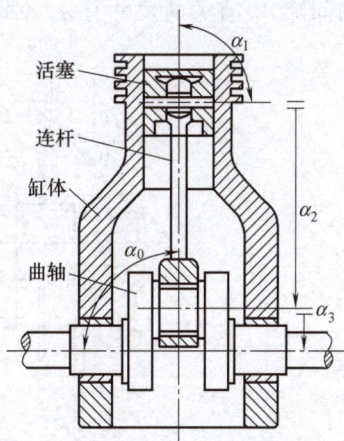

图 5-2　装配的相互位置精度
α_1—活塞外圆中心线与其销孔中心线的垂直度
α_2—曲轴的连杆颈中心与其大头孔中心线的平行度　α_3—曲轴的连杆轴颈中心线与其主轴轴颈中心线的平行度　α_0—缸体中心线与其曲轴孔中心线的垂直度

5.1.4　接触精度

接触精度是指相互配合表面、接触表面达到规定接触面积的大小与接触点分布情况。它影响接触刚度和配合质量的稳定性。如齿轮啮合、锥体与锥孔配合以及导轨副之间均有接触精度要求。

上述各种装配精度之间存在一定的关系。接触精度和配合精度是距离精度和位置精度的基础，而位置精度又是相对运动精度的基础。

影响装配精度的主要因素是零件的加工精度。一般来说，零件的精度越高，装配精度就越容易得到保证。但在生产实际中，并不是单靠提高零件的加工精度去达到高的装配精度，因为这样会增加加工成本。所以对于零件的加工精度，应根据装配精度的要求，进行分析并加以控制。

此外，影响装配精度的因素还有零件的表面接触质量，力、热、内应力等所引起的零件变形，以及旋转零件的不平衡等，这些也是在装配过程中要加以重视的问题。

5.2　装配尺寸链

5.2.1　装配尺寸链的概念

装配尺寸链是以某项装配精度指标（或装配要求）作为封闭环，查找所有与该项精度指标（或装配要求）有关的零件的尺寸（或位置要求）作为组成环而形成的尺寸链。它是研究与分析装配精度与各有关尺寸关系的基本方法。可用来验算原设计与加工尺寸是否能保证装配精度，亦可由装配精度确定与控制各有关尺寸的精度。总之，装配尺寸链是保证装配精度方法的依据。

如图 5-3 所示为装配尺寸链，轴台肩面在装配后要求与轴承的端面之间保证一定的间隙 A_0，与间隙 A_0 有关的尺寸有 A_1、A_2、A_3、A_4 和 A_5。

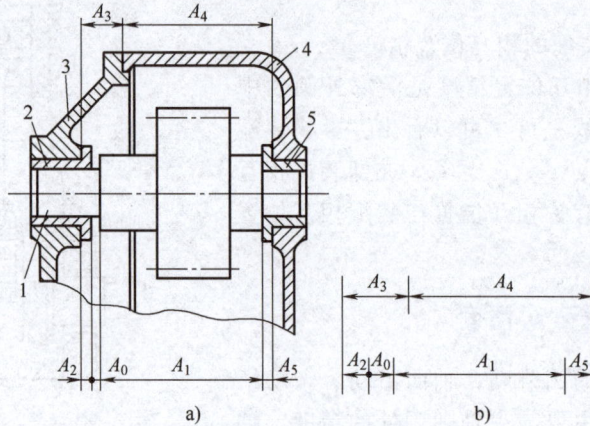

图 5-3　装配尺寸链

5.2.2　装配尺寸链的建立

装配尺寸链的建立，是在装配图上，根据装配精度要求，找出与该项装配精度有关的零件及其有关的尺寸，按照封闭与最短路线原则组成尺寸链。其步骤是确定封闭环，确定组成环，画出尺寸链图，如图 5-3 所示为例。

（1）封闭环的确定　在装配尺寸链中，封闭环定义为装配过程最后形成的那个尺寸环。而装配精度是装配后所得的尺寸环，所以装配精度就是封闭环。图 5-3 所示的传动箱、传动轴在两个滑动轴承中转动，为避免轴端和滑动轴承端面的摩擦，在轴向要有一定的间隙。这一间隙是装配过程最后形成的一环，也是装配精度要求，所以它是封闭环。装配间隙为 $0.2 \sim 0.7 \mathrm{mm}$。

（2）组成环的确定　组成环的确定就是要找出与装配精度有关的零件及其相关尺寸。其方法是从封闭环的一端出发，按逆时针方向或顺时针方向依次寻找相关零件及其尺寸，直至返回到封闭环的另一端。本例中相关零件是齿轮轴 1、左滑动轴承 2、左箱体 3、右箱体 4 和右滑动轴承 5。确定相关零件后，应遵守"尺寸链的最短路线"原则，确定相关尺寸。在本例中的相关尺寸是 A_1、A_2、A_3、A_4 和 A_5。它们是以 A_0 为封闭环的装配尺寸链中的组成环。

"尺寸链最短路线"原则是建立装配尺寸链时应遵循的一个重要原则，它要求装配尺寸链中所包括的组成环数目最少，即每一个有关零件仅以一个组成环列入。例如箱体左右的轴承孔厚度就不应列入本例的装配尺寸链中。

（3）画出尺寸链图　画尺寸链图时，应以封闭环为基础，从其尺寸的一端出发，依次把组成环的尺寸连接起来，直到封闭环尺寸的另一端为止，这就是封闭原则。

画出尺寸链图后，便可容易地判断哪些组成环是增环，哪些组成环是减环。增减环的判别原则和工艺尺寸链一样，当其他组成环尺寸不变时，该组成环尺寸增加使封闭环尺寸也增加的为增环；该组成环的尺寸增加使封闭环尺寸减小的为减环。

5.2.3　装配尺寸链的计算方法

装配尺寸链的应用包括两个方面：其一是在已有产品装配图和全部零件图的情况下，即尺寸链的封闭环、组成环的公称尺寸、公差及偏差都已知，由已知的组成环的公称尺寸、公差及偏差，求封闭环的公称尺寸、公差及偏差。然后与已知条件相比，判断是否满足装配精度的要求，验证组成环的公称尺寸、公差及偏差确定是否合理，这属于"正计算"；其二，在产品设计阶段，根据产品装配精度要求（封闭环），确定组成环的公称尺寸、公差及偏差，然后将这些已确定的公称尺寸、公差及偏差标注到零件图上，这种应用方法称为"反计算"。但无论哪一种方法，装配尺寸链的计算方法只有两种，即极值法和概率法。

（1）极值法　装配尺寸链的极值法计算所应用的公式与第 3 章中工艺尺寸链的计算公式相同。极值法的"正计算"比较简单，计算与工艺尺寸链相同。可以用式（3-23）~式（3-28）进行计算，也可以用竖式进行计算。极值法的反计算也是应用上面的公式，下面以"相依尺寸公差法"为例，介绍极值法的"反计算"法。

首先在装配尺寸链组成环中选择一个比较容易加工或在生产上受限制较少的组成环的尺寸作为"相依尺寸"。先确定其他比较难加工和不宜改变其公差的组成环的公差及偏差，然后用公式或竖式算出"相依尺寸"的公差及偏差。其计算步骤如下。

1）分析并建立装配尺寸链。用式（3-23）验算公称尺寸是否正确，确定"相依尺寸"。

2）确定组成环的公差。利用等公差法计算出各组成环的平均公差：

$$T_{cp}(A_i) = \frac{T(A_0)}{n-1} \tag{5-1}$$

然后根据零件加工难易程度和尺寸大小进行调整，将其他组成环的公差确定下来，最后利用公式算出"相依尺寸"的公差。即

$$T(A_y) = T(A_0) - \sum_{i=1}^{n-2} T(A_i) \tag{5-2}$$

式中　$T(A_y)$——"相依尺寸"公差。

3）确定组成环偏差。除"相依尺寸"外的其他组成环偏差，按单向入体原则先确定，即包容面取正偏差，被包容面取负偏差，然后计算"相依尺寸"的偏差。根据相依尺寸是增环还是减环，可分两种情况计算：

① 若相依尺寸为增环

$$ES(\overrightarrow{A_y}) = ES(A_0) - \sum_{i=1}^{m-1} ES(\overrightarrow{A_i}) + \sum_{i=m+1}^{n-1} EI(\overleftarrow{A_i}) \tag{5-3}$$

$$EI(\overrightarrow{A_y}) = EI(A_0) - \sum_{i=1}^{m-1} EI(\overrightarrow{A_i}) + \sum_{i=m+1}^{n-1} ES(\overleftarrow{A_i}) \tag{5-4}$$

② 若相依尺寸为减环

$$ES(\overleftarrow{A_y}) = -EI(A_0) + \sum_{i=1}^{m} EI(\overrightarrow{A_i}) - \sum_{i=m+1}^{n-2} ES(\overleftarrow{A_i}) \tag{5-5}$$

$$EI(\overleftarrow{A_y}) = -ES(A_0) + \sum_{i=1}^{m} ES(\overrightarrow{A_i}) - \sum_{i=m+1}^{n-2} EI(\overleftarrow{A_i}) \tag{5-6}$$

除了用上述公式计算外，也可用竖式计算"相依尺寸"的偏差。

例 5-1: 如图 5-4 所示为双联转子泵轴向关系简图。根据技术要求，静态下的轴向装配间隙为 $0.05 \sim 0.15 \text{mm}$。$A_1 = 41\text{mm}$，$A_2 = A_4 = 17\text{mm}$，$A_3 = 7\text{mm}$。求各组成环的公差及偏差。

解: 1）分析并建立尺寸链图（图 5-5）。封闭环尺寸为 $A_0 = 0^{+0.15}_{+0.05}\text{mm}$。

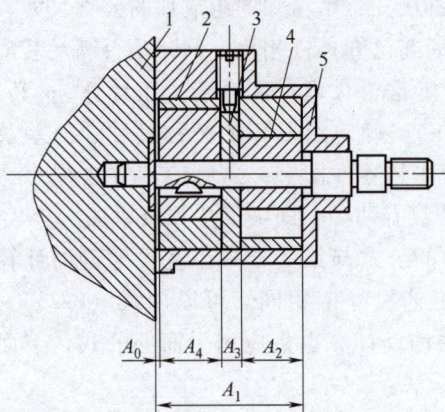

图 5-4　双联转子泵轴向关系简图

1—机体　2—外转子　3—隔板　4—内转子　5—壳体

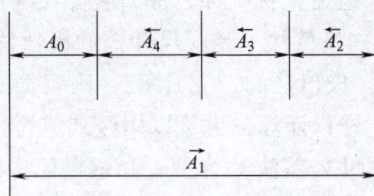

图 5-5　双联转子泵尺寸链图

2）确定各组成环公差。

$$T_{\text{cp}}(A_i) = \frac{T(A_0)}{n-1} = \frac{0.1}{5-1}\text{mm} = 0.025\text{mm}$$

根据加工难易程度和尺寸大小调整各组成环的公差。尺寸 A_2、A_3、A_4 可用平面磨床加工，精度较易保证，故公差可规定得小些，但为便于用卡规进行测量，其公差还得符合标准公差；尺寸 A_1 采用镗削加工，尺寸较难得到，公差应给大些，且此尺寸属深度尺寸，在成批生产中常用通用量具而不使用极限量规测量，故可选为"相依尺寸"。由此按单向入体原则确定：

$$A_2 = A_4 = 17^{\ 0}_{-0.018}\text{mm}(\text{IT7})$$

$$A_3 = 7^{\ 0}_{-0.015}\text{mm}(\text{IT7})$$

3）计算"相依尺寸"偏差

$$ES(\overrightarrow{A_1}) = ES(A_0) + EI(\overleftarrow{A_2}) + EI(\overleftarrow{A_3}) + EI(\overleftarrow{A_4})$$

$$= 0.15\text{mm} + (-0.018)\text{mm} + (-0.015)\text{mm} + (-0.018)\text{mm}$$

$$= +0.099\text{mm}$$

$$EI(\overrightarrow{A_1}) = EI(A_0) + ES(\overleftarrow{A_2}) + ES(\overleftarrow{A_3}) + ES(\overleftarrow{A_4})$$

$$= +0.05\text{mm} + 0\text{mm} + 0\text{mm} + 0\text{mm} = +0.05\text{mm}$$

故"相依尺寸"为

$$\overrightarrow{A_1} = 41^{+0.099}_{+0.05}\text{mm}$$

也可用竖式计算得到同样的结果，见表 5-1。

表 5-1 竖式计算 （单位：mm）

环	公称尺寸	ES	EI
A_1	41	+0.099	+0.05
A_2	−17	+0.018	0
A_3	−7	+0.015	0
A_4	−17	+0.018	0
A_0	0	+0.15	+0.05

（2）概率法 极值法的优点是简单可靠，缺点是从极端的情况出发，推导出封闭环与组成环的关系。当封闭环公差较小，而组成环的环数较多时，各组成环公差将会很小，使加工困难，制造零件成本增加。生产实践证明，加工一批零件时，其加工尺寸处于公差带范围的中间部分的零件是多数，处于极限尺寸的零件是极少数。而且一批零件在装配时，尤其对多环尺寸链的装配，同一部件的各组成环恰好都处于极限尺寸的情况就更少见。因此，在成批或大量生产中，当装配精度要求高，组成环的数目又较多时，应用概率法解尺寸链比较合理。

1）各环公差计算。根据概率论原理，独立随机变量之和的均方根误差 σ_0 与这些随机变量相应的 σ_i 值有如下关系：

$$\sigma_0 = \sqrt{\sum_{i=1}^{n-1} \sigma_i^2}$$

在装配尺寸链中，其组成环（即各零件加工尺寸的数值）是彼此独立的随机变量，因此作为组成环合成封闭环的数值也是一个随机变量。

当尺寸链中各组成环的尺寸误差分布都遵循正态分布规律，则其封闭环也将遵循正态分布规律。此时各尺寸的随机误差，即尺寸的分散范围为其均方根误差的 6 倍。

令尺寸的公差 $T(A_i) = 6\sigma$，则封闭环公差 $T(A_0)$ 各组成环公差的关系式为

$$T(A_0) = \sqrt{\sum_{i=1}^{n-1} T(A_i)^2} \tag{5-7}$$

如零件尺寸不属于正态分布时，由式（5-7）需引入一个相对分布系数 K。则有

$$T(A_0) = \sqrt{\sum_{i=1}^{n-1} \left[KT(A_i) \right]^2} \tag{5-8}$$

不同分布曲线的相对分布系数值见表 5-2。

表 5-2 不同分布曲线的 k 值和 e 值

分布特征	正态分布	三角分布	均匀分布	瑞利分布	偏态分布	
					内尺寸	外尺寸
分布曲线						
e	0	0	0	−0.23	0.26	−0.26
k	1	1.22	1.73	1.4	−1.17	1.17

2）各环平均尺寸的计算。根据概率论原理，各环的公称尺寸是以尺寸分布的集中位置，即用算术平均值 $\overline{A}$ 来表示的，所以装配尺寸链中有

$$\overline{A}_0 = \sum_{i=1}^{m} \overrightarrow{A}_i - \sum_{i=m+1}^{n-1} \overleftarrow{A}_i \tag{5-9}$$

封闭环的算术平均值 $\overline{A}_0$ 等于各增环算术平均值 $\overrightarrow{A}_i$ 之和减去各减环算术平均值 $\overleftarrow{A}_i$ 之和。

当各组成环的尺寸分布曲线属于对称分布，而且分布中心与公差带中心重合时，如图5-6a 所示，则其尺寸分布的算术平均值 $\overline{A}$ 即等于该尺寸公差带中心尺寸（称之为平均尺寸 A_M），此时亦有

$$A_{0M} = \sum_{i=1}^{m} \overrightarrow{A}_{iM} - \sum_{i=m+1}^{n-1} \overleftarrow{A}_{iM} \tag{5-10}$$

当各组成环尺寸分布曲线属于不对称分布时，算术平均值 $\overline{A}$ 相对于公差带中心尺寸 A_M 产生一个偏差 $\Delta_0 = e\dfrac{T}{2}$（T 为该尺寸公差），如图 5-6b 所示，系数 e 称为相对不对称系数，表示尺寸分布的不对称度。对称分布曲线的 $e=0$，其余见表5-2。

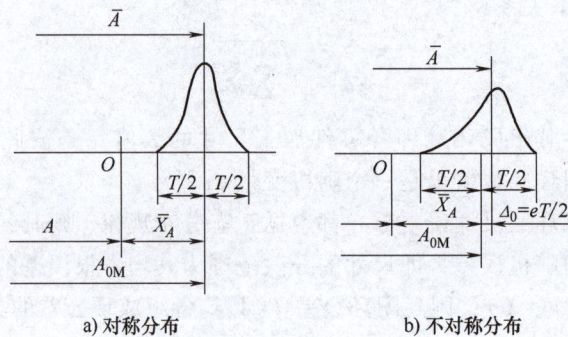

a) 对称分布　　　　　b) 不对称分布

图5-6　分布曲线尺寸计算

按以上计算出各环公差，以及各环平均尺寸 A_M，各环的公差对平均尺寸应注成双向对称分布，然后根据需要，可再改注为具有公称尺寸和相应的上、下极限偏差的形式。

例5-2：如图5-4所示，利用概率法求各组成环公差及偏差（设各零件加工符合正态分布）。

解：1）分析和建立尺寸链。封闭环尺寸是 $A_0 = 0^{+0.15}_{+0.05}$ mm。

2）确定各组成环公差。

$$T_{cp}(A_i) = \frac{T(A_0)}{\sqrt{n-1}} = \frac{0.1}{\sqrt{5-1}} mm = 0.05 mm$$

显然比极值法公差放大了，因此各组成环公差也可以放大。根据各零件的加工难易程度分配公差，并确定 A_1 环为相依尺寸。

$$A_2 = A_4 = 17^{0}_{-0.043} mm, A_3 = 7^{0}_{-0.037} mm$$

$$T(A_1) = \sqrt{T(A_0)^2 - T(A_2)^2 - T(A_4)^2 - T(A_3)^2}$$

$$= \sqrt{0.1^2 - 0.043^2 - 0.043^2 - 0.037^2} mm$$

$$= 0.07 mm$$

3）计算相依尺寸的平均尺寸。

$$A_{0M} = 0.1\text{mm}, \overleftarrow{A}_{2M} = \overleftarrow{A}_{4M} = 16.9785\text{mm}, \overleftarrow{A}_{3M} = 6.9815\text{mm}$$

$$\overrightarrow{A}_{1M} = A_{0M} + \overleftarrow{A}_{2M} + \overleftarrow{A}_{4M} + \overleftarrow{A}_{3M} = 41.0385\text{mm}$$

4）计算相依尺寸及其偏差。

$$\overrightarrow{A}_{1M} = \overrightarrow{A}_{1M} \pm \frac{T(A_1)}{2} = 41.0385^{+0.035}_{-0.035}\text{mm} \Rightarrow 41^{+0.0735}_{-0.0035}\text{mm}$$

对比极值法和概率法计算结果，概率法零件的制造公差放大了许多，可以大大地降低零件制造成本。

5.3　保证装配精度的工艺方法

凡是装配完成的机器必须满足规定的装配精度。装配精度是机器质量指标中的重要项目之一，它是保证机器具有正常工作性能的必要条件。

机器装配是将加工合格的零件组合成部件和机器，零件都有规定的加工公差，即有一定的加工误差。在装配时这种误差的积累就会影响装配精度，当然希望这种累积误差不要超出装配精度指标所规定的允许范围，从而使装配工作只是简单的连接过程，不必进行任何修配或调整。但事实并非如此理想，这是因为零件的加工精度不但在工艺技术上受到现实可能性的限制，而且又受到经济性的制约。例如，在组成部件或机器有关零件较多而装配最终精度的要求较高时，即使把经济性置之度外，尽可能地提高零件加工精度以降低累积误差，但是结果往往还是无济于事。在机器精度要求较高、批量较小时，尤其是这样。在长期的装配实践中，人们根据不同的机器，不同生产类型，创造了许多行之有效的装配工艺方法。主要有互换法、选配法、修配法和调整法四大类。

5.3.1　互换法

互换法的实质就是用控制零件加工误差来保证装配精度的一种方法。根据互换的程度，分完全互换和不完全互换。

（1）完全互换法　完全互换法就是机器在装配过程中每个待装配零件不需要挑选、修配和调整，装配后就能达到装配精度要求的一种方法，这种方法是用控制零件的制造精度来保证机器的装配精度。

完全互换法的装配尺寸链是按极值法计算的。完全互换法的优点是装配过程简单，生产率高；对工人的技术水平要求不高；便于组织流水作业及实现自动化装配；容易实现零部件的专业协作；便于备件供应及维修工作等。

因为有这些优点，因此只要能满足零件经济精度要求，无论何种生产类型都应首先考虑采用完全互换法装配。但是在装配精度要求较高，尤其是组成零件的数目较多时，就难以满足零件的经济精度要求，因此应考虑采用不完全互换法。

（2）不完全互换法　不完全互换法又称部分互换法。当机器的装配精度较高，组成环零件的数目较多，用极值法（完全互换法）计算各组成环的公差，结果势必很小，难以满足零件的经济加工精度的要求，甚至很难加工。因此，在大批大量的生产条件下采用概率法计算装配尺寸链，用不完全互换法保证机器的装配精度。

与完全互换法相比，采用不完全互换法装配时，零件的加工误差可以放大一些。使零件加工容易，成本低，同时也达到部分互换的目的。其缺点是将会出现极少部分产品的装配精度超差。这就需要考虑好补救措施，或者事先进行经济核算来论证，如果可能产生的废品造成的损失小于因零件制造公差放大而得到的增益，那么，不完全互换法就值得采用。

5.3.2 选配法

在成批或大量生产条件下，若组成零件不多而装配精度很高时，采用完全互换法或不完全互换法，都将使零件的公差过严，甚至超过了加工工艺的实现可能性。例如：内燃机的活塞与缸套的配合，滚动轴承内外环与滚珠的配合等。在这种情况下，可以用选配法。选配法是将配合副中各零件仍按经济精度制造（即零件制造公差放大），然后选择合适的零件进行装配，以保证规定的装配精度要求。

选配法有三种形式：直接选配法、分组装配法及复合选配法。

（1）直接选配法 由装配工人在许多待装配的零件中，凭经验挑选合适的零件装配在一起，保证装配精度。这种方法事先不将零件进行测量和分组，而是在装配时直接由工人试凑装配，故称为直接选配法。其优点是简单，但工人挑选零件可能要用去比较长时间，而且装配质量在很大程度上决定于工人技术水平，因此这种选配法不宜采用在节拍要求严格的大批大量的流水线装配中。

（2）分组装配法 此法是先将被加工零件的制造公差放宽几倍（一般放宽 3~4 倍），零件加工后测量分组（公差放宽几倍分几组），并按对应组进行装配以保证装配精度的方法。

这种选配法的优点是：零件加工精度要求不高，而能获得很高的装配精度；同组内零件仍可以互换，具有互换法的优点，故又称为"分组互换法"。它的缺点是：增加了零件的存储量，增加了零件的测量、分组工作，使零件的储存、运输工作复杂化。

例 5-3：如图 5-7 所示，连杆小头孔的直径为 $25^{+0.0025}_{0}$ mm，活塞销的直径为 $25^{-0.0025}_{-0.0050}$ mm，其配合精度很高，配合间隙要求为 0.0025~0.0075mm，因此生产上采用分组装配法，将活塞销的直径公差放大四倍，为 $25^{-0.0025}_{-0.0125}$ mm，连杆小头孔的直径公差亦放大四倍，为

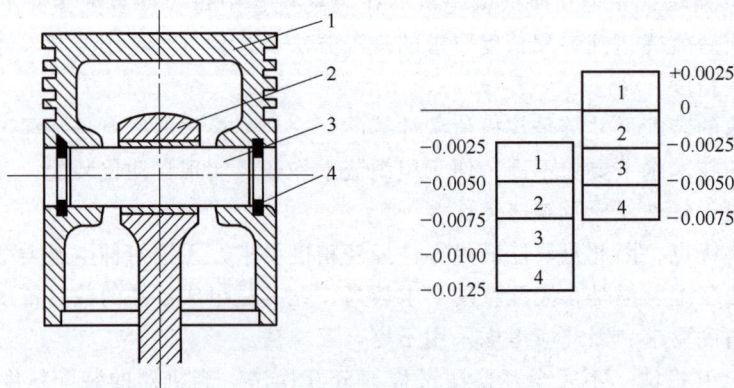

图 5-7 活塞、活塞销和连杆连接

1—活塞 2—连杆 3—活塞 4—挡圈

$25^{+0.0025}_{-0.0075}$mm，再分为四组对应进行装配，就可以保证配合精度和性质，见表5-3。

表 5-3　分组装配法

组别	标志颜色	活塞销直径/mm	连杆小头孔直径/mm	配合性质	
				最大间隙/mm	最小间隙/mm
1	白	$25^{-0.0025}_{-0.0050}$	$25^{+0.0025}_{0}$		
2	绿	$25^{-0.0050}_{-0.0075}$	$25^{0}_{-0.0025}$	0.0075	0.0025
3	黄	$25^{-0.0075}_{-0.0100}$	$25^{-0.0025}_{-0.0050}$		
4	红	$25^{-0.0100}_{-0.0125}$	$25^{-0.0050}_{-0.0075}$		

采用分组装配的注意事项如下。

1）配合件的公差应相等，公差的增加要同一方向，增大的倍数就是分组数，这样才能在分组后按对应装配而得到预定的配合性质（间隙或过盈）及精度。

2）配合件的表面粗糙度，几何公差必须保持原设计要求，不能随着公差的放大降低表面粗糙度要求和放大几何公差。

3）要采取措施，保证零件分组装配中都能配套，不产生某一组零件由于过多或过少，无法配套而造成积压和浪费。

4）分组数不宜过多，否则将使前述两项缺点更加突出而增加费用。

5）应严格组织对零件的精密测量、分组、识别、保管和运送等工作。

由上述可知，分组装配法的应用只适用于装配精度要求很高，组件很少（一般只有2~3个）的情况下。作为分组装配法的典型，就是大量生产的轴承厂。为了不因前述缺点而造成过多的人力和费用增加，一般都采用自动化测量和分组等措施。

（3）复合选配法　此法是上述两种方法的复合，先将零件预先测量分组，装配时再在各对应组内凭工人的经验直接选择装配。这种装配方法的特点是配合公差可以不等。其装配质量高，速度快，能满足一定生产节拍的要求。在发动机的气缸与活塞的装配中，多采用这种方法。

5.3.3　修配法

在单件小批生产中，对于产品中那些装配精度要求较高的多环尺寸链，各组成环按经济精度加工，选其中一环为修配环，并预留修配量，装配时通过手工锉、刮、磨修、配修达到修配环的尺寸，使封闭环的精度达到精度要求，这种方法称为修配法。修配法的优点是能利用较低的制造精度，来获得很高的装配精度。其缺点是修配劳动量较大，要求工人的技术水平高，不易预定工时，不便组织流水作业。

（1）修配法尺寸链计算　修配法中尺寸链计算的主要任务是确定修配环在加工时的实际尺寸，使修配时有足够的，而且是小的修配量。换言之，要在修配环上预留多少修配量，使装配时有足够的余量修配。下面具体介绍几个确定修配环的修配量、尺寸及其公差的计算公式。

1）修配环尺寸的计算公式。

$$A'_K = A_K \pm \frac{K_{\max} + K_{\min}}{2}$$ (5-11)

239

式中　A_K'——加上修配量后的修配环公差带中点尺寸；

　　　A_K——未加修配量的修配环公差带中点尺寸；

　　　K_{max}——最大修配量；

　　　K_{min}——最小修配量。

当修配尺寸修配后变小（即修配被包容表面）时，式中用"+"号，当修配环尺寸修配后变大（即修配包容表面）时，式中用"−"号。

2）最大修配量 K_{max} 和最小修配量 K_{min} 的确定。最大修配量 K_{max} 与各组成环的加工精度有关，各组成环加工精度低，K_{max} 就大，反之就小，计算式为

$$K_{max} = T(A_0') - T(A_0) + K_{min} \tag{5-12}$$

式中　$T(A_0')$——各环按经济精度制造时的封闭环公差，按 $T(A_0') = \sum_{i=1}^{n-1}(A_i)$ 计算；

　　　$T(A_0)$——装配要求达到的精度。

从式（5-12）看出，最大修配量 K_{max} 与各环制造误差有关，K_{max} 大会增加修配劳动量，因此应该尽可能小。为了提高配合表面的接触质量，必须考虑最小修配 K_{min}，K_{min} 最小可以为零。

例 5-4：如图 5-8 所示为车床前后两顶尖的不等高装配简图，已知 $A_0 = 0_{0}^{+0.06}$ mm，$A_1 = 202$ mm，$A_2 = 46$ mm，$A_3 = 156$ mm。若采用修配法装配，试确定各组成环的尺寸及偏差。

解：1）确定修配环（容易修配）：A_2 为修配环。

2）确定各组成环的公差。根据各组成环所采用的加工方法的经济精度确定其公差。A_2 和 A_3 采用镗模加工，取 $T(A_1) = T(A_3) = 0.1$ mm；A_2 用半精刨加工，取 $T(A_2) = 0.15$ mm。

3）确定各组成环（除修配环外）的极限偏差。根据"入体原则"，因 A_1 和 A_2 是孔轴线和底面间的位置尺寸，故偏差按对称分布，即

$$A_1 = 202 \pm 0.05 \text{mm}, \quad A_3 = 156 \pm 0.05 \text{mm}$$

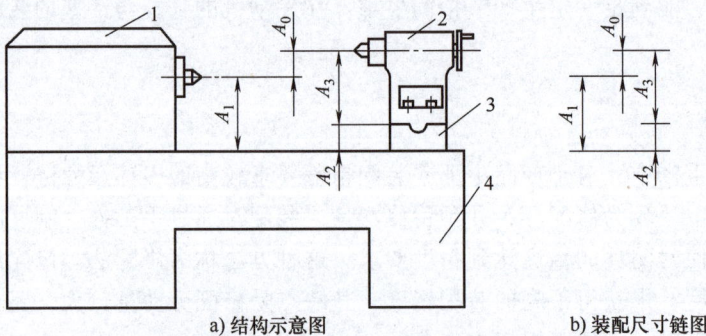

a) 结构示意图　　　　　　　　　b) 装配尺寸链图

图 5-8　车床主轴与尾座不等高尺寸链

1—主轴箱　2—尾座　3—底板　4—床身

4）确定各组成环公差带中点尺寸。

$$A_1 = 202 \text{mm}, \quad A_3 = 156 \text{mm}, \quad A_0 = 0.03 \text{mm}$$

$$A_2 = A_1 + A_0 - A_3 = 202 \text{mm} + 0.03 \text{mm} - 156 \text{mm} = 46.03 \text{mm}$$

5）确定最大修配量、最小修配量。为提高精度，考虑底板面在总装时必须留一定的刮研量

$$K_{\min} = 0.1\text{mm}$$

$$T(A_0') = \sum_{i=1}^{n-1} T(A_i) = 0.1\text{mm} + 0.1\text{mm} + 0.15\text{mm} = 0.35\text{mm}$$

$$K_{\max} = T(A_0') - T(A_0) + K_{\min} = 0.35\text{mm} - 0.06\text{mm} + 0.1\text{mm} = 0.39\text{mm}$$

6）求修配环尺寸。修配环加修配量公差带中点尺寸为

$$A_2' = A_2 \pm \frac{K_{\max} + K_{\min}}{2} = 46.03\text{mm} + \frac{0.39\text{mm} + 0.1\text{mm}}{2} = 46.275\text{mm}$$

此处用"+"号是因为修配环底板修配后修配环 A_2 变小。

所以 A_2 尺寸为

$$A_2 = A_2' \pm \frac{T(A_2)}{2} = 46.275 \pm 0.075\text{mm}$$

即：$A_2 = 46^{+0.35}_{+0.20}\text{mm}$。

（2）修配方法

1）单件修配法。这种方法就是在多环尺寸链中，选择一个固定零件作为修配环，在非装配位置上进行再加工，以达到装配精度要求的装配方法，此法在生产中应用很广。

2）合并加工修配法。这种方法是将两个或多个零件合并在一起进行加工修配。合并加工所得尺寸，看作一个组成环，这样就减少了组成环数目，又减少了修配工作量。如图 5-8 所示，为了减少总装时对尾座底板的刮研（修配）量，一般是先将尾座和底板的配合平面加工好，并配横向小导轨，然后将两者装为一体，以底板底面为定位基准，镗尾座的套筒孔，直接控制尾座的套筒孔至底板底面的尺寸，组成环 A_2 和 A_3 合并成 $A_{2,3}$，使加工精度容易保证，还可给底面留较小的刮研余量。合并法在装配中应用较广。但这种方法由于零件对号入座，给组织生产带来一定的麻烦，因此，多在单件小批生产中应用。

3）自身加工修配法。在机器制造中，有一些装配精度是在机器总装时用自己加工自己的方法来保证的，这种修配方法叫自身加工修配法。例如平面磨床装配时自己磨削自己的工作台面，以保证工作面与砂轮轴平行；牛头刨床在装配时，可用自刨法再次加工工作台面，使滑枕与工作台平行。

（3）修配环的选择　采用修配法来保证装配精度时，正确选择修配环很重要，修配环一般应满足以下条件：

1）尽量选择结构简单、重量轻、加工面积小、易加工的零件。

2）尽量选择容易独立安装和拆卸的零件。

3）选择的修配件，修配后不能影响其他装配精度，因此，不能选择并联尺寸链中的公共环作修配环。

5.3.4　调整法

在成批大量生产中，对于装配精度要求较高而组成环数目较多的尺寸链，也可以采用调整法进行装配。调整法与修配在补偿原则上是相似的，只是它们的具体做法不同。调整装配法也是按经济加工精度确定零件公差的。由于组成环公差扩大，结果使一部分装配超差。采用改变一个零件位置或选定一个适当尺寸的调整件加入尺寸链中来补偿，以保证装配精度。

调整法与修配法的区别是，调整法不是靠去除金属，而是靠改变补偿件的位置或更换补

偿件的方法来保证装配精度。常见的调整法有以下三种。

（1）可动调整装配法　用改变调整件位置来满足装配精度的方法，称为可动调整装配法。调整过程中不需要拆卸零件，比较方便。

在机械制造中使用可动调整装配法的例子很多，如图 5-9a 所示为调整滚动轴承间隙或过盈的结构，可保证轴承既有足够的刚度又不至于过分发热。如图 5-9b 所示为用调整螺钉通过垫片来保证车床溜板和床身导轨之间的间隙。如图 5-9c 所示是通过转动调整螺钉，使斜楔块上下移动来保证螺母与丝杠之间的合理间隙。

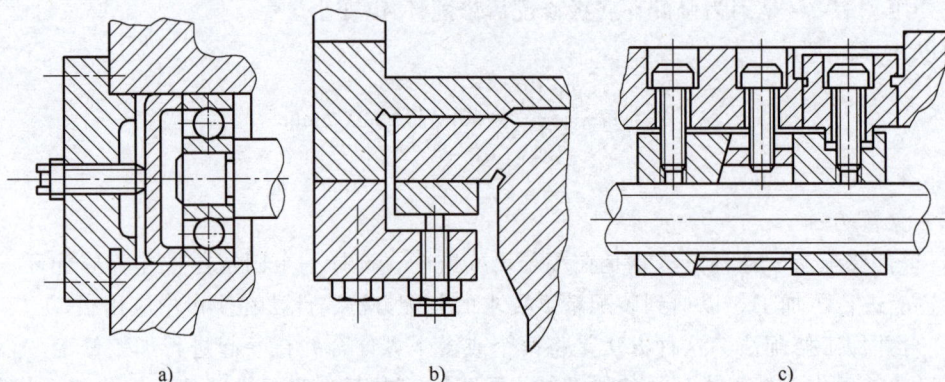

图 5-9　可动调整装配法

可动调整法，不但调整方便，能获得比较高的精度，而且可以补偿由于磨损和变形等所引起的误差，使设备恢复原有精度。所以在一些传动机构或易磨损机构中，常用可动调整法。但是，可动调整法中因可动调整件的出现，削弱了机构的刚性，因而在刚性要求较高或机构比较紧凑，无法安排可动调整件时，就必须采用其他的调整法。

（2）固定调整装配法　在装配尺寸链中，选择某一组成环为调节环（补偿环），该环是按一定尺寸间隙分级制造的一套专用零件（如垫圈、垫片或轴套等）。产品装配时，根据各组成环所形成累积误差的大小，通过更换调节件来实现调节环实际尺寸的方法，以保证装配精度，这种方法即固定调节法。

如图 5-10 所示的车床主轴大齿轮的装配中，加入一个厚度为 A_k 的调节垫就是加入一个零件作为调节环的实例。待 A_1、A_2、A_3、A_4 和 A_5 装配后，现场测量其轴向间隙值，然后拆卸掉 A_4 选择一个适当厚度的 A_k 装入，再重新装上 A_4，即可保证所需的装配精度。

（3）误差抵消调整装配法　误差抵消调整装配法在装配时根据尺寸链某些组成环误差的方向进行定向装配，使其误差抵消一部分，以提高装配精度的方法，其实质与可动调整法相似。这种方法中的补偿环为多个矢量。常见的补偿环是轴承件的跳动量、偏心量和同轴度。

下面以车床主轴锥孔轴线的径向圆跳动为例，说明误差抵消调整法的原理。如图 5-11 所示是普通车床第 6

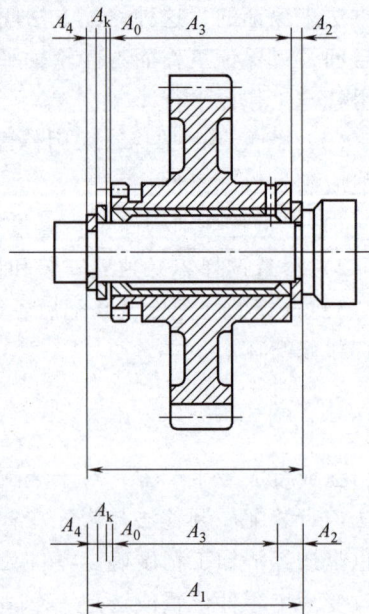

图 5-10　固定调整装配法

项精度标准检验方法。标准规定，将检验棒插入轴孔内，检验径向圆跳动：A 处（靠近端面）允差 0.01mm，B 处（距 A 处 300mm）允差 0.02mm。

设前后轴承外环内滚道的中心分别为 O_2 和 O_1，它们的连线即主轴回转轴线，被测的主轴锥孔的径向跳动就是相对于 O_1、O_2 轴线而言。现分析 B 处的径向圆跳动误差。引起 B 处径向圆跳动误差的因素有：后轴承内环孔轴线对外环内滚道轴线的偏心量 e_1；前轴承内环孔轴线对外环内滚道轴线的偏心量 e_2；主轴锥孔轴线 CC 对其轴颈轴线 SS 的偏心量 e_s。

图 5-11a 所示说明，当只存在 e_2 时，在 B 处引起的主轴轴颈轴线 SS 与主轴回转轴线的同轴度误差：

$$e_2' = \frac{L_1 + L_2}{L_1} \times e_2 = A_2 e_2$$

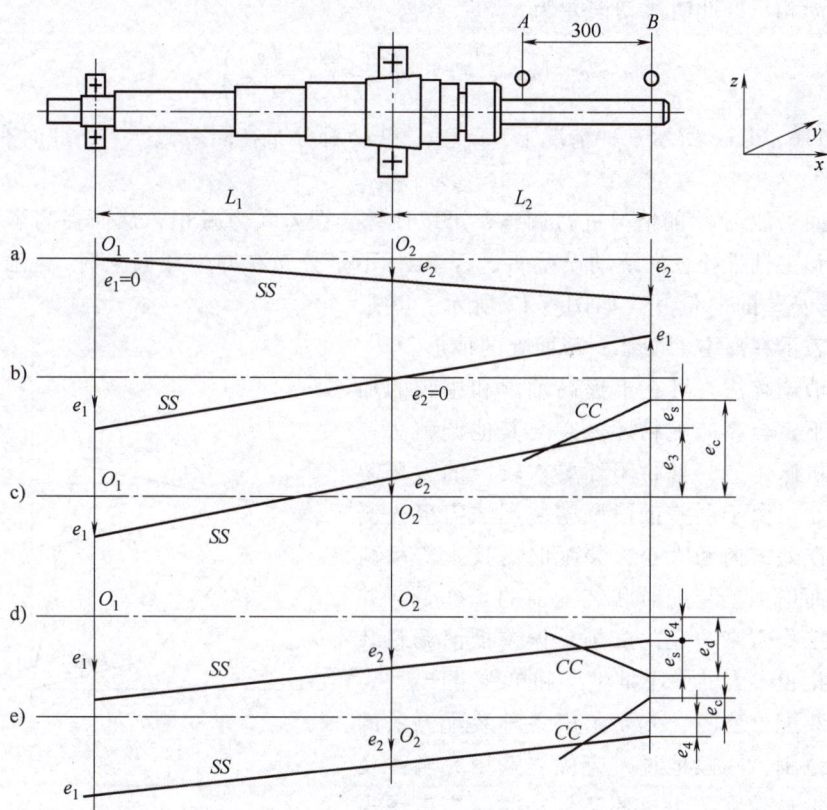

图 5-11　主轴锥孔轴线径向圆跳动的误差抵消调整法

图 5-11b 所示说明，当只存在 e_1 时，在 B 处引起的主轴轴颈轴线 SS 与主轴回转轴线的同轴度误差：

$$e_1' = \frac{L_2}{L_1} \times e_1 = A_1 e_1$$

其中，A_2 及 A_1 一般称为误差传递比，等于在测量位置上所反映出的误差大小与原始误差本身大小的比值。比值前的正负号表示两个误差间的方向关系。

由于 $|A_2| > |A_1|$，因此前轴承径向跳动误差对主轴径向跳动误差的影响比后轴承的要

大。因此，主轴后轴承的精度可以比前轴承稍低些。

如图 5-11c 所示 e_s、e_1 和 e_2 同时存在，前后轴承跳动方向位于主轴轴线两侧，且两者的合成误差 e_3' 又与 e_s 方向相同，此时跳动误差为

$$e_c = e_s + e_3' = e_s + e_2' + e_1' = e_s + \frac{L_1+L_2}{L_1}e_2 + \frac{L_2}{L_1}e_1$$

图 5-11d 所示说明主轴前后轴承径向跳动方向位于主轴轴线同一侧，且两者的合成误差 e_4' 又与 e_s' 方向相同，此时跳动误差为

$$e_d = e_s + e_4' = e_s + e_2' - e_1' = e_s + \frac{L_1+L_2}{L_1}e_2 - \frac{L_2}{L_1}e_1$$

图 5-11e 所示说明主轴前后轴承径向跳动方向位于主轴轴心同一侧，且两者的合成误差 e_4' 又与 e_s 方向相反，此时跳动误差为

$$e_e = e_s - (e_2' - e_1') = e_s - \left(\frac{L_1+L_2}{L_1}e_2 - \frac{L_2}{L_1}e_1\right)$$

如图 5-11c、d、e 所示三种情况下，e_1、e_2 和 e_s 都分布在同一截面上，此时有

$$e_c > e_d > e_e$$

所以，如果能按 e_e 的情况进行调整，可以使综合误差大为减小，从而提高了装配精度。当前后轴承和主轴锥孔径向跳动误差 e_1、e_2 和 e_s 不是分布在同一截面上时，它们合成后的总误差 e_0 是误差的向量和，如图 5-12 所示。其是把各误差量表示在离主轴端某一截面处的情形。

误差抵消调整法，可在不提高轴承和主轴的加工精度条件下，提高装配精度。它与其他调整法一样，常用于机床制造，且封闭环要求较严的多环装配尺寸链中。但由于误差抵消调整装配法需事先测出补偿环的误差方向和大小，装配时需技术等级高的工人，因而增加了装配时和装配前的工作量，并给装配组织工作带来一定的麻烦。误差抵消调整装配法多用于批量不大的中小批生产和单件生产。

在选择装配方法时，先要了解各种装配方法的特点及应用范围。一般地说，应优先选用完全互换法；在生产批量较大，组成环又较多时，应考虑采用不完全互换法；在封闭环的精度较高，组成环数较少时，可以采用选配法；只有在应用上述方法使零件加工困难或不经济时，特别是在中小批生产时，尤其是单件生产时才宜采用修配法或调整法。

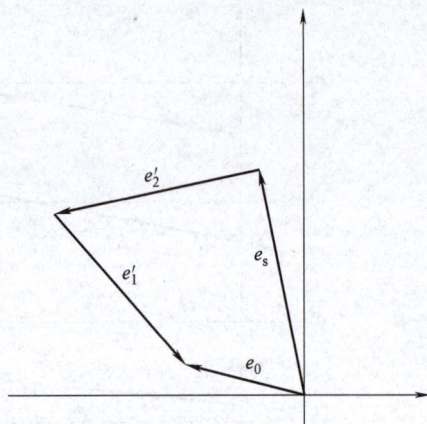

图 5-12　误差向量合成

5.4　装配工艺的制定

5.4.1　制定装配工艺的基本原则

装配工艺规程是用文件形式规定下来的装配工艺过程，它是指导装配工作的技术文件，

也是进行装配生产计划及技术准备的主要依据，对于设计或改建一个机器制造厂，它是设计装配车间的基本文件之一。

由于机器的装配在保证产品质量、组织工厂生产和实现生产计划等方面均有其特点，故着重提出如下四条原则：

1）保证产品装配质量，并力求提高其质量，以延长产品的使用寿命。

2）钳工装配工作量尽可能小。

3）装配周期尽可能短。

4）尽可能减少车间的面积，也就是力争单位面积上具有最大的生产率。

5.4.2 制定装配工艺规程的方法与步骤

制定装配工艺规程大致可分为四步，每步的内容及安排方法如下。

（1）进行产品分析 产品的装配工艺与产品的设计有密切关系，必要时会同设计人员共同进行分析。

1）分析产品图样，掌握装配的技术要求和验收标准，即所谓读图阶段。

2）对产品的结构进行尺寸分析和工艺分析。尺寸分析就是对装配尺寸链进行分析和计算，对装配尺寸链及其精度进行验算，并确保装配方法达到装配精度。工艺分析就是对装配结构的工艺性进行分析，确定产品结构是否便于装配、拆卸和维修。即所谓的审图阶段，在审图中发现属于设计结构上的问题时，及时会同设计人员加以解决。

3）研究产品分解成"装配单元"的方案，以便组织平行、流水作业。一般情况下装配单元可划分为五个等级：零件、合件、组件、部件和机器。

① 零件。构成机器和参加装配的最基本单元，大部分零件先装成合件、组件和部件后再进入总装配。

② 合件。比零件大一级的装配单元。下列情况属于合件：若干个零件用不可拆卸连接法（如焊、铆、热装、冷压、合铸等）装配在一起的装配单元；少数零件组合后还需要进行加工，如齿轮减速器的箱体和箱盖，曲柄连杆机构的连杆与连杆盖等，都是组合后镗孔，零件对号入座，不能互换；以一个基础件和少数零件组合成装配单元，如图 5-13所示。

③ 组件。由一个或几个合件与若干个零件组合成的装配单元。如图 5-14 所示即属于组件，其中蜗轮与齿轮为一个先装好的合件，阶梯轴为一个基准零件。

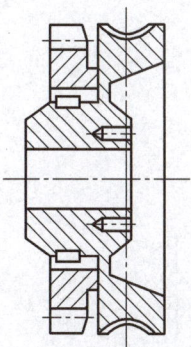

图 5-13 合件示意图

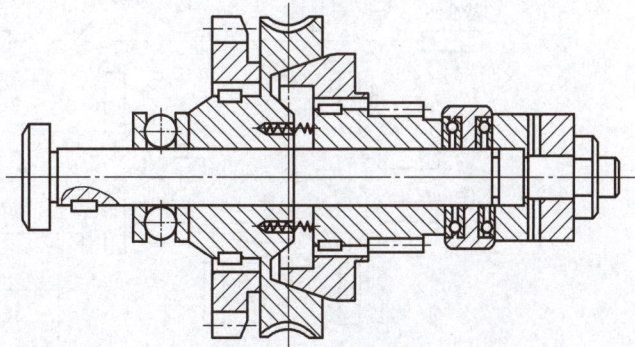

图 5-14 组件示意图

④ 部件。由一个基准零件和若干个零件、合件和组件组合成的装配单元。

⑤ 机器。或叫产品。它是由上述全部装配单元组合而成的整体。

（2）装配组织形式的确定 装配的组织形式根据产品的批量，尺寸和重量的大小分固定式和移动式两种。固定式装配工作地点不变，可直接在地面上或在装配台架上进行。移动式装配又分连续移动和间歇移动。可在小车或在输送带上进行。

装配组织形式确定以后，装配方式、工作点布置也就相应确定。工序的分散与集中以及每道工序的具体内容也根据装配组织形式而确定。固定式装配工序集中，移动式装配工序分散。

（3）装配工艺过程的确定 与装配单元的级别相对应，分别有合件、组件、部件装配和机器的总装配过程。这些装配过程由一系列装配工作以最理想的施工顺序来完成。这一步应考虑的内容有以下几项。

1）确定装配工作的具体内容。装配的基本内容有：清洗、刮削、平衡、过盈连接、螺纹连接以及校正。除上述装配内容外，部件或总装后的检验、试运转、涂装、包装等一般也属于装配工作，大型动力机械的总装工作一般都直接在专门的试车台架上进行。

2）装配工艺方法及其设备的确定。为了进行装配工作，必须选择合适的装配方法及所需的设备、工具、夹具和量具等。当车间没有现成的设备、工具、夹具、量具时，还得提出设计任务书，所用的工艺参数可参照经验数据或经试验、计算确定。

为了估算装配周期，安排作业计划，对各个装配工作需要确定工时定额和确定工人等级。工时定额一般都是根据工厂实际经验和统计资料确定。

3）装配顺序的确定。不论哪一等级装配单元的装配，都要选定某一零件或比它低一级的装配单元作为基准件，首先进入装配工作；然后根据结构具体情况和装配技术要求考虑其他零件或装配单元装配的先后次序。总之，要有利于保证装配精度，以及使装配连接、校正工作能顺利进行。一般规律是：先下后上，先难后易，先重大后轻小，先精密后一般。

（4）装配工艺规程文件的编写 装配工艺规程设计完成后，须以文件的形式将其内容固定下来，即装配工艺文件，也称装配工艺规程。其主要内容包括：装配图（产品设计的装配总图），装配工艺流程图，装配工艺过程卡片或装配工序卡片，装配工艺设计说明书等。装配工艺流程图的基本形式如图 5-15 所示，可以看出该部件的构成及其装配过程。该

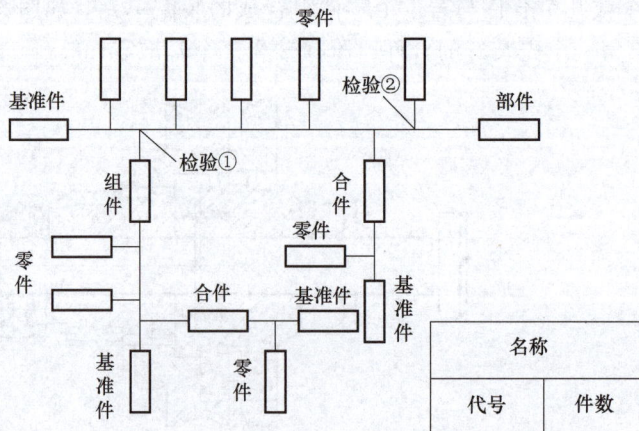

图 5-15 装配工艺流程图的基本形式

部件的装配是由基础件开始，沿水平线自左向右到装配成部件为止。进入部装的各级单元依次是：一个零件，一个组件，三个零件，一个合件，一个零件，在过程中有两个检验工序。上述一个组件的构成及其装配过程也可以从图上看出，它是以基准件开始由一条向上的垂线一直引到装成组件为止，然后由组件再引垂线向上与水平线衔接，进入该组件装配的有一个合件、两个零件，在装配过程中有钻孔和攻丝的工作。至于两个合件的组成及其装配过程也可明显地看出。

图 5-15 所示每一长方框中都需填写零件或装配单元的名称、代号和件数。格式可如图5-15 所示右下方形式，或按实际需要自定。

装配工艺流程图既反映了装配单元的划分，又直观地表示了装配工艺过程。它为拟定装配工艺过程，指导装配工作，组织计划以及控制装配均提供了方便。

在单件小批生产条件下，一般只编写装配过程卡片，也可以直接利用装配工艺流程图来代替工序卡片。对于重要工序，则可专门编写具有详细工序说明内容、操作要求以及注意事项的装配指示卡片。

习题与思考题

5-1 说明装配尺寸链中组成环、封闭环和相依环的含义，它们各有何特点？

5-2 何谓装配尺寸链最短路线原则？

5-3 极值法解尺寸链与概率法解尺寸链有何不同？各用于何种情况？

5-4 题图 5-1 所示为传动部件简图，试分别用极值法与概率法确定各组成环的公差与偏差。

5-5 四种装配方法各有哪些特点？试举例说明如何选择装配方法。

5-6 什么是分组选配法装配？其适应条件如何？如果相配合的工件公差不相等能否适用分组选配？

5-7 什么是调整法装配？可动调整法装配、固定调整法装配和误差抵消调整法装配各有什么优缺点？

5-8 题图 5-2 所示为牛头刨床摇杆机构中摇杆与滑块的装配图。槽与滑块配合间隙要求为 0.02~0.05mm，摇杆槽两侧面尺寸为 $A_1 = 100$mm，公差 $T(A_1) = 0.1$mm，滑块宽度尺寸为 $A_2 = 100$mm，公差 $T(A_2) = 0.06$mm，试用修配法求解此装配尺寸链，确定 A_1、A_2 的上、下极限偏差，并计算最大修配量 K_{max}？

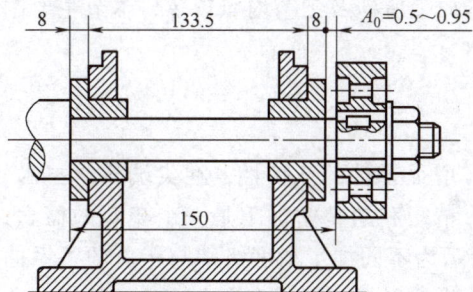

题图 5-1 题 5-4 图　　　　　　題图 5-2 题 5-8 图

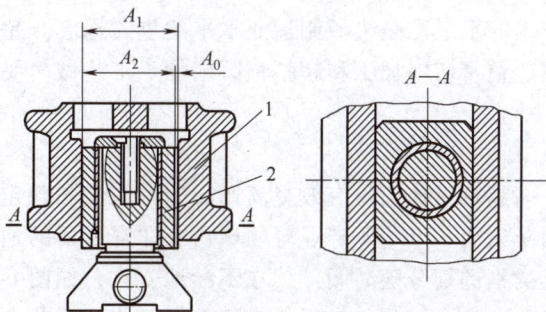

第6章　先进制造技术

制造业是国民经济的支柱性产业，是一个国家综合国力的重要体现。自第一次工业革命以来，无论在生产方法、制造技术还是在资源配置等方面，制造业均取得了巨大的发展和进步。先进制造技术是在激烈市场竞争、科学技术进步及可持续发展背景下提出，并得到众多工业国家的重视。自先进制造技术概念提出以来，制造业得到了快速的发展。先进制造技术体系结构可看成是由基础制造技术、单元制造技术和系统集成三个不同层次的技术组成，反映先进制造技术由基础到单元，再到系统集成的发展过程。为迎接新一轮工业革命浪潮，世界工业大国纷纷提出了各自的发展战略，其中德国"工业4.0"、美国"工业互联网"和我国"中国制造2025"最具代表性，其共同点为：以信息物理系统（CPS）为核心，推动信息化与工业化两化融合，促进制造业信息化、网络化和智能化进程，发展先进制造业，提高市场竞争力。

6.1　超精密加工

超精密加工技术是机械制造业中最重要的部分之一，这是因为超精密加工技术不仅直接影响尖端技术和国防工业的发展，而且还影响机械产品的精度和表面质量，影响产品的国际竞争力。例如，陀螺仪现在是用超精密切削等方法加工，它的精度直接影响导弹的命中精度。大规模集成电路的制造，使用了超精密研磨和微细加工等技术，它的加工工艺水平决定了集成电路上线宽和元件数，直接影响微电子工业和计算机技术的发展。世界各国都非常重视发展精密和超精密加工技术，把它作为发展先进制造技术中的优先发展内容。超精密加工技术的水平已是机械制造业水平的重要标志。超精密加工所涉及工艺内容较多，本节主要围绕超精密切削加工和超精密磨削加工工艺做简要介绍。

6.1.1　超精密加工概念

超精密加工可有效提高产品的可靠性和稳定性，增强零件的互换性，在尖端科学技术、国防工业、微电子产业等领域占有非常重要的地位。精密和超精密加工是一个相对的概念，其类别的划分随时间年代在不断地变化，如图6-1所示为不同加工精度级别与年份的关系曲线。可见，以往超精密加工到今天只能作为精密加工或普通加工了。在当今技术条件下，普通加工、精密加工、超精密加工的加工精度可以做如下划分。

（1）普通加工　是加工精度在 $1\mu m$、表面粗糙度 Ra 为 $0.1\mu m$ 以上的加工方法。目前，在工业发达国家，一般工厂能稳定掌握这样的加工精度。

（2）精密加工　是加工精度在 $0.1\sim1\mu m$、表面粗糙度 Ra 为 $0.1\sim0.01\mu m$ 的加工方法，如金刚车、精镗、精磨、研磨、珩磨等加工。

（3）超精密加工　是加工精度高于 $0.1\mu m$、表面粗糙度 Ra 小于 $0.01\mu m$ 的加工方法，如金刚石刀具超精密切削、超精密磨削、超精密特种加工以及复合加工等。

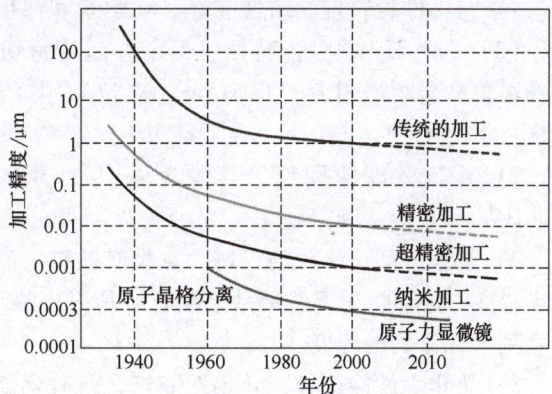

图 6-1　加工精度级别与年份的关系曲线

超精密加工所涉及的相关技术包括：

（1）超精密加工机理　超精密加工是指从被加工表面去除微量表面层的一种加工方法，包括超精密切削、超精密磨削和超精密特种加工等。当然，超精密加工应服从常规的加工工艺的原理和规则，但它也有自身特殊的加工机理，如刀具磨损、积屑瘤生成、磨削机理、加工参数对表面质量影响等，需要应用分子动力学、量子力学、原子物理等理论来研究探讨超精密加工的物理现象。

（2）超精密加工刀具、磨具及其制备技术　包括金刚石刀具的制备与刃磨、超硬砂轮的修整等，这是超精密加工必须解决的难题。

（3）超精密加工机床设备　超精密加工的机床设备应具有高精度、高刚度、高抗振性、高稳定性和高自动化等工作性能，并要求配置微量进给机构。

（4）精密测量及补偿技术　超精密加工必须有相应级别的测量技术和测量装置，并要求具有在线测量和误差补偿功能。

（5）严格的工作环境　超精密加工必须在稳定的环境下工作，加工环境极微小的变化都有可能对加工精度造成影响。为此，超精密加工要求有严格的恒温、净化、防振和隔振等工作环境。

6.1.2　超精密加工方法

超精密切削加工主要是指用金刚石刀具进行车削加工的工艺方法，适用于铜、铝等非铁素金属及其合金，以及光学玻璃、大理石、碳素纤维等非金属材料的超精密切削加工。

1. 超精密切削加工

（1）超精密切削对刀具的要求　为实现超精密切削加工，要求刀具具有如下的性能：

1）极高的硬度、寿命和弹性模量，以保证刀具有较长的使用时间和较高的尺寸耐用度。

2）刃口能够刃磨得极其锋锐，刃口圆弧半径 r_n 值刃磨得越小，越能切削超薄的表面厚度。

3）刃口应无缺陷，避免切削时刀具刃口缺陷复印在被加工表面而不能得到超光滑的镜面。

4）与工件材料抗粘结性能好、化学亲和性小、摩擦系数低，以便得到极好的加工面。

（2）金刚石刀具性能特征　目前，超精密切削加工刀具多采用无杂质、无缺陷的天然大颗粒单晶金刚石材料［0.515ct（克拉），1ct = 200mg］，因为这种材料具有如下的性能特征：

1）具有极高的硬度，其硬度可达到 6000 ~ 10000HV，而普通硬质合金 TiC 仅为 3200HV，WC 为 2400HV。

2）能够刃磨出锋锐的刃口，且没有缺口、崩刃等现象。普通刀具材料仅能磨出刃口圆弧半径 5~30μm，而天然单晶金刚石刀具刃口圆半径可小到数纳米，没有其他任何材料可以刃磨到如此锋利的程度。

3）热化学性能优异，导热性能好，与有色金属亲和力小。

4）切削刃强度高，耐磨性好。金刚石材料摩擦系数小，与铝材的摩擦系数仅为 0.06 ~ 0.13，刀具寿命极高。

因此，天然单晶金刚石虽然价值昂贵，但一致公认为是最理想不能替代的超精密切削刀具材料。

（3）超精密切削最小切削厚度　超精密切削实际能够达到的最小切削厚度取决于金刚石刀具刃口圆弧半径，刃口半径越小，则最小切削厚度越小。如图 6-2 所示为最小切削厚度 h_{Dmin} 与刀具刃口半径 r_n 的关系，图中 A 为切削时刀具上的极限临界点，A 点以上的材料将堆积起来形成切屑，而 A 点以下材料经刀具后刀面碾压变形后形成已加工表面。A 点位置可由切削材料变形剪切角 θ 确定，而剪切角 θ 又与刀具材料的摩擦系数 μ 有关，即当刀具摩擦系数 $\mu = 0.12$ 时，$h_{Dmin} = 0.322r_n$；当刀具摩擦系数 $\mu = 0.26$ 时，$h_{Dmin} = 0.249r_n$。

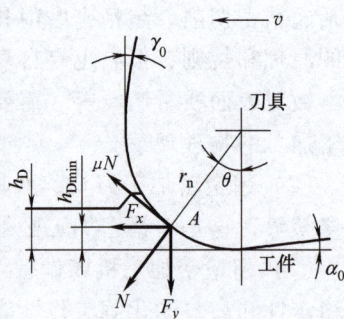

图 6-2　最小切削厚度与刀具刃口半径关系

由上述 h_{Dmin} 与 r_n 关系式可知，若最小切削厚度 $h_{Dmin} = 1nm$，则要求金刚石刀具刃口半径 r_n 刃磨达到 3~4nm。目前，国外金刚石刀具的刃磨水平可达到这个要求，如 1986 年日本大阪大学和美国 LLL 国家实验室合作，在超精密金刚石车床上成功完成了切削厚度为 1nm 的切削试验。

2. 超精密磨削加工

对于铜、铝及其合金等有色金属，应用金刚石刀具进行超精密车削十分有效，而对于黑色金属、硬脆材料等，精密、超精密磨削则为当前最主要的精密加工手段。磨削加工有砂轮磨削、砂带磨削以及研磨、珩磨、抛光等不同的磨削加工方法，这里仅介绍超精密砂轮磨削加工。

超精密磨削加工是指加工精度高于 0.1μm，表面粗糙度 Ra 低于 0.1μm 的磨削加工方法。超精密磨削的关键在于砂轮选择、砂轮修整、磨削用量以及高精密的磨削机床。

（1）超精密磨削砂轮　超精密磨削加工所使用的砂轮多为金刚石和立方氮化硼（CBN）磨料砂轮。这类砂轮硬度极高，又称为超硬磨料砂轮或超硬砂轮。金刚石砂轮有较强的磨削能力和较高的磨削效率，在磨削硬质合金、非金属硬脆材料以及有色金属及其合金等方面有较大的优势。由于金刚石与铁族元素有较强的亲和作用，故对于硬而韧、高温特性好、热传导率较低的钢铁材料，则用 CBN 砂轮磨削效果较好。CBN 比金刚石有较好的热稳定性和较强的化学惰性，其热稳定性可达 1250~1350℃，而金刚石磨料仅有 700~800℃。

超硬砂轮通常采用如下几种结合剂：

1）树脂结合剂 树脂结合剂结合强度较低，磨粒易于脱落，该类砂轮能够保持良好的锋利性，磨削表面质量较好，但磨粒保持力较小，砂轮的耐磨性差。

2）金属结合剂 金属结合剂砂轮有很好的耐磨性，磨粒保持力大，砂轮形状保持性好，但自锐性差，砂轮修整困难，常用的金属结合剂材料有青铜、电镀金属、铸铁纤维等。

3）陶瓷结合剂 陶瓷结合剂是以硅酸钠为主要成分的玻璃质结合剂，其化学稳定性高，具有较好的耐热和耐酸碱功能，但脆性较大。

金刚石砂轮用于磨削石材、玻璃、陶瓷等材料时，宜选择金属结合剂，有较高的寿命和形状保持性；若磨削硬质合金和金属陶瓷等难磨材料，则宜选用树脂结合剂，具有较好的自锐性。CBN 砂轮一般采用树脂结合剂和陶瓷结合剂。

（2）超精密磨削砂轮的修整 砂轮的修整是超硬磨料砂轮使用时的一大难题，它直接影响超精密磨削质量、磨削效率和磨削成本。砂轮修整通常包括修形和修锐两方面内容。所谓修形，即为将砂轮修整为具有一定精度要求的结构形状；而修锐则为去除砂轮磨粒间的结合剂，使磨粒凸出结合剂一定高度，以形成足够大的切削刃和容屑空间。普通砂轮的修形与修锐一般同步进行，而超硬磨料砂轮的修整一般是将修形和修锐分步进行，修形时要求砂轮有精确的结构形状，而修锐时则要求砂轮有良好的磨削性能。

由于超硬磨料砂轮都比较坚硬，很难应用其他磨料对其加工以形成新的切削刃。因而超硬磨料砂轮一般是通过去除磨粒间的结合剂而使超硬磨粒凸出一定高度，以提高砂轮的锋锐度。目前，超硬砂轮的修整通常采用以下方法：

1）车削法。采用单点聚晶金刚笔或金刚石修整片对金刚石砂轮进行车削修整，该法修整精度和修整效率都比较高，但修整后的砂轮表面平滑，锋锐性较差，同时修整成本也较高。

2）磨削法。采用普通磨料砂轮或砂块与超硬砂轮进行对磨修整。在对磨过程中，普通砂轮磨料如碳化硅、刚玉等磨粒不断破碎，这对超硬砂轮结合剂却起着切削作用，使超硬砂轮磨粒的容屑空间加大，有些磨粒也会脱落，露出新的磨粒，从而提高了砂轮的锋锐度，达到了修整的目的。这种砂轮修正方法的效率和质量都较好，是当前较为常用的一种超硬砂轮修整方法，但普通砂轮的磨损消耗量较大。

3）喷射法。将碳化硅、刚玉等磨粒材料经高速喷嘴喷射到旋转的超硬砂轮表面，以去除部分结合剂，致使超硬砂轮的磨粒凸出，以达到修整目的。

4）电解在线修锐法（ELID）。ELID 是在工作砂轮进行磨削加工的同时完成对自身的修整。其原理如图 6-3 所示，将电解电源正极经电刷与工作砂轮连接，电源负极与石墨电极相连，在砂轮与石墨电极之间通以电解液，工作砂轮一般为金属结合剂砂轮。开启电解液，起动砂轮工作。在电解电流和电解液作用下，砂轮结合剂受到电解作用，其表面逐渐被腐蚀，并形成一种钝化膜以阻止电解过程持续进行；与此同时，砂轮对工件进行磨削加工，由于被磨削工件与砂轮的摩擦作用致使较为松软的电解钝化膜遭受破坏，使金属结合剂被裸露出来，这使电解作用又可继续进行。这样，砂轮结合剂经历着不间断的电解-钝化-磨削-电解的循环过程，使超硬砂轮在磨削加工的同时进行修锐，能够始终保持锋锐的工作状态。

5）电火花修整法。电火花修整法是一种采用电火花放电原理，实现对超硬磨料砂轮进行修整的方法，如图 6-4 所示。电火花修整法适用于各种金属结合剂砂轮的修整，若在结合剂中加入石墨粉，也可用于树脂、陶瓷结合剂砂轮的修整。电火花修整可采用电火花线切割形式进行，也可采用电火花成形方式修整，两者均可将砂轮修形和修锐同时进行，其修整效率较高。

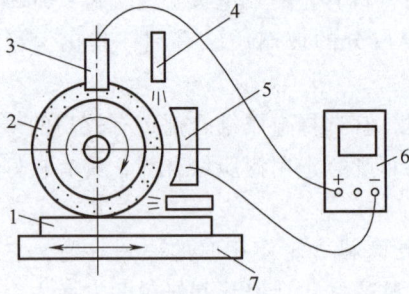

图 6-3　ELID 原理图

1—工件　2—工作砂轮　3—电刷　4—喷嘴
5—石墨电极　6—修整电源　7—工作台

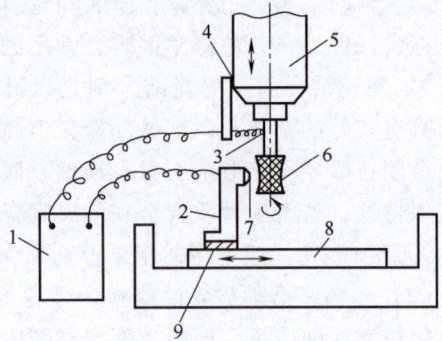

图 6-4　电火花修整法

1—电源　2—修整器　3—电刷　4、9—绝缘体
5—主轴头　6—工作砂轮　7—电动机　8—工作台

（3）磨削速度和磨削液　由于金刚石砂轮的热稳定性为 700~800℃，通常其磨削速度限制在 12~30m/s。若磨削速度太低，其单颗磨粒的切屑厚度过大，不仅增大了工件表面粗糙度，也加剧了金刚石砂轮磨损。磨削速度提高可使工件表面粗糙度降低，磨削质量得到改善，但磨削速度太高将导致磨削温度随之升高，将使砂轮的磨损加大。

立方氮化硼砂轮的热稳定性较好，其磨削速度比金刚石砂轮高得多，可达 100m/s 以上。超硬砂轮磨削时，磨削液的使用与否对砂轮的寿命影响很大。例如，树脂结合剂超硬砂轮，其湿磨与干磨相比可提高砂轮寿命 40% 左右。磨削液除了具有润滑、冷却、清洗功能之外，还具有渗透性和防锈性功能，可大大提高磨削性能。

通常磨削液有油性液和水溶性液两大类。油性液主要成分为矿物油，如机油、煤油、轻质柴油等，其润滑性能好；水溶性液主要成分是水，如乳化液、无机盐水溶液、化学合成液等，其冷却性能好。磨削液的使用应视磨削对象合理选择。例如，用金刚石砂轮磨削硬质合金，普遍采用煤油磨削液，而不宜采用乳化液；对于 CBN 砂轮磨削，一般采用油性液，而不用水溶性液，因为在高温状态下 CBN 砂轮与水有水解作用，会加剧砂轮磨损，若不得不使用水溶性磨削液时，可添加极压添加剂以减弱水解的作用。

6.1.3　超精密加工机床设备

超精密机床是实现超精密加工的重要条件。随着加工精度要求的提高和超精密加工技术的发展，超精密机床也得到了快速的发展。目前，美国、日本、德国、英国、瑞士、荷兰等国家均先后研发了不同类型的超精密机床，并达到较高的精度水平。我国北京机床研究所、航空精密机械研究所、哈尔滨工业大学、国防科技大学等单位也研制了一些超精密机床设备，如北京机床研究所在 21 世纪初推出了一台纳米级超精密车床，采用气浮主轴轴承和纳米级光栅全闭环控制，线性分辨率为 0.005μm，加工表面粗糙度 Ra 可达 0.008μm，主轴回

转精度为 $0.05\mu m$。

超精密机床应具有高精度、高刚度和高加工稳定性要求，这些精度要求主要取决于机床的主轴部件、床身导轨以及驱动单元等核心部件。

1. 精密主轴部件

精密主轴部件是超精密机床的圆度基准，也是保证机床加工精度的核心。要求主轴达到极高的回转精度，其关键在于所用的精密轴承。早期的精密主轴一般采用超精密滚动轴承，如瑞士 Shaublin 精密车床采用滚动轴承，其加工精度可达 $1\mu m$，表面粗糙度 Ra 为 $0.02 \sim 0.04\mu m$。然而，目前超精密机床主轴广泛采用了液体静压轴承和空气静压轴承。

液体静压轴承具有回转精度高（$\leqslant 0.1\mu m$）、油膜刚度大、转动平稳、无振动等特点，一般用于大型重载超精密机床。如图 6-5 所示为典型的液体静压轴承主轴结构，液压油通过节流孔进入轴承油腔，使主轴在轴套内悬浮，不会产生固体摩擦。若主轴受力偏斜导致油腔中的油压不等时，其压力差将推动主轴返回至原有平衡位置。但是，液体静压轴承也有自身缺陷，如液压油的工作温升会影响主轴精度，若将空气带入液压油液内将会降低轴承的刚度。

空气静压轴承工作原理与液体静压轴承类似。由于空气静压轴承具有很高的回转精度，工作平稳，高速转动时温升甚小，虽然刚度较低、承载能力不高，但由于超精密切削时切削力甚小，故在超精密机床中得到广泛应用。如图 6-6 所示为一种双半球结构的空气轴承主轴，其前后轴承均采用半球状，兼具径向轴承和止推轴承的作用。由于轴承的气浮面是球面，具有自动调心的作用，可提高前后轴承的同心度和主轴的回转精度。

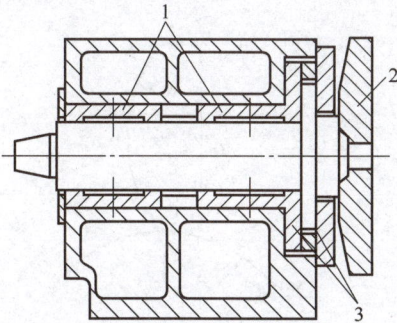

图 6-5 典型的液体静压轴承主轴结构

1—径向轴承 2—主轴真空轴承 3—止推气孔

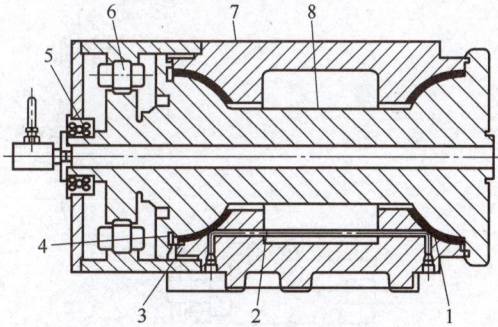

图 6-6 双半球结构的空气轴承主轴

1—前轴承 2—供气孔 3—后轴承 4—定位环
5—旋转变压器 6—无刷电动机 7—外壳 8—主轴

2. 机床床身与导轨

床身是机床的基础部件，应具有较强的抗振衰减能力、低热膨胀系数、较好的尺寸稳定性。目前，超精密机床床身多采用人造花岗岩材料。人造花岗岩是由花岗岩碎粒与树脂粘结而成，可铸造成形，不仅具有花岗岩材料较好的尺寸稳定性、低热膨胀系数、耐磨且不生锈的特点，还克服了天然花岗岩吸湿性的不足，并强化了床身抗振衰减能力。

超精密机床导轨部件通常选用液体静压导轨、空气静压导轨或气浮导轨，这类导轨具有良好的导向性能，运动平稳、无爬行、摩擦系数接近于零等特点。如图 6-7 所示为某超精密机床所采用的空气静压导轨，整个移动工作台在上下左右静压空气导轨的约束下悬浮起来，基本没有摩擦力，具有良好的承载刚度和导向精度。

3. 微量进给装置

高精度微量进给装置是超精密机床的又一个关键部件，它对实现超薄切削、高精度尺寸加工以及在线误差补偿起着十分重要的作用。目前，高精度微量进给装置分辨率可达 $0.001\sim0.01\mu m$。在超精密加工中，微量进给装置应满足如下要求：

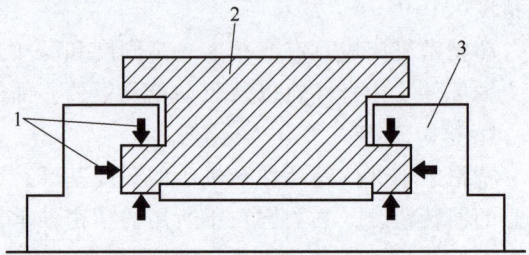

图 6-7　空气静压导轨
1—静压空气　2—移动工作台　3—底座

1）精微进给与粗进给分开，以提高微位移的精度、分辨率和稳定性。

2）运动部件必须具有低摩擦和高稳定性能，以保持较高的重复精度。

3）末级传动元件（夹持刀具处）必须有很高的刚度。

4）工艺性好，易于制造。

5）具有自动控制功能，动态性能好。

微量进给装置有机械式、液压传动式、弹性变形式、热变形式、液膜变形式、磁致伸缩式等多种结构型式。如图 6-8 所示是一款双 T 形弹性变形微量进给装置原理图，若驱动图示中驱动螺钉 4 前进时，将迫使两个 T 形弹簧 2 和 3 变直，从而驱使微位移刀夹 1 进给。该微量进给装置分辨率为 $0.01\mu m$，最大输出位移为 $20\mu m$，位移方向的静刚度达 $70N/\mu m$，满足切削负荷要求。

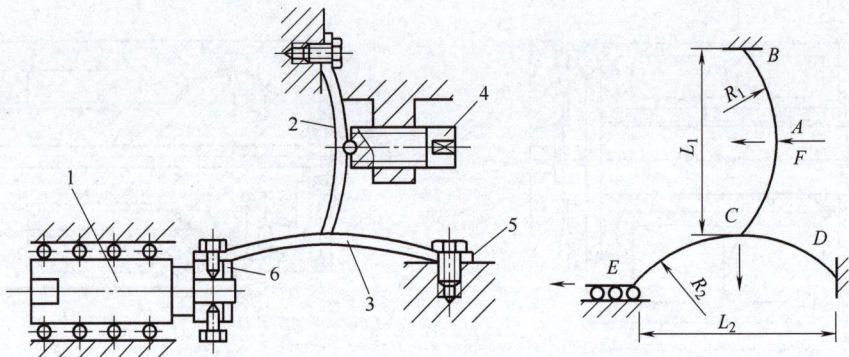

图 6-8　双 T 形弹性变形微量进给装置原理图
1—微位移刀夹　2、3—T 形弹簧　4—驱动螺钉　5—固定端　6—动端

如图 6-9 所示为一种压电陶瓷微量进给装置，压电陶瓷器件在预压应力状态下与弹性刀夹和后垫块粘结安装，在电压驱动下通过压电陶瓷的伸长，实现刀具的微量进给运动。该装置最大位移为 $15\sim16\mu m$，分辨率为 $0.01\mu m$，静刚度为 $60N/\mu m$。这种微量进给装置可实现高刚度、无间隙的极精细位移，具有较高的响应频率。

6.1.4　超精密加工支持环境

为满足微米甚至纳米级精密和超精密加工要求，必须对支持环境加以严格的控制，包括空气环境、温度环境、振动环境及电磁环境等。

1. 净化的空气环境

在我们的日常生活环境与普通车间工作环境下，空气中含有大量尘埃和微粒，见表6-1。对于普通精度的加工，这些尘埃和微粒不会造成不良影响，但对于精密和超精密加工却有重大的影响，因为空气中尘埃和微粒尺寸与加工精度要求相比，已成为不可忽视的因素。例如，对计算机磁盘表面进行精密加工时，$1\mu m$ 直径的尘埃会拉伤加工表面而不能正确进行信息记录。为了保证精密和超精密加工精度，必须对加工空气环境进行净化处理，减少空气中的尘埃含量，提高空气的洁净度。

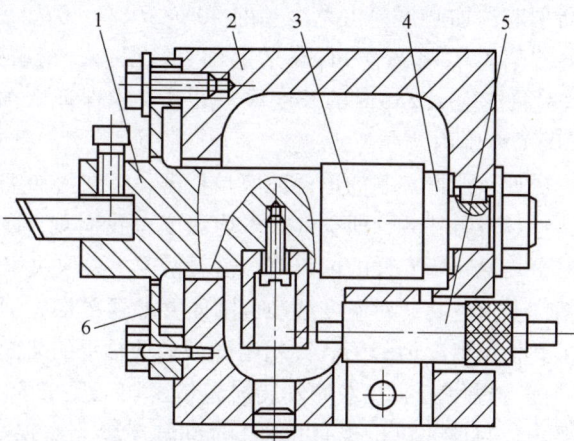

图 6-9　压电陶瓷微量进给装置
1—刀夹　2—机座　3—压电陶瓷　4—垫块
5—电感测头　6—弹性支承

表 6-1　日常环境中空气的含尘量

场所	每 $1ft^3$ 尘埃粒子数/个	场所	每 $1ft^3$ 尘埃粒子数/个
工厂、车站、学校	2000000	病房、门诊部	150000
商店、办公室	1000000	手术室	50000
住宅	600000		

随着超精密加工技术的快速发展，对空气洁净度要求越来越高，要求所控制的微粒直径从 $0.5\mu m$ 减小到 $0.3\mu m$，有时甚至要求减小到 $0.1\mu m$。表 6-2 列出了美国联邦 209D 标准中各个级别的洁净度限定的不同直径微粒的浓度值。从该表还可看出，美国 209D 标准是将每 $1ft^3$ 空气中所含直径 $\geq0.5\mu m$ 尘埃的个数作为所属洁净度级别标准，例如级别为 100 的空气洁净度要求在 $1ft^3$ 空气中所含 $\geq0.5\mu m$ 尘埃的个数 ≤100 个。

表 6-2　美国 209D 标准各洁净度级别的上限浓度　　　　（单位：个/ft^3）

级别	直径/μm				
	0.1	0.2	0.3	0.5	5
1	35	7.5	3	1	—
10	350	75	30	10	—
100	—	750	300	100	—
1000	—	—	—	1000	7
10000	—	—	—	10000	70
100000	—	—	—	100000	700

2. 恒定的温度环境

精密和超精密加工的环境温度与加工精度有着密切的关联，环境温度的变化既会影响机床自身的精度，又会影响所加工的工件精度。据文献报道，精密加工时机床热变形和工件温升所引起的加工误差占总误差的 40%~70%。例如，磨削直径 ϕ100mm 钢质零件，磨削液温升每提高 10℃将产生 11μm 的磨削直径误差；精密加工 100mm 长的铝合金零件，温度每变化 1℃将产生 2.25μm 的长度误差。若要求保证 0.1μm 的加工精度，其环境温度要求恒定在 ±0.05℃范围内。

因此，严格控制的恒温环境是精密和超精密加工的重要条件之一。恒温环境有两个重要指标：一是恒温基数，即空气的平均温度，我国规定的恒温基数为 20℃；二是恒温精度，是指相对平均温度所允许的偏差值。恒温精度主要取决于精密和超精密加工的精度和工艺要求，加工精度要求越高，对温度波动范围的要求越严格。例如，一般精度的坐标镗床调整和校验时，要求其恒温精度为±1℃；高精密微型滚动轴承的装配和调整，其恒温环境要求达±0.5℃。

随着现代工业技术的发展与超精密加工要求的不断提高，对恒温精度也提出了越来越高的要求。目前，已出现±0.01℃的恒温环境，实现这样严格的恒温环境需要采用多种措施，例如除了将整个设备浸入恒温油槽内之外，还要在加工区域再增加保温罩等设施。

3. 较好的抗振、抗干扰环境

超精密加工对振动环境的要求越来越高，限制也越来越严格。这是因为工艺系统内部和外部的振动干扰会使加工和被加工件之间产生多余的相对运动而无法达到所要求的加工精度和表面质量。例如，在精密磨削时，只有将磨削振幅控制在 1~2μm，才能获得低于 Ra 为 0.01μm 的表面粗糙度。

为了保证精密和超精密加工精度，必须采取有效措施以消除振动的干扰，其途径包括以下两个方面：

（1）防振 主要是消除工艺系统内部自身产生的振动干扰，其措施有：

1）精密动平衡各类运动部件，消除或减少工艺系统内部的振源。

2）采用合理优化的系统结构，提高系统的抗振性。

3）对于易振动部件，人为加入阻尼装置以减小振动。

4）系统结构件尽可能采用抗振衰减能力强的材料。

（2）隔振 外界振动干扰常常是独立存在而不可控制的，只能采取各种隔振措施，阻止外部振动传导到工艺系统中来。最基本的隔振措施是远离振动源，事先对场地外的铁路公路等振动源进行调查，必须保持相当的距离。系统附近的振动源，如空气压缩机、液压泵等应尽量移走，实在无法移走时，应采用单独抗振地基、加隔振材料等措施，使振动源所产生的振动对加工的影响尽可能减小。通常，超精密机床或精密测量平台的底脚都采用能自动水平的空气隔振垫，以阻止外部振动源的导入。如图 6-10 所示为 LODTM 大

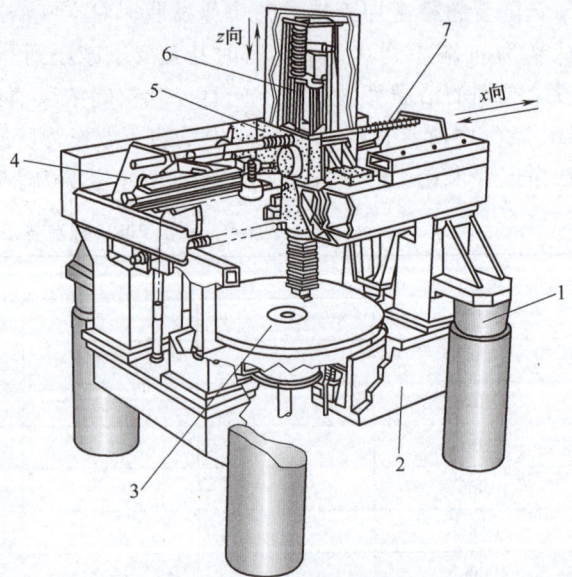

图 6-10 LODTM 大型超精密机床的隔振地基

1—隔振空气弹簧 2—床身 3—工作台 4—测量基准架
5—溜板 6—刀座 7—激光通路波纹管

型超精密机床的隔振地基，它采用了四只巨大的隔振空气弹簧将整个机床架空起来，起到很好的隔振效果。

6.2　特种加工

6.2.1　特种加工的概念

特种加工是一种非传统加工方法，是一类有别于传统切削与磨削加工方法的总称。非传统加工方法将电、磁、声、光等物理量及化学能量或其组合直接施加在工件被加工的部位上，从而使材料被去除、累加、变形或改变性能等。非传统加工方法可以完成传统加工方法难以实现的加工，如高强度、高韧性、高硬度、高脆性、耐高温材料和工程陶瓷、磁性材料等难加工材料的加工以及精密、微细复杂形状零件的加工等。

特种加工方法的种类很多，根据加工机理和所采用的能源的分类如图 6-11 所示。由于特种加工方法所涉及内容较多，本节主要围绕产生机械能变化过程的加工方法、产生热过程的加工方法以及产生化学过程的加工方法做简要介绍，增材制造将会在 6.5 节中具体介绍。

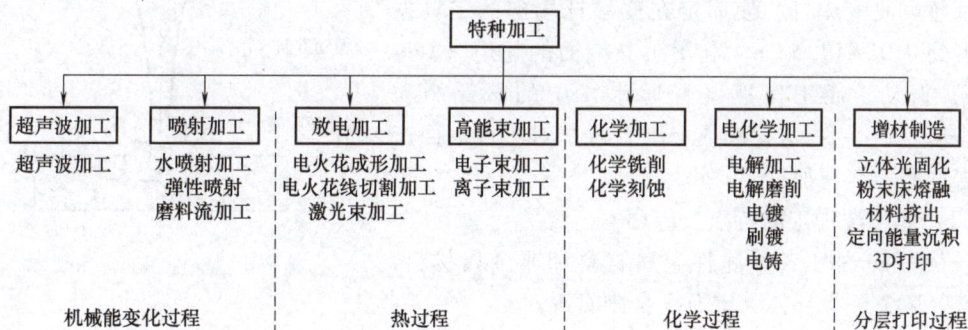

图 6-11　特种加工方法分类

1）产生机械能变化过程的加工方法。利用机械能来进行加工，如超声波加工、喷射加工等。

2）产生热过程的加工方法。利用电能、高能束等转化为热能进行局部熔化加工，如电火花成形加工、电火花线切割加工、激光束加工、电子束加工、离子束加工等。

3）产生化学过程的加工方法。利用化学能或光能转换为化学能来进行加工，如化学铣削和化学刻蚀（光刻加工），以及利用电能转换为化学能进行加工，如电解加工、电解磨削、电镀、刷镀、镀膜、电铸等。

4）增材制造。有别于传统的加工方法，如：立体光固化、材料挤出、粉末床熔融、定向能量沉积、3D 打印。

与传统切削、磨削加工方法相比，特种加工方法具有以下特点：

1）特种加工方法不是主要依靠机械能，而主要是用其他能量（如电能、光能、声能、热能、化学能等）去除材料。

2）传统切削与磨削方法要求：①刀具的硬度必须大于工件的硬度，即要求"硬切软"；②刀具与工件必须有一定的强度和刚度，以承受切削过程中的切削力。而特种加工方法由于工具不受显著切削力的作用，对工具和工件的强度、硬度和刚度均没有严格要求。

3）采用特种加工方法加工时，由于没有明显的切削力作用，一般不会产生加工硬化现象。又由于工件加工部位变形小，发热少，或发热仅局限于工件表层加工部位很小的区域内，工件热变形小，由于加工产生的应力小，易于获得好的加工质量，且可在一次安装中完成工件的粗、精加工。

4）加工中能量易于转换和控制，有利于保证加工精度和提高加工效率。

5）特种加工方法的材料去除速度一般低于常规加工方法，这也是目前常规加工方法在机械加工中仍占主导地位的主要原因。

6.2.2 产生机械能变化过程的加工方法

1. 超声波加工

（1）超声波加工工作原理　如图 6-12 所示为超声波加工原理图。超声波发生器将工频交流电能转变为有一定功率输出的超声频电振荡，通过换能器将超声频电振荡转变为超声机械振动。此时振幅一般较小，再通过超声波变幅杆，使固定在变幅杆端部的工具振幅增大到 0.01~0.15mm。利用工具端面的超声（16~25kHz）振动，使工作液（普通水）中的悬浮磨粒（碳化硅、氧化铝、碳化硼或金刚石粉）对工件表面产生撞击抛磨，实现加工。

（2）超声波加工的特点及应用

1）适用于加工各种脆性金属材料和非金属材料，如玻璃、陶瓷、半导体、宝石、金刚石等。

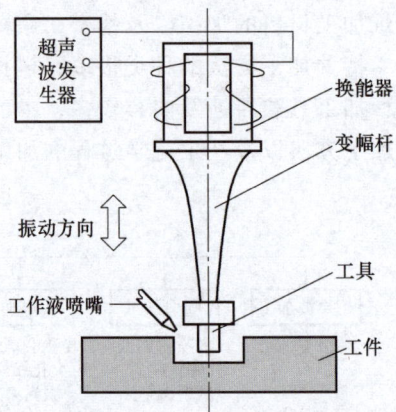

图 6-12　超声波加工原理图

2）可加工各种复杂形状的型孔、型腔、形面。

3）被加工表面无残余应力，无破坏层，加工精度较高，尺寸精度可达 0.01~0.05mm。

4）加工过程受力小，热影响小，可加工薄壁、薄片等易变形零件。

5）单纯的超声波加工效率较低。采用超声复合加工（如超声车削、超声磨削、超声电解加工、超声线切割等），可显著提高加工效率。

2. 水喷射加工

水喷射加工又称水射流加工或水刀加工，它是利用超高压水射流及混合于其中的磨料对材料进行切割、穿孔和表面材料去除等加工。其加工机理综合了由超高速液流冲击产生的穿透割裂作用和由悬浮于液流中的磨料产生的游离磨削作用。水喷射加工装置由 5 部分组成，包括：超高压水射流发生器、磨料混合和液流处理装置、喷嘴、数控三维切割机床和外围设备。其结构如图 6-13 所示。

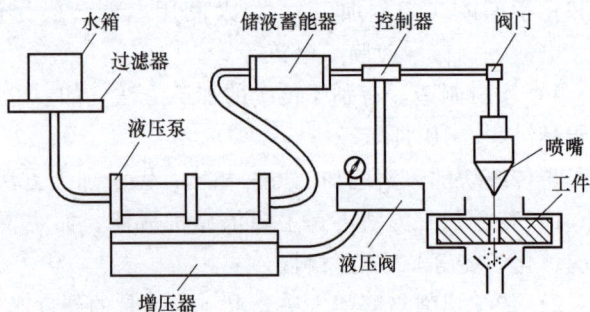

图 6-13　水喷射加工装置结构

水喷射加工具有如下特点：

1）可加工各种金属和非金属材料。

2）切口平整，无毛边和飞刺，可用于去除阀体、孔缘、沟槽、螺纹、交叉孔的毛刺。

3）切削时无火花，无热效应产生，也不会引起工件材料组织变化，适合于易燃易爆物件加工，加工洁净，不产生烟尘或有毒气体。

6.2.3 产生热过程的加工方法

1. 电火花加工

（1）电火花加工工作原理与工作要素　电火花加工利用工具电极与工件电极之间的火花放电，产生瞬时高温将金属熔化蚀除，如图6-14所示。电火花加工过程可分为以下4个阶段：

1）介质电离、被击穿，形成放电通路。

2）形成火花放电，工件电极材料产生熔化、气化、热膨胀。

3）电极材料抛出。

4）间隙介质消电离（恢复绝缘状态）。

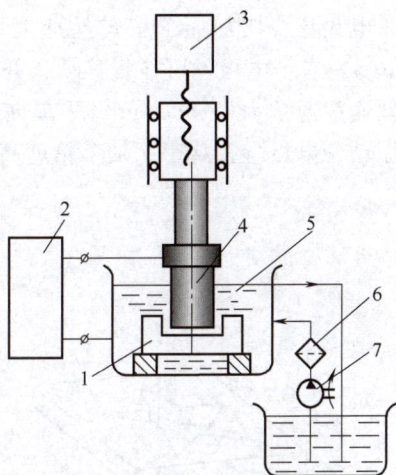

图 6-14　电火花加工工作原理图

1—工件　2—脉冲电源　3—伺服系统
4—工具电极　5—工作液
6—过滤器　7—液压泵

电火花加工的工作要素包括电极材料、工作液、放电间隙、脉冲宽度与间隔等。对工具电极的基本要求是导电，损耗小，易加工。常用的工具电极材料有紫铜、石墨、铸铁、钢、黄铜等，其中紫铜和石墨最为常用。工作液是电火花加工中必不可少的介质，其主要功用是压缩放电通道区域，提高放电能量密度和加速蚀除物的排出。常用的工作液有煤油、机油、去离子水、乳化液等。合理的放电间隙是保证火花放电的必要条件。为保持适当的放电间隙，在加工过程中，需采用自动调节器控制机床进给系统，并带动工具电极缓慢向工件进给。

在电火花加工中，不仅工件被蚀除，而且工具电极也会被蚀除。但阳极和阴极的蚀除速度不同，这种现象称为"极效应"。将工件接阳极，称为正极性加工，工件接阴极为负极性加工。在脉冲放电初期，由于电子质量轻，惯性小，很快获得高速度轰击阳极，因而阳极蚀除量大于阴极，随放电时间增加，离子获得较高速度，由于离子质量大，轰击阴极动能较大，使阴极蚀除量大于阳极。控制脉冲宽度，就可以控制两极蚀除量大小。短脉冲时，选正极性加工，适合于精加工；长脉冲时，选负极性加工，适合于粗加工和半精加工。

（2）电火花加工特点与应用　电火花加工具有如下特点：

1）电火花加工不受加工材料硬度限制，可加工任何硬、脆、韧、软的导电材料。

2）加工时无显著作用力，发热小（发热仅局限于放电区的极小范围内），适合于加工小孔、薄壁、窄槽、型面、型腔及曲线孔等，且加工质量好。精加工时，加工尺寸精度可达 $0.005 \sim 0.001mm$，表面粗糙度 Ra 可达 $0.1 \sim 0.05\mu m$。

3）脉冲参数调整方便，可一次安装完成粗、精加工。

4）易于实现自动化。

目前，实际应用的电火花加工主要有两种类型，即电火花成形加工和电火花线切割。

1）电火花成形加工主要指孔加工和型腔加工（图6-14）。电火花打孔常用于加工冷冲模、拉丝模、喷嘴、喷丝孔等。型腔加工包括锻模、压铸模、挤压模、塑料模等型腔加工，以及叶轮、叶片等曲面加工。

2）电火花线切割用连续移动的钼丝（或铜丝）作阴极，工件作阳极。机床工作台带动工件在水平面内做两个垂直方向的移动，可切割出二维图形（图6-15）。丝架也可做小角度摆动，可切割出斜面。电火花线切割广泛用于加工各种硬质合金和淬硬钢的冲模、样板、各种形状复杂的板类零件、窄缝、栅网等。

电火花线切割加工按走丝速度可分为快走丝和慢走丝两种类型。快走丝速度一般为10m/s左右，电极丝可往复移动，并可以循环反复使用（使用一段时间后需进行更换）。慢走丝速度通常为2~8m/min，为单向运动，电极丝为一次性使用。慢走丝线切割走丝平稳、无振动，电极丝损耗小，加工精度高。

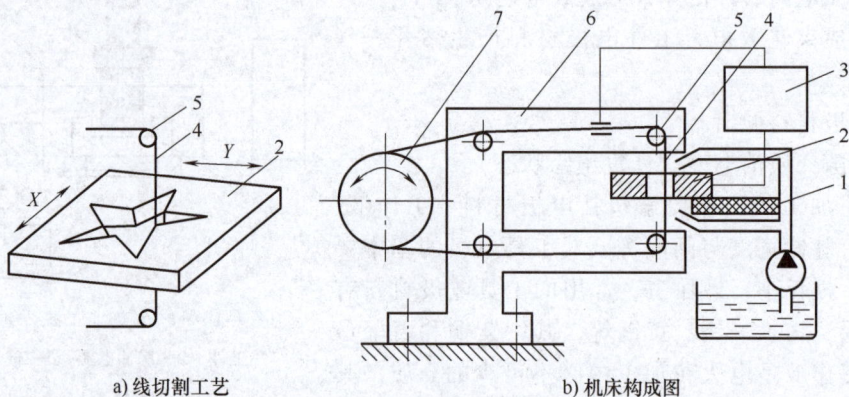

a) 线切割工艺   b) 机床构成图

图 6-15   电火花线切割原理图

1—绝缘板 2—工件 3—脉冲电源 4—钼丝 5—导向轮 6—支架 7—储丝桶

2. 激光加工

（1）激光加工工作原理   激光是一种受激辐射而得到的加强光。其基本特征是：①强度高、亮度大；②波长频率确定、单色性好；③相干性好、相干长度长；④方向性好（几乎是一束平行光）。

激光加工工作原理如图6-16所示。由激光器发出的激光，经光学系统聚焦后，照射到工件表面上，光能被吸收，转化为热能，使照射斑点处局部区域温度迅速升高，此处材料被熔化、气化而形成小坑。由于热扩散，使斑点周围材料熔化，小坑内材料蒸气迅速膨胀，产生微型爆炸，将熔融物高速喷出并产生一个方向性很强的反冲击波，于是在加工表面上打出一个上大下小的孔。

（2）激光加工的特点及应用

1）加工材料范围广。可加工各种金属和非金属材料，特别适用于加工高熔点材料，耐热合

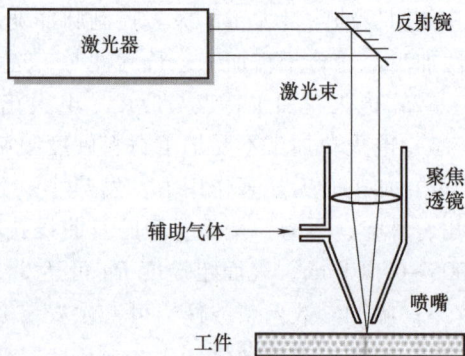

图 6-16   激光加工工作原理图

金及陶瓷、宝石、金刚石等硬脆材料。

2）加工性能好。工件可离开加工机进行加工，并可透过透明材料进行加工。

3）激光加工为非接触加工。工件无受力变形，受热区域小，工件热变形小，加工精度高。

4）可进行微细加工。激光聚焦后焦点直径理论上可小至 0.001mm 以下，实际上可实现 $\phi0.01mm$ 的小孔加工和窄缝切割，激光切割广泛用于切割复杂形状的零件、栅网等，在大规模集成电路的制造中，可用激光进行切片。

5）加工速度快，加工效率高。例如在宝石上打孔，加工时间仅为采用机械方法加工孔的 1%。

6）激光加工不仅可以进行打孔和切割，也可进行焊接、热处理等工作。

7）激光加工可控性好。易于实现加工自动化，但加工设备昂贵。

3. 电子束加工

（1）电子束加工工作原理 图 6-17 所示为电子束加工原理图。在真空条件下，利用电流加热阴极发射电子束，经控制栅极初步聚焦后，由加速阳极加速，通过透镜聚焦系统进一步聚焦，使能量密度集中在直径 $5\sim10\mu m$ 的斑点内。高速而能量密集的电子束冲击到工件上，被冲击点处形成瞬时高温（在几分之一微秒时间内升高至几千摄氏度），工件表面局部熔化、气化直至被蒸发去除。

（2）电子束加工的特点及应用 电子束加工具有如下特点：

1）电子束束径小（最小直径可达 $0.01\sim0.005mm$），而电子束的长度可达束径的几十倍，故可加工微细深孔、窄缝。

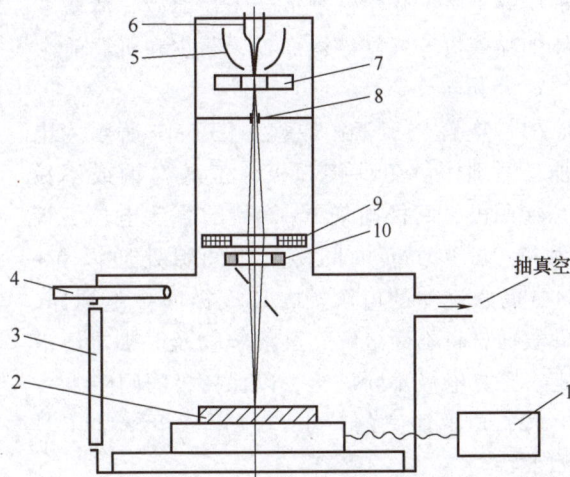

图 6-17 电子束加工原理图
1—工作台 2—工件 3—带窗真空室门 4—光学观察系统
5—控制栅极 6—放射电子的阴极 7—加速阳极
8—光闸 9—电磁透镜 10—偏转线圈

2）材料适应性广，原则上各种材料均可加工，特别适用于加工特硬、难熔金属和非金属材料。

3）加工速度较高，切割 1mm 厚的钢板，切割速度可达 240mm/min。

4）在真空中加工，无氧化，特别适合于加工高纯度半导体材料和易氧化的金属及合金。

5）加工设备较复杂，投资较大。

6.2.4 产生化学过程的加工方法

1. 化学加工

化学加工是利用酸、碱或盐的溶液对工件材料的腐蚀溶解作用，以获得所需形状、尺寸或表面状态的工件的特种加工。常用的有化学铣削和化学刻蚀。

化学铣削是把工件表面不需要加工的部分用耐腐蚀涂层保护起来，然后将工件浸入适当成分的化学溶液中，露出的工件加工表面与化学溶液产生反应，材料不断地被溶解去除（图6-18）。工件材料溶解的速度一般为 $0.02\sim0.03mm/min$，经一定时间达到预定的深度后，取出工件，便获得所需要的形状。化学铣削的优点是工艺和设备简单、操作方便、投资少，缺点是加工精度不高，

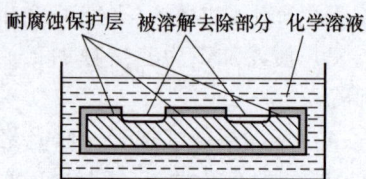

图6-18　化学铣削原理图

而且在保护层下的侧面方向上也会产生溶解，并在加工底面和侧面间形成圆弧状，难以加工出尖角或深槽。化学铣削不适合于加工疏松的铸件和焊接的表面。

化学铣削的工艺过程包括：工件表面预处理、涂保护胶、固化、刻型、腐蚀、清洗和去保护层等工序。化学铣削适合于在薄板、薄壁零件表面上加工出浅的凹面和凹槽，如飞机的整体加强壁板、蜂窝结构面板、蒙皮和机翼前缘板等。

2. 电解加工

（1）电解加工工作原理　图6-19所示为电解加工原理图。工件接阳极，工具（铜或不锈钢）接阴极，两极间加 $6\sim24V$ 的直流电压，极间保持 $0.1\sim1mm$ 的间隙。在间隙处通以 $6\sim60m/s$ 高速流动的电解液，形成极间导电通路，工件表面材料不断溶解，其溶解物及时被电解液冲走。工具电极不断进给，以保持极间间隙。

（2）电解加工的特点与应用　电解加工具有如下特点：

1）不受材料硬度的限制，能加工任何高硬度、高韧性的导电材料，并能以简单的进给运动一次加工出形状复杂的型面和型腔。

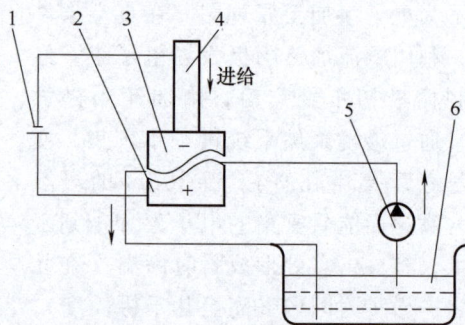

图6-19　电解加工原理图

1—直流电源　2—工作阳极　3—工具阴极
4—机床主轴　5—液压泵　6—电解液槽

2）与电火花加工相比，加工型面和型腔效率高 $5\sim10$ 倍。

3）加工过程中阴极损耗小。

4）加工表面质量好，无毛刺、残余应力和变形层。

5）加工设备投资较大，有污染，需防护。

电解加工广泛应用于模具的型腔加工，枪炮的膛线加工，发电机的叶片加工，花键孔、内齿轮、深孔加工以及电解抛光、倒棱、去毛刺等。

3. 电解磨削

电解磨削是利用电解作用与机械磨削相结合的一种复合加工方法。其工作原理如图6-20所示。工件接直流电源正极，高速回转的磨轮接负极，两者保持一定的接触压力，磨轮表面突出的磨料使磨轮导电基体与工件之间有一定的间隙。当电解液从间隙中流过并接通电源后，工件产生阳极溶解，工件表面上生成一层称为阳极膜的氧化膜，其硬度远比金属本身低，极易被高速回转的磨轮所刮除，使新的金属表面露出，继续进行电解。电解作用与磨削作用交替进行，电解产物被流动的电解液带走，使加工继续进行，直至达到加工要求。电解

磨削效率比机械磨削高，且磨轮损耗远比机械磨削小，特别是磨削硬质合金时，效果更明显。

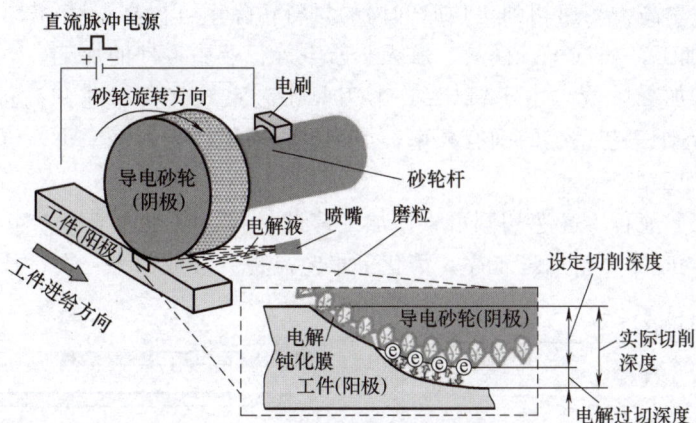

图 6-20　电解磨削原理图

6.3　高速加工

自 20 世纪 30 年代提出高速切削理论以来，经过半个多世纪的研究和探索，并随着近几十年来的高速切削机床和刀具技术的发展与进步，现已成为一项先进实用的制造技术，在航空、航天、汽车、模具等制造业得到广泛的应用，取得了巨大的经济效益。

6.3.1　高速加工的概念

早在 1931 年，德国萨洛蒙（Salomon）博士经大量切削试验发现：被加工材料都有一个临界切削速度，切削温度从低速开始随着切削速度的提高而上升，直至临界切削速度；越过临界切削速度后，切削温度随着切削速度的增加反而下降。根据这一现象，萨洛蒙博士将被加工材料的整个切削速度范围分为如图 6-21 所示的三个区域，即常规切削区、不可切削区和高速切削区。

在常规切削区的切削速度较低，所产生的切削温度能够被刀具材料所承受，也是人们通常所采用的切削加工速度区域；不可切削区是切削速度已超出切削刀具所能承受的高温范围，又称为切削死区；高速切削区是切削速度超越了切削死区，切削温度又降回到切削刀具能够承受的温度范围。

不同的材料，其高速切削区的速度范围是不相同的。如图 6-22 所示为一些常见材料的高速切削速度区域，铝合金为 1000 ~ 7000m/min，铜合金为 900 ~ 5000m/min，钢为 500 ~ 2000m/min，铸铁为 800 ~ 3000m/min、铁合金 200 ~ 1000m/min 等。高速切削比常规切削速度高出了一个数量级，其切削机理和切削特征有很大不同。

1）切削力低。在高速切削状态下，在材料切削变形区内的剪切角增大，切屑流出速度加快，致使切削变形减小，其切削力比常规切削降低了 30% ~ 90%，特别适合于薄壁刚性较差的零件加工。

2）热变形小。高速切削时，90% 以上的切削热来不及传给工件就被高速流出的切屑带走，工件温升一般不超过3℃，基本保持室温状态，特别适合于细长易热变形零件及薄壁类零件的加工。

3）材料切除率高　高速切削单位时间内的材料切除率可提高3~5倍，特别适用于材料切除较多的零件加工，如汽车、模具、航天、航空等行业中零件的加工。

4）显著提高加工质量　由于机床-工件-刀具工艺系统在高转速和高进给速度下工作，加工激振频率远高于工艺系统的固有频率，加工过程平稳，切削振动小，可实现高精度、低粗糙度的高质量加工。

5）可简化工艺流程　高速切削可直接加工淬硬材料，在很多情况下可省去电火花加工以及人工打磨等耗时的光整加工工序，简化了工艺流程，又被称为一次过技术（OPM）。

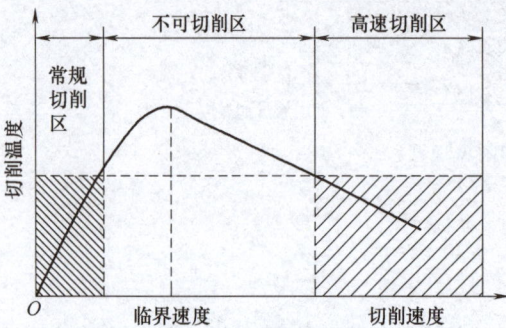

图 6-21　高速切削概念示意图

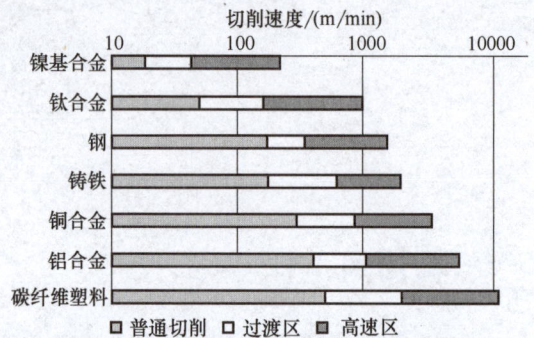

图 6-22　常见材料高速切削速度区域

6.3.2　高速切削加工技术

高速切削加工是指比常规切削速度高得多的一种切削加工技术。高速切削加工涉及诸多关键技术，如高速切削机理、高速切削刀具、高速切削机床、高速切削安全防护、高速切削测试及监控等，这里仅简要介绍与高速切削机床相关的几项技术内容。

1. 高速主轴单元

机床主轴是高速切削机床的核心部件，其工作转速通常在 10000r/min 以上。为此，高速切削机床主轴单元应具有先进的主轴结构，低摩擦、长寿命的主轴轴承，良好的润滑和散热条件。目前，高速主轴单元基本采用"电主轴"结构型式。如图 6-23 所示，其驱动电动

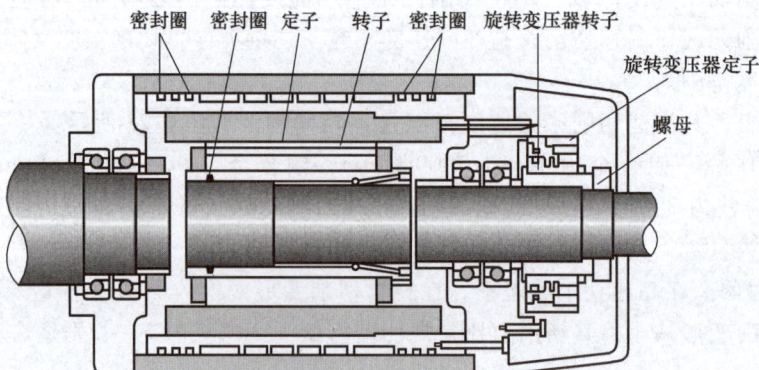

图 6-23　电主轴结构

机转子套装在机床主轴上，电动机定子安装在主轴单元的壳体中，采用自带水冷或油冷循环系统，使主轴在高速旋转时可保持恒定的温度。这种主轴结构具有重量轻、振动小、噪声低、结构紧凑、响应性能好等特点。

高速主轴单元采用的轴承通常有滚动轴承、气浮轴承、液体静压轴承和磁浮轴承等。

1）滚动轴承。目前，高速铣床主轴多采用陶瓷混合滚动轴承，其内外圈为轴承钢材料，滚动体为氮化硅陶瓷材料。与钢质滚动体比较，陶瓷滚动体密度低、弹性模量高、摩擦系数小，可大幅度降低高速离心力，具有较高的刚度和工作寿命，摩擦功耗少。

滚动轴承润滑有油脂润滑、油雾润滑和油气润滑等形式。由于油气润滑油滴颗粒小，易于附着在轴承接触表面，供油量较少，兼具润滑和冷却功能，在超高速主轴单元中得到较多的应用。

2）气浮轴承。气浮轴承回转精度高、温升小，但承载能力较低，一般用于精密加工所需承载力不大的场合。

3）液体静压轴承。液体静压轴承最大的特点是动态刚度好，运动精度高，回转误差可控制在 $0.2\mu m$ 以下，特别适合如铣削类断续切削加工的场合。不足的是，高压油液会引起油温升高而产生热变形，影响主轴精度。

4）磁浮轴承。磁浮轴承是借助于电磁力将主轴无机械接触地悬浮起来，其间隙一般为 $0.1mm$ 左右。由于空气摩擦小，磁浮轴承可承受滚动轴承两倍以上的转速，具有高精度、高转速和高刚度特点。但由于结构复杂，需要一整套传感检测系统和控制电路，其造价也为滚动轴承的两倍以上。

2. 快速进给系统

高速切削加工不仅要求机床拥有高主轴转速和驱动功率，还要求机床有高进给速度和加速度。早期，机床进给系统多采用伺服电动机-大导程滚珠丝杠结构以提高进给速度，但其最高速度也仅能达到 $40\sim60m/min$，加速度为 $(0.6\sim1.2)\,g$。目前，高速切削机床普遍采用了直线零驱动伺服装置，其进给速度高达 $200m/min$ 以上，加速度可达 $10.0g$，几乎没有反向间隙，大大改善了高速传动特性。

3. 先进的机床结构

高速切削机床通常采用龙门式对称结构以及箱中箱结构，以保证机床结构件有足够的刚度、高的阻尼特性和热稳定性。如图 6-24 所示为日本森精机公司高速加工中心的基础结构件，其床身与对称的龙门框架合为一体，具有较高的整体刚性，箱中箱主轴单元设置于龙门框架内，有良好的热补偿功能。此外，该机床三副直线轴均采用重心驱动技术。所谓重心驱动，即其驱动力作用在移动部件的重心部位，以达到抑制加减速所引起的振动干扰，可提高驱动装置的加减速性能。重心驱动通常采用双电动机驱动结构型式。

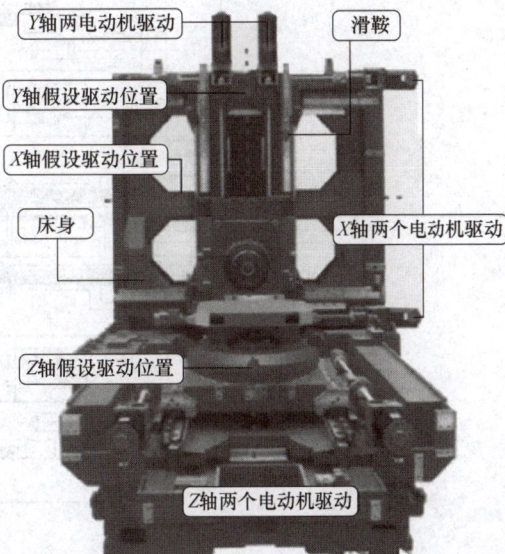

图 6-24　日本森精机公司高速加工中心的基础结构件

此外，不少高速切削机床床身采用聚合物混凝土等高阻尼特性材料，有些机床还通过传感控制使主轴温升与床身温升保持一致，以协调主轴与床身的热变形。在高速切削机床安全防护方面，其观察窗一般采用防弹玻璃制成，使用主动在线检测系统对机床刀具和主轴运转状态进行在线识别与监控，确保机床工作时的人身与设备的安全。

4. 高速切削刀具系统

与普通切削相比，高速切削所产生的切削热更多地流向刀具，要求刀具具有良好的热稳定性。此外，由于高速切削时的离心力和振动的影响，刀具必须严格进行动平衡。刀具结构设计必须根据高速切削要求综合考虑刀具的材料强度、刚度以及耐磨等性能。目前，高速切削通常使用的刀具如下。

1）硬质合金涂层刀具。由于涂层刀具的基体材料有较高的韧性和抗弯强度，涂层材料有较好的高温耐磨性，是一种最常用的高速切削刀具。

2）陶瓷刀具。陶瓷刀具与金属材料的亲和力小，热扩散磨损小，其高温硬度优于硬质合金，但其韧性不足。常用的陶瓷刀具材料有氧化铝陶瓷、氮化硅陶瓷和金属陶瓷等。

3）聚晶金刚石刀具。这种刀具摩擦系数小，耐磨性极强，具有良好的导热性，特别适合于难加工材料以及粘结性强的有色金属的高速切削，但其价格昂贵。

4）CBN刀具。CBN材料具有高硬度、高耐磨性和高温化学稳定性，适合于淬火钢、冷硬铸铁、镍基合金等材料的高速切削。

在高速切削条件下，由于受离心力的作用将使主轴锥孔扩张，导致刀柄与主轴的连接刚度明显降低，将会严重影响加工精度和工作的安全性。为了保证高速旋转刀柄的接触刚度，一种新型双定位刀柄已在高速切削机床上得到应用，如图6-25所示。该结构刀柄的锥面和端面同时与主轴保持面接触定位，这种过定位的刀柄结构在整个高转速范围内有较高的静态和动态刚性，并且定位精度显著提高，轴向重复定位精度可达0.001mm。

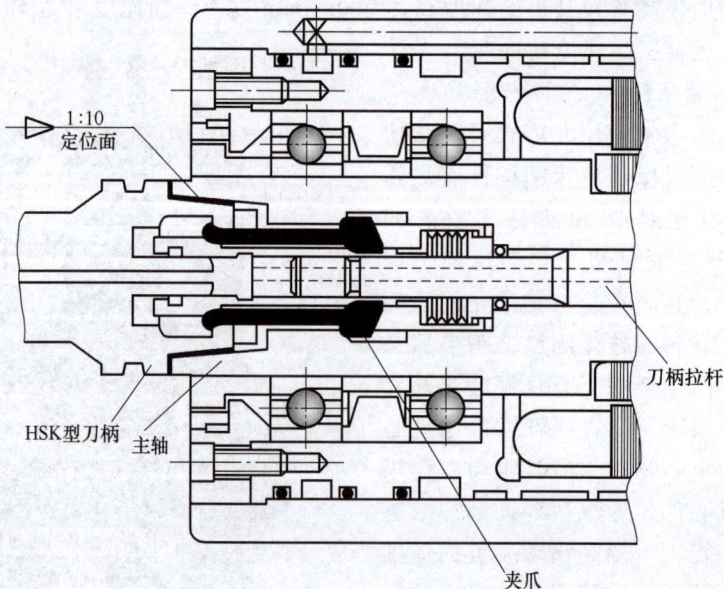

图6-25　HSK型刀柄及其连接结构

5. 高性能数控机床（CNC）控制系统

高速切削机床的 CNC 控制系统，应具有较高的运算速度和控制精度，以满足复杂曲面面形的高速加工要求。目前，高速切削机床 CNC 系统均为 64 位多 CPU 系统，配置功能强大的计算处理软件，具有加速预插补、前馈控制、钟形加减速控制、精密矢量补偿和最佳拐角减速控制等功能，系统有极高的运动轨迹控制精度，优异的动力学特征，保证了高转速、高进给速度的切削加工要求。

6.3.3　高速磨削加工技术

高速磨削是采用较高的砂轮线速度，以提高磨削效率和磨削质量的一种先进的磨削加工工艺。目前，常规磨削砂轮线速度一般为 $30\sim45m/s$，超过 $50m/s$ 即被称为高速磨削。近年来，高速磨削技术发展较快，实验室条件下的最高磨削速度可达 $500m/s$，实际应用时的高速磨削速度一般为 $100\sim200m/s$。

高速磨削具有磨削精度好、磨削效率高的特点。在保持材料切除率不变的条件下提高磨削速度可以降低单个磨粒的切削厚度，降低磨削力，避免工件磨削形变，从而提高了磨削精度。若保持原有磨削力不变，加大磨削进给速度，可使磨削效率得到大大提高。

此外，高速磨削有较强的材料切除能力，其材料切除率可与车削、铣削相当，可以磨代车、以磨代铣。为此，高速磨削可将一些零件的粗、精加工同时进行，简化了加工工艺。高速磨削涉及的技术内容较多，下面仅介绍高速磨削机床与高速磨削砂轮的几个关键技术。

1. 高速主轴

高速磨削对砂轮主轴的要求与高速铣削基本类似，其不同之处为：砂轮直径通常大于铣刀直径，且砂轮是由若干不规则磨粒组成，在高速旋转状态下任何微小的不平衡量均会产生较大的离心力，进而更易引起磨削颤振现象的发生。为此，要求高速磨削主轴必须配备在线动平衡装置，在更换砂轮或砂轮修整后要及时对砂轮主轴进行动平衡，以便将磨削颤振降低到最低程度。

图 6-26 所示是高速磨床主轴所配置的一种机电式自动动平衡装置，该装置内置于磨头主轴内，包含两个驱动单元和两个可在轴内做相对转动的平衡块。当机床检测系统检测到主轴振幅超过设定阈值时，便自动启动该装置进行动平衡，按照所检测的不平衡量及其相位驱动平衡块做相对转动，直至达到系统平衡状态为止。这种动平衡装置精度较高，可将主轴残余振幅控制在 $0.1\sim1\mu m$。

高速磨削时，磨头主轴空耗功率较大，且随砂轮线速度的提高呈超线性增大。例如，砂轮线速度由 $80m/s$ 提高到 $180m/s$ 时，磨头主轴的空耗功率从不足 20% 迅速增至 90% 以上，包括空载功耗冷却润滑液摩擦功耗和冲洗功耗等，其中冷却

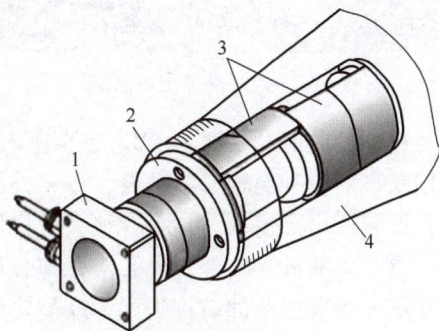

图 6-26　高速磨床主轴所配置的一种
机电式自动动平衡装置
1—无线信号传输单元　2—紧固法兰
3—驱动平衡块　4—磨床主轴

润滑液所占空耗比例最大，一方面是速度提高后砂轮与冷却润滑液的摩擦急剧加大，另一方面是砂轮将冷却润滑液加速到自身转速也需要大量的能量。因此，高速磨削实际应用速度一

般控制在 100～200m/s，更高的磨削速度其经济性和安全性受到挑战。

2. 高速磨床结构

高速磨床除了具备普通磨床常规功能之外，还需具有高动态精度、高阻尼性、高抗振性和热稳定性等结构特征。图 6-27 所示为一款高速平面磨床，工作台由直线电动机驱动，最高磨削频率为 125m/s，往复运动频率为 1000st/min（每分钟行程次数），是普通磨床的十多倍。由于该磨床往复频率高，单次行程磨削量小，磨削力较小，十分有利于尺寸精度的控制，特别适合于高精度薄壁工件的磨削加工。

3. 高速磨削砂轮

高速磨削砂轮的转速较高，要求满足：①砂轮基体强度应能承受高速磨削时的磨削力；②磨粒凸出，以便容纳大量的长切屑；③结合剂具有较高的耐磨性，以减轻砂轮损耗；④磨削时安全可靠。

在进行高速磨削砂轮的结构设计时，必须考虑高速旋转时的离心力作用，并根据具体应用进行结构优化。如图 6-28 所示为某一高速砂轮的结构，其腹板为变截面的等力矩体，基体中心通常没有中心法兰孔，而是通过多个圆周均布的小螺栓实现砂轮的安装，以减小中心法兰孔周边的应力集中。

图 6-27　高速平面磨床　　图 6-28　高速砂轮的结构

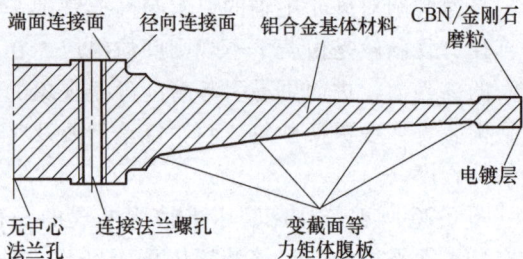

高速砂轮磨粒主要为 CBN 和金刚石材料，其结合剂为多孔陶瓷和电镀镍。电镀砂轮是应用最广的一种高速磨削砂轮，砂轮外圆周表面电镀有一层磨粒，其厚度接近磨粒的平均粒度，磨粒凸出高度较大，可容纳大量切屑，十分有利于高速磨削。

除了电镀砂轮之外，多孔陶瓷结合剂砂轮也有较多的应用。这种结合剂主要成分是再结晶玻璃，具有很高的结合强度，在砂轮中所占容积比例较少，砂轮制备时所需炉温也比常规砂轮低，不会影响 CBN 或金刚石磨粒的强度和硬度。

4. 冷却润滑液

高速磨削冷却润滑液的作用是提高磨削的材料去除率、延长砂轮的使用寿命、降低工件表面粗糙度。为此，冷却润滑液担负着冷却、润滑、清洗以及传送切屑的任务，要求具有较高的热容量、导热率、稳定性和承压能力，并具有良好的过滤性能、防腐性能和附着力，有利于环境保护。冷却润滑液在使用时，其出口流速对高速磨削效果影响较大。如图 6-29 所示为冷却润滑液出口流速对砂轮作用效果示意图，当其出口速度 $v_冷$ 接近砂轮圆周线速度 $v_砂$

时，其液流速度与砂轮的相对速度接近于零，液流束贴附在砂轮圆周上流动，约占圆周的 1/12，对砂轮冷却和润滑而言其效果最好，而对砂轮清洗效果却很小（图 6-29a）。为了能够冲走残留在砂轮结合剂孔穴内的切屑，冷却润滑液的出口速度 $v_{冷}$ 要大于砂轮的圆周速度 $v_{砂}$（图 6-29b）。若砂轮容屑空间得不到清洗，在磨削过程中极易被堵塞，将使磨削力增加，磨削温度升高，进而会导致磨粒发热磨损以及工件烧伤等现象。

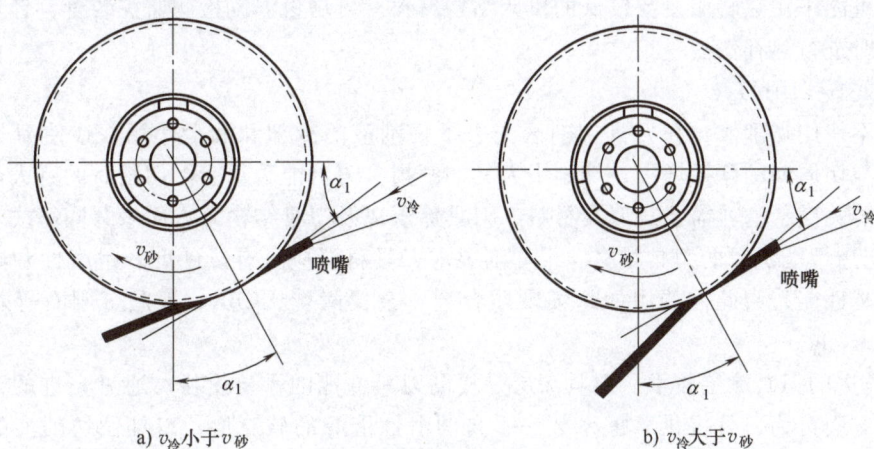

a) $v_{冷}$小于$v_{砂}$　　　　　　　　b) $v_{冷}$大于$v_{砂}$

图 6-29　冷却润滑液出口流速对砂轮作用效果示意图

6.3.4　高速干切削加工

1. 高速干切削技术内涵

随着切削速度的提高，切削液使用量也越来越大，其流量往往达到 80~100L/min。切削液流动过程中吸收了大量切削热、润滑了刀具、冲走了切屑，同时也带来较多的负面影响：①消耗了能量，增加了加工成本，有统计表明，与切削液相关的成本占零件加工总成本的 14%~17%，尚不包括环境污染治理成本；②对环境污染严重，不符合可持续发展战略；③挥发产生的烟雾和异味直接危害操作员工的身体健康。为了降低生产成本，减少环境污染最好的办法就是不使用或少使用切削液，即采用干切削技术。

高速干切削技术是在高速切削过程中不使用或仅使用微量的切削液，是对环境污染源头进行控制的一种清洁环保的制造工艺技术。高速干切削不仅对环境污染小，还可以省去与切削液相关的装置，简化了生产系统，可大幅度降低生产成本。目前，高速干切削技术已在较多制造领域得到成功应用。

高速干切削没有了切削液冷却、润滑和排屑的作用，将导致切削区刀具与工件摩擦加剧、切削力增大、切削温度上升、排屑不畅等现象，会影响机床加工性能、刀具工作寿命以及加工件表面质量。为此，高速干切削技术的实现需要对机床、刀具以及加工工艺等采取系列改进措施。

2. 高速干切削机床

从机床角度考虑，可采用如下措施解决切削热散发和切屑粉尘排出的干切削问题。

1）采用高速切削机床。如前所述，在高速加工时 90% 以上的切削热由切屑带走，工件基本保持室温状态，采用高速切削机床是高速干切削技术提出的初衷和基础。

2）便于排屑的机床结构。改进原有机床结构，使切屑能够利用自身重力自动快速地排出，不致使炽热的切屑将热量传递给机床主要部件引起热变形，影响加工精度。例如，将机床主轴或工作台设计成倾斜或倒立式布局结构，当切屑切离工件后会自然落下，再增设机床螺旋排屑器以及真空吸尘器装置，可有效解决高速干切削排屑以及粉尘吸收等问题。

3）采用热平衡和热补偿技术。采用结构对称的机床基础件，从机床结构上实现热平衡，并尽可能采用热膨胀系数较低的机床结构材料。可增设温度检测监控装置，针对机床温升变化及时进行热补偿。

3. 高速干切削刀具

由于不使用切削液，在刀具切削区失去了切削液的冷却和润滑作用，致使刀具温度增高，刀具与切屑间的摩擦增大，加剧了刀具的磨损。刀具能否承受干切削时的巨大热能是实现干切削的关键，这就需要从刀具材料、刀具涂层以及刀具结构等方面来共同解决。

1）选用性能优越的刀具材料。干切削要求刀具材料应具有热硬度、耐磨性和热化学稳定性等优越性能，为此需选用如超细硬质合金、金属陶瓷、CBN、聚晶金刚石等新型刀具材料。

2）先进的刀具涂层技术。刀具涂层是提高刀具性能的重要途径。通过先进的刀具涂层技术，一方面可为刀具提供摩擦系数小、自润滑性能好的软涂层，以补偿切削液的润滑作用；另一方面为刀具提供了耐磨性好、低导热率的硬涂层，以抵抗切削热向刀体传播，补偿切削液的冷却作用。为此，涂层刀具是当前高速干切削最常用的刀具之一。

3）优化刀具结构。干切削刀具通常采用大前角和大刃倾角，以减少切屑与前刀面的接触面积，让切屑带走大量切削热。为弥补大前角对刃口强度的削弱，常配以负倒棱结构的加强刃，甚至在前刀面上带有加强筋。此外，刀具结构还必须考虑断屑和排屑问题，尤其在切削韧性材料时需根据断屑要求设计合适的断屑槽。

4. 高速准干切削

若某些工件材料难以做到完全干切削，可采用微量润滑技术（MQL），也称为准干切削技术。MQL是将极微量的切削液与具有一定压力的压缩空气混合雾化，并将之喷向切削区，对刀具与切屑以及刀具与工件接触面进行润滑，抑制温升，可显著改善切削区的加工条件，降低刀具磨损，提高加工质量。

采用湿切削加工，一台典型加工中心每分钟往往需要消耗 $20\sim100$L 切削液，而准干切削加工每小时仅需 $0.03\sim0.2$L 切削液，加工后的刀具、工件和切屑均保持干燥状态，切屑无须处理便可直接回收利用。

高速准干切削加工效果非常显著，有人曾使用涂有 $TiAlN+MoS_2$ 的涂层钻头对铝合金工件进行钻削加工试验。在没有采用切削液进行纯干钻削加工状态下，钻完 16 个孔后切屑就粘结在钻头容屑槽内，使钻头不能继续使用；采用准干钻削加工，即采用 MQL 润滑后却钻出了 320 个合格孔，钻头仍没有明显的磨损和粘结。

6.4 数控加工

生产过程的自动化是工业现代化的重要标志之一，它对提高劳动生产率，保证产品质量，改善劳动条件和降低生产成本都具有非常重要的意义。因此提高制造系统的生产率和自动化程度成为制造技术发展的重要方向之一。

计算机技术的发展促进了自动化制造系统的发展。在计算机数控机床（CNC）的基础上，先后发展了加工中心（MC）、柔性加工单元（FMC）、柔性制造系统（FMS）。

6.4.1 数控加工

随着科学技术飞速发展，机械制造技术发生了深刻变化。传统的普通加工设备已难以适应市场对产品多样化的要求，难以适应市场竞争对高效率、高质量的要求。而以数控技术为核心的现代制造技术，以微电子技术为基础，将传统的机械制造技术与现代控制技术、传感器检测技术、信息处理技术以及网络通信技术有机地结合在一起，构成高度信息化、高度柔性、高度自动化的制造系统。

近年来，由于市场竞争日趋激烈，为在竞争中求得生存与发展，各生产企业不仅要提高产品质量，而且必须频繁地改型，缩短生产周期，以满足市场上不断变化的需要。微机控制的数控机床、数控加工中心的高精度、高度柔性及适合加工复杂零件的性能，正好满足当今市场竞争和工艺发展的需要。可以说，微机数字控制技术的应用是机械制造行业现代化的标志，它在很大程度上决定企业在市场竞争中的成败。

1. 数字控制技术

数字控制（NC），是近代发展起来的一种自动控制技术。数字控制是相对于模拟控制而言的，数字控制系统中的控制信息是数字量，而模拟控制系统中的控制信息是模拟量。

1）可用不同的字长表示不同精度的信息，表达信息准确。

2）可进行逻辑运算、数字运算，可进行复杂的信息处理。

3）由于有逻辑处理功能，可根据不同的指令进行不同的信息处理，从而可用软件来改变信息处理的方式或过程，而不用改动电路或机械结构，从而使机械设备具有"柔性"。

由于数字控制系统具有上述优点，已被广泛应用于机械运动的轨迹控制。轨迹控制是机床数控系统和工业机器人的主要控制内容。此外，数字控制系统的逻辑处理功能可方便地用于机械系统的开关量控制。

2. 数控机床加工特点

用数控机床进行加工，首先必须将被加工零件的几何信息和工艺信息数字化，按规定的代码和格式编制数控加工程序。然后用适当的方式将此加工程序输入数控系统。数控系统根据输入的加工程序进行信息处理，计算出理想轨迹和运动速度，计算轨迹的过程称为插补。最后将处理的结果输出到机床的执行部件，控制机床运动部件按预定的轨迹和速度运动。

数控机床的加工过程如图6-30所示。其中信息输入、信息处理和伺服执行是数控系统的三个基本工作过程，也是数控系统的三个基本组成部分。加上机床本体，数控机床必须具备信息输入、信息处理、伺服执行及机床本体四个基本组成部分。

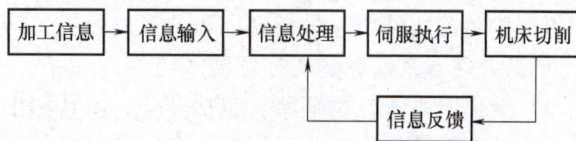

图6-30 数控机床加工过程

加工一个零件所需的数据及操作命令构成零件加工程序。加工程序可以用符号或数字形式记录在输入介质上，输入数控系统；也可以通过键盘或通信接口输入数控系统。输入介质的数据以程序段形式编排。每一程序段都包含有加工零件某一部分所需的全部信息：加工段长度、形状、切削速度、进给速度以及进刀量等。零件程序编程时所需的尺寸信息（长度、宽度及圆弧半径）和外形（圆弧、直线或其他）取自零件图，尺寸按每一个运动轴，如 X、Y 等分别给出。切削速度、进给速度及切削液通断、主轴回转方向、齿轮变速等其他辅助功能均可编程输入。这样，在加工过程中，每执行一个程序段，刀具便完成一部分切削。

信息处理是数控装置的核心任务，由计算机来完成。它的作用是识别输入介质中每个程序段的加工数据和操作命令，并对其进行换算和插补运算。所谓插补，即根据程序信息计算出轨迹上的许多中间点的坐标。这些中间点坐标以前一中间点到后一中间点的位移量形式输出，经接口电路向各坐标轴执行部件送出控制信号，控制机床按规定的速度和方向移动，以完成零件的成形加工。

伺服执行部分的作用是将插补输出的位移信息转换成机床的进给运动。数控系统要求伺服执行部件准确、快速地跟随插补输出信息执行机械运动。这样数控机床才能加工出高精度的工件。数控机床常用的伺服驱动元件有功率步进电动机、宽调速直流伺服电动机和交流伺服电动机等。

与传统的机床相比，数控系统取代了操作人员的手工操作。传统的机加工中，操作人员通过操纵手轮使切削刀具沿着工件移动进行零件加工，加工精度完全由操作人员的视力及熟练程度决定，加工精度难以保证。对于外形简单且精度要求较低的零件可用手工操作方式完成，若是二维轮廓或三维轮廓加工，手工操作的普通机床就无能为力了。采用了数控机床后，原来操作人员手工完成的工作都包含在零件程序中了，所以他们只需编制简单的程序，监视机床工作，并进行通常的零件更换即可，从而实现了工件的自动加工。

与其他加工方法相比，数控机床有以下优点：

1）具有充分的柔性，只需编制零件程序就能加工零件。

2）在切削速度和进给行程的全范围内均可保持精度，且一致性好。

3）生产周期较短。

4）可以加工复杂形状的零件。

5）易于调整机床，与其他制造方法（如自动机床、自动生产线）相比，所需调整时间较少。

6）操作人员有空闲时间，可同时监视其他加工。

数控机床也存在如下问题：造价相对高、维护比较复杂、需要专门的维护人员、需要高度熟练和经过培训的零件编程人员。

3. 数控机床的分类

数控机床可按以下几种方式来划分：

1）机床类型。包括点位控制、直线控制与轮廓切削（连续轨迹）控制。

2）控制器的结构。包括硬件和计算机数控。计算机数控（当前主要是微机数控）又可分为单微处理器系统和多微处理器系统。

3）按伺服系统控制环路。包括开环、闭环和半闭环系统。

4）按数控功能水平。包括高、中、低（经济型）三类。

6.4.2 加工中心（MC）

1. 加工中心简介

加工中心是为了更加适应制造业的柔性化生产，在一般数控机床上发展起来的工序更加集中，具有刀库和自动换刀机械手且配备各种类型和不同规格的刀具和检具的数控机床。在加工中心上工件一次装夹后可自动连续地对工件各加工表面完成铣削、钻削、镗削、磨削、攻丝等多种工艺内容的加工。区别加工中心与单独的数控机床（CNC）的两个特征就是多功能的组合和自动换刀的能力。

由于加工中心在加工的柔性、自动化程度和加工效率上远远超过一般的数控机床，使其成为各国争先发展的对象，也是企业具有较强竞争力的有力保障。目前，加工中心的使用已成为判断企业技术能力和工艺水平的标志之一。

2. 加工中心的分类

目前使用最多的有车削加工中心和镗铣类加工中心。车削加工中心与一般数控车床的主要区别就在于车削加工中心上有多种自驱动刀具（如铣削头、钻削头等）并能对主轴进行伺服控制。我们通常说的加工中心实际上是指镗铣类和钻铣类加工中心。

1）按主轴在空间所处状态分类。按机床主轴在空间所处状态可将加工中心分为卧式加工中心、立式加工中心和复合加工中心三大类。卧式加工中心是指主轴在空间相对于工作台台面处于水平状态，如图6-31所示；立式加工中心是指主轴在空间相对于工作台台面处于垂直状态，如图6-32所示；主轴可做垂直和水平转换的称为复合加工中心。

2）按加工中心数控系统种类分类。按加工中心数字控制伺服系统的控制方式分为半闭环控制方式加工中心、全闭环控制方式加工中心、混合伺服控制方式加工中心。半闭环控制方式常被普通加工中心采用，它不直接检测工作台等移动件的位置，而是通过检测滚珠丝杠的回转角度（或伺服电动机轴的回转角度）来间接检测移动件的位置。全闭环控制方式主要用在精密加工中心上，它直接检测移动部件的移动位置。混合伺服控制方式主要是在重型加工中心上采用，这时系统中既直接检测也间接检测移动件位置。

3）按换刀形式分类。按换刀形式的不同，加工中心可分为带刀库、机械手的加工中心、无机械手的加工中心和转塔刀库式加工中心。带刀库、机械手的加工中心是最常见的加工中心，其换刀装置由刀库和机械手组成，机械手完成换刀工作。而无机械手的加工中心的换刀则是通过刀库和主轴箱的配合动作来完成。转塔刀库形式一般在小型立式加工中心上采用，该加工中心主要以孔加工为主。

图6-31 卧式加工中心

图6-32 立式加工中心

3. 加工中心的结构特点

为保证加工中心具有高效率、高质量、高稳定性等特性，加工中心在结构上采取了许多措施，与普通数控机床相比，在结构上具有以下不同的特点：

1）机床的刚度高，抗振性好。

2）机床的传动系统结构简单、传动精度高、灵敏度高。

3）主轴系统结构简单，无齿轮箱变速系统（特殊的也只保留 1~2 级齿轮传动）。

4）加工中心导轨都采用了耐磨损材料和新结构，在高速重载切削下，保证运动部件不振动、低速进给时不爬行及运动中的高灵敏度。

5）设置有刀库和换刀机构。

6）控制系统功能较全，且智能化程度越来越高。

6.4.3　柔性加工单元（FMC）与柔性制造系统（FMS）

1. 柔性加工单元（FMC）

在加工中心基础上配备自动上下料装置或机器人，以及自动监测装置，即成为柔性加工单元（FMC）。柔性加工单元可以是由单台机床，也可以是多台机床构成的系统，工件与刀具的运输、测量、加工过程监控等可高度自动化完成，它可以自动地加工工件。系统中所用机床一般以具有自动换刀装置的数控机床为主（如加工中心）。如图 6-33 所示是一个包含两个机床（一个加工中心和一个带有自动刀具变换器的 NC 机床），并由一个物料运输系统连接起来的 FMC。

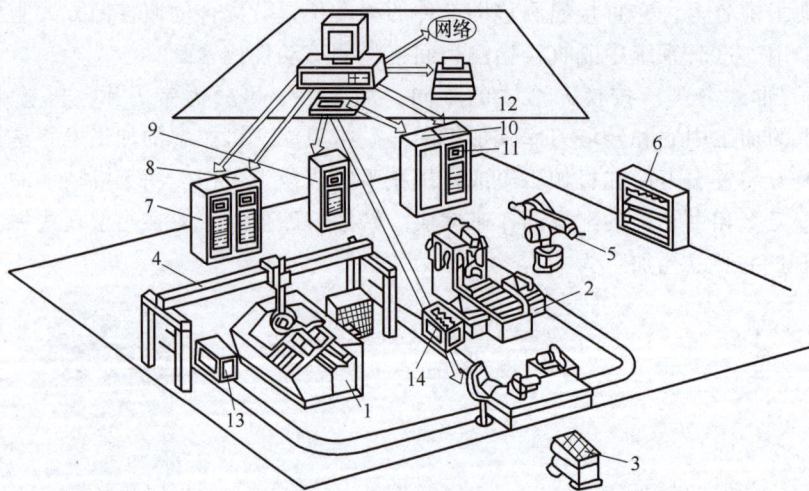

图 6-33　FMC 的结构

1—数控车床　2—加工中心　3—装卸工位　4—龙门式机械手　5—机器人
6—机外刀库　7—机床数控装置　8—龙门式机械手控制器　9—小车控制器
10—加工中心控制器　11—机器人控制器　12—单元控制器　13、14—运输小车

柔性加工单元可以在整个系统中执行自动化的加工过程，本身又自成子系统，能完整地完成大系统中的一个规定功能，即作为柔性制造系统（FMS）的加工模块。但更多的是作为独立运行的生产设备进行自动加工。它通常具备以下功能：

1）通过传感器对工件进行识别。由工业机器人将加工合格的零件放入合格的台架上，对不合格品自动淘汰。

2）能与工业机器人、工件台架等配合，实现工件的自动装卸和计数管理。

3）对切削状态、工具寿命和破损、主轴热变形等进行监控，对工件进行自动测量和补偿。

柔性加工单元作为独立生产设备时又称小型柔性制造系统（简称小型 FMS）。它与通常的 FMS 相比具有规模小、成本低、占地面积小、便于扩充等特点，特别适用于中、小型企业。

2. 柔性制造系统（FMS）

（1）柔性制造系统的基本概念　柔性制造系统是指以数控机床、加工中心及辅助设备为基础，用柔性的自动化运输、存储系统有机地结合，由计算机对系统的软、硬件资源实施集中管理和控制而形成的一个物料流和信息流密切结合、没有固定的加工顺序和工作节拍，主要适用于多品种中小批量生产的高效自动化制造系统。

由于柔性制造系统是从系统的整体角度出发，将系统中的物料流和信息流有机地结合起来，同时均衡系统的自动化程度和柔性，这就要求 FMS 应具备如下功能：

1）自动加工功能。在成组技术的基础上，FMS 应能根据不同的生产需要，在不停机的情况下，自动地变更各加工设备上的工作程序，自动更换刀具，自动装卸工件，自动地调整切削液的供给状态及自动处理切屑等，这是制造系统实现自动化的基础。

2）自动搬运和输料功能。这一功能的具备是系统提高设备利用率，实现柔性加工的重要条件。FMS 按不同加工顺序，不同运输路线，不同生产节拍对不同产品零件进行同时加工，这就要求系统中应具有自动化储料仓库、中间仓库、零件仓库、夹具仓库、刀具库等以提高物料运送的准确性和及时性。

3）自动监控和诊断功能。为保证 FMS 的正常工作，系统应能通过各种传感器测量的反馈控制技术，及时地监控和诊断加工过程，并做出相应的处理。

4）信息处理功能。这是将以上三者综合起来的软件功能。它应包括生产计划和管理程序的制定、自动加工和送料、储料及故障处理程序的制定、生产信息的论证及系统数据库的建立等。

（2）柔性制造系统的基本组成　为实现 FMS 的上述四大功能，一般 FMS 可由以下四个具体功能系统组成，即：自动加工系统、自动物流系统、自动监控系统和综合软件系统。如图 6-34 所示为某 FMS 的结构框图。自动加工系统一般由能与 FMS 系统兼容并可集成的加工中心和数控机床、检验设备及清洗设备等组成，是完成零件加工的硬件系统。这些设备在工件、刀具和控制三方面都具有可与系统相连接的标准接口。自动物流系统由存储、搬运等子系统组成，包括运送工件、刀具、切屑及切削液等加工过程中所需的物料的搬运装置、装卸工作站及自动化仓库等。由于 FMS 中有了自动物流系统，才使其具有充分的柔性，并提高了加工设备利用率，它是 FMS 的重要组成部分。FMS 中使用的自动搬运装置主要有输送带、输送车（分为有轨和无轨两种）和机器人等。

自动仓库系统用以存储毛坯、半成品、成品、刀具、夹具和托盘等，它和搬运系统紧密结合成为自动物流子系统的重要组成部分。目前 FMS 中常用的自动仓库有立体自动仓库、水平回转式棚架仓库和垂直回转式棚架仓库。自动监控系统是为了能对 FMS 的生产过程实

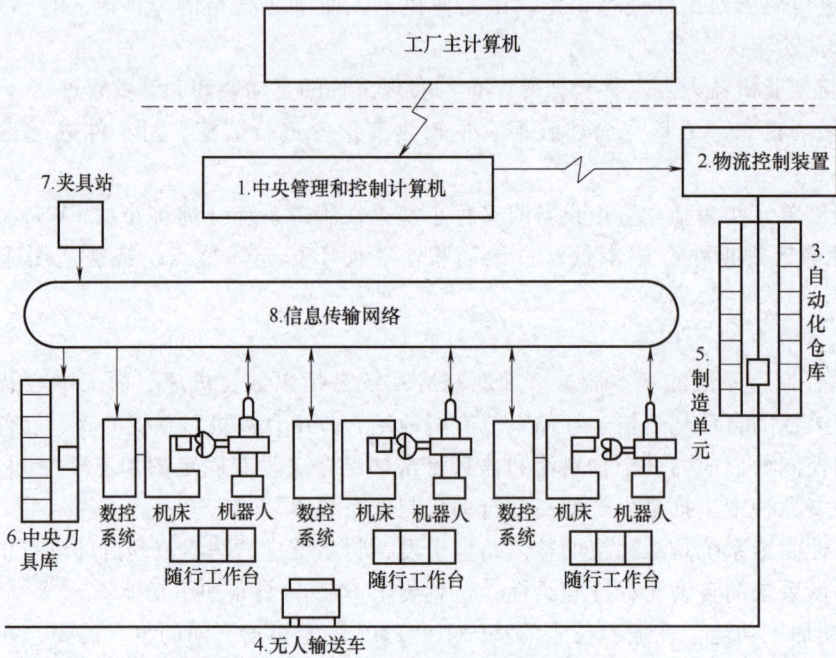

图 6-34 某 FMS 的结构框图

施实时控制。系统在机床设备和搬运装置上（或单独配置）安装了大量的传感器，利用信息网络监控刀具状态，计算和监控刀具寿命，监控工件的实际加工尺寸以及对自动物料系统进行监控等。FMS 是一个物料流和信息流紧密结合的、复杂的自动化系统。综合软件系统是用以对 FMS 中复杂的信息流进行合理处理，对物料流进行有效控制，从而使系统达到高度柔性和自动化。综合软件系统包括生产控制软件、管理信息处理软件和技术信息处理软件。生产控制软件是保证 FMS 正常工作的基本软件系统，它包括数据管理软件（如生产计划、工件、刀具、加工程序的数据管理等）、运行控制软件（如加工过程、搬运过程、工件加工顺序控制等）、运行监视软件（如运行状态、加工状态、故障诊断和处理情况的监视等）及状态显示等软件系统。管理信息处理软件主要用于生产的宏观管理和调度，以确保FMS 能有效而经济地达到生产目标。它应能根据市场需求来调整生产计划、设备负荷计划以及对设备、刀具、工件等的数量和状态进行有效的管理。技术信息处理软件主要用于对生产中的技术信息，如加工顺序的确定、设备和工装的选择、加工条件和刀具路径的确定等进行处理。

柔性制造系统自 20 世纪 60 年代末建立以来，世界各地已出现了许多 FMS 工程，我国也相继建造了几条 FMS 生产系统，如上海第四机床厂的 SJ-FMS、天津减速机厂减速机座FMS（JC-S-FMS-2）以及南方发动机公司发动机缸体 FMS 等。在未来的机器制造业中，FMS必将得到更大发展。

6.5 增材制造

增材制造是基于离散-堆积原理，通过材料逐层累加方式实现产品实体成形的一种新型制造工艺技术。该技术问世于 20 世纪 80 年代末，经几十年的快速发展，现已推出众多成熟的成形工艺方法，并在多个领域得到成功的应用。增材制造又被称为 3D 打印、快速原型制造、实体自由制造等，这些称谓从不同侧面表达了这一技术的特点。

6.5.1　增材制造基本原理

增材制造是由产品三维数字化模型直接加工成形产品实体的一种制造工艺技术，省略或减少了毛坯制备、零件加工和装配等中间工序，无须昂贵的刀具、夹具和模具等辅助工具。可快速而准确地制造出任意复杂形状的零件，解决了许多传统制造工艺难以实现的复杂结构零件的制造问题，减少了加工工序，缩短了制造周期。

增材制造是集 CAD 技术、数控技术、材料科学、机械制造技术、电子技术和激光技术等于一体的综合制造技术，它采用软件离散-材料累加堆积原理实现零件的成形过程，其原理如图 6-35 所示。

1）三维模型建立。模型设计人员可应用各种三维 CAD 系统，建立设计对象的三维数字化模型，或通过三坐标测量仪、激光扫描仪等设备采集三维实体数据，经反求设计建立实体 CAD 模型。

2）模型数据转换。目前，增材制造系统大多采用 STL 格式的三角化数据结构模型，为此需将三维实体 CAD 模型转换为增材制造系统所需的数据结构模型。

3）分层切片。对 STL 数据模型按照选定的方向进行分层切片，即将三维数据模型切片离散成一个个二维薄片层，切片厚度可根据精度要求控制在 0.01～0.5mm 范围内，切片厚度越小，精度越高。

4）逐层堆积成形。应用增材制造系统根据切片轮廓和厚度要求，通过粉材、丝材、片材等制成每一切片层，通过一层层切片的堆积，最终完成三维实体的成形制造。

5）成形实体后处理。实体成形后，需要清除成形体上不必要的支撑结构或多余材料，根据要求还需进行固化、修补、打磨、强化以及涂覆等后续处理工作。

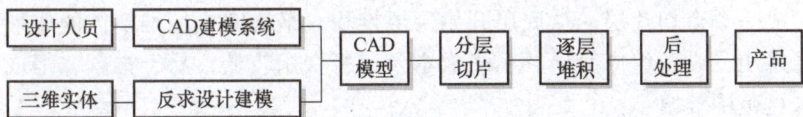

图 6-35　增材制造技术原理框图

6.5.2　增材制造主要工艺

目前，增材制造已有数十种不同的工艺技术，但较为成熟且广为应用的有如下几种。

（1）光固化成形（SLA）　SLA 工艺原理如图 6-36 所示，在液槽内注有光敏树脂液，工作平台位于液面之下一个切片层。成形作业时，聚焦后的紫外光束在液面按切片数据由点到线、由线到面地逐点扫描，经扫描的光敏液将被固化；一层扫描固化后，工作台下降一个层高距离；在固化后的层面上浇注树脂液，并用刮板将其刮平；对新浇注的树脂液再次扫描固化，新的固化层牢固地粘接在上一层片上，如此重复直至整个三维实体零件制造完毕。

SLA 是最早出现的一种增材制造工艺，其特点是成形精度好，材料利用率高，其精度可达±0.1mm，适宜制造形状复杂、特别精细的树脂零件。其不足之处是材料昂贵，成形过程需要设计支撑结构，光敏树脂有气味，影响加工环境。

（2）分层实体制造（LOM） LOM 工艺原理如图 6-37 所示，它是通过单面涂有粘胶的纸材或箔材相互粘结成形。如图 6-37 所示，涂有热熔胶的纸卷套在供纸辊上，并跨越工作台面缠绕在由伺服电动机驱动的收纸辊上。成形作业时，工作台上升与纸材接触，热压辊沿纸面滚压，通过热熔胶使纸材底面与工作台面上前一层纸材粘结；激光束沿切片轮廓进行切割，并将轮廓外的废纸余料切制成小方格以便成形后剥离；切制完一层纸材后，工作台连同被切出的轮廓层自动下降一个纸材厚度；收纸辊卷动，铺上新纸层；重复上述过程，直至形成由一层层纸质切片粘叠而成的纸质原型零件；成形完成后剥离废纸余料，即得到性能类似硬木或塑料的"纸质产品"。

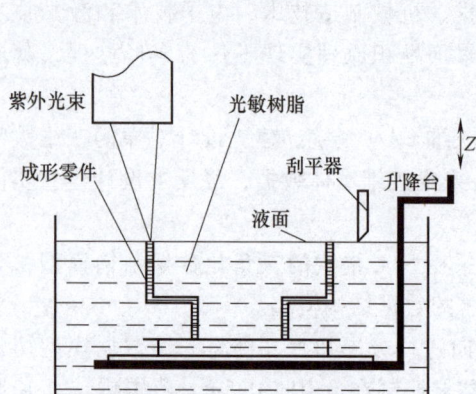

图 6-36　SLA 工艺原理图

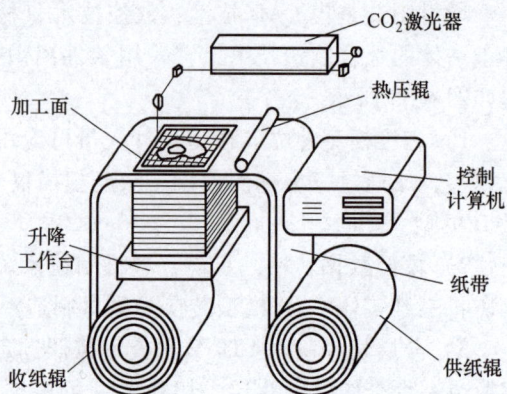

图 6-37　LOM 工艺原理图

LOM 工艺具有成形速度快，成形材料便宜，无相变、无热应力、形状和尺寸精度稳定等特点，但由于该工艺在成形后需将废料剥离，比较费时，且有取材范围较窄以及层高固定等不足，其技术发展受到一定限制。

（3）熔丝沉积成形（FDM） 如图 6-38 所示为 FDM 工艺原理图，其通过挤出的热熔丝沉积凝固而形成一个个切片层，从底层开始层层堆积，最终完成三维实体的成形过程。FDM 工艺无须激光系统，设备组成简单，系统成本及运行费用较低，易于推广，但成形过程需要支撑结构，选材范围较窄。

（4）激光选区烧结（SLS） 如图 6-39 所示为 SLS 工艺原理图，它是应用高能量激光束将粉末材料通过逐层烧结成形的一种工艺方法。由图 6-39 所示可见，在充满惰性气体的密闭室内，先将粉末材料薄薄一层铺设在成形桶作业面上，调整好激光束并按照切片层数据控制激光束的运动轨迹，对所铺设的粉末材料进行扫描烧结，从而形成一个个切片层，每一层都是在前一层顶部进行，这样所烧结的当前层能够与前一层牢固的粘接，通过层层叠加，去除未烧结粉末，即可获得一个三维零件实体。

SLS 工艺成形选材广泛，理论上只要是粉材即可烧结成形，包括高分子材料、金属材料、陶瓷粉末以及复合粉末材料。此外，SLS 工艺成形过程无须支撑，由粉床充当自然支撑材料，可成形悬臂、内空等其他工艺难以成形的复杂结构。但是，SLS 工艺过程涉及影响因素较多，包括材料的物理与化学性能、激光参数和烧结工艺参数等，均会影响烧结工艺、成形精度和产品质量。

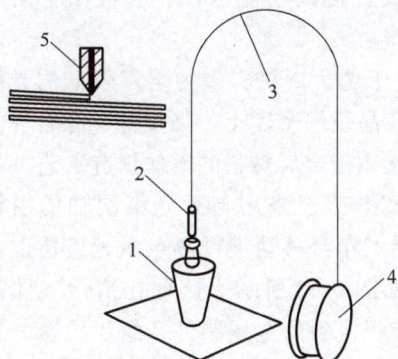

图 6-38　FDM 工艺原理图

1—成形工件　2、5—挤出头　3—料丝
4—供丝盘

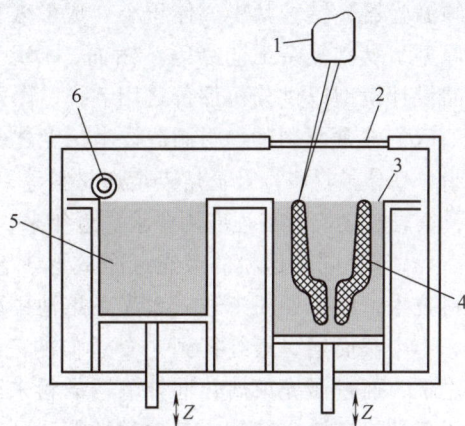

图 6-39　SLS 工艺原理图

1—激光器　2—工作窗　3—作业面
4—成形面　5—供粉桶　6—铺粉辊

（5）三维打印（3DP）　如图 6-40 所示为 3DP 工艺原理图，它是采用类似标准喷墨打印机原理，通过喷射液态粘接剂将一层层粉末材料相互粘接成形的工艺方法。如图 6-40 所示，先在成形面上铺设一层粉末材料，以切片截面形状打印粘接形成一个切片层，一层打印结束后，工作台下降一个层高，再次铺上一层新粉继续进行打印，所打印的切片层不仅将层内的粉末相互粘结，同时与上一层切片材料也牢牢粘结，经如此逐层打印，最终完成整个实体成形过程。

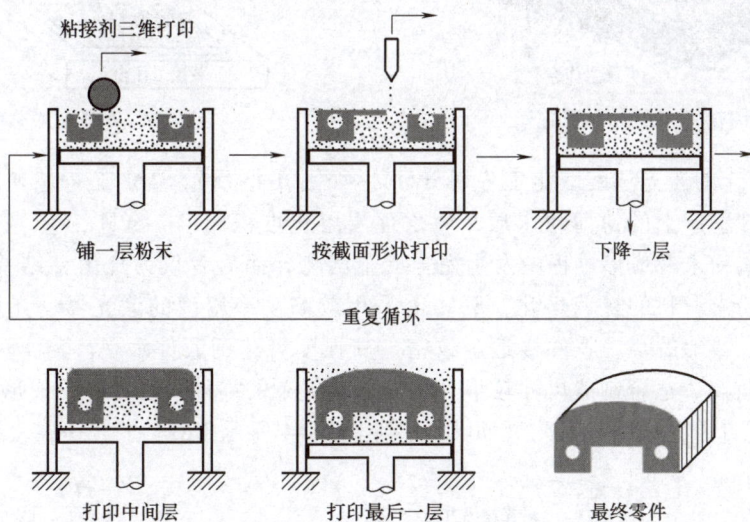

图 6-40　3DP 工艺原理图

上述 3DP 工艺被称为粉末粘接式 3DP 工艺。如图 6-41 所示的 3DP 工艺则被称为光固化式 3DP 工艺，这种 3D 打印机有多个打印头，类似于行式打印机，打印机喷射的不是液态粘接剂，而是液态光敏树脂。打印头在沿着导轨移动的同时，根据切片层数据精确地喷射出一层极薄的光敏树脂，并借助机架上的紫外光照射使所打印的切片层快速固化，每打印完一层，升降工作台下降一层高度，再次进行下一层打印，直至完成成形过程。3DP 成形工艺无须激光器，结构紧凑、体积小、成形效率高，可用作桌面办公系统，特别适宜制造产品实体原型、复制复杂工艺品等。然而，3DP 技术难以成形高性能的功能构件，通常用于制造产品设计模型以供分析评价之用。

（6）金属材料的增材制造技术　上述介绍的增材制造工艺所用材料多为熔点较低的光敏树脂、高分子材料以及低熔点金属材料等，所成形的零件产品组织密度小、强度低、综合性能差，很难满足实际工程应用要求。近年来，推出了不少直接用于金属材料的增材制造工艺。

1）基于同轴送粉的激光近净成形工艺（LENS）。LENS 工艺采用与激光束同轴的喷粉送料技术，将金属粉末送入激光束熔池中融化，通过数控工作台移动进行逐点激光熔覆以获得一个个截面层，最终得到一个近似的三维金属零件，如图 6-42 所示。这种在惰性气体保护之下，通过激光束熔化同轴输送的粉末流，逐层熔覆堆积得到的金属制件，组织致密，具有明显的快速熔凝特征，其力学性能达到甚至超过锻件的性能。目前，LENS 工艺已制备出铝合金、钛合金、钨合金等制件。然而，该工艺难以成形结构复杂和精细的结构件，粉末材料利用率偏低，主要用于毛坯的制备。

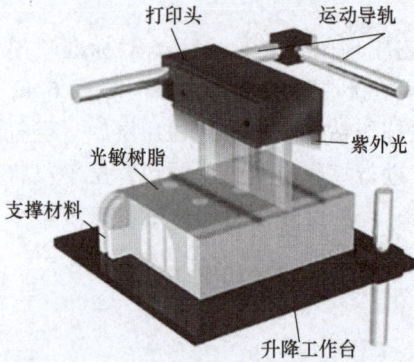

图 6-41　光固化式 3DP 工艺原理图

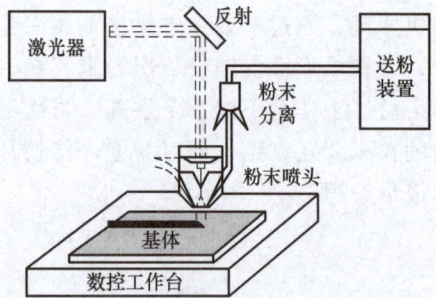

图 6-42　LENS 工艺原理图

2）基于粉床的激光选区熔化工艺（SLM）。如图 6-43 所示 SLM 工艺是利用高能激光束熔化预先铺设在粉床上的薄薄粉末层，使之逐层熔化堆积成形。SLM 工艺与 SLS 类似，不同点是前者金属粉末在成形过程中发生完全冶金熔化，而后者仅为烧熔粘结并非完全熔化。为了保证金属粉末材料的快速熔化，SLM 需采用较高功率密度的激光器，光斑可聚焦到几十到几百微米。成形的金属零件接近全致密，其强度可达到锻件水平。与 LENS 工艺比较，SLM 成形精度较高，适合制造尺寸较小、结构形状复杂的零件，但该工艺成形效率较低。

3）电子束自由成形制造工艺（EBFF）。如图 6-44 所示 EBFF 工艺是在真空环境下由电

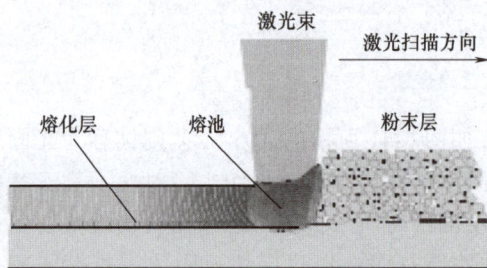

图 6-43　SLM 工艺原理图

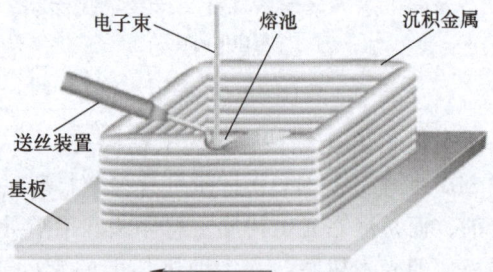

图 6-44　EBFF 工艺原理图

子束轰击金属表面形成熔池，金属丝材在该熔池内加热熔化形成熔滴，随着工作台移动，熔滴沿给定的路径沉积凝固形成沉积层，沉积层逐层堆积完成成形过程。EBFF是以电子束为热源，金属材料对其几乎没有反射，能量吸收率高，且在真空环境下熔化后材料润湿性增强，从而提高了熔凝金属冶金结合强度，但需要在真空环境下作业，成形成本较高。

6.5.3　增材制造技术的应用

由于增材制造无须昂贵的刀具、夹具或模具，省略了毛坯制备和其他加工工序，具有独特的自身优势，加之近年来在材料和价格方面的突破，使增材制造技术在越来越多的领域得到实际的应用，包括航空、航天、汽车、医疗、建筑、体育、珠宝首饰、艺术产业、电影产业和个性化消费产品等。

1）航空航天。应用激光选区烧结工艺制造成形的尼龙环境风道安装于战斗机，实现复杂结构零件一体化成形，减少了连接和密封，减少了维修保养的要求。采用激光选区熔化工艺制造的金属飞机零件，已实现量产化。

2）汽车工业。增材制造技术在汽车零件制造中应用广泛，如采用熔丝沉积成形工艺制造完整车身；采用激光选区烧结工艺定制化生产汽车仪表盘；利用增材制造技术制造出传统工艺无法实现的复杂结构进风口零件等。

3）医疗行业。采用增材制造技术可定制假体，以满足病人的个性化需求；可制造颅骨模型为手术准备提供支持，可以直接制造牙冠以及牙科植体手术的钻孔夹具；可应用熔丝沉积成形工艺制造人体骨骼。

4）工艺装备。可用增材制造技术制造各种结构复杂的工装，包括夹具、量具、模具、金属浇注模型等。有汽车公司使用熔丝沉积成形工艺制造的符合人体工程学的夹具，性能好于传统制造工艺方法，其重量减少了72%，大大减轻了操作人员的劳动强度。

5）产品原型。在3D模型打印车间，可为设计人员快速打印出3D产品模型，便于更好地评价改进产品结构，可保证设计出结构性能更为优越的产品。

6）文物保护。博物馆常常采用增材制造技术复制艺术品和收藏品，用一些复制品替代真品来保护原始作品不受环境或意外事件损坏。

7）建筑业。在建筑业，已经使用3DP技术直接打印民居房屋，具有快捷、环保、经济、美观的特点。

8）工艺饰品。工艺饰品是增材制造技术应用最广阔的市场，浮雕、个性笔筒、手机外壳、戒指等，都可通过3DP技术打印出来。

6.6　微纳制造

微纳制造通常是指尺度为微米级和纳米级的材料、设计、测量与控制的产品或系统加工制造及其应用技术。传统的"宏"机械制造技术已不能满足这些精、微产品或系统的制造要求，必须研究和应用微、纳制造技术和手段加以实现。微纳制造技术是21世纪最具发展潜力的高新技术，也是世界工业强国竞相追逐的高技术发展领域之一。

6.6.1 微纳制造技术概念

微纳制造技术涉及较多方面，包括：微纳级精度加工，微纳级表层原子和分子的去除搬迁和重组，微纳级精度测量，微纳级表面物理、化学、力学性能的检测，纳米材料、纳米级传感器及控制技术等。

微纳制造是微传感器、微执行器、微功能机构等微机电系统（MEMS）制造的基本手段和重要基础，是为了满足实际社会需要而发展起来的一项工程应用技术。例如，在一辆中高档汽车中有上百个传感器，其中 MEMS 传感器占 20% 以上；微麦克风、微射频滤波器、微加速度计、微压力传感器等 MEMS 器件在手机、家用电器、玩具等消费电子产品中得到大量应用；微轴承、微齿轮、微陀螺仪等在当前航天工业以及国防工业中担负着重要角色。

微纳制造有微米制造和纳米制造两个不同尺度级别的内涵及实现技术。

（1）微米制造　其尺度及精度为 $0.1 \sim 100\mu m$，即微米级制造工艺技术。目前，微米制造主要有两种实现途径：一是以传统机械加工方法实现，如采用微细车削、微细铣削、微细磨削等切削加工方法，或采用微细电解、微细电火花、微细超声波、微细等离子束等特种加工工艺实现，二是采用较为成熟的二维或准三维半导体硅片微结构产品的制造工艺技术。

（2）纳米制造　其尺度及精度为 $0.1 \sim 100nm$，即纳米级制造工艺技术。目前，也有两类纳米制造实现路线：一为基于纳米光刻制造工艺，实现纳米级微结构器件的制备；二是基于扫描探针显微镜（SPM）的纳米制造工艺，即采用 SPM 进行纳米级加工以及单原子操纵，通过单原子的提取、搬迁和放置操纵完成纳米级结构单元的制造。

6.6.2 微米制造工艺技术

1. 微机械加工工艺技术

微机械加工即采用"微型机床加工小微零件"的工艺技术，主要针对 $0.1\mu m \sim 10mm$ 尺寸范围的小微零件。微机械加工具有体积小、能耗低、工作灵活、效率高等特点，是加工非半导体材料（如金属、陶瓷等）小微零件最有效的加工方法。

实现微机械加工的关键是微型机床设备，该类设备尺寸小、主轴转速高、设计制造难度较大。如图 6-45a 所示为多功能微型加工机床，可实现 5 轴控制，能进行车、铣、磨和电火花加工，主轴转速为 $50000 \sim 100000r/min$，直线轴系统分辨率为 1nm，采用单晶金刚石刀具，刀尖圆弧半径为 100nm 左右，可加工复杂曲面的零件。如图 6-45b 所示为该机床在

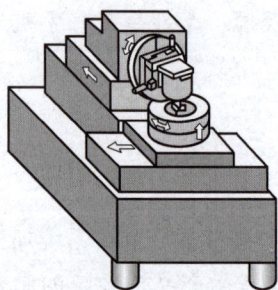

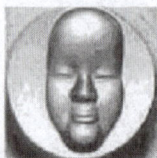

a) 多功能微型加工机床　　b) 人面微型浮雕像　　c) 4×4阵列凸面镜　　d) 大纵深梯形槽铜片

图 6-45　多功能微型加工机床结构示意图及其微加工产品

1mm 直径表面铣削加工的人面微型浮雕像；如图 6-45c 所示为该机床在 1.16mm×1.16mm 硅表面加工的 4×4 阵列凸面镜；如图 6-45d 所示为该机床加工的大纵深梯形槽铜片零件，其槽间距为 35μm，槽深 100μm，齿距误差为 80nm。

　　除了微切削加工之外，还可采用精微特种加工工艺制造微结构产品。如图 6-46 所示为应用高频率、小脉冲、微进给量的电火花加工工艺制造的微型汽车模具以及用该模具压制出的微型塑料汽车，其尺度在 1mm 左右。

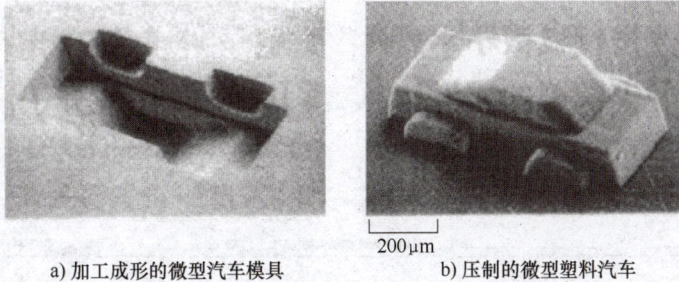

a) 加工成形的微型汽车模具　　　　　　　b) 压制的微型塑料汽车

图 6-46　用微细电火花加工的微型汽车模具及产品

2. 半导体硅片微制造技术

　　硅具有优良的半导体电学性质，是集成电路以及半导体微结构制造的重要材料。硅片微制造有光刻、牺牲层、体刻蚀、面刻蚀等不同的微加工工艺。

　　（1）光刻工艺技术　　光刻加工是制造集成电路及半导体元器件的关键工艺，是微细制造领域应用较早的一项制造工艺技术。光刻加工与照相制版原理类似，在硅（Si）半导体基体材料上涂覆光致抗蚀剂，通过掩模对光致抗蚀剂层进行曝光处理，经显影使抗蚀剂获得与掩模图案相同的几何图形，再经刻蚀处理便可在 Si 晶片上制造出微型结构，其工艺过程如图 6-47 所示。

　　1）氧化。在 Si 晶片表面制备一层 SiO_2 氧化层。

　　2）涂胶。在 SiO_2 氧化层表面涂覆一层光致抗蚀剂，其厚度为 1~5μm。

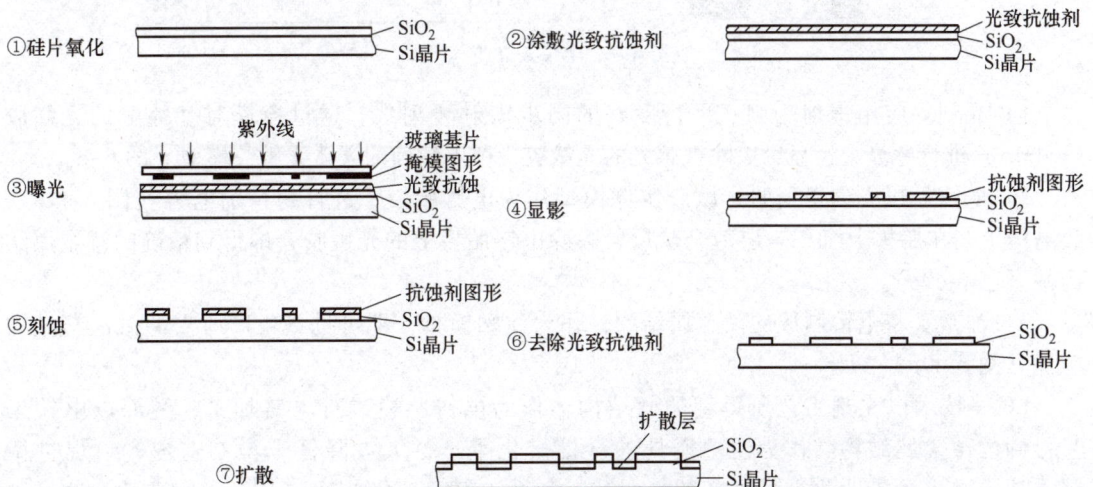

图 6-47　光刻加工工艺过程

3）曝光。将掩模覆盖在抗蚀剂层面，用紫外线等光线对抗蚀剂曝光。

4）显影。用显影液溶解去除经曝光的抗蚀剂，在 SiO_2 氧化层上显现出掩模图案。

5）刻蚀。应用化学或物理方法，将没有抗蚀剂部分晶片上的 SiO_2 腐蚀掉，称为刻蚀。

6）去胶。去除光致抗蚀剂。

7）扩散。若需要可向 Si 晶片扩散杂质，以增强微构件性能。

（2）牺牲层工艺技术　牺牲层工艺是制造各种微腔和微桥结构的重要工艺方法，是通过刻蚀去除牺牲层材料而获得一个个微腔结构。如图 6-48 所示，制造一个多晶硅桥的工艺步骤为：①首先在硅基片上沉淀 SiO_2，或磷玻璃作为牺牲层，并将牺牲层腐蚀成所需的结构图案，牺牲层厚度一般为 $1\sim2\mu m$（图 6-48a）；②在牺牲层上面沉淀多晶硅作为微结构材料，并光刻成所需的结构形状（图 6-48b）；③腐蚀去除牺牲层就得到一个分离的微桥结构（图 6-48c）。

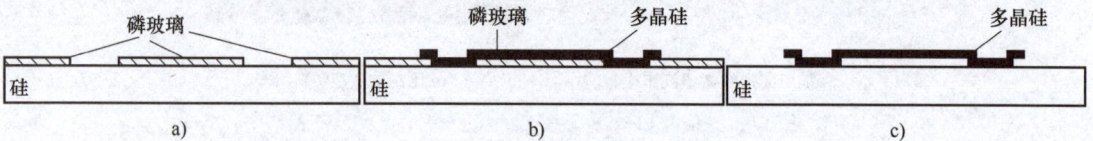

图 6-48　制造双固定多晶硅微桥的牺牲层工艺

（3）LIGA 工艺技术　LIGA 工艺是集光刻、电铸及微注塑成形为一体的三维微米制造工艺技术。该工艺可制造最大高度为 $1000\mu m$，加工精度达 $0.1\mu m$ 的微小零件，可以批量生产微传动轴、微齿轮、微传感器、微执行器、微光电元件等多种不同材料的微器件。如图 6-49 所示为 LIGA 工艺过程。

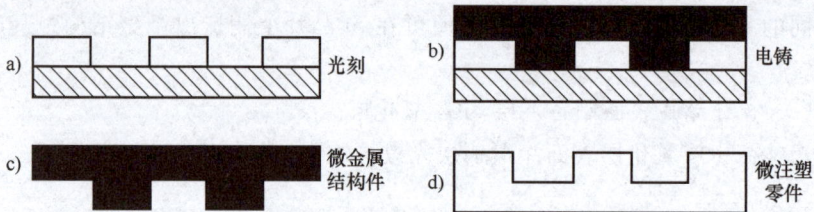

图 6-49　LIGA 工艺过程

1）光刻。应用透射力强、平行度好的同步辐射 X 射线，透过掩模对基片上的光敏胶（PMMA）进行感光，经显影去除被感光的光敏胶，留下精确的立体光敏胶模型（图 6-49a）。

2）电铸。以光刻得到的光敏胶实体模型作为电铸胎模，进行超精细电铸（图 6-49b），经电铸工艺在胎模上沉积一层薄金属层，去除电铸胎模上的光敏胶，即得到精确的微金属结构件（图 6-49c）。

3）注塑。将电铸制成的微金属结构件作为注塑模具，即可批量生产所需的微注塑结构零件（图 6-49d）。

LIGA 技术以光刻工艺所得到的微结构体作为电铸胎模进行电铸加工，继而以电铸工艺得到的微金属结构件作为注塑模具进行批量化生产，大大降低了微制造成本，促进微制造技术进入了工业化批量生产的新时代。如图 6-50 所示为应用 LIGA 术制造的双联微注塑齿轮。

6.6.3　微纳制造工艺

由前所述，纳米制造有纳米光刻以及基于SPM的纳米制造两种不同的工艺方法。纳米光刻是迄今为止能够实现最精密工业化生产的一种工艺手段，目前已达到 2～10nm 级的光刻精度。纳米光刻是在传统光刻技术基础上引进电子束光刻、离子束光刻、X 射线光刻及纳米压印等先进光刻工艺，使光刻分辨率向 2nm 以下的光刻精度延伸。由于纳米光刻技术专业性较强，本节仅简要介绍基于 SPM 的纳米制造技术。

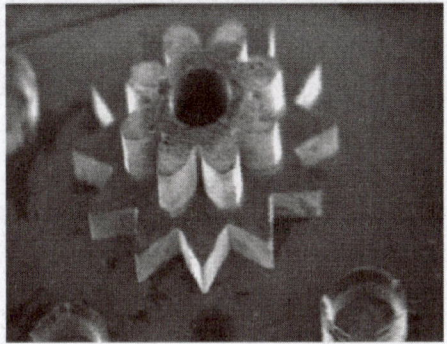

图 6-50　LIGA 技术制造的双联微注塑齿轮

1. 扫描探针显微镜 SPM

扫描探针显微镜（SPM）是各种新型探针显微镜的统称，包括扫描隧道显微镜（STM）、原子力显微镜（AFM）、激光力显微镜（LFM）、静电力显微镜（EFM）等。SPM具有极高的分辨率，可得到样品表面高分辨率图像，可"容易地"看到原子。SPM 不仅是一种测量分析仪器，也是一种纳米加工的工具，使人们有能力在极小的尺度上对物质材料进行改性、重组和再造，这对人们认识世界和改造世界的能力起着极大的促进作用。下面简要介绍扫描隧道显微镜 STM 和原子力显微镜 AFM 的工作原理。

（1）STM 工作原理　扫描隧道显微镜（STM）是一种扫描探针显微镜，是基于量子理论隧道效应进行工作的。

如图 6-51 所示，STM 探针安置在一个可三维移动的压电陶瓷支架上，使其针尖可沿样品表面进行扫描运动。STM 将极细的探针和样件表面作为两个电极，在正常情况下两者之间互不接触、相互绝缘。当探针与样件表面间距离非常接近（<1nm）时，在外电场作用下电子将穿过电极间的绝缘层从一极流向另一极，产生与两电极间距离和表面性质有关的隧道电流。该隧道电流对两极间的距离极为敏感，当两电极间距离每减少 0.1nm，所产生的隧道电流将增加一个数量级。这样，通过检测隧道电流的大小便得知电极间距离，从而可反映出样件表面的形貌特征。

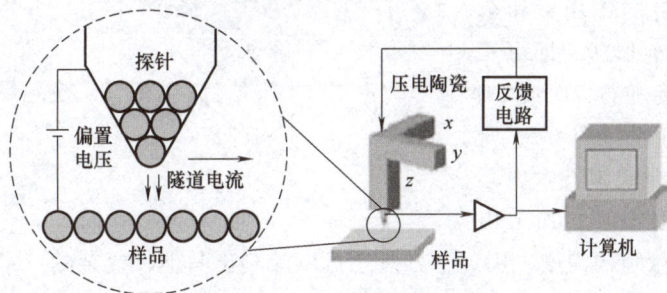

图 6-51　STM 工作原理结构

如图 6-52 所示，若将 STM 探针以不变的高度进行扫描，则所产生的隧道电流将随样品表面形貌的起伏状态而变化（图 6-52a）；若控制隧道电流不变，即保持探针针尖与样件间的距离不变，则探针针尖将随着表面的起伏而上下波动（图 6-52b）。

由于 STM 是通过隧道效应原理工作的，因而它仅能检测导电体，而不能用于非导电体的检测。

（2）AFM 工作原理　当两物体间的距离小于原子直径时（<0.3nm）。将产生两物体间的排斥力。原子力显微镜（AFM）正是基于两物体间排斥力原理工作的。如图 6-53 所示，当 AFM 探针针尖与被测样件间的距离很小时，也会产生相互间的排斥力。若将 AFM 探针装在一根非常软的微弹簧片上，并用悬臂梁方式将该弹簧片固定，这样当探针在样品表面上扫描时，微弹簧上的压力基本保持不变，探针将随样品表面形貌的起伏而升降，用另一台激光显微镜或扫描隧道显微镜 STM 检测该探针的升降量，便可反映出样品表面的形貌特征。

由于 AFM 是基于两物体间排斥力原理工作的，它不受样品材料的影响，既可用于导电体检测，又可用于非导电体检测。

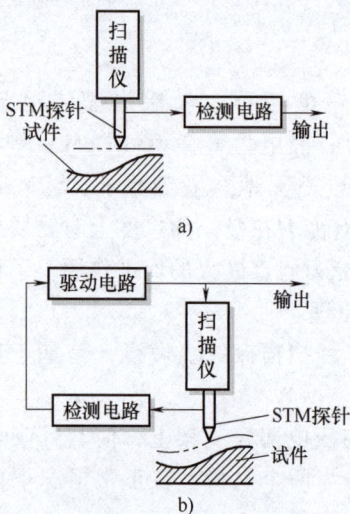

图 6-52　STM 工作原理

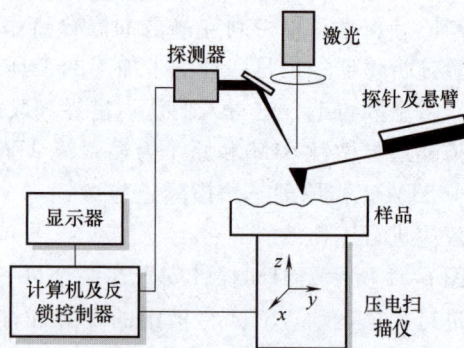

图 6-53　AFM 工作原理

2. 基于 SPM 的纳制造技术

应用原子力显微镜 AFM，以高硬度金刚石探针作为切削刀具，通过改变 AFM 探针的作用力和金刚石探针针尖的几何形状，即可实现对多种材料直接进行 2D 或 3D 纳米级可控切削加工。图 6-54 所示为哈尔滨工业大学纳米技术中心用 AFM 探针经多次刻切，加工出

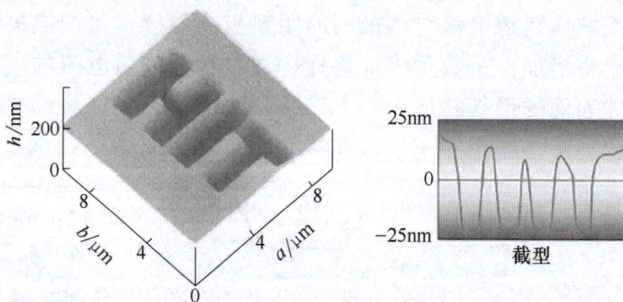

图 6-54　应用 AFM 加工的"HIT"纳米级微结构沟槽

的"HIT"纳米级微结构沟槽，用这种方法还可以雕刻出其他较复杂的三维微结构体。

3. 基于 SPM 的原子操纵技术

原子操纵是一种纳米级加工技术，它是从物质的微观入手制造微结构或微机械的工艺方法。原子操纵一般是借助于扫描隧道显微镜 STM 实现，在 STM 针尖和样品表面之间施加适当幅值和宽度的电压脉冲，由于针尖和样品表面之间的距离非常接近，仅为 0.3～1.0nm，因此在电压脉冲的作用下，将会在针尖和样品之间产生一个强大电场。这样，样品表面的吸附原子将会在强电场的蒸发下被移动或提取，并在样品表面上留下原子空穴，实现单原子的移动或提取操纵。同样，吸附在 STM 探针针尖上的原子在强电场的蒸发下也有可能沉积到样品表面上，实现单原子的放置操纵。掌握好这种单原子操纵的电场蒸发机理，就可以按照人们所期望的规律移动、提取或放置原子，实现单原子的可控操纵。

例如：1990 年美国 IBM 公司在超真空和超低温条件下，用 STM 将吸附在镍（Ni）表面的氙（Xe）原子逐个拖动搬迁，并用 35 个 Xe 原子排列出 "IBM" 三个字母，每个字高为 5nm，原子间距为 1nm（图 6-55a）；1993 年 IBM 公司又实现了在单晶铜（Cu）表面上吸附铁（Fe）原子的搬迁移动，并用 48 个 Fe 原子围成一个直径 14.3nm 的人工围栏，把圈在围栏中心的电子激发形成美丽的 "电子波浪"（图 6-55b）；实现上述工作后，他们又在 Cu 表面上用 101 个 Fe 原子写下 "原子" 两个中文字，这是首次用原子写成的汉字，也是最小的汉字（图 6-55c）。

1994 年中科院北京真空物理实验室在硅 Si（111）表面，应用 STM 针尖续加电脉冲移走 Si 原子形成沟槽，写出了 "中国" 等微纳结构（图 6-55d），由于字的笔画不是沿着 Si 晶胞的基矢方向，因此其边界较为粗糙。接着，他们还在 Cu 表面成功地用 78 个 Fe 原子构建了球场状的围栏结构（图 6-55e）。

依据上述原子操纵原理，可制备各种不同原子尺度的器件和人工结构，为人类认识和改造微观世界提供了一个极其重要的新型工具。随着原子操纵理论和实验技术的日益完善，必将在诸多研究领域得到越来越多的应用。

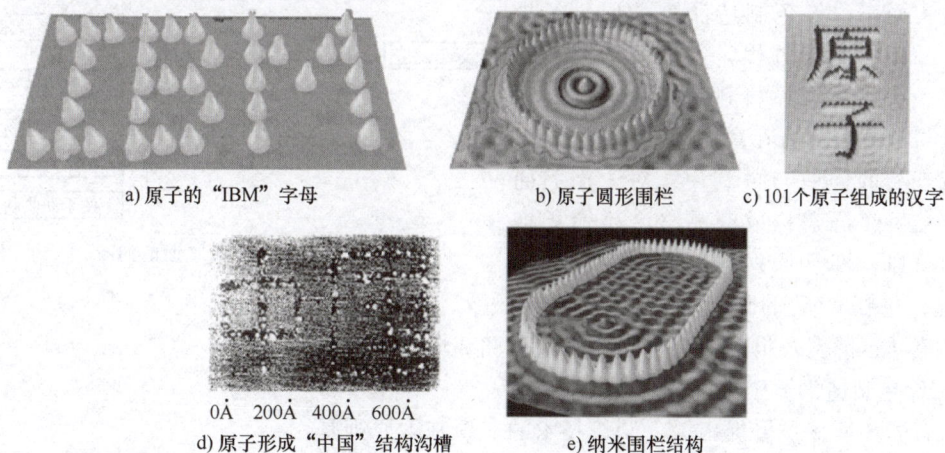

a) 原子的 "IBM" 字母　　b) 原子圆形围栏　　c) 101 个原子组成的汉字

0Å　200Å　400Å　600Å

d) 原子形成 "中国" 结构沟槽　　e) 纳米围栏结构

图 6-55　基于 STM 的原子操纵

6.7　绿色制造

6.7.1　绿色制造的基本概念

1. 绿色制造的产生和发展

制造业是创造财富的主要产业，但同时又是大量消耗有限资源，造成环境污染的主要根源。

在生产力高度发展和物质产品空前丰富的今天，世界却面临着令人忧虑的问题：产品更新换代的加快带来越来越短的产品使用寿命，产生数量越来越多的废弃物；资源过快地开发和过量消耗，造成资源短缺和面临枯竭；环境污染和自然生态的破坏已严重威胁到人类的生存条件。工业文明所带来的负面影响已明显显现；人类赖以生存的地球遭到了日益严重的破坏，如果不采取有效措施，后果将不堪设想。在这种背景下，绿色制造技术应运而生。

20 世纪 90 年代提出的绿色制造（GM），又称清洁生产（CP），或面向环境的制造（MFE）。绿色制造技术是指在保证产品的功能、质量、成本的前提下，综合考虑环境影响和资源效率的现代制造模式。它使产品从设计、制造、使用到报废整个产品生命周期中节约资源和能源，不产生环境污染或使环境污染最小化。

随着人们环保意识的不断加强，绿色制造受到越来越普遍的关注。特别是近年来国际标准化组织提出了关于环境管理的一系列标准，使绿色制造的研究与应用更加活跃。21 世纪的制造业将是清洁化的制造业，谁掌握了清洁化生产技术，谁的产品符合"绿色产品"标准，谁就掌握了主动权，就会在激烈的市场竞争中取得成功。

2. 绿色制造的内容

联合国环境保护署对绿色制造技术的定义是："将综合预防的环境战略，持续应用于生产过程和产品中，以便减少对人类和环境的影响"。

根据上述定义，绿色制造包括制造过程和产品两个方面，如图 6-56 所示。对于制造过程而言，绿色制造涵盖从原材料投入到产品产出的全过程，包括节约原材料和能源，替代有毒原材料，将一切排放物的数量与有害性削减在离开生产过程之前，对报废产品的回收与再利用；对于产品而言，清洁生产覆盖构成产品整个生命周期的各个阶段，即从原材料提取到产品的最终处置，包括产品的设计、生产、包装、运输、流通、消费及报废等，以减少对人类和环境的不利影响。

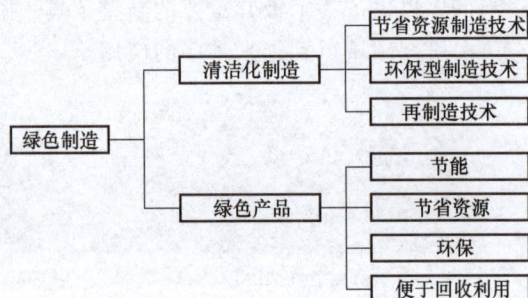

图 6-56　绿色制造的内容

3. 绿色制造的原则

联合国环境保护署提出绿色制造技术的三项基本原则是：

1)"不断运用"原则。绿色制造技术持续不断运用到社会生产的全部领域和社会持续发展的整个过程。

2)预防性原则。对环境影响因素从末端治理追溯到源头，采取一切措施最大限度地减少污染物的产生。

3)一体化原则。将空气、水、土地等环境因素作为一个整体考虑，避免污染物在不同介质之间进行转移。

6.7.2　绿色制造技术

1. 节省资源的制造技术

节省资源的制造技术包括：减少制造过程中的能源消耗、减少原材料消耗和减少制造过程中的其他消耗。

（1）减少制造过程中的能源消耗　制造过程中消耗掉的能量除一部分转化为有用功之外，大部分能量都转化为其他能量而浪费。例如，普通机床用于切削的能量仅占总消耗能量的30%，其余70%的能量则消耗于空转、摩擦、发热、振动和噪声等。

减少制造过程中能量消耗的措施如下：

1）提高设备的传动效率，减少摩擦与磨损。例如采用电主轴，消除主传动链传动造成的能量损失；采用滚珠丝杠和滚动导轨代替普通丝杠和滑动导轨，减少运动副的摩擦损失。

2）合理安排加工工艺。合理选择加工设备，优化切削用量，使设备处于满负荷、高效率运行状态。例如，粗加工时采用大功率设备，精加工时采用小功率设备。

3）改进产品和工艺过程设计。采用先进成形方法，减少制造过程中的能量消耗。例如，零件设计尽量减少加工表面；采用净成形（无屑加工）制造技术，以减少机械加工量，采用高速切削技术，实现"以车代磨"等。

4）采用适度自动化技术。不适度的全盘自动化会使机器设备结构复杂，功耗增加，消耗更多的能量。

（2）减少原材料消耗　产品制造过程中使用原材料越多，消耗的有限资源也越多，并会加大运输与库存成本，增加制造过程中的能量消耗。减少制造过程中原材料消耗的主要措施如下：

1）科学地使用原材料。尽量避免使用稀有、贵重、有毒、有害材料，积极推行废弃材料回收与再生。

2）合理设计毛坯。采用先进的毛坯制造方法（如精密铸造、精密锻造、粉末冶金等）尽量减少毛坯加工余量。

3）优化排料、排样。尽可能减少边角余料。

4）采用无屑加工技术。例如，采用冷挤压成形代替切削加工成形；在可行的条件下，采用快速原型制造技术，避免传统的去除加工所带来的材料损耗。

（3）减少制造过程中的其他消耗　制造过程中除能源消耗、原材料消耗外，还有其他辅料消耗，如刀具消耗、液压油消耗、润滑油消耗、切削液消耗、包装材料消耗等。减少刀具消耗的主要措施包括：选择合理的刀具材料，选择合理的切削用量，采用不重磨机夹刀具，选择适当的刀具角度，确定合理的刀具寿命等。减少液压油与润滑油的主要措施包括：改进液压与润滑系统的设计与制造，保证不渗漏。使用良好的过滤与清洁装置，延长油液的使用周期。其次，在某些设备上可对润滑系统进行智能控制，减少润滑油的浪费。减少切削液消耗的主要措施包括：采用高速干式切削，不使用切削液。选择性能良好的高效切削液和高效冷却方式，节省切削液的使用。选用良好的过滤和清洁装置，延长切削液的使用周期等。

2. 环保型制造技术

环保型制造技术是指在制造过程中最大限度地减少环境污染，创造安全、舒适的工作环境，包括：减少废料的产生、废料有序地排放、减少有毒有害物质的产生、有毒有害物质的科学处理、减小振动与噪声、实行温度调节与空气净化、对废料的回收与再利用等。

（1）杜绝或减少有毒有害物质的产生　杜绝或减少有毒有害物质产生的最好方法是采用预防性原则，即对污水、废气的事后处理转变为事先预防。

（2）减少粉尘与噪声污染　粉尘污染与噪声污染是毛坯制造车间和机械加工车间最常见的污染，它严重影响劳动者的身心健康以及产品加工质量，必须严格加以控制，主要措施如下：

1）选用先进的制造工艺及设备。例如，采用金属型铸造代替砂型铸造，可显著减少粉尘污染，采用压力机锻压代替锻锤锻压，可使锻压噪声大幅下降，采用快速原型制造技术代替切削加工，可以减少机械加工噪声等。

2）优化机械结构设计。采用低噪声材料，最大限度地降低设备工作噪声。

3）选择合适的工艺参数。机械加工中，选择合理切削用量可以有效防止切削振动和切削噪声。

4）采用封闭式加工单元。对加工设备采用封闭式单元结构，利用抽风或隔音降噪技术，可以有效地防止粉尘扩散和噪声传播。

（3）工作环境设计　工作环境设计即研究如何给劳动者提供一个安全、舒适宜人的环境。舒适宜人的工作环境包括：作业空间足够宽大、作业面布置井然有序、工作场地温度与湿度适中、空气流畅清新、没有明显的振动与噪声等。

安全环境包括各种必要的保护措施和操作规程，以防止工作设备在工作过程中对操作者可能造成的伤害。

3. 再制造技术

再制造的含义是指产品报废后，对其进行拆卸和清洗，对其中的某些零件采用表面工程或其他加工技术进行翻新和再加工，使零件的形状、尺寸和性能得到恢复和再利用。

再制造技术是一项对产品全寿命周期进行统筹规划的系统工程，其主要研究内容包括：产品的概念描述，再制造策略研究和环境分析，产品失效分析和寿命评估，回收与拆卸方法研究，再制造设计、质量保证与控制、成本分析，再制造综合评价等。

6.7.3　绿色产品

绿色产品就是在其产品寿命周期（设计、制造、使用及销毁过程）中，符合特定的环境保护和人类健康的要求，对生态环境无害或危害极少，资源利用率最高，能源消耗最低的产品。

1. 节省资源

绿色产品应是节省资源的产品，即在完成同样功能的条件下，产品消耗资源数量要少，例如采用机夹式不重磨刀具代替焊接式刀具，就可大量节省刀柄材料。

2. 节省能源

绿色产品应该是节能产品。在能源日趋紧张的今天，节能产品越来越受到重视，例如采用变频调速装置。可使产品在低功率下工作时节省电能。

3. 减少污染

减少污染包括对环境的污染和对使用人员的危害两个方面。为了减少污染，绿色产品应该选用无毒、无害材料制造，严格限制产品有害排放物的产生和排放数量。为了避免对使用人员产生危害，产品设计应符合人机工程学的要求。

4. 报废后的回收与再利用

随着社会物质的不断丰富和产品寿命周期的不断缩短，产品报废后的处理问题变得越来越突出。传统的产品寿命周期从设计、制造、销售、使用到报废是一个开放系统；而绿色产品则要充分考虑产品报废后的处理、回收和再利用，将产品设计、制造、销售、使用、报废作为一个系统，融为一体，形成一个闭环系统，如图6-57所示。

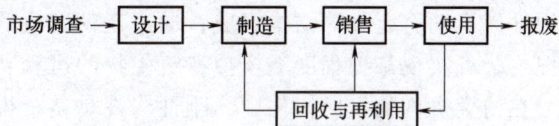

市场调查 → 设计 → 制造 → 销售 → 使用 → 报废

回收与再利用

图 6-57　绿色产品设计制造闭环控制系统

　　未来市场竞争的深化，焦点不仅是产品的质量、寿命、功能和价格，人们同时更加关心产品给环境带来的不良影响。

6.8　仿生制造

　　仿生制造（BM）是制造科学与生命科学交叉结合的产物，是现代制造技术的新领域，现已成为先进制造技术的一个重要分支。目前，信息、生命和纳米科技正在引领21世纪科技发展的潮流，世界各国都十分重视仿生制造技术的研究和发展。

6.8.1　仿生制造技术内涵

　　仿生制造是模仿生物的组织、结构、功能和性能，制造仿生结构、仿生表面、仿生器具、仿真装备、生物组织及器官，以及借助于生物形体和生长机制进行加工成形的过程。仿生制造是传统制造技术与生命科学、信息科学、材料科学等多种学科的结合，以制造过程与生物生存过程的相似性为基础，学习模仿生物系统的组织结构、能量转换、控制机制以及生长方式，以提高和促进现有制造技术的发展和进步。

　　在自然界中，生物通过自然选择和长期的自身进化，对自然环境具有高度的适应性，它们的感知、决策、指令、反馈及运动等方面的机能，与现有已掌控的能量转换、控制调节、信息处理、导航和探测等技术相比有着不可比拟的长处。

　　制造过程和生物的生命过程有着相似之处，仿生制造是向生物体学习，实现诸如自发展、自组织、自适应和进化等功能，以适应日渐复杂的制造环境。传统制造可认为是一种"他成形"，即通过各种机械、物理、化学等手段实现强制成形，如车削、压力成形、化学镀等；而生物体的生命过程则属于"自成形"，是依靠生物体本身的自我生长、发展、自组织以及遗传过程完成的。为此，仿生制造应视为由传统"他成形"向生物体"自成形"方向转变。

　　仿生制造为传统制造技术的创新开辟了一个新的领域。人们在仿生制造中不仅是师法大自然，而且是学习与借鉴生物体自身的组织方式与运行模式。如果说制造过程的机械化和自动化延伸了人类的体力，智能化延伸了人类的智力，那么仿生制造则是延伸人类自身的组织结构和进化过程。

　　仿生制造涉及较宽的技术领域，本节侧重介绍仿生机构制造、仿生功能表面制造、生物器官制造、生物成形等仿生制造技术。

6.8.2　仿生机构制造

　　仿生机构制造是在提取自然界生物优良特征的基础上，模仿生物的形态、结构、材料和控制功能，设计制造具有生物特征或优异功能的机构或系统的技术。

类似于动物肢体是由骨骼、韧带和肌腱组成，仿生机构也应由刚性构件、柔韧构件、仿生构件以及动力元件等结构组成，通过运动副或仿生关节的连接，各组成部分在控制系统的指挥下，可实现某种程度上模拟特定生物的运动功能。

在仿生机构的组成构件中，刚性构件是整个机构的基础，是做刚体运动的单元体，决定着机构的自由度及活动范围。柔韧构件一般为弯曲刚度较小、不会伸长或缩短的带状构件，它决定着刚性构件的驱动方式以及机构运动的确定性。仿生构件是模仿生物运动器官自身特性的构件，在机构中独立存在，不影响机构的相对运动，仅为改善构件的传动质量；动力元件是在系统控制下直接能对柔韧构件施加张力的动力源，其功能相当于动物的肌肉。

假肢是一种典型的仿生机构。图 6-58 所示是一个受控于肌电信号的仿生手臂，它由 20 个微型电动机驱动，每个关节都由一个微型液压驱动系统提供动力，在佩戴者肢体残端肌肉中植入传感器，通过佩戴者肌肉张紧松弛的肌电信号可控制每个关节的动作，这种假肢驱动和控制系统使得手臂、手腕和手指的运动更加自然，具有更好的动作灵活性。

目前的仿生假肢已具有脑机接口功能，可将来自人脑的信号通过传感器传输到假肢，使假肢在一定程度上听从大脑的指令，可让

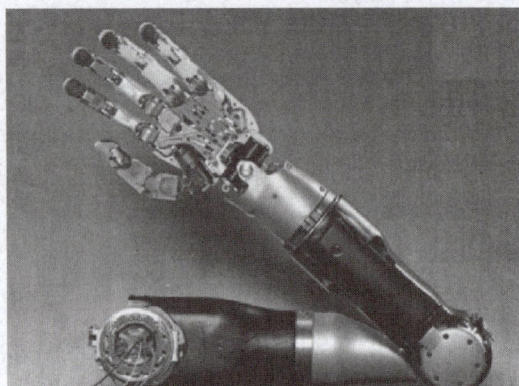

图 6-58　受控于肌电信号的仿生手臂

残疾人像正常人一样行走，让仿生假肢感觉好像是自己身体的一部分，可轻松抓起物品，使曾经只在科幻作品出现的情景得以实现。随着计算机、微处理器、小型液压推动系统的进步与发展，以及新型工程材料的出现，将会制造出更加灵活、结实和轻便的仿生机构或产品。

6.8.3　功能表面仿生制造

功能表面通常是指具有减阻、湿润、隐形、散热和传感等功能的生命体表面。自然界生命体是最卓越的工程师，生命体表面精致绝伦，从分子尺度的纳米、微米乃至介观和宏观尺度的细胞、组织器官，均为复杂的、智能的、动态的、可修复的多功能表面，具有有序、多尺度的层次结构。生命体表面的许多功能至今人类还望尘莫及，如内量子效率几乎 100% 的叶绿素太阳能转换器，超高集水隔热的沙漠昆虫的甲壳，超越舰船航速的海豚、鲨鱼减阻表面，高度环境协调的光、声、电、磁传感和响应的生物表皮，众多鱼类、鸟类、陆地爬行类动物的摩擦力学行为等，它们对当今科学研究和技术开发具有重要意义。

功能表面仿生制造技术是制造科学与生物、医学、物理、化学等多学科交叉融合的产物，功能表面仿生是未来高新科学技术发展的一个重要方向。

低阻功能表面仿生研究是当前仿生制造的热点之一，包括固体-固体、固体-液体、固体-气体的界面结构、接触机制以及力学行为的研究。自然生物经过亿万年的进化，形成了非常利于运动节能的低阻体表形貌和界面结构，如鱼类、鸟类、贝类、昆虫等形体表面都有低阻功能的表现。人们经长期观察与研究，逐渐认识到鲨鱼皮的减阻效能，并采用纤维模仿鲨鱼皮外表结构制成鲨鱼皮仿生泳衣，具有显著的减阻效果，如 2008 年奥运会上菲尔普斯身披

"鲨鱼皮"泳衣破纪录地独揽了 8 枚金牌。

经研究发现，鲨鱼体表是由若干菱形阵列的盾鳞覆盖，如图 6-59 所示。每个盾鳞都是由非光滑的鳞棘和深埋在真皮中的基板构成，呈现肋条状的釉质结构表面，质鳞长度为 $100\sim200\mu m$，结构面上的肋条间距为 $50\sim100\mu m$。这种肋条状的盾鳞结构能够优化鲨鱼体表流体边界层的流体结构，抑制和延迟湍流的发生，可有效减小水体阻力。

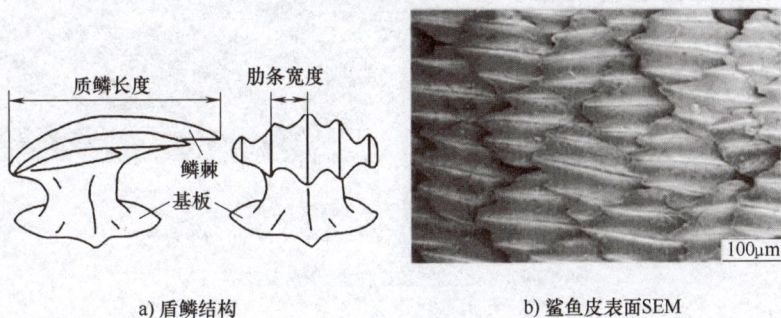

a) 盾鳞结构　　　　　　　　　　　　b) 鲨鱼皮表面SEM

图 6-59　鲨鱼皮表面结构图

减小材料与流体间的摩擦阻力，对于设计与制造飞行器、船舶、流体输送管道等至关重要。研究表明，飞机表面摩擦阻力占到总阻力的 48% 左右，船舶表面摩擦阻力占 70%～80%，大量能源因表面阻力的存在而被消耗。为此，类似鲨鱼皮表面肋条结构的仿生减阻材料在航运工具、发动机叶片、流体输送管道、高速列车、水下作业单元等方面已得到较多的应用。例如，美国 NASA 兰利中心在 Learjet 飞机上采用沟槽表面，使减阻量达 6%；我国在运七金属原型上粘贴了顺流向沟槽薄膜，减阻效果达到 5%～8%。

北京航空航天大学采用热压印复制法成功制备了仿生鲨鱼皮，其工艺流程如图 6-60a 所示。

1）制造生物模板。首先以鲨鱼真皮取样，经强化处理后制造生物模板。由于鲨鱼盾鳞质地非常坚硬，在古代曾当作砂纸使用，能够承受一定的力、热及化学过程作用而不致破坏其表面结构。

2）加热基板。选用温态流动性较好的平板有机玻璃（PMMA）作为基板，将其放入压力机内加热至玻璃化温度并保温。

3）复制模板。把鲨鱼皮模板鱼鳞面朝下平铺于基板上，用平板压平，施加一定静压力并保压。

4）弹性脱模。保压 30min 后，将温度降至 70℃ 左右进行弹性脱模，便得到印有鲨鱼鳞片阴模结构的复型模板。由于鲨鱼鳞片为斜楔状，脱模困难，需在一定温度下进行弹性脱模。

5）复型翻模。选用硅橡胶等材料浇注于复型模板表面，静置 24h 固化后脱模便得到仿生鲨鱼皮，如图 6-60b 所示。

试验表明，用这种工艺制备的仿生鲨鱼皮表面，其最大减阻效率达到 8.25%。

6.8.4　生物组织器官制造

生命与健康是人类社会的重要需求和社会文明的标志。长期以来，人们希望通过更换病变组织和器官提高生存质量，而社会人口的老龄化和疾病患者年轻化使得组织器官的供需矛

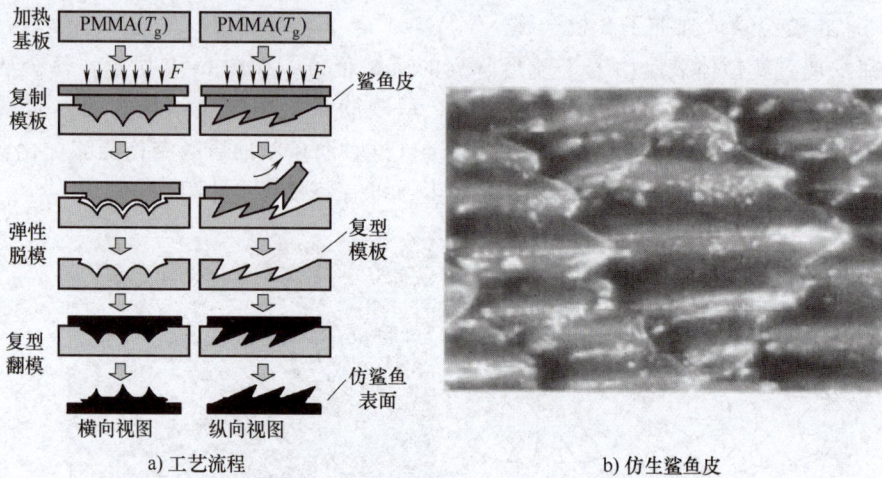

a) 工艺流程

b) 仿生鲨鱼皮

图 6-60 仿生鲨鱼皮热压印复制工艺

盾日益尖锐，某些组织和器官的供求比例甚至达到术前 1∶150 之多，由此显示出研究和发展人体组织器官产品的必要性和迫切性。所谓生物组织器官制造，即用生物材料、细胞和生物因子等制造具有生物学功能的人体组织或器官的替代物过程。目前生物组织器官的制造主要是围绕非活性组织的植入式假体、简单的活性组织和复杂的内脏器官及支架等，其中植入式假体是目前临床医学应用最广泛的产品，其特点是将非活性材料制造的组织与器官植入人体内，以替代缺损的组织器官的部分生理功能，例如人工关节、血管支架、人工眼、人工耳蜗、人工心脏等，如图 6-61 所示为采用人工关节置换坏死病残关节。

研发具有生物活性的人工骨及关节是制造人工关节的发展趋势。实现人工活性骨及关节的难点在于：生物结构的多孔性与多孔结构强度间的矛盾。为此，人们利用各种生物材料功能特性的不同，提出由多种材料构建具有梯度特性的复合材料人工关节，使人工关节获得良好的力学支撑和生物学性能。如图 6-62 所示为西安交通大学设计制造的金属/陶瓷复合结构的人工关节，目前已应用于临床治疗青少年保肢手术。

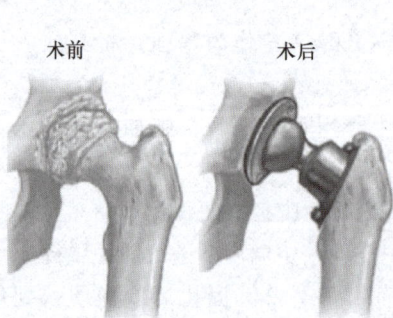

图 6-61 采用人工关节置换坏死病残关节

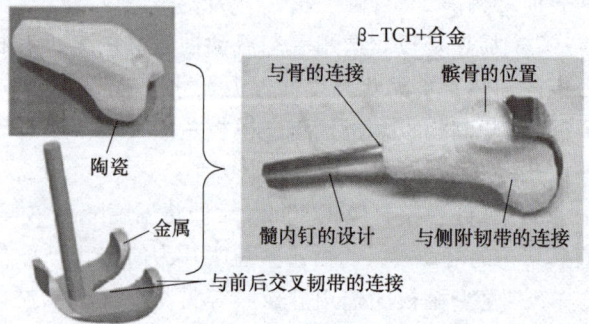

图 6-62 金属/陶瓷复合结构的人工关节

对于一些永久植入物的制造，要求所使用的材料必须具有良好的生物相容性，如人工骨、人工外耳、个性化种植牙等。如图 6-63 所示是清华大学与中国医学科学院合作，应用增材制造工艺成形的耳软骨支架，其材料为与生物组织相容且不降解的聚氨酯材料，植入后的效果很好，与人的健康耳朵的形状完全一致。

6.8.5　生物成形制造

生物成形制造是借助于生物形体及其生长过程，完成的具有新陈代谢特征的生命体成形和制造技术。与非生命系统相比，生物系统是尺度最微细、功能最复杂的系统。目前世界上发现有 10 多万种微生物，其大部分为微纳级尺度，具有不同的标准几何外形与亚结构，不同的生理机能和遗传特性。这就有可能找到"吃"某些工程材料的菌种，以实现生物的去除成形；可通过复制或金属化不同标准外形与亚结构的菌种，再经排序或微操作，实现生物的约束

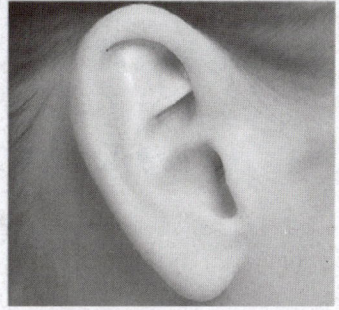

图 6-63　应用增材制造工艺成形的耳软骨支架

成形；也可通过控制基因的遗传形状特征和遗传生理特征，生长出所需的外形和物理功能，实现生物的生长成形；还可通过连接成形、自组装成形等技术实现不同生物体的成形制造，如图 6-64 所示。

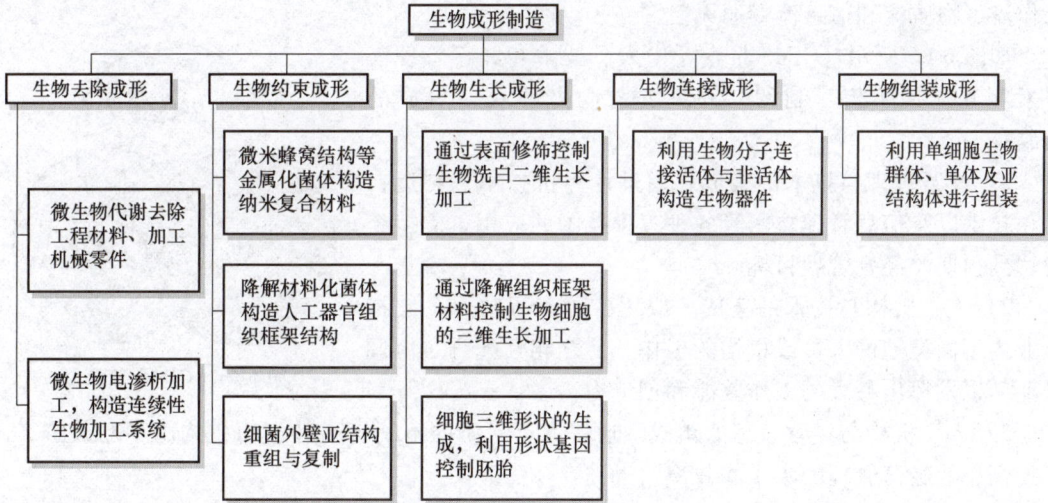

图 6-64　生物成形制造技术

如图 6-65 所示为北京航空航天大学采用生物组装成形工艺进行微流硅藻基片制造的示意图。先将经清洗的硅藻均匀地撒在清洁的玻璃基片上，再利用毛细作用力等自然力对硅藻进行二维紧密排布，紧密排布后在其上滴加微量的氢氟酸溶液使硅藻相互间形成预键合体，在预键合体上面铺设一层防腐蚀片，并施加一定压力处理数小时，便可获得具有生物特性的微流硅藻基片。这种微流硅藻基片可将实验室许多仪器的功能缩小到芯片级尺度上，具有较高的功能集成度，在MEMS 领域担负有重要角色。

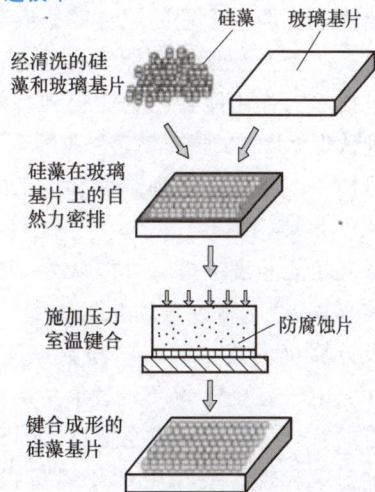

图 6-65　微流硅藻基片制造的示意图

6.9　先进制造模式

6.9.1　计算机集成制造系统（CIMS）

计算机集成制造是应用计算机技术将企业相关信息进行集成的一种企业生产组织管理的新思想和新模式，可使企业实现产品"品质优、成本低、上市快、服务好"的生产经营目标。

1. CIMS 概念

计算机集成制造系统（CIMS）是基于计算机集成制造（CIM）理念而组成的系统，是CIM 思想的物理体现。如果说 CIM 是组织现代企业的一种哲理，而 CIMS 则应理解为是基于该哲理的一种工程集成系统。CIMS 的核心在于集成，不仅综合集成企业内各生产环节的相关技术，更重要的是将企业内的人、技术和经营管理三要素进行有效的集成，以保证企业内工作流、物质流和信息流畅通无阻。

如图 6-66 所示，CIMS 将企业中人、技术和经营管理三要素相互作用、相互制约，解决了企业内部众多集成的问题：

1）经营管理与技术的集成。通过计算机技术、制造自动化技术以及信息管理技术等各种工程技术的应用，支持企业达到预期的经营管理目标。

2）人、机构与技术的集成。应用各种工程技术，支持企业内不同类型的人员或机构的工作，使之相互配合、协调作业，以发挥出最大的工作效能和创造力。

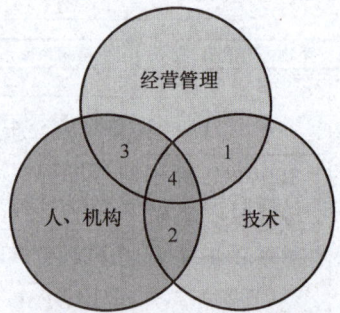

图 6-66　CIMS 三要素

3）人、机构与经营管理的集成。通过人员素质的不断提高和组织机构的不断改进，不断提高企业经营管理的水平和效率。

4）企业综合信息集成。CIMS 将企业内的人、技术和经营管理三要素进行综合集成，便有可能使企业经营管理的综合效率实现整体最优。在 CIMS 所涉及的诸要素中，人的作用是第一要素。企业经营策略能否得到正确地贯彻执行，首先需要由企业内的所有员工来实现；先进技术的作用能否在企业得到有效地发挥，归根结底也取决于人。

正确认识 CIM 的理念，使企业的全体员工同心同德地参与 CIMS 过程的实施，建立合适的组织机构，严格执行管理制度和员工的培训，是保证 CIMS 集成的重要条件。

2. CIMS 结构组成

从系统功能角度考虑，一般认为 CIMS 是由经营管理信息分系统（MIS）、工程设计自动化分系统（EDS）、制造自动化分系统（MAS）和质量保证分系统（OCS）四个功能分系统，以及计算机网络（Web）和数据库管理（DB）两个支撑分系统组成的，如图 6-67 所示。然而，由于各企业的产品对象生产方式、现有基础和技术条件的不同，其 CIMS 组成结构也会有所差异，并不要求企业在 CIMS 具体实施时必须同时实现所有的系统功能，可根据自身发展需求和现有条件在 CIM 思想指导下分步实施，逐步延伸，最终实现 CIMS 的工程目标。

下面就 CIMS 各个组成部分的基本功能做简要介绍。

（1）经营管理信息分系统　该分系统担负着企业的计划与管理，是 CIMS 的神经中枢，使企业的产、供、销、人、财、物等按照统一计划相互协调作业，以实现企业生产经营目标。其基本功能有：①信息处理，包括信息的收集、传输、加工和查询；②事务管理，包括经营计划管理、物料管理、生产管理、财务管理、人力资源管理等；③辅助决策，归纳分析已收集的企业内外信息，应用数学分析工具预测未来，为企业经营管

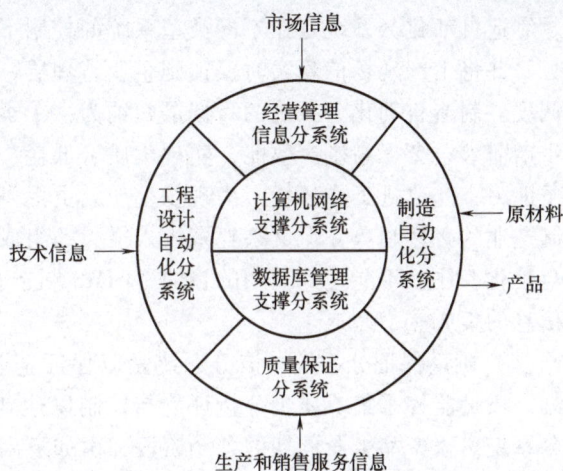

图 6-67　CIMS 基本结构组成

理过程提供决策依据。经营管理信息分系统的核心是制造资源计划（MRPI）。MRPI 是一个集生产、供应销售和财务为一体的信息管理系统，包含企业经营规划、物料需求计划、生产作业计划、能力需求计划、产品数据、库存管理、财务管理以及采购销售管理等模块组成。通过这些功能模块，MRPI 将企业内各个管理环节有机地结合起来，在统一的系统环境下实现管理信息的集成，以缩短产品的生产周期、减少库存、降低流动资金、提高企业的市场响应能力。

（2）工程设计自动化分系统　该分系统作用于企业产品开发设计部门，是通过计算机以及相关软件系统的应用，使产品开发设计过程得以高效、优质、自动地进行。产品开发设计过程包括产品的概念设计、结构分析、详细设计、工艺设计以及数控编程等产品设计和制造准备阶段中的一系列工作。

工程设计自动化分系统通常为人们所熟悉的 CAD、CAE、CAPP、CAM 等计算机辅助设计软件系统。其中，CAD 是用于三维产品建模、二维工程图绘制、物料清单生成等设计作业；CAE 用于产品结构有限元分析、优化设计、仿真模拟等；CAPP 用于产品工艺路线制定、工序设计以及工时定额计算等生产准备过程；CAM 负责刀具路径计算以及数控指令生成等数控编程任务。初始 CAD、CAE、CAPP、CAM 这些单项功能的计算机软件系统所生产的产品数据之间难以进行交换与共享。在 CIMS 系统环境下，可实现 CAD、CAE、CAPP、CAM 系统的集成，可使不同的应用软件系统在同一平台上工作，可交流和共享相互间的产品数据，以消除原有企业信息化所产生的一个个"信息化孤岛"。

（3）制造自动化分系统　该分系统作用于企业车间层，负责完成生产车间各种生产活动的基本环节。企业车间层是 CIMS 信息流和物料流的结合点，也是 CIMS 最终产生经济效益的聚集地。

制造自动化分系统是由机械加工自动化系统、物料储运自动化系统以及控制和检测系统组成：①机械加工自动化系统，包括数控机床、加工中心、柔性制造单元和柔性制造系统等加工设备，用于对产品的加工和装配过程；②物料储运自动化系统，担负着对物料的装卸、搬运和存储的功能；③控制系统，实现对机械加工系统和物流系统的自动控制；④检测系统，担负着对生产加工过程的自动检测和对加工设备运行的自动监控的功能。

制造自动化分系统是在不同类型系统的控制下，按照企业生产计划完成自身的生产制造任务，并将生产现场信息实时反馈到企业管理层，以便企业管理层合理地制定生产计划及进行调度。制造自动化分系统的目标可归纳为：①柔性化生产，满足多品种、小批量产品自动化生产需求；②提高生产效能，实现优质、低耗、短周期、高效率生产，以提高企业的市场竞争能力；③改进工作环境，为现场生产人员提供安全而舒适的工作环境。制造自动化是现代制造业的必然趋势，但又是耗资投入最大的组成部分，若不从实际需求出发，片面追求全盘自动化，往往不能达到预期的目的。CIMS 制造自动化分系统不追求全盘自动化，关键在于信息的集成。

（4）质量保证分系统　该分系统是以保证企业产品质量为目标，通过产品质量的控制规划、质量监控采集、质量分析评价与控制以达到预定的产品质量要求。CIMS 中的质量控制分系统覆盖产品生命周期的各个阶段，由如下四个子系统组成：

1）质量计划子系统。其任务包括确定企业改进质量目标，建立质量技术标准，计划可达到质量目标的途径，预计可达到质量的改进效果，并根据生产计划及质量要求制定检测计划和检测规范。

2）质量检测管理子系统。包括建立产品出厂档案，改善售后服务质量；管理进厂材料、外购件和外协件的质量检验数据，管理生产过程中影响产品质量的数据；建立设计质量模块，做好项目决策、方案设计、结构设计、工艺设计的质量管理。

3）质量分析评价子系统。包括对产品设计质量、外购与协作件质量、工序控制点质量、供货商能力、质量成本等进行分析，评价各种因素对质量问题的影响，查明主要原因。

4）质量信息综合管理与反馈控制子系统。包括质量报表生成、质量综合查询、产品使用过程质量综合管理以及针对各类质量问题所采取的各项措施及信息反馈。

5）数据库管理支撑分系统。该分系统为 CIMS 支撑分系统，是 CIMS 信息集成的关键技术之一。在 CIMS 环境下，所有经营管理数据、工程技术数据、制造控制数据、质量保证数据等，需要在一个结构合理的数据库系统里进行存储和调用，以满足 CIMS 各个分系统信息的交换和共享。数据库管理分系统的管理对象是位于企业网络节点上各种不同类型的数据，通过互联的企业网络体系，采用分布式异构数据库，以实现对企业大量结构化和非结构化的工程数据调用和分布式的事务处理。

6）计算机网络支撑分系统。计算机网络是以信息交流和资源共享为目的而连接起来的众多计算机设备的集合，它在协调的通信协议管理与控制下实现企业数据信息的交流和共享。通常，企业是由若干个地理位置分散的厂区组成，为此企业实施 CIMS 工程需借助于 Internet、Intranet 和 Extranet 等不同类型的网络和网络协议，以构建一个互联的企业网络系统。CIMS 在数据库管理和计算机网络两个支撑分系统的支持下，可方便地实现各个功能分系统的信息交换和数据共享，有效地保证了整个系统的功能集成，如图 6-68 所示。

6.9.2　并行工程

并行工程（CE）是对产品及其相关过程进行并行的、集成化处理的综合技术，是将时间上先后的知识处理和作业过程转变为同时考虑并尽可能同时处理的一种生产作业方式。

长期以来，人们一直沿用"串行"和"试凑"的方法从事产品的设计和开发。即企业在市场需求分析的基础上，由设计部门进行产品的结构设计与计算分析，然后由工艺部门进行工艺设计，再由生产部门和采购部门根据企业生产计划进行自制件的加工制造和外购件的采购，最后经装配配套完成市场所需要的产品，如图 6-69 所示。

这种传统"串行"的产品设计开发方法，各个生产环节独立运行，并在前一环节工作完成之后才开始后一环节的工作，各个环节在作业时序上没有重叠和反馈，即使有反馈，也是事后的反馈。在这种串行工作模式下，产品设计过程只有设计人员和少数市场人员参与产品的概念设计和结构设计，较少考虑工艺、制造、采购、检测等部门的要求，而后续的生产环节只能被动地接受设计结果。为此，常常出现各个生产环

图 6-68　CIMS 各功能分系统间的信息流

MIS—经营管理信息分系统　EDS—工程设计自动化分系统
MAS—制造自动化分系统　QCS—质量保证分系统

节前后脱节，造成设计—返工—修改的反复循环过程，致使产品开发周期长，开发成本高。为了提高企业市场响应能力，以较快的速度开发出高质量的产品，人们开始寻求更为有效的产品开发设计方法。美国国防部防御分析研究所（IDA）于 1986 年提出了并行工程（CE）的概念，并将其定义为："一种对产品及其相关过程（包括制造过程、支持过程等）进行并行的、一体化设计的工作模式，这种模式要求产品开发人员从设计一开始就考虑产品整个生命周期中从概念设计到产品消亡的所有因素，包括质量、成本、进度和用户要求"。

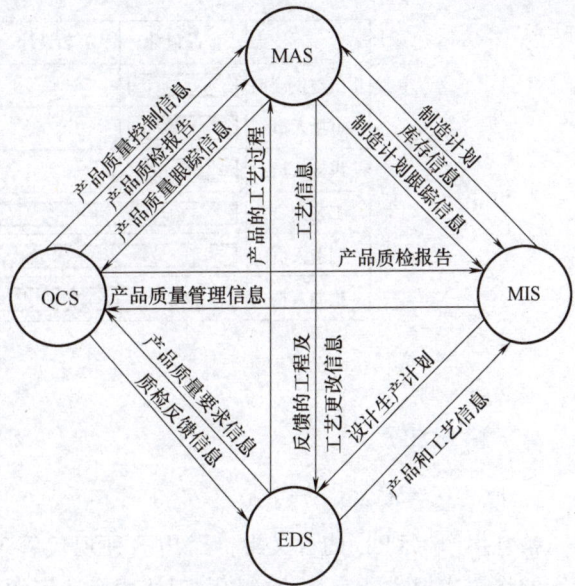

图 6-69　串行工程工作模式

从上述定义可见，并行工程是将时间上先后的知识处理和作业实施过程转变为同时考虑并尽可能同时处理的一种作业方式。它要求将不同的专业人员，包括设计、工艺、制造、销售、市场、维修等部门人员组成一个产品开发小组，以相互协同作业方法进行产品及其相关过程的设计，在小组成员之间进行开放的和交互式的通信联系，以便缩短生产准备时间，消除各种不必要的返工，保证产品设计一次成功，如图 6-70 所示。

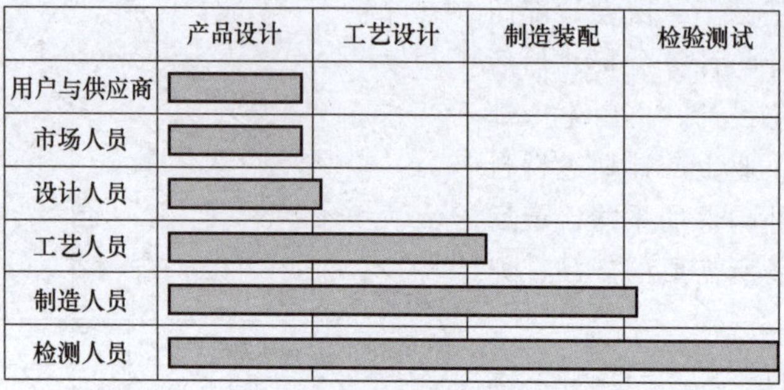

图 6-70　并行工程工作模式

6.9.3　精益生产

1. 精益生产内涵

精益生产（LP）的含义为：运用多种现代管理方法和手段，以需求为依托，以充分发挥人的作用为根本，有效配置和合理使用企业资源，持续地消除浪费，为企业谋求最大经济效益的一种新型企业生产方式。精益生产的资源配置原则是以彻底消除无效劳动和浪费为目标，以较少的人力、较少的设备、较短的时间和较小的场地创造出尽可能多的价值。精益生产的"精"就是精干、瘦型，"益"就是效益，合起来就是少投入，多产出，把结果最终落实到经济效益上，追求单位投入的产出量。精益生产方式的实施是以去除"肥肉"为先导，改变原有雍肿的组织机构、大量非生产人员、宽松的厂房和超量的库存储备等状态，切实可行地实施内涵发展、集约经营的企业管理模式。

2. 精益生产思维特点

丰田公司之所以能够取得成功，是由于所推行的精益生产方式具有与众不同的一套思维方式，其特点可归纳为：

1）逆向思维模式。精益生产遵循的是逆向思维、风险思维的思维模式，很多问题是倒过来看、倒过来干的。例如，通常人们认为销售是企业生产经营的终点，而精益生产却把销售作为起点，把用户看成是生产制造过程的组成部分，精心收集用户信息，并作为组织生产、开发新产品的依据。传统生产方式是"前推式"生产，即从上向下发指令，由前道工序推动后道工序生产，而精益生产则采用的"后拉式"生产，即由后道工序拉动前道工序进行生产；先前总认为超前生产是好事，而精益生产却认为超前生产是一种无效劳动，是种浪费。

2）逆境中的拼搏精神。精益生产方式是市场竞争的产物，是来自逆境中的拼搏精神。丰田公司早先的生产能力和生产条件与美国福特公司差距非常悬殊，却敢于提出赶超美国，并经过多年的拼搏和不懈努力，终于将理想变为现实。

3）无止境的尽善尽美。追求尽善尽美是丰田公司的精神动力。大批量生产方式追求的是有限目标，可以容忍一定的废品率和最大限度的库存。精益生产所追求的是尽善尽美的目标，在追求低成本、无废品、零库存和产品多样性方面，永无止境，不断奋斗。精益生产认为，若允许出错，错误就会不断发生，所以从开始就不允许出错。当然，没有一个生产厂家能够达到这样理想的境地。但是，这种无止境的尽善尽美追求，促使人们不断探索、不断奋斗，创造了许许多多在大量生产方式下难以想象的奇迹。

3. 精益生产目标

精益生产采用灵活的生产组织形式，根据市场需求变化及时快速地调整生产，依靠严密细致的管理，力图通过彻底排除浪费，防止过量生产，提高市场的反应能力，使企业以最少的投入获取最佳的运行效益。精益生产的目标就是在持续不断地为客户提供满意产品的同时，追求利润最大化，表现为如下具体目标。

1）"零"转产工时。通过多品种混流生产，将工序品种切换与装配线转产时间下降为"零"。

2）"零"库存。将供应、加工和装配之间的物料实现流水化的连接，消除中间库存将企业库存水平下降为"零"。然而，由于受到不确定供应、不确定需求和生产连续性等因素制约，企业库存不可能真正为零，通过"零"库存目标以最大限度减少库存的浪费。

3）"零"浪费。通过全面实施生产成本控制，消除多余制造、搬运、等待等不同形式的浪费，以实现生产过程"零"浪费。

4）"零"缺陷。产品缺陷不是检查出来的，而应在缺陷产生的源头就消除它，通过建立缺陷预防观念和"零"缺陷质量体系，以实现产品"零"缺陷。

5）"零"故障。排查故障产生原因，消除故障产生根源，提高设备运转率，实现设备"零"运行故障。

6）"零"停滞。采用先进制造技术，提高企业管理水平，最大限度压缩前置时间，实现生产过程的"零"停滞。

7）"零"灾害。始终将安全生产放在首位，对人、设备、厂房实行全面预防检查制度，实现"零"灾害现象发生。

6.9.4　敏捷制造

敏捷制造（AM）是通过动态企业联盟、扁平化的组织结构、先进生产技术和高素质员工构建敏捷制造企业，对市场所出现的机遇敏捷响应的一种企业经营模式，具有极大的市场竞争力和生命力。

1. 敏捷制造特征

由敏捷制造内涵看出，一个敏捷制造企业应具有如下特征：

1）快速响应。快速响应是敏捷制造企业的最基本特征，包括对市场的反应速度、新产品开发速度、生产制造速度、信息传播速度、组织结构调整速度等。据资料统计，若产品开发周期太长，使产品上市时间推迟6个月，将导致企业损失30%的利润。敏捷制造通过并行化、模块化的产品设计方法，高柔性、可重构的生产设备，动态联盟的组织结构从多方面来提高企业对市场的响应速度。

2）全生命周期让用户满意。用户满意是敏捷制造企业的最直接目标，通过并行设计、质量与功能配置、价值分析等技术，使企业产品功能结构可根据用户的具体需求进行改变，借助虚拟制造使能技术可让用户方便地参与设计，能够尽快生产出满足用户要求的产品，产品质量的跟踪将持续到产品报废，使产品整个生命周期内的各个环节让用户感到满意。

3）灵活动态的组织结构。在企业内部，敏捷制造以"项目团队"为核心的扁平化管理模式替代传统宝塔式多层次管理模式；在企业外部，以动态组织联盟形式将企业内部优势和企业外部不同公司的优势集成起来，将企业之间的竞争关系转变为联盟互赢的协作关系。

4）开放的基础结构和优势的制造资源。敏捷制造企业通过开放性的通信网络和信息交换基础结构，将分布在不同地点的优势企业资源集成起来，保证相互合作协同的企业生产系统正常稳定地运行。

敏捷制造企业与传统企业特征的比较见表 6-3。

表 6-3　敏捷制造企业与传统企业特征的比较

特征	敏捷制造企业	传统企业
侧重点	时间第一，成本第二	成本第一，时间第二
管理模式	扁平化企业管理模式	多层次企业管理模式
组织形式	动态联盟公司	固定的生产协作单位
合作关系	平等共赢，风险共担	以经济合作维持合作关系
网络要求	开放性企业网络	封闭式企业网络
生产方式	拉动式生产，根据需求快速响应	推动式生产，依赖订单和预测
适应性	对市场环境适应性强	对市场环境适应性差
覆盖范围	社会，全球	企业自身
企业员工	合作、自定位、创造性、综合能力	服从命令、守纪、缺乏合作

2. 敏捷制造企业体系结构

敏捷制造企业是一个基于敏捷制造模式的新型制造系统，其体系结构可用功能、组织、信息、资源和过程五视图模型进行描述，如图 6-71 所示。该模型是以过程视图为核心，其他视图是围绕过程视图发挥着各自的作用，其基础为社会环境和各类先进技术对敏捷制造企业的支撑。

（1）功能视图　功能视图是指敏捷制造企业的各种功能模块。各功能模块的开发设计应以敏捷的管理思想、敏捷的设计方法和敏捷的制造技术为指导，即制定符合全球竞争机制的企业经营战略，组建捕捉市场机遇的企业快速响应体

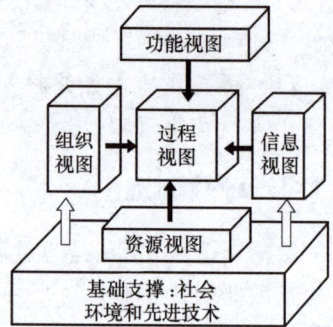

图 6-71　敏捷制造企业体系结构

系，构建企业间优势互补的动态联盟；应用集成化设计方法进行企业产品设计，应用虚拟仿真技术进行产品性能分析，引入知识推理工具提高设计过程的敏捷性；按分布自治要求进行企业资源和工艺过程的重组，采用相似性原理和即插即用的总线技术实现企业生产制造过程。

（2）组织视图　组织视图是描述敏捷制造企业的组织构成和管理方式。敏捷制造企业是以动态联盟作为其组织结构型式，以项目团队为核心的扁平化矩阵结构作为企业的管理模式。

（3）信息视图　信息视图是描述敏捷制造企业的信息组成、信息流动和信息处理过程。敏捷制造企业的信息系统是由若干自治独立又相互协同的信息子系统优化组合而成，具有快速构建和快速重组的能力。

（4）资源视图　在敏捷制造环境下，制造资源不再是单一企业的资源，而是由不同地域、不同企业的资源共同组成。敏捷制造企业应针对自身资源所呈现的分布、异构、不确定

性等特征，进行资源的合理配置和重组。

（5）过程视图 过程视图是描述敏捷制造企业的实施过程，其具体实施步骤为：

1）敏捷制造企业总体规划。包括企业目标的确定、战略计划的制定以及实施方案选择等。

2）企业敏捷化建设。主要有企业经营策略的转变以及相关技术准备等内容，包括企业员工敏捷化培训、经营过程分析与重组、组织结构及企业资源调研、企业制度以及文化的结合、敏捷化信息系统建设以及产品设计与制造技术准备等。

3）敏捷化企业的构建。在上述1）和2）步基础上进行敏捷制造企业的构建和实施。

4）敏捷制造企业运行与管理。敏捷制造企业是以跨企业的动态联盟进行运营，以项目团队为核心的扁平化管理模式进行企业的管理，通过敏捷评价体系对企业运营结果进行评价，适时进行动态调整。

（6）社会环境支撑 敏捷制造企业除了加强内部改革和重构之外，还需要一个良好的社会环境，包括政府的政策法律、市场环境和社会基础设施等。政策法律的制定要有助于提高企业的积极性，有助于企业直接、平等地参与国际竞争；市场环境要保证企业的物料流、能量流、信息流和人才流等畅通无阻；社会基础设施包括通信、交通、环保等应有利于敏捷化企业的发展。

（7）先进技术支撑 敏捷制造企业的技术支撑是实现敏捷制造的保障。其关键技术可归纳为信息服务、敏捷管理、敏捷设计及敏捷制造四大类。信息服务包括信息技术、计算机网络与通信、数据库技术等，敏捷管理包括集成化产品与过程的管理、决策支持系统、经营业务过程重组等；敏捷设计是指集成化产品设计与过程开发技术，敏捷制造包括虚拟制造快速原型、柔性制造等可重构、可重用的制造技术。

6.10 智能制造

先进制造技术是为了适应科学技术的发展以及市场环境变化，在传统制造技术基础上通过不断吸收科学技术的最新成果而逐渐发展起来的一个新兴技术群。随着新一代信息技术与制造业的深度融合，智能制造（IM）被寄予厚望。智能制造是现代制造技术发展的一个战略方向，它是在现代传感器技术、网络技术、自动化技术、信息化技术、人工智能技术、大数据技术等基础上，通过智能化的感知、人机交互、决策和执行，认识和控制制造系统中的不确定性问题，实现设计过程、制造过程和制造装备的智能化。

6.10.1 智能制造技术体系

智能制造的载体是制造系统，包括设计、生产、服务以及制造装备等各个环节。为此，可将智能制造技术体系结构看作是由智能设计、智能装备与工艺、智能生产和智能服务等主要功能模块组成，并由智能制造使能技术为其提供技术支撑，如图6-72所示。

1. 智能设计技术

产品设计是产品形成的创造性过程，是带有创新特性的个体或群体的活动，将智能技术应用于产

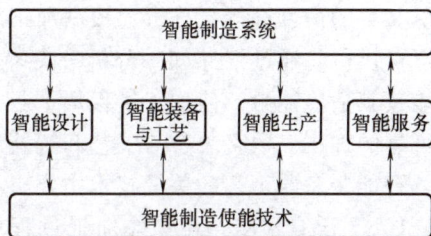

图 6-72 智能制造技术体系

品设计环节可使产品设计创新得到质的提升。为此，智能设计体现为如下的设计技术。

（1）设计需求获取技术　设计的感知来源于客户需求，如何在产品设计时有效获取客户需求是保证产品有效设计的前提。信息技术的飞速发展使设计需求超越了客户调查的传统范畴，呈现为广泛存在于产品生命周期中的多样化的数据信息源，它可来自互联网的客户评价、服务商的协商调研、设计伙伴的信息交互以及产品性能数据的实时在线反馈等。现有流行的大数据分析、智能聚类分析、云计算、机器学习、数据挖掘等众多智能设计技术与方法，可在多源海量数据中搜寻与分析所隐含的设计需求，使设计概念的创新提升至一个新的层次。

（2）设计概念智能创成技术　如何将已获取的产品设计需求转化为概念产品是设计智能的实际体现和具体化过程，人工智能方法的运用将使这一过程更具智能化和科学化。基于规则、基于案例、基于模型等各种基于知识的理论，与产品设计概念形成原理相结合，可实现设计概念的智能创成。随着互联网的发展与普及，知识资源以及设计服务的共享，将成为设计知识再利用的有效途径。支持多创客群体实时交互、基于群体智能机制的实时协同创新平台，将成为设计概念创成的支持手段。

（3）基于模拟仿真的智能设计技术　由设计概念发展为具体产品，需要对产品性能进行具体量化实现。随着高性能计算技术的发展，产品设计越来越倾向于使用高性能仿真来替代昂贵的物理性能实验，在节约成本的同时可大幅度缩短产品研制周期。基于计算机数字模型的模拟仿真已成为产品设计必不可少的手段，仿真的层次也从宏观逐步递进到介观及微观层次。面对多维度、极复杂设计空间的实际系统，多学科优化技术已成为处理复杂设计系统性能优化的有效方法。通过探索和利用系统中相互作用的协同机制，利用多学科的目标耦合和协调计算方法来构建系统智能优化策略，可望在较短时间内能够获取系统整体性能的最优。

（4）面向"性能优先"的智能设计技术　传统产品设计体现为"工艺优先"，即在产品设计时首先要保证工艺的可行性，然后再对产品性能进行优化。随着以3D打印技术为代表的新型工艺技术的发展，"如何实现"的局限性已不再是不可逾越的障碍，从而形成了"性能优先"的设计。拓扑优化技术为产品的"性能优先"设计提供了有力的智能解决手段。拓扑优化是一种根据给定的约束条件和性能指标，在给定的区域内对材料分布进行优化的灵活布局方式，使设计者可跨越工艺的限制，去追求极致的设计性能，以达到传统设计无法企及的产品性能水平。

2. 智能装备与工艺技术

制造装备是工业的基础，制造装备的智能化是未来发展的必然趋势。智能装备核心思想可表现为：能够对自身和加工过程进行自感知，对与装备自身、加工状态、工件材料以及与环境有关的信息进行自分析，根据加工对象要求与实时动态信息进行自决策，依据决策指令进行自执行，通过"感知—分析—决策—执行与反馈"大闭环过程，不断提升制造装备的性能及其适应能力，使加工过程从"控形"向"控性"方向发展，实现高效、高品质和安全可靠的加工。数字装备与工艺和智能装备与工艺主要特征比较见表6-4。

智能装备与工艺的关键技术主要有：

1）工况自检测。在零件加工过程中，通过对切削力、夹持力、切削温度、刀具热变形、刀具磨损、主轴振动等一系列物理量以及由于刀具-工件-夹具间的热力学行为所产生的应力应变进行高精度在线检测，为工艺知识自学习和制造过程自主决策提供支撑。

2）工艺知识自学习。通过对检测所获取的加工过程动态参数、时变工况与工件品质之间映射关系的分析，建立联想记忆知识模板，应用工艺知识自主学习理论实现基于模板的知识积累和工艺模型的自适应进化，将已学习获取的工艺知识存储于工艺知识库，为制造过程的自主决策提供支撑。

3）制造过程自主决策以及制造装备自律执行。智能装备的控制系统具有面向实际工况的智能决策与加工过程自适应调控的能力。通过将工艺知识融入装备控制系统的决策单元，系统将在线检测及识别加工状态，根据已有的工艺知识对加工参数进行在线优化，并生成加工过程的控制决策指令，对主轴转速、进给速度、夹具预紧力、导轨运动界面阻尼特性等工艺参数进行实时调控，以使制造装备所承受的切削力、切削温度、工件变形以及系统颤振等均处于最佳工作状态。

表 6-4　数字装备与工艺和智能装备与工艺主要特征比较

数字装备与工艺	智能装备与工艺
数控机床按照预先给定的指令进行加工	智能机床设备能够自动采集工况信息，根据实时状态优化调整加工参数，能够自律执行
工业机器人在固定位置按照预先设定的程序自动进行重复式的工作	智能机器人和人协同工作，其位置不再固定，行为不再预设，能够自适应环境变化
制造工艺的验证基本在物理环境中完成	在虚拟环境或者虚实结合环境下完成制造工艺的验证

6.10.2　智能制造使能技术

智能制造使能技术是为智能制造基本要素（感知、分析、决策、通信、控制、执行等）的实现所提供基础支撑的共性技术，如云计算、大数据、物联网、人工智能、虚拟现实、数字孪生、智能传感与测量等。本节仅简要介绍与新一代信息技术关系较为密切的云计算和大数据技术。

1. 云计算技术

（1）云计算概念　云计算（CC）是利用互联网实现随时、随地、按需、便捷地访问共享资源（如服务器、存储器、应用软件等）的新型计算模式。通过云计算，用户可以根据其业务负载需求在互联网上申请或释放所需要的计算资源，并以按需付费方式支付所使用资源的费用，在提高服务质量的同时大大降低资源应用和维护的成本。

如图 6-73 所示，云计算通常是由资源提供者、资源使用者和云运营者三方组成。资源提供者将所拥有的服务资源通过云计算平台接入虚拟化服务云池；资源使用者根据应用需求，可通过云计算平台请求云计算服务，云运营者负责管理并经营云池中的服务资源，根据资源使用者的请求将云池中的资源接出，为资源使

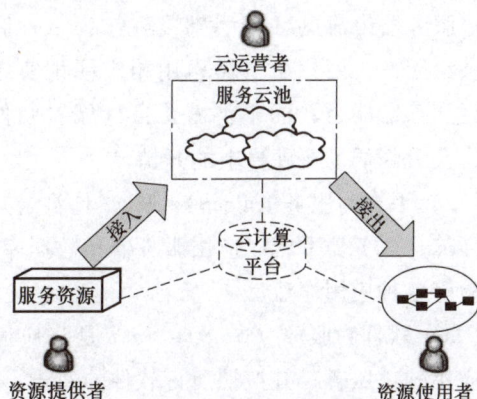

图 6-73　云计算模型

用者提供所需的资源服务。

通俗地说，云计算的"云"就是存在于互联网上的服务器集群资源，包括硬件资源和软件资源。使用者需要时可通过本地计算机向互联网云计算平台发送需求信息，在云端使若干计算机为其提供所需的资源服务，并将其服务结果再返回到本地计算机。这样，本地计算机几乎不需要做什么，所有的计算处理都在云端的计算机集群中完成。这样的云计算模式具有如下特征：

1）弹性服务。云计算所提供的服务规模可根据业务负载要求快速动态变化，所使用的资源与业务需求相一致，可避免因服务器过载或冗余而导致服务质量下降或资源的浪费。

2）资源云池化。云计算的资源是以共享资源云池的方式进行统一管理，资源的放置管理与分配策略对用户透明。

3）按需服务。云计算以服务的形式为用户提供应用程序、数据存储、基础设施等应用资源，并根据用户的需求自动分配资源，而不需要系统管理员干预。

4）服务可计费。自动监控、管理用户的资源使用量，并根据实际使用资源多少进行服务计费。

5）泛在接入。用户可以利用各类终端设备（如 PC、智能终端、智能手机等）随时随地通过互联网访问云计算服务。

（2）云计算技术架构　云计算有不同的解决方案，其技术架构也各有差异。如图 6-74 所示的一种云计算技术架构，其由用户访问接口、服务管理以及核心服务三大模块组成。其中，用户访问接口模块是为用户提供云计算服务的访问终端接口；服务管理模块是为云计算提供管理支持，以保证云计算服务的可靠性、可用性与安全性；核心服务模块是将云计算的硬件基础设施、运行平台以及应用程序抽象成不同层次的服务，以满足多样化的用户应用需求，具体内容如下。

1）基础设施为服务（IaaS）。IaaS 是将由多台服务器组成的云端基础设施作为一种服务提供给用户，用户可按需租用相应硬件实施的计算和存储能力，而不再需要自行配置硬件设备，大大降低了在硬件上的开销。

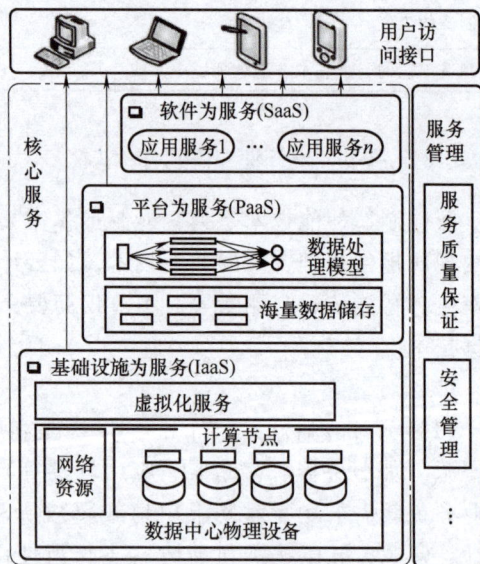

图 6-74　云计算技术架构

2）平台为服务（PaaS）。PaaS 是将云开发平台或环境作为一种服务，为用户提供了开发环境、服务器平台、应用服务器和数据库等，在该平台上用户可以进行应用开发、计算或试验等各种应用作业。

3）软件为服务（SaaS）。SaaS 是将应用软件部署在云端服务器上，用户可根据需求订购应用软件服务，并按照所订软件的数量、时间长短进行付费，而无须在软硬件以及维护人员上花费资金。

2. 大数据技术

目前，人类社会已进入一个大数据时代，这大大拓展了人们的洞察能力与认知空间。为此提高大数据的处理和分析能力，已成为越来越多企业日益倚重的技术手段，以获得使企业数据价值最大化的能力。

大数据可认为是其数据量超出常规数据工具的获取、存储、管理和分析能力的数据集，是蕴含海量信息的数据集合。由于大数据所包含的数据丰富度远超过普通数据集，促使了一批新兴的数据处理与分析方法出现，可使越来越多的新知识从大数据的金矿中被挖掘出来，以改变人们原有的生活、研究和经济模式，大数据是智能制造的一个重要特征。

现代制造业的大数据兴起是由于下述因素引发的：①制造系统自动化产生了大量的数据，而这些数据所蕴藏的信息与价值未能得到充分的挖掘；②随着传感技术、检测技术和通信技术的发展，实时数据的获取成本已不再如先前那样昂贵；③嵌入式系统、低耗能半导体、处理器、云计算等技术的兴起使数据运算能力大幅提升，具备了大数据实时处理的能力；④制造系统流程越来越复杂，仅依靠人的经验和传统分析手段已无法满足系统管理和协同优化的需求。为此，随着科学技术的进步和现实的社会需求，迫使人们快速进入了大数据时代。

大数据技术有着如下"4V"的鲜明特征。

1）Volume（量）。表示大数据的规模特征，尤其是非结构化数据呈超大规模的快速增长。

2）Variety（多样化）。大数据的数据类型多种多样，包括办公文档、图片、图像、音频、视频、XML等结构化和非结构化的数据。

3）Velocity（速度）。表示大数据的产生与采集异常频繁、迅速，为此大数据处理应采用实时分析方法而非传统的批量分析方法。

4）Veracity（真实性）。大数据在采集和提炼过程常常伴随数据污染，因而需要避免或剔除"病态"或"虚假"信息，保持原始数据的真实性。大数据与传统数据特征比较见表6-5。

大数据并不代表一定会产生数据的价值，这是由于大数据所蕴含的价值普遍存在"3B"问题，即Below Surface（隐性）、Broken（碎片化）和Bad Quality（低质性）。如何将大数据中隐性的、碎片化的、低质的数据"金矿"挖掘出来，这就需要对大数据进行分析处理。

通常，大数据的分析处理是一个历经数据采集、数据预处理、数据存储、数据挖掘以及数据价值展示的过程。对于制造业而言，其数据源可能来自于企业内部或外部。有明确的数据需求，建立可靠的数据来源渠道，这是企业大数据发展战略的第一步；通过数据渠道所获得的原始数据，难免会存在数据缺陷和数据杂质，在进行数据存储和挖掘之前，需要对原始数据进行清洗或预处理，去粗存精，以最低成本存储最大性价比的数据资产；大数据存储需要考虑海量数据的存取速度、不同形式的非结构化和半结构化数据类型以及数据库或数据仓库可扩展性等问题；数据挖掘是将数据资源转化为有价值资源的关键环节，是从海量数据中通过聚类、关联、归纳等手段推断其有效价值信息的过程；价值展现是大数据分析的最后一环，是将分析处理的价值结果通过可视化形式进行展现，使大数据分析者或用户更加理解其分析结论。

表 6-5 大数据与传统数据特征比较

特征	大数据	传统数据
数据规模	常以 CB,甚至是 TB、PB 为基本处理单位	以 MB 为基本单位
数据类型	种类繁多,包括结构化、半结构化和非结构化数据	数据类型少,且以结构化数据为主
数据模式	难以预先确定模式,数据出现后才能确定模式,且模式随着数据量的增长也在演化	模式固定,在已有模式基础上产生数据
数据对象	数据作为一种资源来辅助解决其他诸多领域问题	数据仅作为处理对象
处理工具	需要多种不同处理工具才能应对	一种或是少数几种即可应对

随着大数据时代的到来,给制造业带来了新的发展机遇,通过对海量数据的挖掘与分析可探索企业发展新策略,提升企业市场响应能力。企业可利用大数据技术,整合来自研发、生产以及市场用户的各类数据,创建产品全生命周期管理平台(云端),将产品生产过程进行虚拟化、模型化处理,优化生产流程,保证企业各部门以统一的数据协同工作,提升企业运营效率,缩短产品的研发与上市时间。

6.10.3 物联网技术与数字孪生技术

1. 物联网技术

物联网是"物与物相连的互联网",可进一步定义为:"物联网是通过传感设备,按照约定的协议,可将任何物体与互联网连接起来,进行信息交换和通信,以实现智能化识别、定位、跟踪、监控和管理的一种网络"。

物联网的上述定义包含了两层含义:其一,物联网的核心仍然是互联网,是基于互联网延伸和扩展的一种网络;其二,物联网是将互联网的用户端延伸至任何物品,不仅可以实现人与人之间的通信,还可实现人与物、物与物之间的信息交换。也就是说,通过在不同物体上嵌入一种智能芯片,便可对该物体进行标识与感知,能够与互联网融为一体进行通信与管理,搭建一个无处不在的实时感知与控制网络。

物联网描绘的是充满智能化的世界,在物联网世界里万物均可互联,使信息技术上升到一个新阶段,能够让整个物理世界变得更加智能。如果说计算机和互联网使人类社会进入信息世界,那么物联网将实现信息世界与物理世界的融合。

(1)物联网的基本特征 物联网具有如下的基本特征:

1)全面感知。感知是物联网最根本、最精髓的目标。物联网上的每一件物品植入一个"能说会道"的二维码、感应器等标志,利用射频识别(RFID)、传感器、定位器等手段可随时随地对该物品进行信息采集和读取,使得这些冷冰冰、没有生命的物品成为"有感受、有知觉"的智能体。

2)可靠传递。物联网通常是使用现有的因特网、有线网络或无线网络等各种电信网络,对所采集的感知信息进行有效处理和实时传送,实现信息的可靠交互和共享。

3)智能处理。物联网是一种智能网络,通过对所采集的海量数据进行智能分析与处理,实现网络的智能化。物联网通过感应芯片和 RFID 技术,实时获取网络上各节点的最新位置、特征和状态，使得网络变得"博闻广识"。人们可利用这些信息，开发出不同形式的智能软件系统，使网络能够与人一样"聪明睿智"，不仅可以眼观六路、耳听八方，还具有思考和联想的功能。

（2）物联网的体系结构　物联网的体系结构可以看成由感知层、网络层和应用层三层结构组成，如图 6-75 所示。

1）感知层。感知层的主要功能是信息感知与采集，通过二维码和识读器、RFID 标签和 RFID 读写器以及各种传感器（如温度传感器、声音传感器、振动传感器、压力传感器等）、摄像头、传感器网络等装置，实现物联网的信息感知、采集及控制实施。

2）网络层。网络层担负感知层与应用层之间的数据传输和通信任务，通过不同的通信网络将感知层的信息进行上传，将应用层的管理和控制信息进行下载。网络层所使用的网络有因特网、企业网以及 4G、5G 移动通信网等现行通信网络。

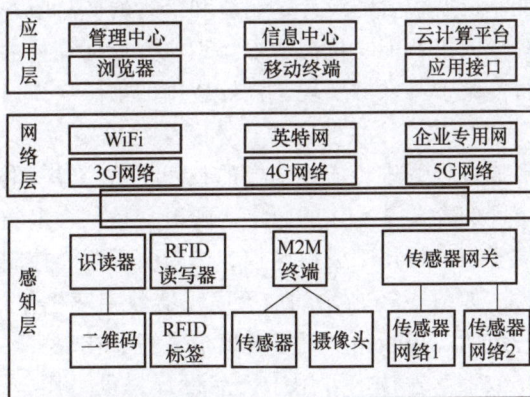

图 6-75　物联网的体系结构

3）应用层。应用层由各类应用服务器、用户终端以及应用接口组成。由物联网末梢节点所拾取的大量原始数据只有经过筛选、转换、分析处理后才有实际价值。为此，通过应用层的网络信息中心、智能处理中心、各类云计算平台等，可为用户提供不同需求的分析计算服务。此外，在应用层还提供大量物联网应用接口，用户可通过这些接口的信息适配、事件出发等功能从事各自的管理、调节以及控制等事务。若用户需要对网络某节点设备进行控制时，可根据适配或触发信息来完成对该节点控制指令的生成、下发等操作控制。

2. 数字孪生技术

数字孪生（DT）又称数字双胞胎，其概念最初是由 Grieves 教授于 2003 年在美国密歇根大学的产品全生命周期管理课程上提出，但由于当时技术与认知上的局限并未引起重视。直至 2011 年美国空军研究实验室（AFRL）与美国国家航空航天局（NASA）合作，提出构建一种高度集成的未来飞行器数字孪生模型，该模型充分利用飞行器的物理模型、传感器数据和历史数据以刻画该飞行器全生命周期的功能、状态与演变趋势，实现对飞行器的健康状态、剩余使用寿命以及任务可达性的全面诊断和预测，保障在其整个使用寿命期间持续安全地工作。此时，数字孪生技术真正引起了业界的关注。

近年来，由于美国通用（GE）、德国西门子（Siemens）等公司的积极推广，使数字孪生技术在工业制造领域得到了快速的发展。GE 公司计划通过其自身云服务平台 Predix，采用大数据、物联网等先进技术，基于"数字孪生模型"实现对发动机的实时监控、及时检查和预测性维护。西门子公司提出了"数字化双胞胎"概念，致力于在信息空间构建整合制造流程的生产系统模型，实现物理空间从产品设计到制造执行全过程的数字化。ANSYS 公司通过 ANSYS Twin Builder 平台提出创建"数字孪生体"功能，并可快速连接至工业互联网，帮助用户进行故障诊断，避免非计划停机，优化系统性能。北京航空航天大学陶飞教授为实现制造车间的物理世界与信息世界交互融合，提出了"数字孪生车间"的实现模型，并明确了其系统组成、运行机制以及关键技术，为制造车间 CPS（信息物理系统）的实现提供了理论和方法参考。

数字孪生技术是国际社会近几年所兴起的非常前沿的新技术，是智能制造的重要载体，智能制造所包含的设计、制造和最终的产品服务，都离不开数字孪生的影子。随着工业信息系统、人工智能、机器学习、工业大数据等技术的快速发展，数字孪生技术在智能制造和装备智能维护等领域展现了良好应用前景。

（1）数字孪生的内涵　数字孪生可定义为利用数字技术对物理实体对象的特征、行为和形成过程等进行描述建模的技术。数字孪生体（或数字孪生模型）则是指物理实体在虚拟空间的全要素重建的数字化映射，是一个多物理、多尺度、超现实、动态概率仿真的集成虚拟模型，可用来模拟监控、诊断、预测、控制物理实体在现实环境中的形成过程及其状态行为。如图 6-76 所示的航天飞行器数字孪生体，即为在虚拟空间内所构建的与物理实体完全一致的虚拟模型，可实时模拟飞行器在现实环境中的性能与特征。

数字孪生技术可用于产品设计，也可用于制造过程、制造系统、制造车间或制造工厂。数字孪生体是基于产品设计阶段所生成的产品数字模型，并在随后的产品制造和产品应用以及服务阶段，通过与产品物理实体之间的数据和信息的交互，不断提高自身的完整性和精确性，最终完成对产品物理实体的完全和精确的描述。

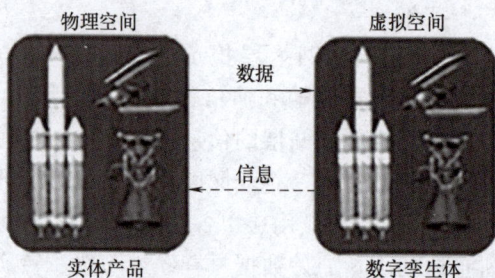

图 6-76　航天飞行器数字孪生体的虚拟模型

从上述定义看出：①数字孪生体是物理实体在虚拟空间的一个集成仿真模型，是产品或系统全生命周期数字化的档案，可实现对其全生命周期数据的集成管理；②数字孪生体是通过与产品实体不断进行数据与信息的交互而得到完善的；③数字孪生体的最终表现形式是产品实体的完整和精确的数字化描述；④数字孪生体可用来模拟、监控、诊断、预测和控制产品实体在现实物理环境中的形成过程和状态行为。

数字孪生模型远远超出了数字化模型（或虚拟样机）的范畴，数字孪生模型不仅包含结构、功能和性能方面的描述，还包含其制造、维护等全生命周期中的过程和状态的描述。数字化模型往往是静态的，当产品 CAD 设计完成后便可生成该产品的数字化模型，数字孪生模型则与产品实体的动态特征紧密相连，当产品实体没有被制造出来时，没有对应的数字孪生模型。数字孪生模型是通过产品实体状态信息采集装置的集成，可在产品全生命周期内反映产品从微观到宏观的所有特性。

（2）数字孪生技术体系　数字孪生技术体系可以看成由数据保障层、建模计算层、数字孪生功能层以及沉浸式体验层四层结构组成，如图 6-77 所示。

1）数据保障层。数据保障层支撑着整个数字孪生技术体系的运作，包括高性能传感器数据采集、高速数据传输以及全生命周期的数据管理。高性能传感技术可获得充分、准确的数据源，高带宽光纤技术可使海量数据传输满足系统实时性要求，分布式云服务器可为全生命周期数据的存储和管理提供平台保障，满足大数据分析与计算的数据查询和检索速度要求。

2）建模计算层。建模计算层是整个体系的核心，主要由建模模块和一体化计算平台构成。建模模块通过多物理、多尺度建模方法对传感数据进行解析，挖掘数据的深度特征来建立数字孪生模型，并使所建模型与实际系统性能匹配、实时同步，可预测实际系统未来状态和寿命，评估其执行任务成功的可能性。一体化计算平台包含嵌入式计算和云服务器计算方式，通过分布式云计算平台完成复杂的建模计算任务。

3）数字孪生功能层。数字孪生功能层是整个数字孪生体系的直接价值体现，可根据实际需要通过建模计算层所提供的信息接口进行功能定制。数字孪生体系的最终目标是使系统能够在全生命周期获得良好的性能表现，为此在系统功能层应具有多层级系统寿命估计、系统集群执行任务能力评估、系统集群维护保障、系统生产过程监控以及系统设计辅助决策等功能。

4）沉浸式体验层。沉浸式体验层直接面向用户提供具有沉浸友好的交互环境，可通过声音、视频以及触摸感知、压力感知、肢体动作感知等多种交互手段，使用户在操作时有一种身临其境的体验，并能感受到真实系统自身不能直接反映的系统属性和特征，使用户能够快捷深入地了解系统的工作机理及其功能特征。

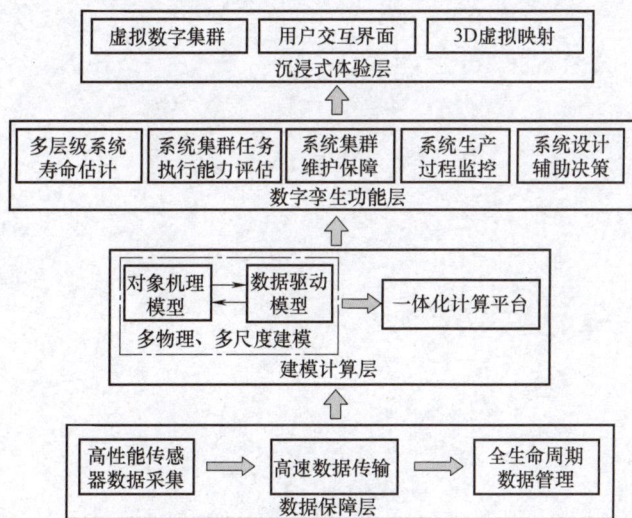

图 6-77　数字孪生技术体系

习题与思考题

6-1　目前技术条件下，普通加工、精密加工和超精密加工是如何划分的？

6-2　为什么超精密切削加工一般采用金刚石刀具？分析超精密切削时的最小切削厚度与刃口圆弧半径的关系？

6-3　简述电火花加工原理，比较快走丝线切割机床与慢走丝切割机床的性能特征。

6-4　在什么速度范围下进行加工属于高速加工？分析高速切削加工所需要解决的关键技术。

6-5　何谓数控技术？数控加工的特点是什么？

6-6　简述柔性制造系统（FMS）的基本概念，它应该具备什么功能？

6-7　分析增材制造技术的基本原理。

6-8　列举一种增材制造工艺方法，并叙述其工艺过程及特点。

6-9　列举几种微米制造工艺技术以及纳米制造工艺技术。

6-10　叙述仿生制造内涵以及主要研究内容。

6-11　何谓智能制造？分析智能制造技术内涵及特征。

6-12　云计算模式可为用户提供哪些服务？解释 IaaS、PaaS、SaaS 三者的含义及其相互间的区别。

6-13　分析云计算、大数据以及物联网技术在智能制造模式下如何发挥使能作用。

6-14　何谓数字孪生模型？一个产品或系统的数字孪生模型与其三维数据模型有哪些区别和联系？

参 考 文 献

[1] 华楚生. 机械制造技术基础 [M]. 4 版. 重庆：重庆大学出版社，2015.

[2] 卢秉恒. 机械制造技术基础 [M]. 4 版. 北京：机械工业出版社，2018.

[3] 袁军堂. 机械制造技术基础 [M]. 北京：机械工业出版社，2023.

[4] 武友德，刘彬. 金属切削加工与刀具 [M]. 3 版. 北京：北京理工大学出版社，2021.

[5] 贾亚洲. 金属切削机床概论 [M]. 3 版. 北京：机械工业出版社，2021.

[6] 王凤平，张洪国. 金属切削机床与数控机床 [M]. 2 版. 北京：清华大学出版社，2018.

[7] 常同立，佟志忠. 机械制造工艺学 [M]. 2 版. 北京：清华大学出版社，2018.

[8] 王道林，吴修娟. 机械制造工艺学 [M]. 北京：机械工业出版社，2022.

[9] 杜正春，杨建国，潘拯. 机械制造工艺学 [M]. 北京：机械工业出版社，2019.

[10] 卞洪元. 机械制造工艺与夹具 [M]. 3 版. 北京：北京理工大学出版社，2021.

[11] 谭豫之，李伟. 机械制造工程学 [M]. 2 版. 北京：机械工业出版社，2016.

[12] 李益民. 机械制造工艺设计简明手册 [M]. 2 版. 北京：机械工业出版社，2017.

[13] 袁哲俊. 精密和超精密加工技术 [M]. 3 版. 北京：机械工业出版社，2016.

[14] 王隆太. 先进制造技术 [M]. 3 版. 北京：机械工业出版社，2020.

[15] 谢燕琴，黎震. 先进制造技术 [M]. 4 版. 北京：北京理工大学出版社，2020.

[16] 李东君. 数控加工技术 [M]. 北京：机械工业出版社，2018.